揭開民國史的眞相 卷三

蔣介石崛起與北伐

◎蔣介石爲何刺殺陶成章
◎蔣介石的早年思想
◎蔣介石一九二三年訪蘇紀實
◎國民黨檔案中的毛澤東手跡
◎中山艦事件之謎
◎北伐時期左派力量與蔣介石的矛盾及鬥爭

楊天石◎著

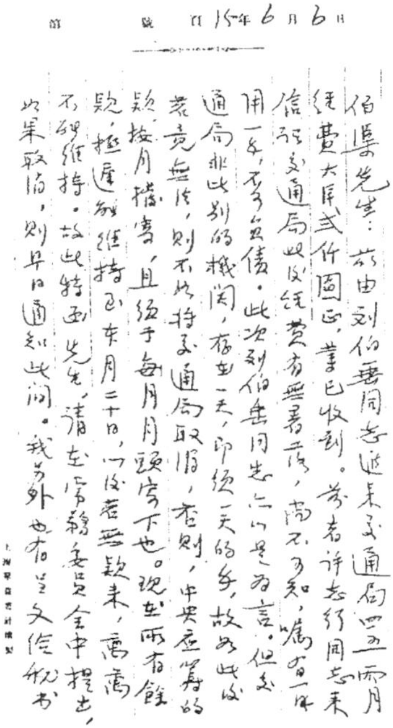

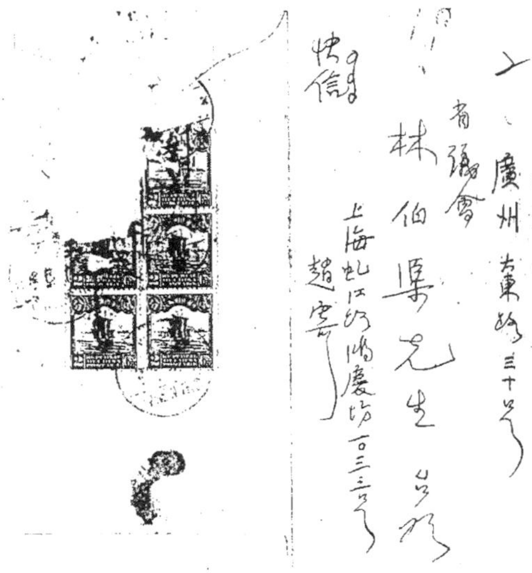

沈雁冰致林伯渠函手跡

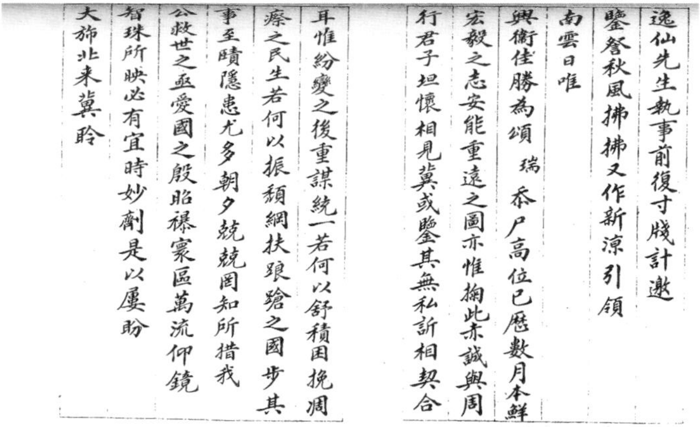

逸仙先生執事前復寸牋計邀
鑒詧秋風拂拂又作新涼引領
南雲日唯
興衛佳勝為頌 瑞 忝尸高位已歷數月本鮮
宏毅之志安能重遠之圖亦惟揄此赤誠與周
行君子坦懷相見冀或鑒其無私訢相契合
耳惟紛變之後重謀統一若何以舒積困挽凋
瘵之民生若何以振頹綱扶踉蹌之國步其
事至賾隱患尤多朝夕兢兢罔知所措我
公救世之亟愛國之殷貽褉寰區萬流仰鏡
智珠所映必有宜時妙劑是以屢盼
大旆北來冀聆

段祺瑞致孫中山函（本書圖片均由作者楊天石先生提供）

國民革命軍宣傳畫

中國國民黨第二屆中央執行委員第三次全體會議第二日開會議事錄十六年三月十一日

地　點—漢口南洋大樓

時　間—下午二時

出席者：

譚延闓　陳公博　周啟剛　許甦魂　丁惟汾
顧孟餘　朱霽青　謝　晉　彭澤民　鄧懋修
丁超五　董用威　林祖涵　宋子文　于樹德
經亨頤　孫　科　江　浩　吳玉章　夏　曦
惲代英　鄧演達　徐　謙　王法勤　王樂平
陳其瑗　陳友仁　何香凝　孫宋慶齡　詹大悲
毛澤東

國民黨二屆三中全會議事錄

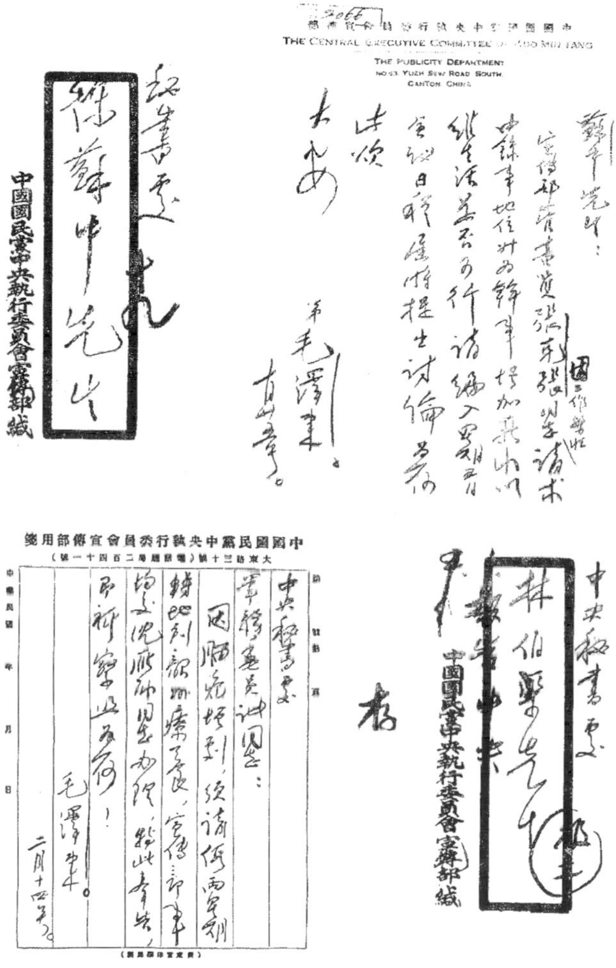
中國國民黨中央執行委員會宣傳部緘
中國國民黨中央執行委員會宣傳部
THE CENTRAL EXECUTIVE COMMITTEE OF KUO MIN TANG
THE PUBLICITY DEPARTMENT
NO. 63 YUEH SEW ROAD SOUTH,
CANTON, CHINA
中國國民黨中央執行委員會宣傳部用箋
大東路三十號（電話局二百四十一號）
中央秘書處
中國國民黨中央執行委員會宣傳部緘

國民黨檔案中的毛澤東手跡

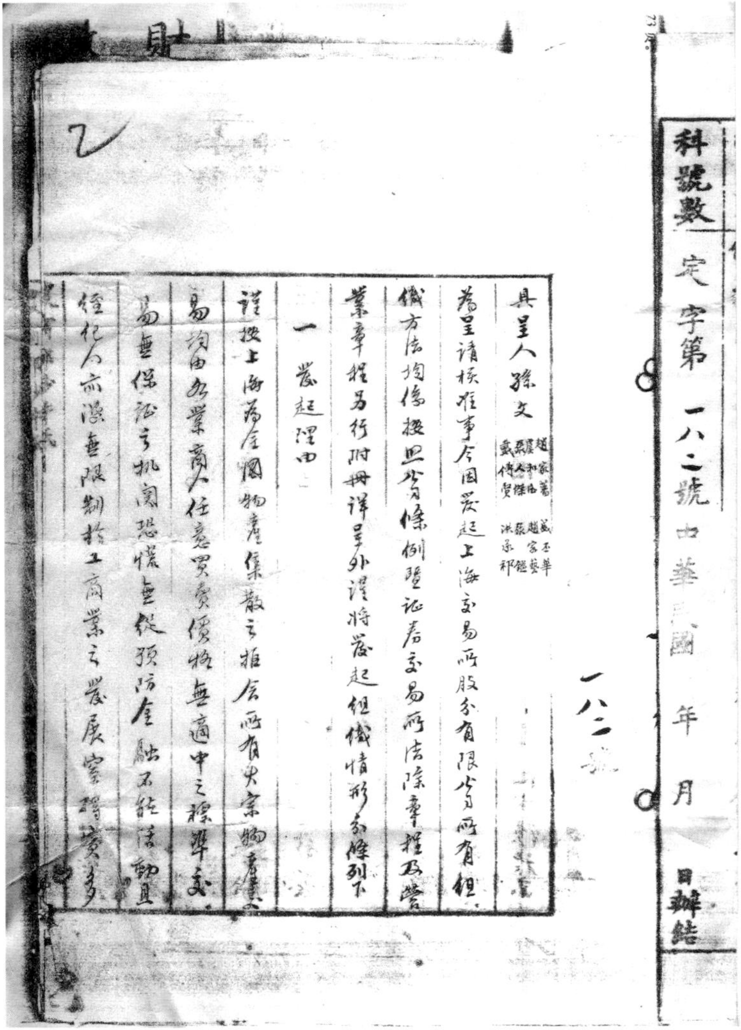
科號數
定字第一八二號
中華民國　年　月　日辦結

一八二號

具呈人孫文 趙家蕃 虞和德 張人傑 戴傳賢 盛丕華 趙家藝 張鑑 洪承祁
為呈請核准事今因發起上海交易所股份有限公司所有組
織方法均係按照公司條例暨証券交易所法除章程及營
業章程另行附冊詳呈外謹將發起組織情形分條列下
一　發起理由
謹按上海為全國物產集散之樞今所有大宗物產交
易均由各業商人任意買賣價格無適中之標準交
易無保証之机關恐慌無從預防金融不能活動且
經紀人亦漫無限制於工商業之發展實礙實多

孫中山等向北洋政府申請開辦交易所的呈文

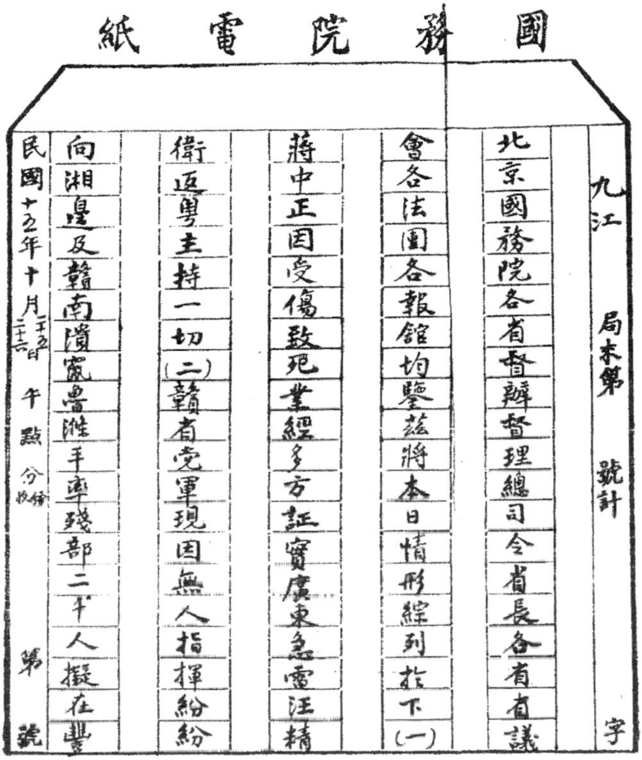

國務院電紙

九江 局來第 號計 字

北京國務院各省督辦督理總司令省長各省省議
會各法團各報館均鑒茲將本日情形綜列於下(一)
蔣中正因受傷致死業經多方証實廣東急電汪精
衛返粵主持一切(二)贛省党軍現因無人指揮紛紛
向湘邊及贛南潰竄魯滌平率殘部二千人擬在豐

民國十五年十月二十五 二十二日 午 點 分收發 第 號

孫傳芳宣傳蔣介石「受傷身死」致各方電

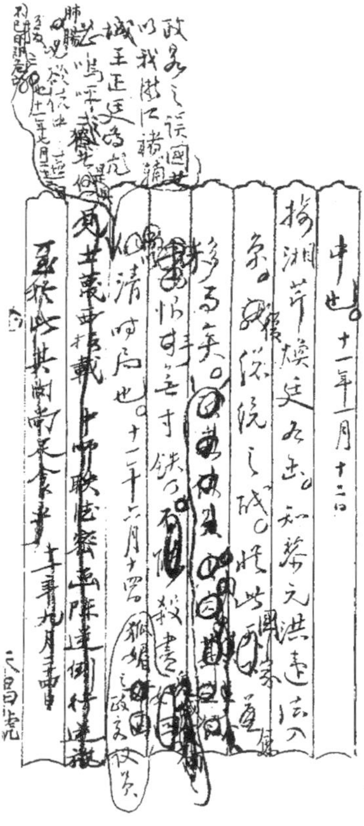

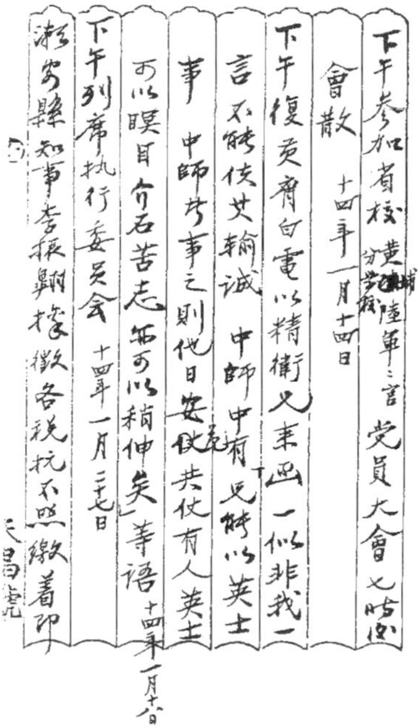

下午參加省校黃埔分校陸軍三官黨員大會之時[illegible]

會散　十四年一月十四日

下午復見齊白電以精衛之來函一似非我一言不能使其輸誠　中師中有見能以英士事　中師若事之則他日安從其仗有人英士可以瞑目　介石苦志不可以稍伸矣等語　十四年一月十六日

下午列席執行委員會　十四年一月二十七日

潮安縣知事李振翮撥徵各稅抗不照繳著即

蔣介石日記類抄書影

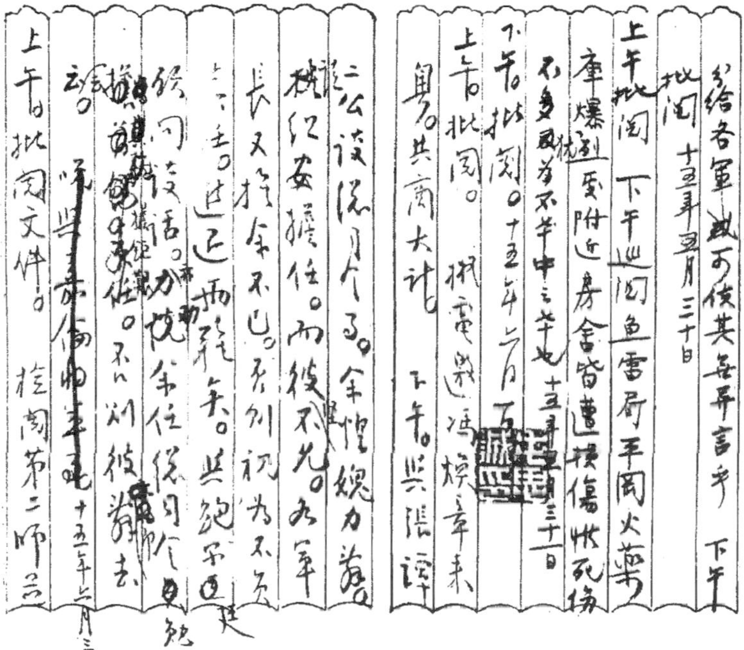

蔣介石日記類抄書影之二

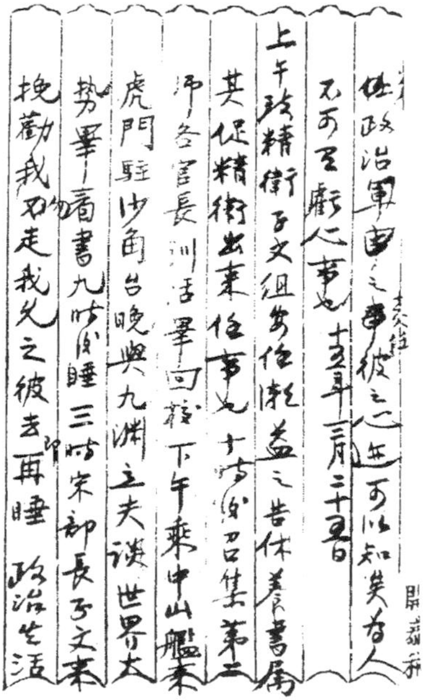

任政治軍事之事彼之一無可以知矣有人
不可不慎之事也 十五年三月二十五日
上午致精衛子文組安任潮益之告休養書屬
其促精衛出來任事也 十一時後召集第二
師各官長訓話畢回校 下午乘中山艦來
虎門駐沙角台晚與九淵立夫談世界大
勢畢看書九時後睡 三時宋部長子文來
挽勸我勿走我允之彼去即再睡 政治生活

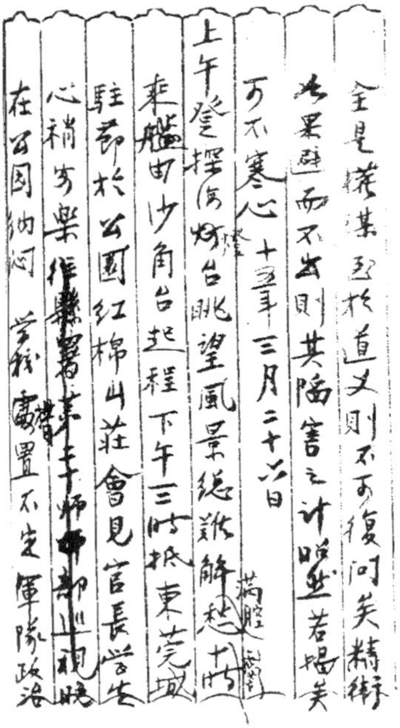

全是權謀至於道義則不可復問矣精衛
如果避而不出則其陷害之計畢露若揭矣
可不寒心 十五年三月二十六日
上午登探海燈台眺望風景絕跡解愁 十時
乘艦由沙角台起程 下午三時抵東莞城
駐節於公園紅棉山莊會見官長學生
心稍安樂 晚
在公園納涼 處置不定軍隊政治

蔣介石日記類抄書影之三

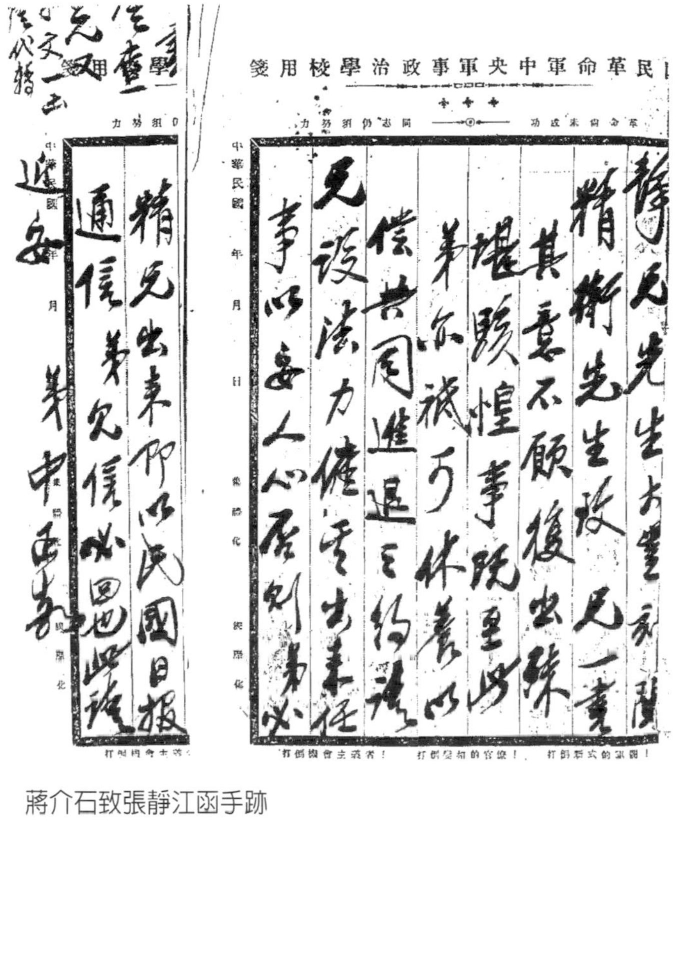

蔣介石致張靜江函手跡

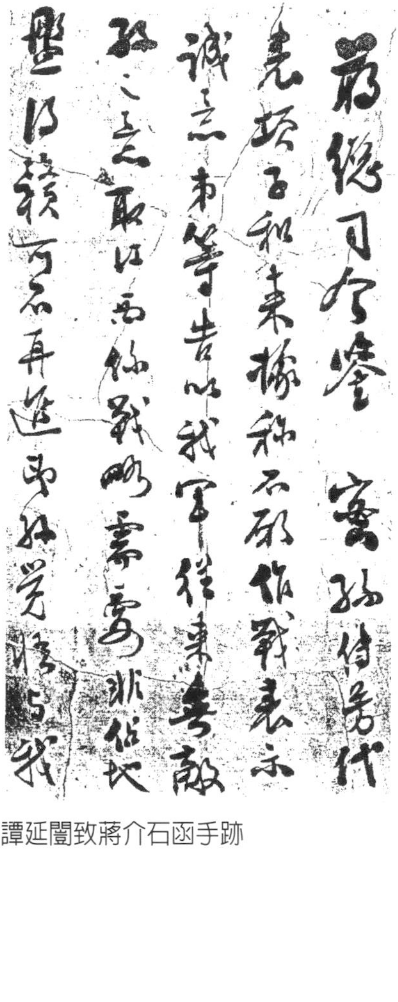

譚延闓致蔣介石函手跡

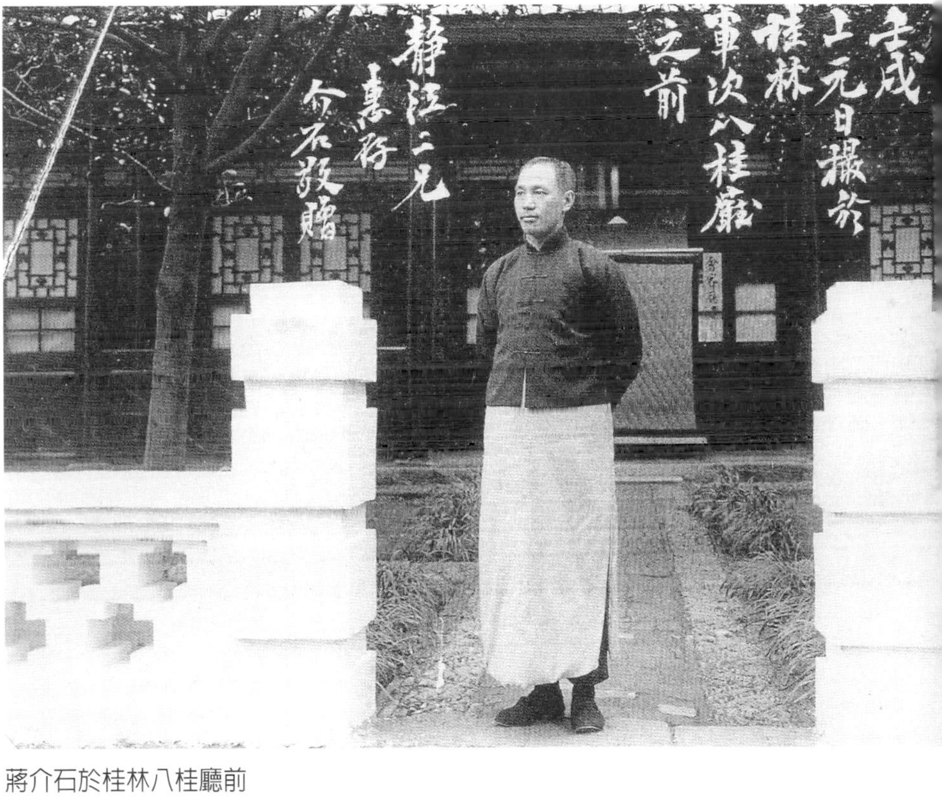
壬戌上元日攝於
桂林軍次八桂廳之前
靜江二兄惠存
介石敬贈

蔣介石於桂林八桂廳前

委任狀

委任蔣中正為本部

軍事委員會委員此狀

中國國民黨總理

孫文

中華民國十四年十二月三日

蔣介石為軍事委員會委員的委任狀

特任狀

特任蔣中正為大元帥行營參謀長此狀

孫文

中華民國　月十七日

特字第貳卌號

監印蕭萱

蔣介石為大元帥行營參謀長的特任狀

軍事委員會成立

Dear Professor Yang:

Below is the response I got from Elizabeth Chiang, stating that she gives permission for you to use the quotations from the Chiang Kai-shek diaries as listed in the attachment to your e-mail of August 2, 2009.

Sincerely yours,

Carol A. Leadenham

Assistant Archivist for Reference

Hoover Institution Archives

Stanford, CA 94305

本書所引述之蔣介石日記，均已由作者取得美國史丹福大學胡佛檔案館及蔣氏家族代表蔣方智怡女士之書面授權

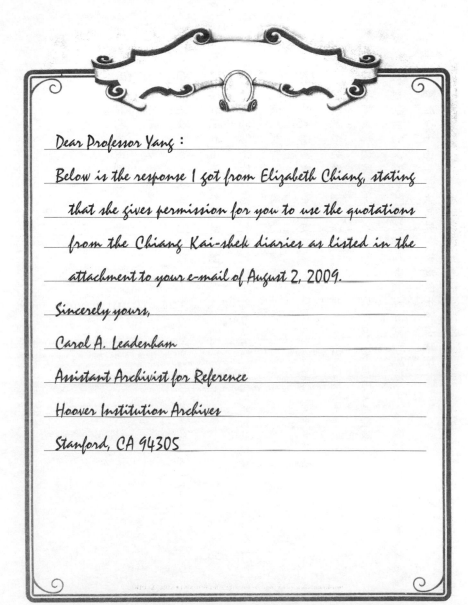

目錄

蔣介石為何刺殺陶成章

一九一二年一月十四日，光復會領袖陶成章在上海廣慈醫院被刺。關於此案，當時人已經普遍懷疑是陳其美指使蔣介石所爲；後來，毛思誠在編著《民國十五年以前之蔣介石先生》一書時，也承認不諱。近讀中國第二歷史檔案館所藏《中正自述事略》殘稿一冊，發現它的記載較毛思誠所著詳盡，且係蔣介石「自白」，因此，史料價值更高，有助於回答蔣介石刺陶這一疑案。《事略》以毛筆恭楷寫成，文字略有蝕損。現將有關段落照錄如下，凡蝕損處均以□□表示，可以意補的地方則以括弧標明。

《事略》述一九〇八年的經歷時說：

> 是時之知交，以竺紹康為第一人……余無形中亦漸染其風尚。彼□（言）錫麟之死，實為陶成章之逼成，不然，以□□（徐之）學行，其成就必不止此。又談，陶之為人，不易共事。余聞此乃知陶、龔日常詆毀徐伯□□（生有）帝王思想者，實有其他意圖。
>
> 余當時聞陶、龔毀徐，僅以為伯生已死，即有過誤，我同志不應再加猜測，詆毀

先烈而已，而孰知伯生之死，為陶所逼□（乎）！自此，即甚鄙陶之為人，以其無光明正大態度，無革命人格。

竺紹康，浙江會黨首領，曾與秋瑾、徐錫麟共同在紹興創辦大通學堂，策劃起義。一九〇八年與蔣介石相識。一九一〇年去世。錫麟，即徐錫麟，字伯蓀，蔣介石寫作伯生，章太炎寫作伯孫。龔，指龔寶銓，光復會的重要成員。按：徐錫麟和陶成章本是志同道合的戰友，後來，因在革命途徑及大通學堂應否續辦等問題上意見分歧，二人發生衝突。一九〇七年，徐錫麟依靠表伯、山西巡撫俞廉三的關係，以道員分發安徽，被任命爲巡警學堂會辦，深得信任。七月，刺殺巡撫恩銘，被捕犧牲。關於此事，章太炎曾說：「其後伯孫入官頗得意，煥卿等不見其動靜，疑其變志，與爭甚烈，及伯孫殺恩銘，始信之。」①竺紹康所言，「錫麟之死，實爲陶成章之逼成」，指此。這一事實表現出陶成章性格的一個突出弱點——多疑，但據此即將徐錫麟之死的責任歸在陶成章身上，並由此認爲其「無革命人格」，顯然不妥。

《事略》又說：

及陶由南洋歸日，又對孫先生詆毀□□（不遺）餘情。英士告余曰：陶為少數經費關係，不顧大體，掀起黨內風潮，是誠可憾，囑余置之不理，不為其所動，免致糾紛。余乃知陶實為自私自利之小人，向之每月接濟其經費者即停止，不與其往來也。

一九〇七年春，同盟會內部發生反對孫中山的風潮，陶成章是參預者之一。一九〇九年九月，陶成章因在南洋募捐未獲滿意結果，聯絡李燮和、柳聘農、陳方度、胡國樑等七、八人以東京南渡分駐英、荷各屬辦事的川、廣、湘、鄂、江、浙、閩七省同志的名義起草《孫文罪狀》，指責孫中山有「殘賊同志」、「蒙蔽同志」、「敗壞全體名譽」等罪狀十二條，要求開除其總理一職，通告海內外。《罪狀》並誣稱孫中山貪汙公款，在香港、上海存款二十萬云云。陶成章並帶著《罪狀》，趕赴東京，要求同盟會本部開會討論。《事略》所稱「爲少數經費關係，不顧大體，掀起黨內風潮」，指此。這一事實同樣表現出陶成章思想性格中的弱點，陳其美批評其「不顧大體」是有道理的，但由此判定其爲「自私自利之小人」，也顯然不妥。

《事略》還說：

> 當革命之初，陶成章亦□（踵）回國，即與英士相爭，不但反對英士為滬軍都督而顛覆之，且欲將同盟會之組織根本破壞，而以浙江之光復（會）代之為革命之正統，欲將同盟會領袖□□（孫、黃）之歷史抹煞無遺，並謀推戴章炳麟以代孫先□（生），□（嗚）呼革命未成，自起紛爭。而陶之忌刻成性，竺紹康未死前，嘗為余曰：「陶之私心自用，逼陷徐伯生者，實此人也。爾當留意之！」惜竺於此時已逝世，而其言則余初未□（忘）。及陶親來運動余反對同盟會，推章炳麟為領袖，並欲

置英士於死地，余聞之甚駭，且怨陶之喪心病狂，已無救藥，若不除之，無以保革命之精神，而全當時之大局也。蓋陶已派定刺客，以謀英士，如其計得行，則滬軍無主，長江下游必擾亂不知所之；而當時軍官又皆為滿清所遺，反覆無常，其象甚危，長江下游，人心未定，甚易為滿清與袁賊所收復，如此則辛亥革命功敗垂成，故再三思索，公私相權，不能不除陶而全革命之局。

本段中，蔣介石坦率地承認，他是刺陶案的主凶，並列舉了許多理由，證明他的行動是有功於革命的正義之舉。其實，陶有可責之過，並無可殺之理。在蔣所述理由中，有些還有可疑之處。例如所謂陶成章準備刺殺陳其美的問題。蔣介石是陳其美的親信，這一點陶成章不可能不知道，他怎麼會糊塗到向蔣介石透露刺陳方案，甚至動員蔣下手呢，倒是蔣介石所說的其他理由，對於說明陶成章的死因，有一定意義。如蔣介石稱，陶成章「回國即與英士相爭，反對英士爲滬軍都督而顛覆之」，以及「反對同盟會」等，應該說，這才是陶成章的真正死因所在。

一九〇九年秋陶成章再次掀起反對孫中山的風潮後，因受到黃興等人的抵制，於次年二月在東京重建光復會，以章太炎爲會長，正式與同盟會分家。一九一一年籌備廣州起義期間，兩會關係有所緩和。不久。趙聲在香港患盲腸炎逝世，陶成章懷疑爲胡漢民所毒，再次對同盟會產生疑忌。同年七月，陶成章應尹銳志、尹維峻姊妹之邀，回到上海，組織銳進學社，作爲秘密聯絡機關。當時，陳其美、譚人鳳、宋教仁等正在上海籌備成立同盟會中部總會，以便在長江中下游發動起義。同月廿六日，陳其美、陶成章在沈縵雲宅開會，討論合作問題，二人發生爭執，陳其美一怒之下，竟掏出了手槍。幾天後，陶成章匆匆離滬，再赴南洋，上海一地存在著兩個革命組織的狀況也就因之未能改變。所幸的是，面對共同的敵人，雙方大體仍能配合。十一月三日，上海起義發動，陳其美率隊奪取製造局，他隻身入內勸降，被扣押。起義群眾奮勇進攻，光復會的李燮和也調來軍警助戰，救出了陳其美。十一月六日，滬軍都督府成立，陳其美被推爲都督，李燮和任參謀。對此，李燮和與光復會的人都很不高興。有人主張逮捕陳其美，治以「違令起事，篡竊名義」之罪。②李燮和不同意，於十一月九日率部去吳淞成立軍政分府及光復軍總司令部，自任總司令，宣布只承認蘇州軍政府爲全省的軍政府，「所有上海地方民政、外交等事，均歸蘇州軍政府辦理」。③這樣，同盟、光復兩會矛盾再度公開化。

上海光復之際，陶成章自南洋歸國。他未能因應形勢，和同盟會棄嫌修好，相反，卻繼續鼓吹和同盟會分家，進一步惡化和孫中山的關係。南京攻克後，各省都督府代表聯合會在上海開會，推舉大元帥，一部分人主張推黃興擔任，以朱瑞爲首的浙軍將領則主張推黎元洪，強烈反對黃興。時任浙軍參謀的葛敬恩後來回憶說：「祖黃（亦即祖孫）祖黎一時鬧得不可開交。光復會分子反對同盟會日益露骨，陶煥卿、李燮和一派鼓吹與同盟會分家，我們就成了此等人的對象。」④會議本已於十二月四日選舉黃興爲大元帥，黎元洪爲副，但於十二月十七日又改推黎元洪爲大元帥，黃興爲副，代行大元帥職權。這一變化，原因複雜，但同盟會方面認爲和陶成章「嗾動軍隊」有關。⑤十二月二十日，馬君武鑒於孫中山即將回國，在上海《民立報》

著文，盛讚孫中山的革命品格和經驗，斷言財政及外交等問題，「通計中國人才非孫君莫能解決」。該文稱：

> 孫君之真價值如此，日人宮崎至謂其為亞洲第一人傑，而尚有挾小嫌宿怨以肆詆謗者，其人必腦筋有異狀，可入瘋人院也。吾平生從不阿諛人，又以為吾國素知孫君，故默默然不贅論。今見反對孫君之人大肆旗鼓，煽惑軍隊，此事與革命前途關係至大，又孫君於數日內將歸國，故不能已於言。⑥

馬君武此文所稱「挾小嫌宿怨以肆詆謗」，「大肆旗鼓，煽惑軍隊」的人，顯指陶成章。辛亥前，馬君武長期生活在德國，和同盟、光復兩會之間的矛盾素無關係。他感到「不能已於言」而出面著文，可見陶成章的活動已經引起了嚴重的關切。當時，《民立報》和南洋同盟會員曾經爲孫中山做過部分輿論鼓吹工作，陶成章等人認爲意在爲孫中山「騙取總統」。一九一二年一月，孫中山就任臨時大總統後，陶成章曾致書孫中山，重提「南洋籌款」舊事。這就意味著，要將孫再次放到「大騙子」和「大貪汙犯」的被告席上。孫中山因此憤而覆書，責問陶在南洋發佈《孫文罪狀》的理由，並稱：「予非以大總統資地與汝交涉，乃以個人資地與汝交涉。」⑦這樣，兩人間沉澱已久的猜嫌再度攪起，革命隊伍有再次爭吵、分裂的危險。

這一時期，陶成章與陳其美的矛盾也進一步尖銳化，突出地表現在幾個問題上：

一、陶成章拒絕陳其美的「協餉」要求。據章天覺回憶，陳其美爲在上海籌辦中華銀行，曾向浙江都督湯壽潛要求「協餉」廿五萬元，作爲發行紙幣的準備金。當時，陶成章在浙江軍政府任總參議，湯壽潛向陶徵求意見，陶表示容「緩商」，湯壽潛即覆電拒絕。後來，陳其美當面質問湯壽潛，湯答以陶成章「不允」。⑧其他記載也說，陳其美曾因軍需，向陶成章要求分用南洋華僑捐款，陶回答說：「你好嫖妓，上海盡有夠你用的錢，我的錢要給浙江革命同志用，不能供你嫖妓之用。」⑨

二、陶成章對陳其美在滬軍都督任內的作爲不滿。樊光回憶說：「時陳其美在滬督任上，聲名惡劣，（陶成章）當然是大不滿意，間有譏評」。⑩

三、陶成章在上海練兵，並號召舊部。據《民立報》記載，一九一一年十一月下旬，爲了進攻爲清軍盤踞的南京，陶成章曾電飭浙江溫、台、處三府，添練義勇三營，又電告南洋各機關，速匯鉅款；同時又在上海成立「駐滬浙江光復義勇軍練兵籌餉辦公處」，準備在閔行鎭一帶練兵。⑪這一舉動，自然更易引起陳其美的警惕，認爲其鋒芒是指向自己的。一九一二年初，章太炎曾勸告陶成章：「江南軍事已罷，招募爲無名。丈夫當有遠志，不宜與人爭權於蝸角間。」⑫所謂「與人爭權」，自然是指陳其美等。

南京臨時政府成立後，湯壽潛出任交通總長，所遺浙江都督一職建議在陳其美、章太炎、陶成章三人中擇一以代。從當時輿論看，幾乎是一片擁陶聲。有的說，「成章早一日蒞任，即全浙早一日之福。」⑬有的說：「非陶公代理，全局將解體矣！」⑭有的甚至說：「繼其任者，惟有陶煥卿，斯人不出，如蒼生何！」⑮章太炎也積極爲陶成章活動，認爲「浙中會黨潛勢，尤非煥卿不能拊助」。⑯陳其美不會樂意丟掉上海去當浙江都督，但由陶成章出任，陳其美也不會安枕。

當時，上海已經謠傳陳其美準備刺殺陶成章，王文慶在南京也得到「確實消息」，陶成章在滬「大不利」。⑰於是，陶成章先後避居於客利旅館、江西路光復會機關、彙中旅館、廣慈醫院等處。一月七日，他在《民立報》發表通告，內稱：

> 當南京未破前，舊同事招僕者，多以練兵、籌餉就商於僕，僕未嘗敢有所推諉。逮南京破後，僕以東南大局粗定，函知各同事，請將一切事宜商之各軍政分府及杭州軍政府，以便事權統一，請勿以僕一人名義號召四方，是所至禱。恐函告未週，用再登報聲明。

這一通告表明，陶成章已經十分清晰地感到了自身處境的危險，正在力圖使對手相信，他不會組織軍事力量，「號召四方」，構成什麼威脅。一月十一日，他又通電聲明，不能勝任浙江都督一職，電文云：

> 公電以浙督見推，僕自維輇才，恐負重任。如湯公難留，則繼之者非蔣軍統莫

屬，請合力勸駕，以維大局。⑱

蔣軍統，指蔣尊簋，同盟會會員，陶成章此舉仍然是爲遠禍保身，但是，他的「舊同事」們卻不能理解他的苦衷，沈榮卿等以「全體黨員」名義致電各報館及陶成章，電稱：

頃閱先生通告各界電，駭甚。先生十餘年苦心，才得今日之收果。吾浙倚先生如長城，經理浙事，非先生其誰任。況和議決裂，戰事方殷，榮等已號召舊部，聽先生指揮。先生為大局計，萬祈早日回浙，籌備一切，若不諒榮等之苦衷，一再退讓，將來糜爛之局不可逆料。敢布區區，敬達聽聽。⑲

這份電報不啻是陶成章的催命符。

一九一一年十二月，還在浙軍反對黃興出任大元帥的時候，陳其美就曾請浙軍參謀呂公望轉告陶成章「勿再多事，多事即以陶駿保爲例」。⑳陶駿保原爲鎮軍軍官，一九一一年十二月十三日爲陳其美槍斃，可見，當時陳其美已萌發了除陶的念頭。這時，沈榮卿等又堅持要陶成章出任浙督，並且「號召舊部」，聽陶指揮，這樣，自然使陳其美感到事不宜遲。

《事略》又說：

余因此自承其罪，不願牽累英士，乃辭職東遊，以減少反對黨之攻擊本黨與英士也。

這裏，實際上是在承認，「除陶」是陳其美指使的了。

在《事略》中，蔣介石自詡他的「除陶」是「辛亥革命成敗最大之一關鍵」，實際上，他的行爲極大地損害了革命隊伍的團結，削弱了革命力量。此後，光復會即煙消雲散，原成員和同盟會更加離心離德了。

陶案發生後，輿論譁然，蔣介石不得不避走日本；刺陶的另一兇手王祝卿逃到浙江嘉興，被當地光復會員雇人殺死。一九一二年九月，黃興、陳其美入京，共和黨設宴歡迎，邀請章太炎「同食」，但章太炎拒絕參加，他發表公開函件說：

陶成章之獄，罪人已得，供辭已明，諸君子亦當聞其崖略。自陶之死，黃興即電致陳其美，囑保護章太炎，僕見斯電，知二豎之朋比為奸，已髮上衝冠矣！㉑

黃興要求保護章太炎，但章太炎卻將黃興視爲「朋比爲奸」者，表現出對同盟會的深刻的猜忌和隔閡。

【附記】

此文原載《近代史研究》一九八七年第四期。發表後多年，發現一九四三年七月廿六日蔣介石日記云：「看總理致吳稚暉先生書，益憤陶成章之罪不容誅。余之誅陶，乃出於為革命、為本黨之大義，由余一人自任其責，毫無求功、求知之意。然而總理最後信我與重我者，亦未始非由此事而起，但余與總理始終未提及此事也。」這則日記很有意思，說明蔣始終認為他在一九一二年刺陶是「革命行動」，出於「大義」，其授意者雖並非孫中山，二人之間也始終未談及此事，但蔣介石自我估計，孫中山之所以長期信任他、重視他，卻和此事密切相關。

①章太炎：《答陶冶公代劉霖生問光復會及煥卿事書》，《浙江辛亥革命回憶錄》。浙江人民出版社版，第二五三頁。

②楊鎮毅：《光復軍攻克上海江南製造局及陳其美篡取滬軍都督之真相》，《辛亥革命回憶錄》第一集，文史資料出版社一九八一年版，第三十三頁。

③《中華民國駐吳淞軍政分府李宣言》，《民立報》，一九一一年十一月十七日。

④葛敬恩：《辛亥革命在浙江》，《辛亥革命回憶錄》第四集，第一二三至一二四頁。

⑤太炎口授，寂照筆述：《光復繼起之領袖陶煥卿君事略》，《陶成章集》，中華書局一九八六年版，第四三九頁。

⑥馬君武：《記孫文之最近運動及其人之價值》，《民立報》，一九一一年十二月二十日。

⑦魏蘭：《陶煥卿先生行述》，《陶成章集》附錄，《陶成章集》第四三六頁；參見前引太炎口述，寂照筆述：《光復繼起之領袖陶煥卿君事略》。
⑧《回憶辛亥》《辛亥革命史叢刊》（二），第一六三頁。
⑨《辛亥革命回憶錄》（六），第二八六頁。
⑩《陶成章集》，第四四四頁。
⑪《光復義勇軍紀聞》，《民立報》，一九一一年十一月廿八日；參閱許仲和《章炳麟撰龔未生傳略注》，《浙江辛亥革命回憶錄》第九十八頁。
⑫《太炎先生自定年譜》，一九一二年。
⑬《杭州電報》，《民立報》，一九一二年一月十日。
⑭《杭州電報》，《民立報》，一九一二年一月十一日。
⑮《杭州電報》，《民立報》，一九一二年一月十一日。
⑯《越鐸日報》，一九一二年一月十二日。
⑰《陶成章集》，第四三六頁。
⑱《民立報》，一九一二年一月十二日。
⑲《民立報》，一九一二年一月十四日。
⑳《光復繼起之領袖陶煥卿君事略》，《陶成章集》，第四三八至四三九頁。
㉑《卻與黃、陳同宴書》，《大共和日報》，一九一二年九月十九日。

蔣介石的早年思想

這裏所說的蔣介石的早年，指一九一八到一九二六年，時當三十二歲到四十歲之間，這一時期，蔣介石追隨孫中山革命，和共產黨合作，是他一生中比較重要的時期。但是，歷史不能割斷，一個人的思想也不能割斷，因此本文的考察範圍將適當下延。

一個人的日記往往最能反映他的內心世界。本文所用資料，以蔣介石留在大陸的日記爲主，結合史丹福大學胡佛檔案館二〇〇六年開放的蔣介石日記手稿本，少數地方則以其他資料參證。

爲什麼考察從一九一八年開始呢？因爲蔣介石此前的日記僅存片斷，其他已在福建永泰作戰時失落。

一、吸納新潮，崇拜舊學

五四以後，新思潮大量湧入，知識分子們如饑似渴地閱讀各種新式書報，企圖從中找尋救國真理，蔣介石也不例外。這一時期，他把「研究新思潮」列爲自己的學課，①自覺地、有計劃地閱讀《新青年》等刊物和社會主義、馬克思主義等方面的書籍，儼然是個思想開通、追求進步的新派人物。

蔣介石閱讀《新青年》始於一九一九年，至一九二六年，在他的日記中不斷出現有關記載。如：

一九一九年十二月四日日記云：「看《新青年》雜誌。」②

一九一九年十二月五日日記云：「上午，看《新青年》。往訪林士及執信。下午，看《新青年》。」

一九一九年十二月七日日記云：「看《新青年》，定課程表。」

一九一九年十二月十日日記云：「看（《新青年》）易卜生號。」

一九二〇年四月九日日記云：「在船中看《新青年》雜誌。」

一九二六年四月廿一日日記云：「上午看《新青年》雜誌。」

一九二六年四月廿二日日記云：「上午看《新青年》。」

一九二六年五月五日日記云：「下午看《新青年》雜誌。」

五四以後，各種新式刊物如雨後春筍，但蔣介石對《新青年》似乎情有獨鍾，除該刊及北京大學羅家倫等編輯的《新潮》外，別的刊物蔣介石很少涉獵。

經濟問題是社會發展和變革的中心問題。從蔣介石日記中可以發現，他曾經用相當多的精力鑽研經濟學的有關問題。如：

一九一九年十二月八日日記云：「下午，看孟舍路著《經濟學原論》。」

一九一九年十二月十二日記云：「看津村秀松著《國民經濟學原論》第一章。」

一九二〇年二月六日日記云：「看《經濟學》，至《社會主義》止。」

一九二五年三月三十日日記云：「船中看《經濟學》，如獲至寶也。」

一九二五年五月四日日記云：「上午看《經濟思想史》。以後擬日看《經濟思想史》及《將帥之拿破侖》數十頁。」③

在閱讀經濟學有關著作的過程中，蔣介石也偶爾寫下他的感想。一九二〇年一月十六日日記云：「看經濟學，心思紛亂，以中國商人惡習不除，無企業之可能。」④同年二月七日日記云：「看《經濟學原論》完。津村主張，皆調和派的論調，其中不能自圓其說者亦只顧滔滔不絕，誠實堪笑，亦甚堪憐也。」

研究經濟學不可能不研究馬克思主義。在這方面蔣介石同樣投入過相當的精力。如：

一九二三年九月六日日記云：「下午看馬克思經濟學說。」

一九二三年九月廿一日日記云：「下午看馬克思學說。」

一九二三年九月廿二日日記云：「下午看《馬克思學說概要》。」

一九二三年十月四日日記云：「上午復看《馬克思學說概要》，習俄語，下午看《概要》。」

一九二三年十月七日日記云：「看《馬克思學說概要》。」

一九二三年十月九日日記云：「下午看《學說概要》。」

馬克思的經濟學說給蔣介石的第一印象是深奧難讀。據他自述，《馬克思學說概要》的「經濟主義」部分，他讀了三遍，還感到「不能十分瞭解，甚嘆馬克思學說之深奧也」。⑤有時，他不得不掩卷而去，但是，讀來讀去，他終於讀出了滋味，甚至讀出了「趣味」：

一九二三年九月廿四日日記云：「今日看《馬克思學說概要》，頗覺有趣。上半部看不懂，厭棄欲絕者再。看至下半部，則倦不掩卷，擬重看一遍也。」

一九二三年十月十八日日記云：「看《馬克思傳》。下午，看《馬克斯學說》樂而不能懸卷。」

看書看到了「不能懸卷」的程度，說明蔣介石對馬克思主義已經有了相當瞭解並且相當有感情了。

《共產黨宣言》是馬克思主義學說代表作，對該書，蔣介石也有涉獵。

一九二三年十月十三日日記云：「晚，看《共產黨宣言》。」

一九二三年十月十六日日記云：「看《共產黨宣言》。」

從蔣介石日記中，還可以看出，他還多次閱讀《列寧叢書》，印象良好。一九二五年十一月十日日記云：「晚，看《列寧叢書》第五種。其言勞農會與赤衛軍之組織與所犧牲之價值，帝國主義之破產原因，甚細密也。」同年十一月廿一日日記云：「看《列寧叢書》。其言權力與聯合民眾為革命之必要，又言聯合民眾，以主義的感化與訓練為必要的手段，皆經歷之談也。」

在閱讀馬克思主義著作的過程中，蔣介石接受了某些影響。一九二五年十一月，他準備為黃埔軍校第三期同學錄作序，打算既談人生觀，也談宇宙觀，苦無心得，最後決定重點闡述「精神出自物質，宇宙只有一原」二語，顯然，這是馬克思主義唯物論的基本觀點。不過，這一時期，蔣介石又讀到了《太戈爾傳》一書，使他又從馬克思主義身邊走開了。同月十一月十二日日記云：「太戈爾以無限與不朽爲人生觀之基點，又以愛與快樂爲宇宙活動之意義。列寧以權力與鬥爭爲世界革命之手段。一以唯心，一以唯物。以哲學言，則吾重精神也。」這段日記表明：在唯心與唯物的二元對立中，蔣介石選擇了「唯心」；在「愛與快樂」和「權力與鬥爭」的二元對立中，蔣介石選擇了太戈爾學說。這成爲他後來走向基督教，拒絕馬克思的起點。⑥

這一時期，蔣介石也曾深入地研究過德、法、俄諸國的革命史。一九二三年，他認真地讀過《德國社會民主黨史》。一九二六年，他在閱讀《法國革命史》的過程中發現俄國革命和法國革命之間存在著密切的關係。六月九日日記云：「看《法國革命史》，乃知俄國革命之方法、制度，非其新發明，十有八九，皆取法於法國及改正其經驗也，可寶貴也。」可見，他對俄國革命中的許多做法是持肯定態度的。其後，他認真地閱讀《俄國革命史》一書。六月廿三日、廿六日、廿七日、廿八日，其日記都有閱讀該書的記載。七月廿一日，他開始閱讀《俄國共產黨史》。八月十一日，他在向衡州進發船中繼續閱讀《俄國革命史》，並且在日記中寫道：「甚覺有益。」值得注意的是，一直到一九三一年十二月，他還在閱讀該書。⑦蔣介石後來雖然反蘇反共，但是，在他的統治術中，仍然有不少來自蘇俄的東西。

蔣介石日記中，也常有他閱讀孫中山思想有關著作的記載。如：

一九二三年五月九日日記云：「看《平均地權論》。」

一九二五年一月九日日記云：「摘錄《精神教育》『軍人之勇』，中師之精神文辭，使人閱之而不能掩卷，可謂觀止矣！」

一九二五年一月十六日日記云：「船上看《民生主義》第三講完。到省校辦事。晚，回長洲，船中看《民生主義》第四講完。打倒帝國主義，解除人民痛苦，爲余一生事業。《三民主義》一書，博大精深，包羅萬有，而其主腦則在此二語也。」⑧

一九二六年八月七日日記云：「看《建國方略》……全以經濟爲基礎，而以科學方法建設一切，實爲建國者必需之學。總理規劃於前，中正繼述於後，中華庶有豸乎？」⑨

一九二六年八月八日日記云：「甚矣行易知難之理大矣哉，非總理孰能闡發無遺也。」

從這些記載中，不難看出蔣介石對於孫中山的崇拜心情。這種情況，使他很難聽得進任何對孫中山學說的批評。

五四時期許多新潮人物大多對中國傳統文化持強烈批判態度。蔣介石與他們不同，他雖然吸納新思想，卻並不廢棄舊學。一九一四年至一九一五年之間，蔣介石研讀王陽明、曾國藩、胡林翼三人著作，自稱「研究至再，頗有心得。甚至夢寐之間亦不忘此三集。」⑩五四前後，他喜讀諸葛亮《前出師表》和文天祥《正氣歌》等，也喜讀《心經》等佛學著作。⑪不過，他最喜讀、常讀的還是曾國藩、胡林翼、左忠棠等人的著作。一九二一年四月廿九年，他重讀《曾文正公全集》，有「舊友重逢」之感。一九二二年三月，他讀胡林翼的《撫鄂書牘》，決定「日盡一卷」。比較起來，蔣介石讀新學諸書，常常食而不化，而讀舊學諸書，則如魚得水，常常用以作爲立身處世、待人接物的原則，或用以作爲治兵、從政的軌範。如：

一九二二年三月廿五日日記云：「看胡（林翼）集，其言多兵家經驗之談，千古不易之論，非知兵者不能言，亦非知兵者不能知其言之深微精確也。」

一九二二年四月十一日日記云：「胡公之言、德、功三者，皆有可傳，而曾公獨言其進德之猛，是可知其虛心實力，皆由刻自砥礪之德育而來，其辦事全在於『賞罰嚴明、知人善任』二語中用工夫……崇拜胡公之心，過於曾公矣！」

一九二三年十一月十四日日記云：「晚，看曾公尺牘，至《覆陸立夫書》，有『事機之轉，其始賴一二人默運於淵深微莫之中，而其後人亦爲之和，天亦爲之應』。信乎，吾可不以潛移默運之人自任乎！」

這些地方，可以看出曾國藩、胡林翼等人對蔣介石的深刻影響。

一九二六年以後，蔣介石的讀書生活逐漸發生方向性的轉變，即廢棄新學，專讀舊籍。例如，他一九三四年的讀書計劃爲：王船山、顧亭林、程朱、資治通鑑、張居正、王安石、管子、韓子，沒有一本新潮方面的書。這種情況，反映出蔣介石思想的重要變化。

二、民族主義

鴉片戰爭以後，中國遭到世界資本、帝國主義的侵略，中華民族陷入前所未有的危機，因此，民族主義思想空前發達起來。

蔣介石早年即具有民族主義思想。當時主要內容是反清，宋遺民鄭思肖（所南）的《心史》曾經是他最愛讀的著作。⑫五四運動後，蔣介石的民族主義思想逐漸向反帝方向發展。

五四運動給了蔣介石以強烈震動。他高度評價中國人民在運動中表現出的鬥爭熱情和愛國精神，視為中華民族復興的希望所在。當年九月廿四日日記云：「至今尚有各界代表群集總統府門前，要求力爭山東各權利及各處排日風潮，皆未稍息。此乃中國國民第一次之示威運動，可謂破天荒之壯舉。吾於是卜吾國民氣未餒，民心不死，中華民國當有復興之一日也。」⑬一九二〇年六月，蔣介石出資五千元，與陳果夫等創立友愛公司，購買上海證券物品交易所的股票。但不久，銀價大落。蔣介石在日記中寫道：「金融機關，在外人之手，國人時受壓榨，可嘆也。」同年十一月八日，蔣介石遊覽香港，看到英人在當地大規模建設的狀況，慨嘆道：「英人之規劃宏遠，誠足浩嘆。此皆吾錦繡河山，自不能治，而使人治之，尤為可惜！」

蔣介石不僅反對外人侵佔中國土地，控制中國的經濟命脈，而且反對為洋人服務的洋奴買辦。一九二〇年九月三日，他往訪張靜江，為車夫所侮辱。下午打電話時，又為「電話手」所梗，蔣介石極為生氣，在日記中寫道：「洋奴之可惡，不止於此。凡在租界、公署及洋立公司之洋奴，皆可殺也。」蔣介石將車夫、「電話手」等類人視為「洋奴」是錯誤的，但從這段日記中不難看出他對洋場買辦一類人物的憎惡。

一九二三年九月，蔣介石受孫中山派遣，作爲孫逸仙博士代表團團長訪問蘇聯。十二月十二日乘輪自大連回上海。日本船主任意更改船期，不守信用，船中腐敗不堪。蔣介石居然由此預言：「吾料東邦帝國資本主義之命運，不久將盡矣！」

蔣介石反帝思想的高潮出現於五卅運動後。一九二五年六月廿三日，廣州群眾爲支持香港工人大罷工，舉行遊行示威，隊伍經過租界對面的沙基時，英國軍隊悍然開槍射擊。群眾死五十餘人，傷一百七十餘人，形成沙基慘案。事件發生後，蔣介石在日記中寫道：「國勢至此，不以華人之性命爲事，任其英賊帝國主義所慘殺，聞之心腸爲斷，幾不知如何爲人矣！自生以來，哀戚未有如今日之甚也。」他自黃埔赴廣州途中，覺得一路景色淒涼，天空「頓呈不可思議之紅灰色」。第二天，他在發病高燒中仍集合士兵講話。第三天，他在日記提要欄目中寫下：「如何可以滅此橫暴之陰（英）番？」自此，他逐日在日記中書寫「仇英」標語，總計約近百條，如：

英虜皆可殺！

英仇可忍耶！

毋忘英番之仇！

英虜我必殲汝！

英夷可不滅乎！

汝忘英虜之仇乎？
英夷不滅非男兒！
英番不滅革命不成！
英番不滅能安枕乎？
漢有三户，滅英必漢。
英虜，我的同志為你殺害！
英番不滅，國家焉能獨立！
英夷不滅，焉能解放世界人類！
一年將匝，英番如故，竊自愧餒弱。
新年又逾二日，試問對付英夷工作成效如何？
舊曆新年已越一日，英番盤踞如故，思之痛徹骨髓。
英夷氣焰方張，當亟圖最後對付，不可徒幸其國內工黨革命也。

等等。凡此種種，和中國人民當時同仇敵愾的感情是合拍的。

蔣介石把「英虜」、「英夷」看作是中國人民的頭號敵人，「英虜」、「英夷」也必欲除蔣介石而後快。一九二五年十月十九日蔣介石日記云：「陰（英）番勾通北段（祺瑞），竟以十萬金懸賞執余。」廿一日日記云：「陰番畏我益甚，而謀我更急乎！」

轟轟烈烈的省港大罷工給了港英當局以沉重打擊。一九二六年三月下旬，港英當局得到英國政府授權，決定提供一千萬元借款，用於改良廣州市政，企圖以此爲餌，誘使國民黨人結束罷工。當時，廣州市長伍朝樞和孫科都有意接受英國條件，遊說蔣介石，爭取支持，但蔣介石卻堅決抵制。四月十四日日記云：「梯雲急於解決罷工問題，以貪英國借款，推其意爲英人所利誘，余反對之，並斥其妄。不料哲生爲彼所愚，後以余據理反對，彼亦無異詞。」同年七月廿一日，廣州工人糾察隊因英僑拒絕檢驗貨物，扣留其船舶及商人二名，港英當局派兵佔領深圳車站。當日日記云：「蠻番不問理由，即將我深圳車站派兵佔領，事之可恥孰甚於此！」次日日記再云：「得陰（英）番佔領深圳之報，不勝憤激，乃與鮑顧問磋商應付諸事。」可見，蔣介石的反英並非只是一時熱情。

除英國外，蔣介石對美、法等國也持警惕態度。其日記云：「英番可滅，美、法亦不可玩忽！」對美國外交，更曾嚴厲批判。一九二六年一月七日，蔣介石接見美國新聞記者，「痛詆美國外交政策之錯誤及其基督教之虛僞。」

不過，應該指出的是，儘管蔣介石早年思想中具有激烈的反帝成分，但是，他在北伐期間的行動卻是十分審慎、溫和的。一九二六年末至一九二七年初，他多次向日本方面伸出橄欖枝。一月二日，通過黃郛向日本駐武漢總領事高尾亨表示：「國民黨軍斷不會對租界發難」，「目前只希望對租界組織實行改良（例如給中國人參政權等）便可滿足，並打算採取緩進的、合理的、和平的手段實現這一目的。」⑭同月廿五日，蔣介石接見日本駐九江領事大和久義郎，說明自己奉行的外交方針是：尊重歷來的條約，不採取非常手段和直接行動加以廢除，一定負責償還外債，充分保護外國企業。⑮同月底，他在廬山會見留日時的老師小室靜時也表示：「對於上海租界不欲以武力收回。既佔領杭州、南京等地後，擬即提出收回上海租界之合理的提議。若各國對於此合理的要求不予採納，則更講求他種手段。」⑯這些思想，後來進一步發展為對外妥協政策。

三、社會觀

蔣介石出身鹽商之家，社會地位不高，又早年喪父，自幼即受土豪劣紳的歧視和壓迫，因此，極不喜歡鄉村士紳階層。⑰一九一九年二月，他在閩南長泰軍中，憶及往事，勾起宿憤。廿六日日記云：「吾國紳耆階級之不破，小民終無樂利之一日。」一九二一年十月，蔣介石在家鄉興辦武嶺學堂，受到鄉紳的阻撓，廿八日日記云：「鄉愿阻礙不少。周星垣之守舊迂闊，不可言狀，鄉間事辦理之難如此。」廿九日又稱：「鄉居極感痛苦，事事為鄉愿所阻礙，不能改良稍些，愧恨無涯。」他甚至發誓：「鄉愿不死，殊無回鄉之樂，甚想不願來鄉也」。⑱

蔣介石也不喜歡商人和資本家。一九一九年十月十二日日記云：「政客、武人、官僚之外，商人之狡猾勢利，尤為可惡。資本家不掃除殆盡，則勞動家無樂利自由之道。」他甚至說：「為平民之障礙者，不在官僚與武人，實在資本家與紳耆扞格其間。以致一切權力不能伸張，一切意思不能自由。而政客、議員，名爲民意代表，實則媒介於紳耆、官僚之間。凡有罪惡，皆此種蟊賊所造成者也。吾以爲革新社會，資本家與紳耆二者之中等階級，須先掃除廓清。」

蔣介石在上海經營交易所，從事證券與棉紗等物品買賣期間，目睹董事們傾軋、壟斷的黑幕，更增加了他對資本家的厭惡感。一九二○年一月廿四日日記云：「赴開元會議交易所選舉董事。商人積弊，仍不能脫把持與專制，大股份壓制小股份，大多數壓迫小多數，舞私牟利，壟斷其間。小商人中雖有達材正士，不能施展一籌，以致中國實業，日趨衰落，安得將此種奸商市儈一掃而空之，以發榮社會經濟也。」⑲

在受到交易所中「大股份」壓迫的同時，蔣介石也感受到房東的壓迫與欺詐，進一步增加了他對資本家的憎惡。蔣介石同年十二月九日日記云：「晚，爲房東朱子謙作惡不仁，心甚憤激，資本家之害人焉大矣哉！」不僅如此，房東還企圖吞沒蔣妾姚冶誠寄存的交易所單據。同月廿二日，蔣介石日記云：「爲富不仁，復欲害人，居心毒極！滬上商人行爲卑陋至此者，見不一見，亦無足怪，惟恨冶誠之生事也，氣極矣！」

以交易所的活動爲紐帶，蔣介石結識了上海資產階級形形色色的人物。對他們，蔣介石日記常有嚴厲的批評。一九二一年五月十一日云：「知交股價落，不勝煩悶。遇盛四及一班無賴，社會之形態醜劣，嫌惡實甚，無可如何也。」一九二一年十一月廿八日云：「中國商人，見之頭痛。商家利祿之心，狡猾之謀，過於官僚也。」一九二三年二月三日云：「又因奸商妒忌，發怒憤激，殊非其道。」凡此種種，都表露出蔣介石對資本家和商人們的憎惡。

對軍閥，蔣介石在日記中也多所指斥。如：

一九一九年八月二十日日記云：「看《申報》，知浙江僞督楊善德已於十二日病斃，繼其任者爲盧永祥。羊死驢繼，吾浙其無噍類乎！」

一九二一年三月廿七日日記云：「北方無不倒之理，惟在吾黨能起而應之耳！」

一九二三年六月十四日日記云：「黎元洪違法入京，就總統之位，從此天下又起紛糾，政客、議員之肉，其足食乎？恨手無寸鐵，不能一掃荊棘，憂悶無已。」

一九二五年十二月一日日記云：「郭（松齡）宣言討張作霖而戴張學良，可稱滑稽。然如此矛盾，則北方大小軍閥不能不自行瓦解耳。舊時代崩潰之症象，於此益明矣！」⑳

一九二六年七月十二日日記云：「余以關稅會議爲賣國條件，決心與吳佩孚宣戰，通告中外。」

這些日記表明了蔣介石反對北洋軍閥的鮮明態度與立場。

與憎惡商人、資本家相反，蔣介石對工人有一定同情。

蔣介石對工人接觸不多，對中國工人階級的勞動與生活狀況也瞭解不多。一九二一年八月，蔣介石在鄉監督改建廳屋工程，目睹工人辛勞狀況，有所感動。廿八日日記云：「工人之辛苦危險，可謂極矣，資本家見之，如無慈悲之心，非人也。」十月廿一日日記繼云：「自嘆爲我一人，而苦彼二十工人，自朝至暮，除食事外，毫未休息，每日足作十小時餘苦工。嗚呼！小工何罪，其苦如此，資本家與勢力家之不勤儉自持，厚利報工，其必爲神人所不容。不必言近世之潮流如何，徒問你自己良心過得去否耶！可不警惕乎？」十一月六日日記再云：「工人困苦，小工更苦。工場法如不速實行，小工無法保護，中國人民只見死亡病傷，決無完全生存之理。有責者其可不惻然設法，實行提倡乎？」這些地方，顯示出蔣介石願意通過社會改良的途徑改進工人的生活待遇。

一九二五年七月七日，蔣介石向國民黨中央軍事委員會提出「革命六大計劃」，其中說：「工人為革命中有力之成分，且對於吾革命前途之難易成敗，實有莫大之影響。」但是，他的具體建議只有「吾革命政府，宜努力安置為我國犧牲之失業工人」，「利用罷工工人建築道路」等寥寥數語。值得注意的是，他曾提出：對罷工工人，可「酌加編制，施以軍事及政治之訓練，以植工人軍之基礎」。㉑不過，這一思想，對蔣介石說來，恰如火星一閃，後來的正式文本就被修改得很模糊了。㉒

在北伐進軍途中，蔣介石還同意工人在特殊情形下可以管理工廠。一九二六年九月，蔣介石參觀安源煤礦，發現廠主無能，受到日本資本壓制，停工近一年，便主張：「工人乘此廠主放棄權利時，起而自己管理也。」㉓不過，蔣介石只同意對工人生活作一定程度的改良，而堅決反對階級鬥爭。還在北伐出師前夕，他就宣布：「階級鬥爭及工農運動的罷工鬥爭，在戰時是破壞敵人的力量和方法，對付敵人是可以的。若是在本黨和政府之下，罷工就算是反革命的行動。」㉔北伐出師之後，國民革命軍佔領地區的工人運動日漸發展，蔣介石曾發表文告，要求商人不要拒絕工人的「急迫要求」，「早早解決了工潮」，同時則要求工人集中在「本黨之下」，「受本黨指揮」，「非但不應該仇視商人，並且須在可能範圍內急謀諒解」。㉕此後，罷工日漸頻繁，蔣介石仇視工人運動的態度日漸明顯。一九二七年一月底，他與小室靜談話，一方面聲稱「勞動者地位之向上與幸福之增進，乃吾等之主義，故不能中途而輟」，表示不能動用軍隊來「制止勞動者之罷工」，但同時又說：「唯勞動者苟有跋扈行為，甚且危及國際關係，亦不能過於放任，彼時或採非常手段，亦未可知。」㉖這些地方，已經預示了他日後的行動方向。

蔣介石一度認為，中國「不存在大土地佔有制」，「中國很少發生大土地所有者與農民之間的衝突」。㉗但是，蔣介石的早年日記顯示，他對土地問題還是關心的。一九二六年二月三日，蔣介石與鮑羅廷談話，鮑主張以「解決土地問題為革命之基礎」，蔣介石表示贊成，日記云：「余亦以為然，惟憂無法引起全國大革命耳。」但是，這以後，蔣介石逐漸傾向於北伐期間，暫不提出土地問題。㉘出師前夕，鮑羅廷建議發佈土地政綱，蔣介石不贊成；鮑提議攻克武漢時發佈，蔣還認為太早。㉙不過，他仍然在思考和研究這一問題。同年七月三十日，他收到鄧文儀的俄國來信，述及土地問題，日記云：「土地制不外土地國家化（即歸國有）與土地社會化（即歸社會分配），如太平天國制是也。」次日再云：「近日甚思研究土地問題，有一解決之方。」八月一日，他在湖南九峰村致電張靜江、譚延闓，要他們和鮑羅廷商量，在國民黨中央設立土地制度委員會，規定詳細辦法，或根據「平均地權」所言，再加細定，「逐條登報，公諸國人參考，且可臨時應用也」。㉚

一九二六年十二月七日，國民黨中央部分人員及鮑羅廷等在廬山開會，討論各地工農運動問題。會議「對工人運動主緩和，對農民運動主積極進行，以爲解決土地問題之張本」。蔣介石在會上表示：「只要農民問題解決，則工人問題亦可解決也。」㉛這一時期，蔣介石所率領的北伐軍受到湖南各地農民協會的熱烈歡迎和積極支持，因此，蔣介石對農民運動和農民協會都相當有好感。八月三日日記云：「各村人民與農會有迎於十里之外者，殊可感也。農民協會組織尤其發達，將來革命成功，還在湖南爲最有成績。」

民國期間，使用奴婢的現象仍普遍存在。奴婢們大多沒有人身自由，受到各種虐待。蔣介石對奴婢有一定同情，主張禁止畜奴。一九一八年，蔣介石在福建永泰軍中，聽到一陳姓主婦毒打婢女之聲，很爲之不平。一九一九年九月，又見到鄰婦虐待婢女，較往日陳婦尤甚，憤慨地在日記中寫道：「中國奴婢之制不革除，尙何有社會平等之可言乎！吾覺欲求人類平等，第一當先除奴婢毒制也。」㉜

蔣介石還反對家族觀念。一九二〇年一月廿三日日記云：「家族觀念打不破，家族範圍跳不出，埋沒古今多少英雄。」㉝

以上種種，都表現出蔣介石所受五四後新思潮的影響。

出於對舊社會的厭惡，蔣介石有改造中國社會的志向。一九一九年十一月，蔣介石在日本，發現各書坊中社會主義書籍特多。四日日記云：「吾知其社會改革必不遠也。以中國人民不識字者之衆，提倡革命，不及十年而得實行，則今日日本人民之智識普及，其改革進程之速，更可知矣！」當時，日本自然主義作家武者小路實篤接受空想社會主義和克魯泡特金的互助論等思想影響，提倡新村主義。蔣介石在日本讀到了《新村記》一書，有所觸動，即萌生「改造本鄉」的念頭。㉞一九二〇年十二月，他自覺「矜張自肆，暴躁不堪，對於社會厭惡更甚」。㉟日記云：「我對中國社會，實厭惡已極，其將何以謀脫也？」㊱這一時期，他對邵元沖等宣稱：「中國宜大改革，宜徹底改革。」㊲

早期，蔣介石認爲中國缺乏實行共產主義的條件，但對共產主義並不反感。一九二〇年二月二日日記云：「書廚包工來，欺僞百出，心甚嫌惡。中國工人之無道德，無教育如此。對於共產事，甚抱悲觀。非從根本上待其心理完全改革，教育普及之後，斷乎談不到此。」㊳一九二三年蔣介石出使莫斯科時，認爲中國革命應分兩個階段，第一階段是實行民族獨立和政治民主，第二階段才是宣傳共產主義，實行「經濟革命」、「社會革命」。㊴一九二五年十二月，他在《陸軍軍官學校第三期同學錄序》中稱：「吾爲三民主義而死，亦即爲共產主義而死」，「三民主義之成功與共產主義之發展，實相爲用而不相悖」云云。㊵衡之以他在日記中表現出來的思想，他的上述言論當非完全是違心之言。

四、左右之間

孫中山在世時，國民黨內部在聯俄、容共等問題上，即有不同意見。孫中山去世後，迅速形成對立的兩派，通稱左派與右派。

蔣介石最初站在左派方面。一九二五年十一月廿三日，林森、鄒魯、謝持等在北京西山召開會議，通過《取消共產黨員國民黨黨籍》、《鮑羅廷顧問解雇》等案。十二月廿四日，在上海另立中央。同月下旬，廣東右派組織孫文主義學會的王柏齡等人準備示威回應。廿八日晚，蔣介石從汪精衛處得到有關消息，當日日記云：「王柏齡糊塗至此，可惡殊甚，嚴電阻止，不知有效否？」

當時，蔣介石反對在軍中形成派別。一九二六年一月二日日記云：「下午，對各將士痛誡派別之惡習，不禁淚下。」當時，在黃埔軍校中，與孫文主義學會對立的是左派組織中國青年軍人聯合會。二月二日，他約孫文主義學會與青年軍人聯合會兩派幹部開聯席會，限令高級官長退會，同時要求雙方幹事互入兩會，企圖消弭二者之間的界限。四月，又進一步要求兩派組織同時取消。

「三・二〇」事件後，右派紛紛做蔣介石的工作，企圖爭取他站到自己一邊。四月三日，劉峙、古應芬、伍朝樞三人陸續見蔣，進行遊說。蔣介石日記云：「右派徒思利用機會，聯結帝國主義以陷黨國，甚可嘆也」。同月五日，宋子文向蔣介石反映，廣州右派計擬召開市黨部大會，舉行示威，蔣介石立即函廣州公安局長吳鐵城，加以制止。次日，蔣介石並通電反對西山會議派在上海召開的國民黨第二次全國代表大會，表示「誓為總理之信徒，不偏不依，惟革命是從。凡與帝國主義有關係之敗類，有破壞本黨與政府之行動，或障礙我革命之進行，必視其力之所及掃除而廓清之。」㊶

蔣介石反對右派的立場一直持續了很久。北伐期間，樊鍾秀一直在河南南部活動，組織軍事力量，企圖回應北伐。一九二六年八月，蔣介石聽說居正、謝持有離間樊鍾秀等與北伐軍的打算，憤怒地在日記中寫道：「彼等誠反革命矣！」㊷同年九月十六日，蔣介石會見田桐、周震鱗後，在日記中留下了「其語不堪入耳」的記載。

不過，由於蔣介石在聯俄、容共問題上和西山會議派的觀點有相通之處，因此，最終必然會走到一起。一九二六年五月廿二日日記云：「總理責任交給國內青年，願以奮鬥之青年贊成國民黨，然而非欲黨員對三民主義疑為不徹底之革命也。如言不徹底，則俄國革命迄今仍未徹底也，不革命一語，為宣布革命黨員之死刑，聞者無不反對，革命必致破裂。應聯合革命的新舊黨員對外也。」這段日記，已經預示著他和西山會議派矛盾的溶解。

五、革命觀

一九二三年，蔣介石訪問蘇聯，原擬請蘇方支持國民黨人在蒙古的庫倫建立軍事基地，遭到拒絕。他滿懷期望訪問蘇聯，卻沒有得到什麼具體成果。但是，他卻總結出了一條經驗——必須獨立，自動，不受外人支配。

蔣介石在訪問蘇聯時，遇到過一個名為趙世賢的中國青年，相談融洽。離開蘇聯時，蔣介石又和這位年輕人作了一次談話：「略述此次來俄經過情形，戒其毋為外人支配。」此後，蔣介石即力圖擺脫共產國際和蘇聯對中國革命的控制，並力圖和左派及中共爭奪對中國革命的領導權。一九二六年三月八日，蔣介石與汪精衛商決「大方針」。蔣稱：「中國國民革命未成以前，一切實權皆不宜旁落，而與第三國際必能一致行動，但須不失自動地位也。」㊸同月三十日，又在日記中表示：「只要大權不旁落外人之手，則其他事皆可遷就也。前日政府事事聽命於外人，以致陷於被動地位，此非外人之故，而精衛自讓之也。」五月廿一日日記再云：「革命須求自立，不可勉強遷就。世界革命應統一指揮，但各國革命政權仍須獨立，不能以用人行政亦受牽制。」這時，蔣介石孜孜以求的是他能獨立自由地處理中國革命的各種問題。當年十二月，蔣介石聽說托洛茨基將要出使中國，將希望寄託在他身上，廿九年日記云：「黨務、政治不能自由設施，則勝無異於敗也，托氏來華，或能改正，而本身應具獨立之心也。」

蔣介石的蘇聯之行還使他得到了一條經驗，即革命必須由「一黨來專政和專制」。他開始致力於「一個主義、一個黨」的宣傳和努力，並以此爲指標，處理國民黨內的左右派紛爭。一九二六年六月七日，他在黃埔軍校發表演講稱：「俄國革命所以能夠迅速成功，就是社會民主黨從克倫斯基手裏拿到了政權……什麼東西都由他一黨來定奪，像這樣的革命，才真是可以成功的革命。我們中國要革命，也要一切勢力集中，學俄國革命的辦法，革命非由一黨來專政和專制是不行的。」同月廿六日，他與邵力子談話，強調「革命以集中與統一爲唯一要件」。㊹不久，他即派邵力子赴蘇，出席共產國際執委會第七次擴大全會，要求共產國際承認中國國民黨是中國革命的領導者。

誰妨礙革命的統一和集中呢？蔣介石覺得是中共。一九二六年三月九日日記云：「共產分子在黨內不能公開，即不能開誠相見。辦世界革命之大事而內部分子貌合神離，則未有能成者。」於是，他的第一步便是限制共產黨的發展。一九二六年五月十四日日記云：「對共黨提出條件雖苛，然大黨允小黨在黨內活動。無異自取滅亡。」五月十六日，他訪問鮑羅廷，表示「甚以兩黨革命，小黨勝於大黨為憂，革命不專制不能成功為憂。」五月廿七日，他在高級訓練班致開學詞，聲稱為「集中革命勢力」，加入國民黨之共產黨應退出共產黨。六月八日，他明確向鮑羅廷提出：「共產分子在本黨應不跨黨理由」。㊺

由於鮑羅廷等人的抵制，蔣介石要求跨黨共產黨員退出共產黨目的未能實現。此後，蔣介石日記中不滿共產黨發展與活動的記載日增。如：

一九二六年七月三日日記云：「各處宣傳，多是CP，心甚不悅。」

一九二六年八月廿三日日記云：「閱《嚮導》報，陳獨秀有誹議北伐言論，其用意在減少國民黨信仰，而增進共產黨地位也。」

一九二六年八月三十日日記云：「他黨在內搗亂，必欲使本黨糾紛分裂，可惡也。」

這樣，他雖然知道「總理策略既在聯合各階級」，表示「余不願主張違教分裂」，㊻但他最終還是走上了和共產黨「分裂」的道路。

蘇俄創立了一黨制和無產階級專政學說，沒有想到，蔣介石即以其人之道，還治其人之身，用以對付共產國際和中共。

六、結束語

蔣介石的日記表明：一、他早年追隨孫中山革命，有一定思想基礎；和共產黨合作，也有一定思想基礎。二、在若干問題上，早年的蔣介石與共產黨以及國民黨左派之間有一定分歧。這些分歧，屬於革命陣營的內部矛盾，並非革命與反革命的對立。後來在這些分歧基礎上演化爲爭取領導權的鬥爭，並進而演化爲你死我活的生死鬥爭，是不幸的、遺憾的。三、蔣介石既是國民黨中心主義者，也是個人中心主義者。在蔣看來，他自己就是革命的化身、真理的化身，凡與他持不同意見或反對他的人都是「敗類」或「反革命」，都需要加以「制裁」。一九二七年二月，他在南昌演講稱：「我只知道我是革命的，倘使有人要妨礙我的革命，那我就要革他的命。」㊼這段話，典型地表露出他的個人中心心態。同一時期，他在日記中表示：「鮑爾廷固爲罪人，而一般趨炎附勢之敗類更可殺也。」㊽這一段話，是對他上述演講中「革他的命」一語的注腳，不久之後進行的武力清黨已經在此埋下了伏筆。

【附記】

本文中文本原載紐約天外出版社二〇〇二年九月出版的《慶祝吳教授相湘先生九十華誕論文集》，收入拙著《蔣氏秘檔與蔣介石真相》，原有「蘇俄觀」一節，因本書另有專文，故刪去。

①蔣介石一九二〇年一月一日日記云：「預定今年學課如下：一、俄語。二、英語。三、哲學。……十五、新思潮的研究。按，本日日記手稿本已破損，此據《蔣介石日記類抄》（稿本）。

②原據《蔣介石日記類抄·文事》，今據《蔣介石日記》（手稿本）校核，以下均同，不一一注明。

③《蔣介石日記類抄·文事》，一九二五年五月四日。

④手稿本殘損，此據《蔣介石日記類抄·文事》，一九二〇年一月十六日。

⑤《蔣介石日記》（手稿本），一九二三年十月十日。

⑥蔣介石一九三一年四月十五日日記云：「共產主義實為一宗教，亦可謂之馬克思教，以其含有世界性無國界者也。耶穌教亦不講國界，完全以世界為主。蓋凡稱為宗教者必帶有世界性，而且皆排擠他教與其他主義，而以唯我獨尊者也。其目的則皆在救人，然而其性質則大有區別。馬克思以物質為主，是形而下之哲學，並以恨人為其思想出發點。其所謂救人者，單以工人一階級為主。其於後世之今日，則一般共黨徒越趨越下，而以卑劣仇殺為其本分，是其單欲挾工人階級利己主義，以物質誘人深入罪惡也。基督教以博愛救世為主義，今日共產黨之唯一大敵，且其以精神感化世人自新，故今日反對共產黨者當以聯合基督教共同進行。」

⑦《蔣介石日記》（手稿本），一九三一年十二月三十日。

⑧《蔣介石日記類抄·文事》，一九二五年五月四日。

⑨手稿本殘損，此據《蔣介石日記類抄·文事》，一九二六年八月七日。

⑩《蔣介石回憶民國四年以後之事略》（手稿本），一九三二年二月廿一日。

⑪《蔣介石日記》（手稿本），一九二三年二月三日：「晚，看《心經》，甚覺虛空之理不誤也，以後擬多看佛經。」

⑫蔣介石一九三四年六月廿二日日記云：「友人贈我鄭所南先生之《心史》，如逢故友。此史為余少年在倭時最愛讀之書，促進我革命情緒不少也。」

⑬手稿本殘損，引文參用《蔣介石日記類抄·黨政》。

⑭《高尾致幣原電》，一九二七年一月二日；又，《幣原大臣在樞密院關於中國時局報告綱要》，一九二七年二月二日；均見日本外務省文書，SI6154。

⑮《最近中國關係諸問題摘要》第二卷，日本外務省文書，SP166。

⑯《蔣介石最近之重要表示》，《台灣民報》，一九二七年三月廿七日。

⑰蔣介石《報國與思親》：「其時清政不綱，胥吏勢豪，夤緣為虐。吾家門祚既單，遂為覬覦之的，欺凌脅迫，靡日而寧。」

⑱《蔣介石日記》（手稿本），一九二二年十一月廿九日。

⑲手稿本殘損，此處引文，參用《蔣介石日記類抄·雜俎》。

⑳手稿本殘損，此據《蔣介石日記類抄·黨政》。

㉑《軍事委員會提議案》，《蔣中正總統檔案》，臺北國史館藏；參見《蔣介石年譜初稿》第三八六頁。

㉒《蔣介石年譜初稿》修改為：「吾革命政府宜努力安置為國犧牲之失業工人，以解決其困難，並設立兩廣工路局，以為解決之方，兼寓大元帥提倡工兵之至意。」見該書第三八六頁。按，此書即毛思誠

《民國十五年以前之蔣介石先生》一書的原稿，檔案出版社一九九二年版。

㉓《蔣介石日記》（手稿本），一九二六年九月二十日。

㉔《戰時工作會議之第三日》，《廣州民國日報》，一九二六年六月廿六日。

㉕《蔣總司令告武漢工商同胞書》，《廣州民國日報》，一九二七年一月五日。

㉖《蔣介石最近之重要表示》，《台灣民報》，一九二七年三月廿七日；參見FO,405,Vol.252,pp431-433. Public Record Office,London.

㉗文件八十七，《聯共（布）、共產國際與中國國民革命運動》（一），第二九八頁。

㉘蔣介石一九二六年七月廿三日日記云：「與鮑顧問談革命方略及政治主張，彼以余言為然，而獨以土地問題緩提為念也。」

㉙《中局致北方區信》（一九二六年八月十一日），《中共中央文件選集》（二），第二九五頁。

㉚《革命文獻拓影》，第六冊，《蔣中正總統檔案》；又一九二六年九月十二日《共產國際執行委員會遠東局使團關於對廣州政治關係和黨派關係調查結果的報告》稱：「蔣介石重新轉向了社會輿論，他的政治行為又變得更明確了。國民黨中央收到了蔣介石要求起草土地法的建議。」見《聯共（布）、共產國際與中國國民革命運動》（三），北京圖書館出版社一九九八年版，第四七七頁。

㉛手稿本殘損，此據《蔣介石日記類抄·黨政》，一九二六年十二月七日。

㉜《蔣介石日記》（手稿本），一九一九年九月十四日。

㉝手稿本殘損，此據《蔣介石日記類抄·家庭》。

㉞《蔣介石日記類抄．文事》，一九一九年十一月廿二日。

㉟《蔣介石日記類抄．雜俎》，一九二〇年十二月卅一日。

㊱《蔣介石日記》（手稿本），一九二〇年十二月十一日。

㊲轉引自《邵元沖致蔣介石函》，《蔣介石年譜初稿》第五十七頁。

㊳手稿本殘損，此據《蔣介石日記類抄．雜俎》補。

㊴蔣介石：《孫逸仙代表團關於越飛五月一日東京電中所提建議的備忘錄》，英文打字本，中國第二歷史檔案館藏；參見蔣介石在共產國際執委會會議上的報告，《聯共（布）、共產國際與中國國民革命運動》（一）第三三二至三三三頁。

㊵《蔣介石年譜初稿》，第四六八頁。

㊶《蔣介石年譜初稿》，第五五四頁。

㊷《蔣介石日記》（手稿本），一九二六年八月廿一日。

㊸《蔣介石日記》（手稿本），一九二六年三月八日。

㊹《蔣介石日記》（手稿本），一九二六年六月廿六日。

㊺《蔣介石日記》（手稿本），一九二六年六月八日。

㊻《蔣介石日記》（手稿本），一九二六年五月十四日。

㊼上海《民國日報》，一九二七年四月十六日。

㊽《蔣介石日記》（手稿本）一九二七年二月廿六日。

「天理」與「人欲」的交戰
——宋明道學與蔣介石早年的個人修身

儒家學派認爲：修身是人生的第一大事，也是各項事業的起點。《大學》有所謂「大學之道，在明明德」的說法，又有所謂「修身、齊家、治國、平天下」的人生程序。到了宋明時代，道學家們提出了以「存天理，去人欲」爲核心的一系列修身主張，一方面將儒學倫理規範上升到「天理」的高度，一方面則前所未有地細密設計了各種遏制「人欲」的辦法。

蔣介石很早就接觸宋明道學，不僅是服膺者，而且是身體力行者。在他的日記裏，有大量修身的記載。從中不僅可以看出他的個人修養歷程和極爲隱秘的內心世界，而且可以看出他早年的三重性格特徵：上海洋場的浮浪子弟，道學信徒，追隨孫中山的革命志士。

一、重視修身，按照道學家的要求進行修養

蔣介石年輕時沒有受過良好教育，養成了許多壞毛病。辛亥革命之後，「狹邪自娛，沉迷久之。」①一九一九年七月廿四日，他回憶當時經歷，在日記中對自己寫下了「荒淫無度，

辦理無狀」的八字考語。②由於這些壞毛病，在相當長的一段時期內，朋友們不大看得起他。一九二〇年三月，戴季陶醉酒，「以狗牛亂罵」，蔣介石一時激動，閃過與戴拚命的念頭，但他旋即冷靜下來，檢討自己，「彼平時以我爲惡劣，輕侮我之心理，亦於此可見一般」，「我豈可不痛自警惕乎」！③一直到三〇年代，蔣介石想起早年種種劣跡，還痛自悔恨。日記云：「少年師友不良，德業不講，及至今日，欲正心修身孝友，已失之晚矣！」④又云：「少年未聞君子大道，自修不力」，「至今悔之不及」。⑤一言之不足，反覆言之，當係出於內心，而非泛泛虛語。

爲了克服年輕時期形成的這些壞毛病，蔣介石曾以相當精力閱讀道學著作，企圖從中汲取營養。一九一九年五月廿四日日記云：「今日有研究性理書，思憤發改過，以自振拔之機，甚矣不求放心也久矣。」所謂「性理書」，指的就是宋明以來道學家們的著作。蔣介石不僅讀，而且選抄對自己進德有用的語錄，寫入日記，甚至作爲自己的箴言或座右銘。例如，一九一九年，他爲自己選擇的箴言是「靜敬澹一」四字，同年八月，增改爲「精渾澹定，敬庶儉勤」八字。一九二三年一月五日，他模仿道學家的做法，自製銘文：「優遊涵泳，夷曠空明，曄然自充，悠然自得，此養性之功候也。提綱挈領，析縷分條，先後本末，慎始圖終，此辦事之方法也。」⑥在此之後，他仍然覺得意有未足，又抄錄道學家們常說的「修己以嚴，待人以誠，處事以公，學道以專，應戰以一」諸語，作爲對自己立身處世的要求。⑦

宋明道學有所謂理學和心學兩派。前者以朱熹爲代表，後者以陸九淵、王陽明爲代表。蔣介石涉獵過朱熹的著作，例如一九二三年一月四日日記云：「晨興，思良友，竊取乎朱子『從容乎禮法之場，沉潛乎仁義之府』二語以自循省。」⑧可見，他對朱熹的學說有所瞭解。哲學史上有所謂朱陸異同之爭，或是朱非陸，或是陸非朱，蔣介石對兩派均無所軒輊，日記中也常有讀王陽明著作的記載。如：一九二六年十一月十七日日記云：「車中悶坐，深思看陽明格言。」

在這一方面，他是兼收並蓄的。

宋明以後的道學家中，蔣介石最喜歡曾國藩，很早就用功研習他的著作。一九二一年日記云：「晚編（閱）《曾文正公全集》。此書已經看過，甚以爲遺失於永泰縣之役。今竟復見，不啻舊友重逢也。」⑨永泰之役，指一九一八年九月蔣介石在福建討伐李厚基的一次戰鬥。此戰中，蔣介石中敵緩兵之計，倉促中棄城出走，僅以身免，隨身攜帶的曾國藩著作連同日記等物遺失殆盡。蔣既自稱「不啻舊友重逢」，可見他對曾著的感情。

二〇年代，蔣介石仍然喜讀曾國藩的著作。一九二二年歲首，他曾節錄曾國藩的「嘉言」作爲自己的「借鏡」。其內容有：「慮忘興釋，念盡境空」；「涵詠體察，瀟灑澹定」；「韜光養晦，忍辱負重」；「以志帥氣，以靜制動」；「事親以得歡心爲本，養生以少惱怒爲本，立身以不妄言爲本，居家以不晏起爲本，做官以不愛錢爲本，行軍以不擾民爲本」；「軍事之要，必有所忍，乃能有所濟；必有所捨，乃能有所全」等。一九二五年一月二日，他又將曾國藩的「懲忿窒欲」，「逆來順受」，「虛心實力」，「存心養性」，「殫精竭力」，「立志安命」等「嘉言」抄在當年日記卷首。可見，他在力圖按曾國藩的訓導立身處世。其後，蔣介石多次在日記中給予曾國藩以高度評價，如：

一九二五年一月九日日記云：「看《曾文正公雜著》，其文章真可告不朽矣！」

一九二五年二月十日云：「終日在常平站候車，看曾公日記，以勤、恕、敬三字相戒，可爲規範矣。」

一九二六年三月八日云：「昨今兩日，看曾公《嘉言抄》，乃知其拂逆之端，謗毀之來，不一而足。而彼勸其弟以咬牙立志，悔字訣與硬字訣，徐圖自強而已。」

曾國藩之外，蔣介石也很敬佩胡林翼。胡有云：「林翼至愚，當不自作聰明；亦惟林翼頗聰明，當不自用其愚。」一九二二年三月，蔣介石讀到這段話，不禁悚然嘆惜，日記云：「可知我自作聰明，實爲至愚之人，以後切不可自作聰明也。」⑩胡集中曾論及「愚公移山」、「精衛銜石」等古代寓言或神話，蔣介石讀後深有所感。日記云：「因知成功之難，非一朝一夕之可能也。今日之事，固非三五年不能收一段落，豈可心猿意馬，朝三暮四，猶豫不決，輕舉妄動，來往隨便乎！以後應不再作回家掃墓之想，吾母有靈，其亦以此爲慰安乎！」⑪胡集書牘中云：「所望有兵柄者，日夜懸一死字於臥榻之旁，知此身之必死則於以求生，或有生機。」蔣介石讀後特別將它們節錄下來，用以自勵。

道學著作中有《菜根譚》一書，蔣介石也很喜歡。一九二六年三月七日日記云：「途中看《菜根譚》，以毋憂弗逆與不爲物役二語最能動心。」

蔣介石不僅認真讀道學書，而且也真像道學家一樣進行修身。道學家中朱熹一派普遍主張「省、察、克、治」，蔣介石也照此辦理。

一九一九年十月廿三日日記云：「過去之罪惡，悔恨莫及；將來之嗜欲，奢望無窮。若不除此二者，將何以求學立業也。」

一九二〇年一月十七日日記云：「中夜自檢過失，反覆不能成寐。」⑫

一九二三年十月廿五日日記云：「今日仍有幾過，慎之！」⑬

一九二五年二月四日日記云：「存養省察之要，未能實行也。」

一九二五年九月八日日記云：「每日之事，自問有欺妄與愧怍之事否，日日以此相課。」

上述日記表明，蔣介石是經常檢討自己的。

宋明道學家有所謂「功過格」，做了好事，有了好念頭，畫紅圈；做了壞事，有了壞念頭，畫黑圈。蔣介石則專記自己的「過失」，較之道學家們還要嚴格。一九二〇年一月一日，蔣介石決定自當日起，至第二年四月十五日止，「除按日記事外，必提敘今日某某諸過未改，良知未致（或良知略現），靜敬澹一之功未呈也」。⑭他所警惕的過失有暴戾、躁急、誇妄、頑劣、輕浮、侈誇、貪妒、吝嗇、淫荒、鬱憤、仇恨、機詐、迷惑、客氣、賣智、好闊等十六種。如果一旦發現有上述過失，就在日記中登錄。因此，他的日記對自己的疵病，常有相當坦率甚至是赤裸的記載。

蔣介石很重視日記在自己修養過程中的作用。毛思誠根據他的指示將日記分類照抄，其中有《學行》一類，蔣介石命毛另抄一本寄給他，「以備常覽」。⑮

蔣介石之所以重視個人修養，不同時期有不同作用。早年是爲了做「古來第一聖賢豪傑」。⑯五四運動爆發，蔣介石從中看出了中華民族復興的希望，他當時在修身上對自己的要求，應是上進、自強的表現。其後，蔣介石投身國民革命，參加廣東革命根據地建設，反映出傳統道學中「民胞物與，宏濟群倫」思想對他的影響。⑰北伐戰爭期間，國共矛盾逐漸尖銳，蔣介石處境困難，他企圖通過修養鍾煉自己，應付環境，獲取突破難關的意志和力量。⑱一九二七年以後，蔣之地位已定，繼續修養則是爲了做「國家代表」。⑲

二、戒色

中國古代思想家孟子很早就承認，人有兩種天性：食與色。但是，孟子又主張，人必須遵守道德規範，否則和禽獸就沒有差別。從蔣介石的日記裏可以看出，他好色，但是，同時又努力戒色。爲此，他和自己的欲念進行過長達數年的鬥爭。

一九一九年二月，蔣介石在福建曾勉勵自己：「好色爲自汙自賤之端，戒之愼之！」⑳次月，他從前線請假回滬，途經香港，曾因「見色起意」，在日記中爲自己「記過一次」。㉑不料第二天，他就在旅館中「見色心淫，狂態復萌，不能壓制矣」。不過。他當晚又檢討：「介石以日看曾文正書，不能窒欲，是誠一生無上進之日矣」！他勉勵自己，在花花世界努力「砥

礪德行」。㉒

到上海後，蔣介石與戀人介眉相會。四月廿三日，蔣介石返閩，介眉於清晨三時送蔣介石上船，蔣因「船位太汙，不願其送至廈門」，二人難捨難分，介眉留蔣在滬再住幾天，蔣同意，在滬住了一周。事後深自懺悔。日記云：「母病兒啼，私住海上而不一省視，可乎哉？良心昧矣！」㉓此後的幾天內，蔣介石一面沉湎欲海，一面又力圖自拔。日記云：「情思纏綿，苦難解脫，乃以觀書自遣。嗟乎！情之累人，古今一轍耳，豈獨余一人哉！」㉔在反覆思想鬥爭後，蔣介石終於決定與介眉斷絕關係。五月二日，介眉用「吳儂軟語」致函蔣介石，以終身相許，函云：

> 介石親阿哥呀：照倷說起來，我是只想銅鈿，弗講情義，當我禽獸一樣。倷個閒話說得脫過分哉！為仔正約弗寄撥倷，倷就要搭我斷絕往來。
>
> 我個終身早已告代撥倷哉。不過少一張正約。倘然我死，亦是蔣家門裏個鬼，我活是蔣家個人。㉕

從信中所述分析，介眉的身分屬於青樓女子。蔣有過和介眉辦理正式婚娶手續的打算，但介眉不肯訂立「正約」（婚約）。蔣批評介眉「只想銅鈿，弗講情義」，而介眉則自誓，不論死活，都是蔣家人。

蔣介石收到此信後，不爲所動，決心以個人志業爲重，斬斷情絲。一九一九年五月廿五日日記云：「蝮蛇螫手，則壯士斷其手，所以全生也；不忘介眉，何以立業！」同年九月廿七日，蔣介石自福建回滬。舊地重遊，免不了勾起往事。日記中有幾條記載：

十月一日：「妓女媚客，熱情冷態，隨金錢爲轉移，明昭人覷破此點，則戀愛嚼蠟矣！」㉖

十月二日：「以後禁入花街爲狎邪之行。其能乎，請試之！」㉗

十月五日：「自有智覺以至於今，十七八年之罪惡，吾以爲已無能屈指，誠所謂決東海之水無以滌吾過矣。吾能自醒自新而不自蹈覆轍乎？噫！色即是空，空即是色，世人可以醒悟矣！」

十月七日：「無窮孽障，皆由一愛字演成。」㉘

上述各條，可能都是蔣介石爲割斷與介眉的關係而留下的思想鬥爭記錄。從中可見，蔣介石爲了擺脫情網，連佛家的「色空觀念」都動用了。値得注意的是十月二日的日記：「潛寓季陶處，半避豺狼政府之毒焰，半避賣笑妓女之圈術。」當時，北京政府在抓捕作爲革命者的蔣介石，而青樓女子介眉則在尋找「負心漢」蔣介石，迫使蔣不得不躲進戴季陶的寓所。

蔣介石謀求與介眉斷絕關係是真誠的，但是，卻並不能戒除惡習。十月十五日日記云：「下午，出外冶遊數次，甚矣，惡習之難改也。」㉙同月三十日，蔣介石赴日遊歷，這次，他曾決心管住自己。關於這方面，有下列日記可證：

十月三十日：「自遊日本後，言動不苟，色欲能制，頗堪自喜。」

十一月二日：「今日能窒欲，是一美德。」

十一月七日：「欲立品，先戒色；欲立德，先戒侈；欲救民，先戒私。」

可見，蔣介石的自制最初是有成績的，因此頗爲自喜，然而，蔣介石究終難以羈勒心猿意馬。十一月四日日記云：「色念屢起，幾不能制也。」同月八日，蔣介石到「森福家待花」，結果是「討一場沒趣」，自責道：「介石！介石！汝何不知遷改，而又自取辱耶！」十二日，又在日記中寫道：「一見之下，又發癡情。何癡人做不怕耶！」「海外逆旅，豈有妙妓真心眷客者，先生休矣！」㉚

同年十一月十九日，蔣介石回到上海，過了一段安靜日子，心猿意馬有所收斂。十二月十三日日記云：「今日冬至節，且住海上繁華之地，而能不稍應酬，閒居適志，我固爲難事矣，近日固不知如何爲樂事也。」㉛十二月卅一日歲尾，蔣介石制訂次年計劃，認爲「所當致力者，一體育，二自立，三齊家；所當力戒者，一求人，二妄言，三色欲。」他將這一計劃寫在日記中：「書此以驗實踐。」㉜看來，這次蔣是決心管住自己了，但是，他的自制力實在太差，於是，一九二〇年第一個月的日記中就留下了大量自制與放縱的記載：

一月六日：「今日色念突發，如不強制切戒，乃與禽獸奚擇！」

一月十四日：「晚，外出遊蕩，身分不知墮落於何地！」

一月十五日：「晚歸，又起邪念，何窒欲之難也！」

一月十八日：「上午，外出冶遊，又為不規則之行。回寓次，大發脾氣，無中生有，自討煩惱也。」

一月廿五日：「途行頓起邪念。」

可見，這一個月內，蔣介石時而自制，時而放縱，處於「天理」與「人欲」的不斷交戰中。

第一個月如此，第二、第三個月，也仍然如此。

二月廿九日：「戒絕色欲，則《中庸》『尚不愧於屋漏』一語，亦能實行。汙我、迷我、醉夢我者惟此而已，安可不自拔哉！」

三月廿五日：「邇日好遊蕩，何法以制之？」

三月廿七日：「晚，又作冶遊，以後夜間無正事，不許出門。」

三月廿八日：「色欲不惟鑠精，而且傷腦，客氣亦由此而起。」

三月三十日：「邪念時起，狂態如故，客氣亦盛，奈何奈何！」

四月十七日：「晚，遊思又起，幸未若何！」

六月廿七日：「色念未絕，被累尚不足乎？」

七月二日：「抵沈家門，積善堂招待者引余等入私娼之家，其汙穢不可耐，即回慈北船中棲宿。」

當年七月三日，蔣介石遇見舊友陳峻民，暢談往事，蔣自覺「舊行為人所鄙」，因而談話中常現慚愧之色。這以後，蔣又下了決心，日記中多有自我批判、自我警戒的記錄。八月七日日記云：「世間最下流而恥垢者，惟好色一事。如何能打破此關，則茫茫塵海中，無若我之高尙人格者，尙何爲眾所鄙之虞！」可見，蔣有保持「高尙人格」的念頭，因此「爲眾所鄙」始終是蔣介石心頭的夢魘，迫使他不得不有所檢點。八月九日日記云：「吾人爲狎邪行，是自入火坑也，焉得不燔死！」廿三日日記云：「午後，神倦假眠，又動邪念。身子虛弱如此，尙不自愛自重乎！」㉝

當時，「吃花酒」是官場、社交場普遍存在的一種惡習，其性質類似於今人所謂「三陪」中的「陪酒」。九月六日，蔣介石「隨友涉足花叢」，遇見舊時相識，遭到冷眼，自感無趣，在日記中提醒自己交朋友要謹慎，否則就會被引入歧途，重蹈覆轍。㉞十一月六日蔣介石寄住香港大東旅社，晚，再次參加「花酌」，感到非常「無謂」。這些地方，反映出蔣介石思想性格中的上進一面。

一九二一年全年，蔣介石繼續處於「天理」與「人欲」的交戰中，其日記有如下記載：

一月十八日：「我之好名貪色，以一澹字藥之。」

五月十二日：「余之性情，邇來又漸趨輕薄矣。奈何弗戒！」

九月十日：「見姝心動，又怕自餒，這種心理可憐可笑。此時若不立志樹業，放棄一切私欲，將何以爲人哉！」

九月廿四日：「欲立品，先戒色；欲除病，先戒欲。色欲不戒，未有能立德、立智、立體者也。避之猶恐不及，奈何有意尋訪也！」

九月廿五日：「日日言遠色，不特心中有妓，且使目中有妓，是果何爲耶？」

九月廿六日：「晚，心思不定，極想出去遊玩，以現在非行樂之時，即遊亦無興趣。何不專心用功，潛研需要之科學，而乃有獲也。」

十二月一日：「陪王海觀醫生診治誠病。往遊武嶺，頗動邪思。」

十二月八日：「邪心不絕，何以養身？何以報國？」

道學家主張，一念之萌，必須考察其是「天理」，還是「人欲」。倘是「天理」，則「敬以存之」；倘是「人欲」，則「敬以克之」。上述日記，大都屬於「敬以克之」一類。

一九二二年，蔣介石繼續「狠鬥色欲一閃念」。日記有關記述僅兩見。九月廿七日云：「見色，心邪不正，記過一次。」十月十四日，重到上海，日記云：「默誓非除惡人，不近女色，非達目的，不復回滬。今又入此試驗場矣，試一觀其成績！」次年，也只有兩次相關記載：三月一日云：「近日心放，色利之欲又起，戒懼乎！」六日云：「出外閑遊，心蕩不可遏。」兩年中，蔣介石僅在思想中偶有「邪念」閃現，並無越軌行爲，說明他的修身確有「成績」。

一九二五年，蔣介石在戒色方面繼續保持良好勢態。四月六日日記嚴厲自責云：「蕩念殊甚，要此日記何用。如再不戒，尚何以爲人乎！」十一日日記云：「下午，泛艇海邊浪遊，自覺失體，死生富貴之念自以爲能斷絕，獨於此關不能打破，吾以爲人生最難克制者，即此一事。」這段日記寫得很含蓄，看來，蔣介石打熬不住，又有某種過失。同年十一月十六日晚，蔣介石參加蘇聯顧問舉行的宴會，在一批外國人面前「講述生平經過、惡劣歷史」，對自己的「好色」作了坦率的解剖和批判。

一九二六年全年安靜無事，僅十一月廿一日日記云：「見可欲則心邪，軍中哀戚不遑，尙何樂趣之有！」

蔣介石的懺悔不僅見於日記，也見於他的《自述事略》中。例如，他自述辛亥前後的狀況時就自我批判說：

> 當時涉世不深，驕矜自肆，且狎邪自誤，沈迷久之。膺白冷眼相待，而其所部則對余力加排斥，余乃憤而辭職東遊。至今思之，當時實不知自愛，亦不懂人情與世態之炎涼，只與二三宵小，如包、王之流作伴遨遊，故難怪知交者作冷眼觀，亦難怪他人之排余，以人必自侮而後人侮也。且當時驕奢淫逸，亦於此為盡。
>
> 民國元年，同季回滬，以環境未改，仍不改狎邪遊。一年奮發，毀之一旦，仍未自拔也。㉟

膺白，指黃郛，蔣介石的把兄弟。從這份《事略》裏，可見當時蔣眾叛親離，爲人所不屑的狀況。本文一題《蔣主席自述小史》，這時，蔣顯然已經成爲「黨國要人」，但他不僅不隱諱早年惡跡，反而有意留下相關記載，這是極其不易的。

三、懲忿

蔣介石除「好色」外，性格上的另一個大毛病是動輒易怒，罵人、打人。爲了革除這一惡習，蔣介石也進行了多年修養。

《易》經《損卦》云：「損，君子以懲忿制欲。」後來的道學家們因此將「懲忿」列爲修身的重要內容，要求人們控制自己的感情，避免暴怒，也避免惡語傷人及相關行爲。蔣介石對此也很重視，日記云：「以後修身之道，端在懲忿，其次窒欲也。」[36]

蔣介石深知自身性情上的弱點。一九一九年一月三日日記云：「近日性極暴躁。」同月七日，有黃定中者來談報銷問題，蔣介石「厲斥其非，使人難堪」。事後追悔，蔣介石在日記中寫道：「近日驕肆殊甚，而又鄙吝貪妄，如不速改，必爲人所誣害矣。戒之！戒之！」幾個月之後，蔣介石接見鄧某，故態復萌，「心懷憤激，怨語謾言，不絕於口」。這樣的情況發生多次，蔣介石「自覺暴戾狠蠻異甚。屢思遏之而不能」，因此，寫了「息心靜氣，凝神和顏」八字以作自我警惕之用，還曾有意閱讀道學著作，用以陶冶性情。[37]

然而，俗話說得好：「江山易改，本性難移。」一種弱點如果已經成了性格的一部分，要改掉是頗爲艱難的。一九一九年六月廿七日，蔣介石感嘆說：「厲色惡聲之加人，終不能改，奈何！」七月廿九日再次爲「會客時言語常帶粗暴之氣」而對自己不滿，在日記中寫下「戒之」二字。但是，蔣介石有時剛剛作了自我檢討，不久就再犯。同年八月五日，蔣介石與陳其美談話，談著談著，「忽又作忿恚狀」，蔣深自愧悔，但是當晚繼續談話時，蔣「又作不遜之言」。這使蔣極爲苦惱，日記云：「如何能使容止若思，言辭安定，其惟養吾浩然之氣乎！」

除了罵人，蔣介石有時還動手。

一九一九年十月一日，蔣介石訪問居正，受到人力車夫侮辱，不覺怒氣勃發。居正家人與車夫辯論，發生毆打，蔣介石見狀，忿不可遏，上前幫力，自然，蔣介石不是車夫的對手，反而吃虧。接著，又「闖入人家住宅，毀傷器具」。蔣介石自知理屈，他想起一九一七年在張靜江門前毆打車夫，被辱受傷一事，真是與此同一情景。當日日記云：「與小人爭閒氣，竟至逞蠻角鬥，自思實不值得。余之忍耐性，絕無長進，奈何！」

蔣介石打車夫畢竟只是個別情況，更多的是打傭人。一九二〇年十二月，蔣介石在船中與戴季陶閒談，戴批評蔣「性氣暴躁」，蔣聲稱「余亦自知其過而終不能改」，認爲要杜絕此病，只能不帶「奴子」，躬親各種勞役。

一九二一年四月，蔣介石因事與夫人毛氏衝突，二人「對打」，蔣介石決定與其離婚。四日，蔣介石寫信給毛氏的胞兄毛懋卿，「縷訴與其妹決裂情形及主張離婚理由」。正在此時，發現毛氏尚未出門，又將毛氏「咒詛」一通。當日，蔣在日記中自責說：「吾之罪戾上通於天矣！何以爲子，何以爲人！以後對母親及家庭間，總須不出惡聲。無論對內對外，憤慨無似之際，不伸手毆人，誓守之終身，以贖昨日餘孽也。」然而，自責歸自責，蔣介石仍然時發暴性。見之於日記者有下列記載，試爲分類：

（一）打罵傭人、侍衛、下級：

一九二一年四月七日：「叱嚇下人，暴性又發，不守口不詈人之誓，記過一次。」

一九二五年二月廿一日：「自誤飲水，遷怒下人，逞蠻毆打，尙有人道乎！記過一次。」

一九二五年二月廿二日：「吾勉爲莊敬寬和，以藥輕浮暴戾之病，則德可進，世可處也。叫人不應，有頃始至，又逞蠻根，日日自悔而不能改之，所謂克己者，如斯而已乎！」

一九二五年三月四日：「肆口漫罵，自失體統，幾不成其爲長官，記大過一次。」

一九二五年十月五日：「昨夜十時到黃埔，閽者弛臥，鼾聲達門外，久叫始應，又動手打人。記大過一次。」

一九二五年十月十一日：「爲傭人蠢笨，事事不如意，又起暴戾躁急，如此將奈之何！」「暴戾極矣，動手打人，記大過三次。」

一九二六年一月五日：「腦脹耳鳴，心煩慮亂，對傭人時加呵斥，即此一事，已成吾終身痼疾矣！」

（二）辱罵同事、同僚：

一九二一年十月廿二日：「慶華、穎甫先後就談，又發暴性，犯不著也。」

一九二三年二月廿五日：「下午，回八桂廳，對禮卿發脾氣，自知形態不雅。」

一九二六年一月十三日：「茂如來會，以其心術不正，敗壞校風，憤恨之餘，大加面斥，毋乃太甚乎！」

一九二六年八月一日：「動手打人，蠻狠自逞，毫無耐力，甚至誤毆幕友，暴行至此極矣！」

（三）對象不明：

一九二五年三月三日：「欲為蓋世之人物，不可不自深其學養。近日常多很（狠）厲憤狷，而無靜默沉雄氣象，其何以幾及之也？」

一九二五年三月五日：「昨夜罵人太甚，幾使夢魂有愧。今日在途懊悔不已。平日宅心忠厚，自揣差近長者，而一至接物，竟常有此惡態，尚何學養可言乎！」

一九二五年十月七日：「今日暴性勃發，幾視國人皆為可殺。」

以上三種情況中，不論哪一種，蔣介石都知道自己不對，因此事後對自己也多所責備。他也曾設法改正，例如立誓做到「四不」、即「口不罵人，手不打人，言不憤激，氣不囂張」。又立誓作到「四定」，即「體定、心定、氣定、神定」。還曾提出「三要」，即「謹言、修容、靜坐」，但是，收效不大，暴躁狠蠻，幾乎成為他的終身「痼疾」。

四、戒客氣

蔣介石日記中常見「戒客氣」的記載。所謂客氣，指的是一種虛驕之氣。《宋書·顏延之傳》稱：「雖心智薄劣，而高自比擬。客氣虛張，曾無愧悔。」因此，宋明時代的道學家們也將「戒客氣」作為修養要求。

根據現有資料，蔣介石批評自己的虛驕之氣始於一九一九年。當年二月四日，蔣介石出席許崇智的晚宴，席間，蔣介石「客氣與虛榮心並起，妄談孫先生事」，當日即懊悔無已，在日記中自責，認為自己的言談「不覺自暴其誇鄙，為人所嗤鼻矣」。同年，他自感人才難得，檢討原因，認為自己「常有驕矜暴戾之色，盛氣凌人之事」，不能「虛心包容」，所以有才之人不樂為己所用。㊳

此後，蔣介石即將「客氣」作為自己修養中的大敵之一，稱之為「凶德」。一九一九年九月九日日記云：「言多客氣，為人所鄙，良用慚咎。謹其言，慎其行，自強其志，不徇外為人，立身之本也。」同年十一月廿四日日記云：「近日思想漸趨平實，欲改就社會上做一番事業，奈私利心、野心、客氣終不能消除何！」

蔣介石認為：「客氣」的表現之一是「言語輕肆，舉動浮躁」，針鋒相對地提出：「我守我拙，言語遲鈍」。㊴表現之二是氣質漲浮，行為佻達，說話太多，因此提出：多言不如少言，有言不如無言，能言不如不能言。日記稱：「人之是非好惡，己之愛憎取捨，默會於心，斯得之矣，何以言為哉！」

一九二三年七月十六日，蔣介石清晨醒來，自省差誤，認為自己「為人所嫌棄者乃在戲語太多，爲人所妒忌者，乃在驕氣太甚，而其病根皆起於輕浮二字」，因此，要求自身今後要「謹然自持，謙和接物」。他表示：「寧爲人笑我道學，而不願人目我爲狂且也。」

五、戒名利諸欲

道學家們既反對縱情聲色，也反對沉溺名利，視之爲「膠漆盆」，要人們通過修養，從中滾脫出來。南宋淳熙八年（一一八一年），陸九淵到朱熹的白鹿洞書院講學。陸的講題是《論語》中的「君子喻於義，小人喻於利」二語。他說：「今人讀書便是爲利。如取解後又要得官，得官後又要改官，自少至老，自頂至踵，無非爲利。」朱熹對他的這段講詞非常欣賞，認爲「切中學者深微隱痼之病」。

蔣介石早年修身時，也很注意戒名利諸欲。一九一九年，他作《四言箴》自勵：「主靜主敬，求仁學恕，寡欲祛私，含垢明恥」，明確地要求自己「寡欲」。六月廿四日日記云：「今日餒怯有餘，謹慎不足，終是名利患失之心太重，能於敬、澹二字上用功一番，庶有裨益乎？」

蔣介石這裏所說的「敬」，指的是敬於所事；「澹」，指的是「澹」於所欲。蔣介石要求自己將事業放在首位，而不岌岌於求名求利。這一層意思，他在一九二〇年二月的一則日記中表述得更清楚：「事業可以充滿欲望，欲望足以敗壞各種事業，不先建立各種事業，而務謀饜足欲望，是舍本而逐末也。」

多欲必貪。蔣介石既要求自己「寡欲」，因此，特別注意戒「貪」，保持廉潔。一九二一年，蔣介石因葬母等原因，花銷較大，欠下一批債務。次年九月，孫中山命他去福建執行軍務，蔣乘機寫信給張靜江，要求張轉請孫中山爲他報銷部分債務。寫信之前，蔣矛盾重重，思想鬥爭劇烈，日記云：「今日爲企圖經濟，躊躇半日。貪與恥，義與利四字，不能並行而不悖，而爲我所當辨。如能以恥字戰勝貪字，此心超然於利義之外，豈不廉潔清高乎！一身之榮辱生死，皆爲意中事，安有顧慮餘地乎！」一九二三年七月，蔣日記有云：「戲言未成，貪念又萌，有何德業可言！」可見，像他努力戒色一樣，對「貪念」，也是力圖遏制的。

蔣介石長期生活於上海的十里洋場，習染既久，難免沾上奢侈、揮霍一類毛病。一九二〇年歲末。蔣介石檢點帳目，發現全年花費已達七八千元之譜，頓覺驚心，嚴厲自責說：「奢侈無度，遊墮日增，而品學一無進步，所謂勤、廉、謙、謹四者，毫不注意實行，道德一落千丈，不可救藥矣！」一九二五年四月，他到上海的大新、先施兩家著名的百貨公司選購物品，自以爲「奢侈」，在日記中提醒自己：「逸樂漸生，急宜防慮。」同年五月，自覺「心志漸趨安逸，美食貪樂，日即於腐化」，曾嚴厲自責：「將何以模範部下，而對已死諸同志也？」

道學家們大都要求人們生活淡泊，甘於「咬菜根」一類清苦生活。上述日記表明，蔣介石在這一方面同樣受到道學的影響。

在道學家的修養要求裏，寡欲，不只是寡於物質生活，也包括求名一類精神生活內容。在這一方面，蔣早年對自己也有所要求。一九二五年一月廿二日日記云：「好名之念太重，一聞蜚語，即覺自餒，是不能以革命主義為中心，而以浮世毀譽為轉轂，豈得謂知本者乎！」

六、其他

誠是中國古代哲學的重要範疇，原意為信實無欺或真實無妄，後來被視為道德修養的準則和境界。《禮記‧中庸》說：「誠者天之道也，誠之者人之道也。」將「誠」視為天的根本屬性，要求人們努力求誠。在《中庸》有關思想的基礎上，《大學》進一步將「誠意」作為治國、齊家、修身、正心的根本。自此之後，道學家無不尊誠、尚誠。北宋的周敦頤將「誠」說成「聖人之本」，要求人們經過「懲忿窒欲，遷善改過」之後，回歸「誠」的境界。

蔣介石深受道學影響，自然，他在早年也尊誠、尚誠。一九二二年十一月二十日日記云：「率屬以誠為主，我誠則詐者亦誠意矣！」這裏，「誠」被蔣介石視作一種馭下之道。一九二三年五月四日日記云：「凡事不可用陰謀詭計，且弄巧易成拙，啓人不信任之端。」這裏，「誠」被蔣介石作為處理人際關係的準則。一九二四年五月三日日記云：「機心未絕，足墮信義與人格。」這裏，「誠」才被蔣介石作為一種道德修養準則。

道學們不僅提出了諸多內心修養方面的要求，而且在人的形體外貌方面也有許多規範。朱熹寫過一篇《敬齋箴》，要求人們「正其衣冠，尊其瞻視。」在這方面，蔣介石也是身體力行者。一九二五年二月十一日日記云：「蒞團部時履不正，為屬下窺見，陡覺慚汗。」近年來出現若干影視作品，其中的蔣介石形象大多衣冠端正，這是符合蔣的性格的。

七、結語

道學形成於宋明時代，它是中國封建社會後期的統治思想，也是中國儒學發展的一個特殊階段。其總體作用在於將傳統的儒學倫理規範哲學化，以便進一步強化其教化作用，藉以整飭人心，調節社會矛盾，鞏固既定社會秩序。但是，其中，也包含著若干合理因素。

蔣介石少年頑劣，時代的激流將他推進了中國民主革命的大潮：留學日本，歸國革命，追隨孫中山。這樣，蔣介石早年就具備了兩重性格：既是上海洋場的浮浪子弟，又是革命志士，兩種性格相互矛盾而又長期共存。可以看出，在他登上政治舞臺的漫長過程中，道學曾促使他勵志修身，克服了浮浪子弟的某些劣根性。但是，這也使他比較拘守傳統文化，未能在接受新文化、新思潮方面邁出更大的步伐，也未能使他在中國近代日益複雜的社會生活中，辨潮流，識方向，作出正確抉擇。

中世紀的修養方法無法完全適應近、現代的社會生活，這是自然的。

（原載臺北《傳記文學》，二〇〇一年五月號）

①《蔣介石回憶民國元年以後之大事》，手稿本，一九三一年二月二十日。胡佛檔案館藏。
②《蔣介石日記》（手稿本）。
③手稿本殘損，此據《蔣介石日記類抄．雜俎》補，一九二〇年三月三日。
④《蔣介石日記》（手稿本），一九三一年一月二十日。
⑤《蔣介石日記》（手稿本），一九三一年一月廿五日。
⑥《蔣介石日記類抄．學行》，一九二三年一月五日。
⑦《蔣介石日記類抄．學行》，一九二三年一月九日。
⑧手稿本殘損，此據《蔣介石日記類抄．學行》，一九二三年一月四日。
⑨《蔣介石日記》（手稿本），一九二一年四月廿九日。
⑩《蔣介石日記》（手稿本），一九二二年三月十九日。
⑪《蔣介石日記》（手稿本），一九二二年三月廿一日。
⑫《蔣介石日記類抄．學行》。
⑬《蔣介石日記類抄．學行》。
⑭手稿本殘損，此據《蔣介石日記類抄．學行》，一九二〇年一月一日。
⑮《蔣介石日記類抄．學行》卷首。
⑯《蔣介石日記類抄．學行》，一九三一年三月廿一日記云：「晨起，曾憶少年聞人道，古人如孔孟朱王之學，與禹湯文武周公之業，竊自恨前有古人，否則此學此業，由我而發明，由我而創始，豈不壯

哉！平日清夜，常興不能做古來第一聖賢豪傑之嘆！」

⑰蔣介石一九二五年十二月九日日記云：「一曰慎獨則心安，去人欲存天理。二曰主敬則身強，懍坎險，惕輕健。三曰求人則人悅，民胞物與，宏濟群倫。四曰習勤則神欽，斂精殫慮，困知勉行。」

⑱蔣介石一九二六年八月廿六日日記云：「寸衷鬱結，看《嘉言抄》及《菜根譚》。閱之，知天下之長，而吾所處者短，則橫逆困窮之來，當稍忍以待其定，又曰：逆來順受、居安思危等條，志為之踔，氣為之振，應以大無畏之精神，與此橫逆決鬥，以應環境，以破當前難關也。將其計而就之，則天下無難事矣。」（手稿本殘損，據《蔣介石日記類抄．學行》補）

⑲蔣介石一九三一年一月九日日記云：「此時欲修身自立，不可不努力于學，思將哲學有統一之研究，以為修己立人之課，願期有恆，以底于成，不愧父母之遺體，國家之代表。」

⑳手稿本殘損，此據《蔣介石日記類抄．學行》，一九一九年二月九日。

㉑《蔣介石日記類抄．學行》，一九一九年三月八日。

㉒《蔣介石日記》（手稿本），一九一九年三月九日。

㉓《蔣介石日記》（手稿本），一九一九年四月廿三日。

㉔《蔣介石日記類抄．學行》，一九一九年四月廿七日。

㉕介眉致蔣介石函，手跡，中國第二歷史檔案館藏。

㉖《蔣介石日記類抄．學行》，一九一九年十月一日。

㉗《蔣介石日記類抄．學行》，一九一九年十月二日。

㉘《蔣介石日記類抄・學行》，一九一九年十月七日。
㉙《蔣介石日記類抄・旅遊》，一九一九年十一月十二日。
㉚《蔣介石日記類抄・學行》，一九一九年十月二日。
㉛《蔣介石日記》（手稿本），部分文字據《蔣介石日記類抄・學行》校訂。
㉜手稿本殘損，此據《蔣介石日記類抄・學行》。
㉝以上各日日記，手稿本或殘損，或被塗去，均據《蔣介石日記類抄・學行》。
㉞《蔣介石日記類抄・學行》。
㉟稿本，中國第二歷史檔案館藏，檔案號：3041～181。
㊱蔣介石日記，手稿本，一九二五年四月一日。
㊲蔣介石一九二五年八月十五日日記云：「近日惱躁如此，晨讀性理書陶養。」
㊳蔣介石日記，手稿本，一九一九年八月廿六日。
㊴蔣介石日記，手稿本，一九二二年一月廿三日。

蔣介石和上海證券物品交易所

上海證券物品交易所是在近代中國政治史、經濟史上起過重要作用的機構。從一九一八年至一九二三年，蔣介石和它發生過密切關係；它也曾給予蔣的生活、思想以深刻影響。一九二〇年初，蔣甚至有過以經紀人爲職業，「作棉花、棉紗買賣」的念頭。①但是，前此有關論述大都依靠個別人員的回憶錄，或流於膚淺，或謬誤連篇。本文將根據確鑿的文獻和檔案資料清理有關史實，希望能在大多數問題上作出比較準確、清晰的說明。但是，由於某些環節的資料尚感不足，因此，本文又還難以說明全部問題。進一步的探討，有待於更多研究者的關注和更多資料的發現。

一、上海交易所是孫中山倡辦的

孫中山在多年的革命生涯中，始終爲經費所窘。一九一六年十二月，孫中山接受日本某政黨的建議，決定與長期支持中國革命的日本神戶航運業巨頭三上豐夷共同在上海開辦交易所，企圖以盈利所得資助革命。同月五日，由戴季陶出面與三上的代表中島行一簽訂草約，規定資本總額爲上海通用銀元五百萬元，日方提供兩百五十萬元，作爲無息貸款，所得紅利，日本資本團得十分之八，創立人得十分之二，同時規定，交易所須聘用日本資本團推選的精通業務之人爲顧問，合議處理一切。②其後，對草約個別條款作過修改，即行定案，簽字者有孫文（中山）、趙家藝、虞和德（洽卿）、張人傑（靜江）、洪承祁、戴傳賢（季陶）、周佩箴等十一人。③次年一月廿二日，由孫中山領銜，虞洽卿、張靜江、戴季陶等八人附議，向北京政府農商部呈請，成立上海交易所。呈文首先歷述中國缺乏交易所的種種弊病，中云：

上海為全國物產集散之樞紐，所有大宗物產交易均由各業商人任意買賣，價格無適中之標準，交易無保證之機關，恐慌無從預防，金融不能活動，且經紀人亦漫無限制，於工商業之發展，窒礙實多，雖各業有各業之公會及任意集合之市場，然既無確實之資金，又無完備之組織，政府難於監督，商人無所置信，是以大宗物產之價格，一二外國經紀人常得自由操縱之，病商病國，莫此為甚。至於有價證券之交易，亦無一中心之機關，已發行之公司股票不能流通，新發生之公司不易招股，已發行之公債價格日見低落，將來國家或地方發行公債更難於辦理。因此之故，中國公司多於外國政府註冊，以圖其股票可以賴外國交易所而流通，中國之投資者亦多棄本國公債於不顧，而樂購外國之公債，且各公司之內容，無一機關調查保證之，買入賣出，漫無所察，一旦破綻發生，股票頓成廢紙，往往因一公司之內容缺陷，致市場大起恐慌。凡此種種禍患，皆由無資本充足、信用確實之交易所有以致之，不能徒責商人之無愛國心也。

呈文聲稱：「交易所之組織，則以證券交易、物品交易二者同時經營爲最有益於上海市場，尤能助中國一般實業之發展。」據有關人員回憶，該文由朱執信起草，但既由孫中山領銜，應視爲孫中山的重要佚文。

根據該呈文，上海交易所申報的業務範圍有證券、花紗、金銀、中外布匹、皮毛等七項。④二月廿四日，北京政府農商部批准先行經營證券；關於物品交易，咨請江蘇省長查覆報部，再行核辦。⑤同月，戴季陶赴日，在東京證券交易所內設立籌備處。但是，正當籌備工作緊張進行之際，張勳在北京擁溥儀復辟，上海市面頓時陷入混亂，銀根突緊，拆息猛漲，商業停滯，交易所籌辦暫停。

一九一八年，戴季陶、張靜江、蔣介石等共謀利用前案，繼續申辦。戴等秘密組織協進社，吸收原發起人虞洽卿、趙家藝、洪承祈爲社員。同年三月，日人在上海成立取引所（交易所）股份有限公司，經營證券、棉紗、棉花等，企圖操縱上海市場。各業商董認爲：「我不自辦，彼將反客爲主，握我商權」，⑥因此，虞洽卿等於同年七月成立預備會，推虞及趙林士、鄒靜齋、盛丕華、周佩箴五人爲籌備員，⑦上海工商界知名人士溫宗堯、聞蘭亭（漢章）、李雲書、張澹如、沈潤挹、吳耀庭、顧文耀等紛紛加入爲發起人。此後，遂由虞洽卿領銜，呈請北洋政府，以「時會之趨勢，實不容再緩」爲理由，要求「將證券、物品一併開辦」，得到批准。但是，上海各商幫旋即產生分辦、合辦之爭。原發起人金業董事施兆祥、徐甫孫擬申請成立上海金業交易所，原上海股票交易公會的范季美等人擬申請成立證券交易所。一九一八年四月，北京政府農商部要求分爲三家交易所辦理。虞洽卿等據案力爭，農商部訓令上海總商會召集各商幫討論，並飭江蘇實業廳詳查。結果輾轉遷延，不能決定。一九一九年六月廿七日，農商部認爲合辦資本勢力較爲雄厚，取決多數，以合辦爲宜，准予先行開辦。⑧此令既下，上海金業、股票兩業仍有異議。十二月二十日，農商部再令，要求從交易所營業範圍內除去證券、金類，以免糾葛，但虞洽卿等旋即提出異議，呈請免於修改。

一九二〇年二月一日，上海證券物品交易所在總商會開創立會。計股東五百七十二戶，十萬股，到場股東或代表四〇八戶，代表八萬五千四百零八權，⑨超過半數。會議公推虞洽卿爲臨時主席。虞在致詞中追溯了中國交易會的發起歷史，聲稱二十年前，即有袁子壯及周熊甫二君提議創辦，但未成事，「民國五年冬間，孫中山先生又復發起，鄙人追隨其後」，「屈指二十載，交易所之創造艱難，一至於斯。幸今日股本已超過原額數百股，可知我國商業之程度日高，將來本所之成績，必大有可觀」，云云。會議選舉理事十七人，監察人三人。虞洽卿以八萬一千六百三十三權居理事第一位。⑩張靜江被選爲候補理事。蔣介石的同鄉、同志周駿彥（枕琴）以五萬三千八百六十權當選爲監察人。對此，蔣介石日記云：「枕琴當選爲交易所監察人。」⑪可見，他是相當重視的。周駿彥在辛亥前被官府選派赴日留學，入警監學校，與蔣介石結爲同志。曾參加寧波光復之役，爲奉化軍政分府負責人之一。一九一一年冬，在蔣介石麾下任軍需科科長。後任寧波商業學校校長。二次革命失敗，蔣介石受通緝，周曾將蔣藏於校內。⑫二月六日，交易所召開理事會，選舉虞洽卿爲理事長，聞蘭亭、沈潤挹、趙林士、郭外峰、鄒靜齋、盛丕華爲常務理事。⑬其中，寧波人郭外峰曾在日本長崎道勝銀行工作十八年。

二、蔣介石組建茂新號，陳果夫充當經紀人

從孫中山倡辦交易所之日起，蔣介石即奉命與戴季陶、張靜江等共同參與籌備。

一九二〇年四月，蔣介石因與陳炯明不合，從福建漳州的粵軍總部回到上海，與陳果夫共同籌辦友愛公司。同年六月三日蔣介石日記云：「擬與果夫訂定友愛公司資本共銀五千圓，先由中正全部墊付。先購上海物品證券交易所四百股爲基本。定爲十股。豐鎬房七股，果夫、駃夫、幹夫各約一股，推定果夫爲義務經理。」陳果夫的岳父朱五樓原在上海經營福康錢莊。一九一八年五月，陳經其岳父介紹，到滬任晉安錢莊助理信房。一九一九年，他曾借用蔣介石存在晉安的一千多兩銀子，「做了一筆洋鈿生意」，三個星期賺了六百幾十兩銀子。⑭因此，在革命黨人中，陳比較熟悉金融，懂一點經營之道。這是蔣介石推陳出任義務經理的緣由。不過，這個友愛公司似乎並沒有成立起來。計劃剛定，蔣介石迅即碰到了國際金融風潮。倫敦、紐約銀價下跌，⑮上海的銀價也隨之突然大落。這一事件使蔣介石的經商遇到了第一次挫折，加之這一時期，蔣介石的家庭生活也出現矛盾。失意之餘，蔣介石離開上海，寄情山水去

了。《年譜》云：「公以戎謀莫展，而閨房與商業又連不得意，遂乃漫遊以舒鬱懷。浮海至普陀……凡遊六日而倦還。」⑯

普陀歸來後，蔣介石繼續與張靜江等商量交易所事宜。一九二〇年六月廿六日，蔣介石日記云：「往靜江家，與配箴商議公司事。」佩箴，指周佩箴，吳興南潯鎮人，與張靜江有姻親關係，原爲上海證券物品交易所理事，一九二〇年五月廿九日被補選爲常務理事。這裏所說的公司當即幾天後出現的茂新公司。

同年七月一日，上海證券物品交易所開幕。王正廷、王正亭及江蘇省長、上海道尹代表等三千餘人等出席致賀。⑰當日。上海《申報》出現了一則廣告：「上海證券物品交易所五十四號經紀人陳果夫，鄙人代客買賣證券、棉花，如承委託，竭誠歡迎。事務所四川路一號三樓八〇室。電話：交易所五十四號。」⑱關於此事，陳果夫回憶說：「蔣先生就要我和朱守梅（孔揚）兄，及周枕琴（駿彥）先生，趙林士先生等商量，組織第五十四號經紀人號，名茂新，做棉花、證券兩種生意，推我做經理，守梅兄做協理。」⑲

此後幾天內，蔣介石日記連續出現關於茂新號的記載，可見此事已成爲蔣的興奮中心，也可見他爲此焦思苦慮的情況：

一九二〇年七月五日，蔣介石日記云：「今日爲組織茂新公司及買賣股票事，頗費經營躊躇也，晚間不能安眠。」⑳

一九二〇年七月六日，蔣介石日記云：「晚在寓商議茂新公司組織法。」

一九二〇年七月七日，蔣介石日記云：「到茂新及治誠處。」辦友愛公司時，蔣曾表示，全部資本由他負責，但在組建茂新公司時，其資金則並非來源於蔣。據陳果夫回憶：它的開辦，最初由朱守梅出資兩千元，又由陳果夫向晉安錢莊借了一千兩銀子。資本總數不過三千數百元現金。

茂新號開業後並不順利。第一天開張，就虧了一千七百餘元。與此同時，蔣介石委託朱守梅代購股票，價格上也吃虧很大。朱原是蔣介石的奉化同鄉，畢業於兩浙高等師範學校，初營商業，沒有經驗。六月廿五日，證券物品交易所股票上市試驗，收盤價每股二十九點九元。㉑廿七日，價格陸續上漲。到七月四日，已經漲到開盤價三十一元，收盤價三十一點二元；下午繼續上漲（開盤價三十一點六元，收盤價三十一點九元，記帳價三十二元）。㉒以後幾天中，價格陸續升高，至七月四日，已經漲到每股四十二元。朱守梅在低價時沒有買進，到高價時，才突然收購。蔣介石得悉此訊，極爲懊惱。當日日記云：「益欽（卿）來舍，知上交股票漲至四十二元，甚驚駭。即往茂新訪守梅，乃悉前托代買股票，均四十二元之價購入，不勝憂慮。初做生意者之不可靠也。果夫來會，其形容甚悲傷，甚至含淚而訴，乃知其不能作生意也。」

蔣介石托人買進高價股票本已吃虧，他完全沒有想到，幾天後，價格卻又突然回落。蔣介石在福建接到陳果夫電報，獲悉有關消息。日記云：「接果夫電，悉上交股票大落，虧本至七千餘元，乃知生涯不易做，而爲果夫、守梅所害，亦一大半。星相家謂我五六月運氣不好，果應其言，亦甚奇也。」㉓兩天後，又記云：「接果信，知其膽小多慮，不能作生意也。」

蔣介石此次赴閩，本是孫中山、廖仲愷、胡漢民等人力勸的結果，目的是協助陳炯明、許崇智處理軍務。蔣介石對陳炯明有意見，到閩後，又發現陳、許二人不和，認為事無可為，便於八月五日離閩返鄉。在老家，他依然惦念上海證券物品交易所的買賣情況，思考對策，並派人赴滬傳達他的意見。㉔下旬返滬後，又親到交易所參觀，汙濁的空氣和嘈雜的人聲令蔣介石感到頭暈腦脹，不禁產生經紀人難當的感嘆。㉕

茂新號初期營業不利，後來逐漸興旺。陳果夫回憶說：「茂新的股本，由一萬加至一萬五千元，慢慢的又增到三萬元。每天開支不到三十元，而每天生意，在最差的時候，佣金收入總在三十元以上，最好則有二千元。生意的興隆可想而知。」㉖於此可見，陳果夫在經營上還是有一套辦法的。

三、擴大投資，成立恒泰號

茂新號初期營業不利，蔣介石等即集議另組公司。九月二日，蔣介石決定退出六股。㉗第二天，蔣介石訪問張靜江，因為心情不好，狠狠地揍了車夫一頓。㉘九月五日，蔣介石、陳果夫、朱守梅等人再次集議，研究公司改組事宜。蔣介石決定投資四千銀元，作為與張靜江合作的本錢；同時決定投資五千元，托人經營臨時商業。㉙九月廿二日，蔣介石再次訪問張靜江，談經商事，蔣介石決定投資一萬五千元作為成本。㉚

當蔣介石雄心勃勃地要在商業上大幹一場之際，粵桂戰爭正在緊張進行。九月三十日，蔣介石離開上海，趕赴前線。但是，又因與陳炯明意見不一，於十一月十二日回到上海，次日回到老家。十一月廿五日，孫中山應粵軍許崇智的要求，離開上海，前往廣州。張靜江、戴季陶要求蔣與孫中山同行，戴並曾到甬相勸，聲色俱厲地責以大義，但蔣仍堅決拒絕。㉛

十二月上旬，蔣介石再到上海，十五日，決定與張靜江等十七人合作，繼續經營上海證券物品交易所的經紀人事業，定名爲恒泰號。議定條件如下：

牌號。定名爲恒泰號，經紀人由張君秉三出名。

一、營業範圍，暫以代客買賣各種證券及棉紗二項爲限。

一、資本額，計上海通用銀幣三萬五千元，每股一千元。

一、占股數目，蔣偉記四股，張靜江五股。

一、此契約成立於上海租界，一式十八份。㉜

該合同現存，下有吳俊記等十七人簽名，其中小恒記是戴季陶的化名，吟香記是周佩箴的化名，陳明記是陳果夫的化名，朱守記是朱守梅的化名，張秉記是張靜江的侄子張秉三（名有倫）的化名，張靜記是張靜江的化名，張弁記是張靜江的哥哥張弁群的化名，蔣偉記名下，蔣介石親筆簽了中正二字。㉝不過，其股份是由張靜江代認的。㉞

這一年，與蔣介石有關的商業繼續虧本。㉟

上海證券物品交易所開業後，虞洽卿曾於一九二〇年九月向農商部呈請註冊，同年十一月，虞並親自到北京活動。但是，由於江蘇省議會及張謇都致電農商部，要求在《交易所法》未修正前停發執照，上海證券物品交易所的註冊因此受阻。直到次年三月七日，虞洽卿再次向農商部呈請發給營業執照時，才出現轉機。三月十四日，陳果夫致函蔣介石，報告申領執照及擴大金銀業務等喜訊，函稱：「股票價格前日稍稍回頭，大約今日可以望好，因為執照今日可以在北京發給，發給後，金即欲發表，所以只幾天可以望好。」㊱不過，直到當年六月廿五日，北京政府農商部才批准發照。㊲

張靜江等鑒於即將領到營業執照，決定擴大恒泰號的業務範圍，增加代客買賣金銀業務，資本額四萬六千元，每股一百元。計蔣偉記四十四股，張靜記五十五股。㊳但是，業務仍然很不順利。

當年一月下旬，蔣介石在孫中山一再催促下，離開奉化，於二月六日抵達廣州，參加討論援桂作戰計劃。不久，因與陳炯明發生矛盾，於同月回返奉化，其後就一直留在家裏。四月間，蔣介石接連收到張靜江的告急電報，聲稱「商戰為人環攻，請兄速來營救」。蔣介石不知道恒泰號到底發生了什麼事，既擔心，又氣惱，一時神情失常。但是，蔣介石很快就自覺不夠鎮靜，在日記中嚴厲自責：「何養氣不到一至於此哉！」㊴

在張靜江連電告急的情況下，蔣介石匆匆趕赴上海，和陳果夫、戴季陶、張靜江、林業明（煥廷）等商量挽救辦法。四月十七日，蔣介石日記云：「果夫來晤，談及靜公交易為人攻擊事，往訪煥廷先生。再到大慶里與季陶談天，商量生涯解急之法。」次日日記云：「下午，與靜江、季陶聚議，商量營業事。」兩天日記，雖是寥寥幾行，但蔣介石等人的焦急情狀，歷歷可見。不過，半個月之後，命運之神就又給蔣介石等人送來了喜訊：股票價格上漲。五月二日：蔣介石日記云：「接靜兄函，知交股價漲至百零八元。」五月五日，日記又云：「接守梅電，知交股票價漲至百廿四元。」對於股民來說，沒有比股價暴漲更好的消息了，蔣介石興奮之餘，在日記中寫下了四個字：「甚爲欣幸！」㊵

孫中山於四月七日在廣州被選爲非常大總統。計劃發動討桂戰爭。四月十八日孫中山致電蔣介石，告以「軍情緊急」，要他迅速來粵襄助；陳炯明、許崇智、胡漢民、戴季陶等人也函電交馳，敦促蔣介石赴粵。五月十日，蔣介石啓程。在粵期間，蔣介石收到陳果夫一函，報告交易所情況以及他和張靜江之間的矛盾，中云：

靜公為欲取回高所沒收證金之一部（即我們四家共做老股三萬股，計納證金一百廿萬元，被沒收者，外間只拿到七十五萬，其餘四十五萬，原為本所填補差金，現擬取回者即此一部分）囑我去商者約七八次。然彼自作主意，未嘗納我絲毫意見。我亦因不善語言，故有意往往不能盡達。且此時以為可辦，並不反對。近日彼大有急急動作之意，侄不得不細心考察。考察結果，以為此事現在萬不可行，而二先生只顧自己一方面，不管他人為難。且此事由厲君為之奔走，難免為他方所利用，一舉而成，則彼等坐失其利。否則我方名譽損失之外，尚須再棄若干辛苦錢。現在所中所怕者是空頭，餘款由空頭來爭，而且未必能得，如由多頭爭，則將由上海全埠之人所唾罵，即使用全力致勝，空頭方面豈不又有說話，甚至要和你辦大交涉。因為當時糊裏糊塗過去，現在明白了，做三萬吸多頭者原來是你，即使你拿得到，也是不得安枕，況且我們經紀人是代客買賣，現在我們代表買方出場，將何以對得起一班吃虧最大，空頭、套頭的客人！所以我想來想去，不能替他做這一件事。我已經拒絕他了。不知我叔之意見如何？我擬將客人的交易如數了清之後，經紀人也不要做了，將茂新停辦。㊶

函中所言「空頭」，指賣出股票者；「多頭」，指買進股票者；「套頭」，指利用近期和遠期股票的差價以套取利潤者；「我叔」，指蔣介石。據此函所述可知：張靜江等做「多頭」，買進交易所「老股」三萬股，由於判斷錯誤，保證金一百二十萬元被沒收，其中七十五萬賠償損失，另四十五萬元有可能收回。張靜江急於動作，挽回損失，和陳果夫商量過七、八次，但陳認為此時萬不可行，如做，不僅錢收不回來，而且有可能被全上海人唾罵，因此堅決拒絕，和張發生爭論。同函又云：

他前天晚上說名譽不顧這些氣話，但是我不能不顧他和我們的名譽，況且還是名譽壞了也必無效果的事情。

可以看出，張、陳之間已從挽回損失的時機發展為要不要名譽的爭論。張靜江聲稱「名譽不顧」，可見此次生意失敗給予他的刺激。

四、與張靜江、戴季陶等合資經營利源號

上海證券物品交易所開始營業後，半年內即盈利五十餘萬元。於是，各業「如發狂熱」，紛紛效法，上海華商證券交易所、麵粉交易所、雜糧、油餅業交易所、華商棉業交易所等陸續成立。《申報》調查報告稱：「本年（一九二〇年——筆者）秋後，交易所鼎盛一時，風起雲湧，各業以有交易所爲榮耀。」㊷至一九二一年十月，上海已有交易所一百四十餘家，額定資本達一億八千萬元。㊸

此際的張靜江、戴季陶等人自然更加興奮。一九二一年五月卅一日，張、戴與徐瑞霖等簽訂合同，決定合資創辦上海證券物品交易所利源號經紀人營業所，以吳梅岑爲經理。該所資本總額三萬元，每股一千元，共三十股，其中，張靜江一股，戴季陶一股。蔣介石三股，由戴季陶代簽。㊹

利源號辦起來了，也和茂新、恒泰的最初的命運相似，受到同行排擠，使蔣介石極爲憤慨。七月八日，陳果夫致函蔣介石，報告營業疲軟的情況，函稱：「靜公因公司尚未了結，日來交易不做，公司進行以廿餘元爲事。近日價格極疲，但看勢頭不至於大漲。且二元半之息，不能引起投機與投資家之興會也。」㊺信中所反映的完全是一種事無可爲的心態。但是，事實正好相反，七月十日，上海證券物品交易所召開第三次股東會，張靜江被選爲理事。十八日，

張靜江等決定擴大利源號的業務範圍，「兼辦金業」，同時決定每股追加股本二百元。計蔣介石追加六百元，張靜江、戴季陶各追加兩百元，共六千元。㊻之後，利源號的業務越做越大。陳果夫致函蔣介石，報告張靜江大量購進股票和股票價格飛漲的情況：

靜江先生近來對於股票買進有增無減，公司益打益大，聽說和從前做空頭的人也有聯絡。不過時局不好，多拿在手中，不免危險耳！前日價格漲到二百四十二元，如照此價格出去，賺錢一定不少。

這一段時期，上海股票業正處於黃金時期。不僅張靜江等人幹勁十足，而且蔣介石、陳果夫等最初發起的茂新號，也大賺其錢。陳果夫在同函中向蔣介石報告說：

茂新自去年九月至今年六月止，共淨盈洋一萬八千四百零一元七角八，清單明後日可以寄上。新豐名下應得發起人酬金洋一千零八十二元四角，又紅利一千八百六十四元九角。下星期擬開股東會，吾叔到申一行否？否則請將意見知下，加股若干？㊼

除茂新外，函中提到的「新豐」，應是蔣介石參加發起的另一個經紀人營業所，不過，關於它的情況，目前還沒有更多的資料。

從陳果夫函還可以發現，這一時期，蔣介石和朱孔揚等又在組建「第四號經紀人鼎新號」，做棉紗與金銀生意，由朱孔楊任經理，陳果夫爲協理。函云：

現在資本一萬五千，除花、證、金三種，保證金一萬八千元外，尚有付鼎新資本洋二千元。如將紅利分派，無活動餘地，故非加添資本不可。

至此，蔣介石已先後投資茂新、恒泰、利源、新豐、鼎新等五家經紀人事務所，可謂竭盡全力了。

五、畸形發展後的衰落，張靜江、蔣介石大虧本

事物的發展規律是盛極必衰。上海的交易所事業雖然一時繁榮，但是，當時國內商業並不景氣，交易所畸形發展，每個交易所的營業額必然大量減少，資金不足，緊跟著的必然是衰落。從一九二一年八月起，上海的交易所事業開始走下坡路。㊽九月廿八日，陳果夫致函蔣介石云：

交所情形仍惡，市價變動非常，紗尤甚，花次之。所做客人因交所不可靠，多存

於號者絕無，積欠於號者漸多，此次紗之下跌，鼎新因循，不免有吃虧矣！㊾

函中，陳果夫告訴蔣介石，由於擔心商情危險，決定從十月一日起停止茂新號的業務，辭去鼎新號的協理職務，將家眷遷回湖州老家。陳並稱：「茂新結束事已與靜江先生接洽，靜江先生亦贊成，想吾叔亦必贊成也。」不過，後來茂新並未「結束」，可能出於蔣介石的反對。

陳函所反映的情況實際上是整個上海交易所事業的縮影。據統計，一九二一年十一月，上海有三十八家交易所歇業。十二月，歇業者幾乎每天都有。次年二月，上海法租界工部局發佈《交易所取締規則》，規定了嚴格的管理和懲罰條例。㊿至一九二二年三月，各交易所驚呼「空氣日非，社會信仰一落千丈」，51紛紛停業清理，經紀人因破產而自殺者也頗不乏人，蔣介石的同鄉、同志周駿彥也曾一度自殺。以見之於《申報》廣告和有關報導為例，三月份即有棉布匹頭證券交易所、中國糖業交易所、中華國產物券交易所、上海綢商絲織匹頭股券交易所籌備處、公共物券日夜交易所、中美證券物產交易所、上海五金交易所、上海糖業交易所、上海紗線證券市場、上海華煤物券交易所、上海內地證券交易所、神州物券日夜交易所、中外交易所、浦東花業交易所、東方物券交易等宣布停業，成立清理處。當月上海全市能維持營業的交易所只剩下十二家。52三月廿五日，具有同業公會性質的上海交易所公會決議解散。53四月八日，江蘇督軍和省長會銜訓令：未經領照各交易所，一律解散；已領照者，勸令改營他業。54

交易所屬於投機事業，其興也勃，其衰也速。當時有人撰文云：「去年海上各種交易所勃興以來，風起雲湧，盛極一時，投機事業，舉國若狂……不及匝年，噩耗迭起，某也併，某也閉，某也訟，某也封，某也逃，某也死，而最近若最初開張之某交易所，亦以風潮聞。昨日陶朱，今日乞丐。飆焉華屋連雲，飆焉貧無立錐。」㊺

大環境不利，上海證券物品交易所自難獨善其身。

最初，情況還是不錯的。一九二二年一月八日，上海證券物品交易所資本總額已達一千八百七十一萬九千七百五十二元，盈利六十六萬一千一百二十九元。㊻當日股東會決定提取五十萬元作爲第三屆股東紅利。「每一老股五元，新股四股作一老股。」㊼會上，戴季陶提出，增加股銀五百萬元，作爲附加份股。分爲二十五萬股，每股二十元，一次繳足。各股東均表贊成。隨後，虞洽卿提出成立上交銀行，經討論。決定資本總額一千萬元，分作二十萬股，每股五十元。這次會上，周駿彥以六萬九千八百零六權繼續當選爲監察人。十一日，上海證券物品交易所在報上刊登《發給紅利公告》，通告股東前來領取紅利。但是，情況迅速發生變化。二月廿四日，交易所在買賣本所股票時，因買方資金不足違約，證券部停止交割，引起恐慌。

關於此事，周駿彥向蔣介石寫信報告說：

查上交風潮之起，初由於賣空者造謠，實由於做多頭者乏款收現。二月二十三日，彥因茂新號電召到申，此時外面已有謠言，所中拍板如常。果夫先生詢之做多頭者，猶云資本已備，可無患。迨二十四□□□，證券部倏然停版，聞因做多頭者向某處所□

（借）英洋三百萬元一時被絕，致有此變。證券部因此停止交割，大起恐慌。後由聞蘭亭等雙方調解，做多頭者貼現洋五十萬元，所中墊洋五十萬元（以九六鹽餘公債一百萬元相抵），並將多頭家代用品一百萬元沒收，以支配賣出者，計賣出六萬餘股。

同函並提出，此次事故，由交易所洪承祈、盛丕華造成。函稱：「此次交易所被做多頭者拆坍，非特前此開辦時一番之熱心及功績盡歸烏有，且市面動搖，寧幫大失體面，實爲洪、盛諸惡所害（此中原因極複雜，大約洪、盛諸君實為首禍，做多頭失敗，亦因洪君之故居多，今洪君俱已先後相逝矣），言之殊堪痛心。」58這次風潮，使得蔣介石前所未有地大虧其本。三月十五日，蔣介石日記云：「今日接上海來電，言交易所風潮，靜江失敗，余必被累，損失不少，或一文不留，亦未可知。」

關於此次風波，魏伯楨另有說法。魏是上海交易所的理事之一。他晚年時回憶說：戴季陶、張靜江等「以爲他們有實力（有每股一百二十元市價的四萬股股票），因而大做本所股買賣」。「不僅不繳證據金反而強迫常務理事郭外峰、聞蘭亭（他們是管理市場業務的）等收受空頭支票，充作現金。同時現貨與期貨（本月期貨與下月期貨）的差價越來越大，差金打出愈多，致會計上的現金大量支出。交易所由外強中乾到捉襟見肘，拖延到一九二二年二月，宣告『死刑』，大量股票一旦變爲廢紙，大富翁變爲窮光蛋了。」59魏與周，二人關於責任者的說法不同，但關於破產原因的說法則有一致之處。

違約事件發生後，二月廿八日，由聞蘭亭及經紀人公會出面調停，勸賣出一方認虧，其辦法為，由違約者交出現金五十萬，由交易所墊出鹽餘公債一百萬元，抵作五十萬元，連同違約者的代用品一百五十萬元，賠償賣方（共六萬一千零二十五股）。賣方每股僅得現洋六元一角九分，公債票抵額八元二角（代用品另擬）。⑥⓪

四月四日，陳果夫致函蔣介石云：

> 此次靜江先生所認之二十三分三的公司份頭，又分為四份，其中四份之一是吾叔的。照現在拿出一百萬現洋，應派吾叔名下，約三萬二千六百元，又一百五十萬代用品，應派吾叔名下約四萬八千九百餘元，兩共洋八萬一千五百元。⑥①

信中，陳果夫告訴蔣介石，計核之後，「約數虧去五萬元」，「靜江先生損失，應與吾叔相等」。同函並稱：「恒泰號去年下半年之紅利，每股四百六十餘元。利源結至去年底止，約盈七八千元，並未分派。茂新至年底，約盈有二萬餘。此次損失，茂新約在二三萬左右，利源損失或比茂新多。」

蔣介石事後反思，一是覺得過於相信張靜江。一九二二年五月廿三日日記云：「以二十萬金信託於靜江，經營商業，全權交人，自不過問，雖信人不能不專，其病則在自不預問，不知幾，不留心，無經驗之累也，有何悔也。」一是覺得陳果夫有問題。同年六月六日，蔣介石日記云：「果夫之爲人，利己忘義，太不行也，當痛斥之。」

關於在交易所的經營情況，陳果夫後來回憶說：「從開始到交易失敗爲止，大約做了數萬萬元的交易，佣金收入總在二十餘萬元。可惜到第三年，交易所風潮一起，所有盈餘全都倒了，幾乎連本錢也賠進去，好比一場春夢。到交易所將倒的時候，『茂新』辦理交割，把收入股票出售所得之款，與代商人買入股票應付出之款，兩相抵過，尚須付交易所六十萬左右。客人看見情勢不穩，款亦不交來了。我們在事前略有所知，便做了種種準備，一面保護客人，儘量減少他們的損失，一面卻須爲自己的號子打算。我爲計劃調度，一連幾晚沒有安睡。畢竟客人的保護已盡力所及，而自身部分本錢的保持，也算順利達到。這也不能不說是在錢莊做了兩年半夥計的好處。」他又說：「我們這樣的盡了人事，到交易所倒賬的時候，我們自問沒有對不起別人的事，心裏很安。」㊷

六、風波之後

證券物品交易所發生買方違約事件後，處於停業狀態。其間，從上海全球貨幣物券交易所借得二十萬元。三月十八日，兩所成立契約，營業合併，雙方理事用合議制執行業務，資本共同運用，但兩所仍各自單獨存在，損益按資金比例分擔。三月廿七日，重新開市。增加了幾位「洋員」，意味著外國資本和外國勢力的增加。㊸但是，證券部的本所股，仍然停版。㊹三月三十日，虞洽卿、聞蘭亭等宴請上海新聞界，感謝報刊在風波期間的善意支持，宣布與全球貨幣物券交易所共同營業的消息。[65]四月一日，證券物品交易所全面開市。[66]

上海證券物品交易所與「全球」合作，周駿彥不放心，向蔣介石報告說：

> 信用已失，營業一時能否復元，尚未可知。且與全球合併，難保無存心破壞者起而攻擊，後事真難逆料。惟近聞靜公云：現有人集款組織公司，擬將交所股票准與押款。此公司如果實現，將來或有生機。總之，且此次損失最大者為套利者。[67]

信中，周駿彥稱，此次失利，係張靜江決策錯誤：「彥屢聞靜公言，套利甚穩，且云借款套利，亦屬便宜。」它不僅打擊了上海證券物品交易所，周駿彥在寧波開設的交易所也因之停業。可能蔣介石曾以蔣經國與蔣緯國的名義投資寧波交易所，因此周函稱：「經、緯事，彥前謂無希望，亦以甬交做品不佳，難免發生危險。」函末，周駿彥稱：

> 總之，吾輩非商人，經營新商業，究嫌其經驗之少。然事已如此，後悔莫及。惟望後局諸公，煞費經營，或尚有轉機，並望閣下盡心愛國，以國事為重，不必以此為念。

當時，蔣介石正在廣西軍中，周駿彥表示：「擬來桂願隨閣下之後，冀為國效勞。」他因套利欠債二十萬元，兩次跳黃浦江自殺。⑱

當年四月，蔣介石返鄉。六月十五日，陳炯明兵變，孫中山避居永豐艦，蔣介石聞訊，從上海趕到廣東，與孫在艦上相見。據魏伯楨回憶，蔣行前，要虞洽卿資助，「開始時虞說蔣搞垮了交易所，還要搗蛋，不能同意。最後談判結果，虞答應可由交易所拿出六萬元，但要蔣在離開上海的那一天才能給錢。」⑲同年八月，蔣隨孫中山抵達上海，廿三日返鄉。

陳炯明兵變後，許崇智率粵軍轉入福建。孫中山支持粵軍，企圖以武力推翻李厚基在福建的軍閥統治，然後回師廣東，討伐陳炯明。為此，孫中山計劃組織東路討賊軍，以許崇智為總司令，蔣為參謀長。九月十八日，蔣介石於入閩之前致函張靜江，敘述所欠債務。函云：

> 中秋節前，弟尚欠二千五百元之數，未知可為我代籌若干匯甬？在鄉以去年用度太大，至今未了之事尚欠七千餘元，在滬虧欠亦與此數相等，故今年以來不能稍資周轉。舍兒經國在滬上學，竟於十五元衣服費亦被茂新拒絕不支，思之傷心。

函中所稱「去年」，當指一九二一年。當年六月十四日，蔣母病逝，醫藥喪葬，自然花費不小。交易所破產之後，蔣經國所需衣服費雖僅十五元，但茂新號竟然拒付，可見其極端困難的狀況。同函中，蔣介石提出，請張從交易所賣方所賠「代用品」中借出若干，以便還清私債，安心赴閩。函云：「此次物品訟款，如能為弟借出若干，不致久苦涸轍，徒呼庚癸，俾得稍資活動，以了此私債，將來如能如數還清最好，否則以弟個人虧空名義報銷，想孫先生與汝爲亦必見諒邀准也。」這一時期，蔣介石身體不好，心情也不好，他向張靜江傾訴說：

貧富生死，率有定數，得此不足為富，無此不足為貧，況預備死者未必死，但求生者未必生，亦不必競於此金錢，以貽平生之羞也。惟債留後人，於心不安；教育無費，終難辭責。此所忝在愛下，故敢不避公私，剖腹一談。⑩

寫完此函，蔣介石又很後悔，日記云：「往滬爲金錢所苦迫，貪私之言，非我所應出，不勝悔恨，故不願往滬也。」⑪不過張靜江接到此函後，立即向孫中山彙報，孫即命陳果夫彙寄兩千五百元給蔣介石。張在覆函中表示：「代用品之事極易辦，來滬接洽可也。」⑫十月一日，蔣介石日記有與周駿彥「談生意事」的記載，可能即與處理交易所善後事宜相關。⑬十二日，蔣介石決定拋開各種個人考慮，獻身革命。日記云：「家何爲乎？子何爲乎？吾非盡吾力以剷除惡類，則誓不生還滬、甬也。」

蔣介石於十月廿二日啓程赴閩，就第二軍參謀長之職。其後，曾數度往返於福建、上海、奉化之間。一九二三年三月三日，陳果夫到寧波，與蔣商談「交易所起訴事」。⑭七月十七日，蔣介石到上海，即訪問張靜江，「談交易所訟詞」。⑮此後，蔣介石日記中連續出現與葉琢堂、張靜江談交易所事務的記載。⑯同月廿九日日記云：「交易所窳敗，非出而整理不可，故不准其今日開第七次股東會，先令其清理前賬。」這樣，蔣介石就開始了和交易所董事之間的艱難談判：

八月一日日記云：「晚，與友商議交易所事。能自立者，人能助之。勢利逼人，可悶也。」八月三日日記云：「下午琢堂、洽卿來談交易所事，其言比算盤之加減還凶。余心滋難過。晚，尤生變故，市儈之可惡極矣。」

八月四日日記云：「琢堂、端如兄前後來談，以交易所事未了，不克回甬。」

從上述日記可見，蔣介石與葉琢堂、虞洽卿討論交易所事務，發生嚴重分歧，方案反覆變卦，經反覆磋商，直到八月五日下午五時以後，才得以最終定案，蔣介石日記云：「為交易所事未了，幾不能安眠。天下事之難，莫難於共事人之不良也。」「心神之不快，乃甚於不了。以後莫管閒事，以免討氣。」同月十六日，蔣介石受孫中山委派，率領孫孫逸仙博士代表團訪蘇，此後，蔣介石不再過問交易所事務。

一九二四年國民黨第一次全國代表大會期間，孫中山決定建立陸軍軍官學校，以蔣介石為委員長。在上海的茂新、鼎新經紀人事務所相繼歇業，同人紛紛南下，到黃埔軍校找尋新的出路，只有陳果夫留在上海，清理遺留事項。一九二四年，由陳希曾出面，新創一家買賣棉紗號的經紀人事務所。一九二五年，陳希曾也南下黃埔，陳果夫只在春秋兩季「各做一次生意」，用以「補助生活或應付特殊用途」。一九三〇年，又做過兩筆。⑰

七、上海證券物品交易所與國民黨的關係

如前述，上海證券物品交易所的初辦由孫中山倡議並領銜申請，那末，一九二〇年的重辦是否仍和孫中山有關，它和國民黨人的革命事業有無聯繫呢？

陳果夫回憶說：「在民國九年的秋天，總理命令本黨同志在上海籌設證券物品交易所。蔣先生把這件事告知了我，並且要我研究這問題。」⑱上海證券物品交易所成立時，孫中山雖遠在廣州，但寄來賀詞：「倡盛實業，興吾中華。」⑲一九二一年十二月十一日，陳果夫致函蔣介石，告以「孫先生之款已收到」。這裏所說的「孫先生之款」，聯繫下文「孫先生待款甚急」等語，當係蔣介石通過陳果夫資助孫中山的款項。同函云：

> 叔款現在晉安者約五千四百餘元，存侄處。金融公債二千，靜江先生告我，孫先生待款甚急，侄乃以此款移交靜公，並聲明作為侄個人向晉安借款。靜江先生亦說一月後歸還。侄已向索回六百元，其餘一千四百元待陸續歸還後收入叔賬。此事吾叔勿與靜公說起，作為不知可也。⑳

據此可知，陳果夫還曾將蔣介石存在晉安錢莊的金融公債兩千元移交張靜江，以此解決孫中山的急需。當時，孫中山正在桂林成立北伐大本營，籌備北伐。張靜江所稱「孫先生待款甚

急」，當指此事。

上海物品證券交易所和國民黨人在經濟上的聯繫，目前尚難一一釐清。周祖培稱：「當時國民黨基金完全由張掌管，國民黨有很多散在各地未到粵隨同孫中山擔任工作和職位的人，經孫中山批准，可到張處支領津貼和活動費。為了避免租界巡捕房的注意，付帳用種種暗號，如火柴代軍火，一角代一百元等。」⑧①這說明，張靜江經營交易所所得，有相當部分用於公。陳果夫也回憶說：「歇業之後，清算結果，有幾筆作撫恤同志遺族的股本，都能提出，加倍送去。」⑧②這說明，交易所有些股本是預留作為革命事業之需的。國外有的學者認為，上海證券物品交易所是為孫中山和革命籌集政治經費的巧妙管道。⑧③此說雖尚待一步證明，但並非全無道理。至少，就孫中山倡辦的初衷來說，確實如此。

這種情況，也表現在廣東交易所方面。居正詩云：「吾黨中心政策行，必從經濟樹先聲，金融交易粗成就，百萬輸將始出兵。」⑧④一九二〇年十一月廿九日，孫中山在廣州重組軍政府，次年五月五日，就任非常大總統，任命居正為總統府參議，兼理國民黨本部事務。居正即利用外資，創辦廣東交易所及國民儲蓄銀行。曾撥借一百萬元，用為出兵廣西的軍餉。同年六月十日，蔣介石日記云：「接靜江函，知粵交易所只留二萬股與吾輩，當全數放棄。本黨作事如覺生者，誠令人灰心，決無良美結果也。即覆靜江書、覺生函。」這則日記所涉及的史實目前也還難以完全釐清，但廣東交易所的股本既可以留出二萬股給上海的張、蔣等人，則其間的關係可想而知。

陳果夫回憶說：「當時我們的招兵接洽機關，設在上海證券物品交易所內，掛了陳希曾經紀人的牌子，表面是做生意，實在每天按時前去，暗中接見客人，秘密接洽招兵事情。」㊺據此可知，上海證券物品交易所還是國民黨人的一個特殊的聯絡站。

八、交易所生活對蔣介石的影響

蔣介石雖然出身鹽商家庭，但是，父親早故，家道中落，以後又留學日本，投身革命，可以說，是交易所的活動，才使蔣介石和商業、商人階層發生關係。

一九二〇年一月廿四日，蔣介石日記云：「赴開元會議交易所選舉董事。商人積弊，仍不能脫把持與專制，大股份壓制小股份，大多數壓迫小多數，舞私牟利，壟斷其間。小商人中雖有達材正士，不能施展一籌，以致中國實業，日趨衰落，安得將此種奸商市儈一掃而空之，以發榮社會經濟也。」㊻根據上海證券物品交易所章程，可設名譽議董十五名，由有商業、工業學識，或有豐富之經驗者擔任，和理事共同組成評議會。㊼但實際上，上海證券物品交易所開辦時，只有名譽議董十二人，爲朱葆三、沈聯芳、顧馨一、姚紫若、項惠卿、徐慶雲、邵聲濤、張綸卿、許松春、葉惠鈞、賈玉山、宋德宜。㊽蔣的這則日記可能反映的就是名譽董事的選舉過程。從中可以看出，蔣對上海商幫中的把持、壟斷、傾軋是極爲不滿的。

蔣介石對上海商人的不滿和反感可以說貫徹他參與交易所活動的始終。如：

一九二一年六月十二日日記云：「得煥廷、瑞霖各函，見滬上奸市友人之報，不勝憤恨。交易所各理事之營私舞弊，思之痛心，刺激感觸，公私交迫，幾欲隱避林泉，獨善其身而不可得。恐病神經，萬事當胸襟澹然，達觀一切爲要也。」

一九二二年十一月廿八日日記云：「中國商人，見之頭痛，商家利祿之心，狡猾之謀，過於官僚也。」

一九二三年二月三日日記云：「又因奸商妒忌，發怒激激，殊非其道。」

上引各日日記，在在表現出蔣介石對「奸商」們的強烈憤懣之情。

交易所的活動也使蔣介石瞭解到中國民族資產階級的困境。前文已經提到，一九二〇年六月，蔣介石剛剛決定拿出五千銀圓，與陳果夫共同創辦友愛公司，就趕上國際金融風潮，銀價大落。《申報》探討這一突變原因時曾稱：「或謂係進口貨多結匯水，或謂某國有意外金融風潮，或謂因西曆六月底解款，或謂某國銀礦有大批現銀放出之故，總之大上大落，華商之對外營業，受其影響不鮮也。」⑧⑨這一事件激發了蔣介石的民族主義情緒。日記云：「銀價大落三日，賤六片士。金融機關在外人之手，國人時遭損失，可嘆也。」⑨⓪

經營交易所的失利增強了蔣介石的社會改造思想。一九二〇年十二月，他自覺「矜張自肆，暴躁不堪，對於社會厭惡更甚」。⑨①日記云：「我對中國社會，實厭惡已極，其將何以謀脫也？」⑨②他對邵元沖等宣稱：「中國宜大改革，宜徹底改革。」⑨③這一時期，正是他在交易場上一再虧本的時候。

當然，交易所的活動也增強了蔣介石和江浙金融資產階級的聯繫。一九二四年，蔣介石要陳果夫在上海爲黃埔軍校採辦制服、皮帶、槍帶、刀鞘等物，爲上海海關扣留。葉琢堂、王一亭、沈田莘、虞洽卿等出面斡旋。㉔一九二七年，北伐軍進展到長江中下游一帶，江浙金融資產階級寄望於蔣，紛紛出資，支持他和左傾的武漢國民政府相抗，這不是沒有原因的。

（原載臺北《近代中國》第一三九期，二〇〇〇年十月）

【附記】

孫中山也是股民

蔣介石《民國二十六年雜錄》（手稿本）云：「當時總理與余及季陶、靜江四人所有之優先股最高價時亦約值百餘萬元，其後皆為靜江一人投機輸完。總理與余並未有獲得毫利，更於革命無關。當靜江投機倒賬時，余反由粵借匯廿萬元補救靜江也。惟總理赴粵之時，確由交易所董事公開貢給廿萬元之數，以為發起提倡者之報酬而已。」據此，孫中山不僅是上海證券物品交易所的發起人，而且也是投資者，是股民，他和蔣介石等共擁有股值百餘萬元。《雜錄》中所稱「總理赴粵之時」，當指一九二〇年十一月。當月十五日，孫中山應粵軍許崇智要求，偕伍廷芳、唐紹儀等離開上海，前往廣州，重組軍政府，繼續「護法」，並於次年發動討伐桂系軍閥陸榮廷的戰爭。據《雜錄》可知，孫中山離滬前，曾得到交易所董事二十萬元的資助。

①手稿本殘損，據《蔣介石日記類抄・雜俎》一九二〇年一月一日記云：「今年擬學習俄語，預備赴俄考察一看，將來做些事業，或學習英語，遊歷世界一周，訪採各國政治，以資採擇。二者如不能，即在事業方面立足，組織棉麥會社，種植棉麥，否則充當經紀人。作棉花、棉紗買賣。」

②《創立上海交易所股份有限公司協定豫約案》（戴季陶手跡），山田純三郎檔案，日本愛知大學藏。又，一九一七年二月廿八日日文《上海日報》對此有簡要報導，並摘錄了合同中的二、三、七、八、九各款。參見趙立人《孫中山與上海證券物品交易所》，《孫中山與近代社會》，廣東人民出版社一九九六年版，第一六五至一七四頁。

③《孫文壟斷上海市面之大計劃》，《晨鐘報》，一九一七年四月六日。其主要修改為規定：「本借款之金額交款後，用創立人名義存入日本正金銀行，以信用狀在正金銀行上海支店支用所存正金銀行本店內日本金額之上海銀元交付股款。」

④《孫文等上北京政府農商部呈文》，原件，未刊，中國第二歷史檔案館藏；參見魏伯楨：《上海證券物品交易所與蔣介石》，《文史資料選輯》第四十九輯，第一四九頁。

⑤轉引自虞和德《致農商部事略》，《舊上海的交易所》，上海古籍出版社一九九二年版，第十九頁。

⑥虞和德《致農商部事略》，《舊上海的交易所》，第十九頁。

⑦《證券物品交易所創立會紀事》，《申報》，一九二〇年二月二日。

⑧《上海縣知事公署訓令第四〇四號》，上海市檔案館編：《舊上海的證券交易所》，上海古籍出版社

一九九二年版。

⑨權，指各股東的議決權，一股一權。

⑩《證券物品交易所創立會紀事》記虞洽卿得票為八萬兩千八百三十三權，見《申報》，一九二〇年二月二日。

⑪手稿本殘損，此據《蔣介石日記類抄．雜俎》，未刊，一九二〇年二月一日，中國第二歷史檔案館藏。

⑫王舜祈：《蔣介石故里述聞》，上海書店出版社一九九八年版，第二〇〇至二〇一頁。

⑬《上海交易所電報舉定理事長》，《申報》，一九二〇年二月八日。

⑭陳果夫：《商業場中》，《陳果夫傳先生全集》，第五十四頁。

⑮據中美新聞社消息，六月九日倫敦電匯及遠期銀價各跌六便士，紐約銀價跌至八角四分。見《銀市報告》，《申報》，一九二〇年六月十日。

⑯中國第二歷史檔案館編：《蔣介石年譜初稿》，檔案出版社一九九二年版，第四十一頁。

⑰《證券物品交易所開幕紀》，《申報》。一九二〇年七月二日。

⑱《申報》，一九二〇年七月一日。

⑲《陳果夫先生全集》第五冊，第五十五頁。

⑳《蔣介石日記》（手稿本），一九二〇年七月五日。本文所引蔣日記，凡未特別注明者，均同。

㉑《申報》，一九二〇年六月廿五日。

㉒《申報》，一九二〇年六月廿七日，第十二版。

㉓《蔣介石日記》（手稿本），一九二〇年七月十八日。

㉔《蔣介石日記》（手稿本），蔣介石一九二〇年八月二十日記云：「甚思以後交易所之買賣也，派阿順赴滬。」

㉕《蔣介石日記》（手稿本），一九二〇年八月卅一日。

㉖陳果夫：《商業場中》，《陳果夫先生全集》第五冊，第五十七頁。

㉗《蔣介石日記》（手稿本），一九二〇年九月二日。

㉘《蔣介石日記》（手稿本），一九二〇年九月三日。

㉙《蔣介石日記》（手稿本）一九二〇年九月五日記云：「果夫、守梅、梧岡諸君來，談改組公司事，付新元洋四千元，作為與靜江合本，五千元托孫鶴皋作臨時生意也。晚結帳，茂新連資本五股及欠我四千四百元，尚欠洋九千四百元。」

㉚《蔣介石日記》（手稿本）一九二〇年九月廿二日記云：「傍晚，訪靜江兄，談生意事。余擬投資一萬五千元資本以為共同事業。」

㉛《蔣介石年譜》，第四十七頁。

㉜《舊上海的證券交易所》，第一〇五至一〇七頁。

㉝參見陸丹林：《蔣介石、張靜江等做交易所經紀的物證》，《文史資料選輯》，第四十九輯。

㉞蔣介石一九二二年一月十日與張人傑書：「代認恒泰股份，甚感，請為簽字。」見《蔣介石年譜初稿》，第五十五頁。

㉟《蔣介石日記類抄·雜俎》一九二〇年十二月卅一日記云：「今年費用，除營商輸本外，不下七八千元之譜。」

㊱手跡，中國第二歷史檔案館藏。

㊲《舊上海的證券交易所》，第廿四頁。

㊳《舊上海的證券交易所》，上海古籍出版社一九九二年版，一二三至一二四頁。

㊴《蔣介石日記》（手稿本），一九二二年四月十五日。

㊵蔣介石日記，一九二二年五月二日。

㊶陳果夫致蔣介石函，一九二二年五月十二日，手跡，中國第二歷史檔案館藏。

㊷《辛酉年各業交易之概況》，《申報》，一九二二年一月廿三日。

㊸舊金山日報（The SanFrancisco Journal），轉引自《外人論中國商人道德之墮落》，《申報》，一九二二年三月十六日。

㊹《舊上海的證券交易所》，第一二〇至一二一頁。

㊺陳果夫致蔣介石函，手跡，中國第二歷史檔案館藏。

㊻《舊上海的證券交易所》，第一二三至一二三頁。

㊼陳果夫致蔣介石函。手跡，中國第二歷史檔案館藏。

㊽參見《上海總商會史》，第四三三頁。

㊾陳果夫致蔣介石函，手跡，中國第二歷史檔案館藏。

⑩《申報》，一九二二年二月四日。

⑪《上海綢商絲織匹頭股券交易所籌備處通告》，《申報》，一九二二年三月七日。

⑫《舊中國交易所介紹》，參見《取締後之法租界交易所》，《申報》，一九二二年三月七日。

⑬《交易所公會議決解散》，《申報》，一九二二年三月廿六日。一九二一年九月上海交易所公會成立。

⑭《蘇長官取締交易所之會令》，《申報》，一九二二年四月八日。

⑮《交易所之教訓》，《申報》，一九二二年三月六日。

⑯《上海證券物品交易所股東會紀》，《申報》，一九二三年一月九日。

⑰《上海證券物品交易所股份有限公司發給紅利公告》，《申報》，一九二二年二月廿二日。

⑱《周枕琴致蔣介石函》，手跡，中國第二歷史檔案館藏。

⑲《上海證券物品交易所與蔣介石》，《文史資料選集》第四十九輯，文史資料出版社版，第一五二至一五三頁。

⑳《上海證券物品交易所經紀人公會關於該所股票買賣違法問題的會議記錄及通告》，《舊上海的證券交易所》，第一一二至一一六頁。原記錄有月份，無年代，該書編者係於一九二一年，誤。參見《物品交易所之和解訊》，《申報》，一九二二年三月九日。

㉑陳果夫致蔣介石函，手跡，中國第二歷史檔案館藏。

㉒陳果夫《商業場中》，《陳果夫先生全集》第五冊，第五十七至五十八頁。

63 《上海交易所證券部明日開市》，《申報》，一九二二年三月廿六日。

64 《各交易所之最近狀況》，《申報》，一九二二年四月三日。

65 《上海證券物品交易所宴報界》，《申報》，一九二二年三月卅一日。

66 《全球與上交合同成立》。《申報》，一九二二年三月二十日。

67 《周枕琴致蔣介石函》，手跡，中國第二歷史檔案館藏。

68 魏伯楨：《蔣介石與上海證券物品交易所》，《文史資料選集》第四十九輯，第一五三頁。

69 魏伯楨：《上海證券物品交易所與蔣介石》，《文史資料選輯》第四十九輯，第一五五頁。

70 《致靜公函》（手跡複印件），湖州張靜江故居藏。此函僅署「制弟中正頓，廿八日。」據此可知，當時蔣介石尚在為母親守制。又據函中所述「中秋節前」及「安心赴閩」等語，推斷此函為一九二二年夏曆七月廿八日（九月十九日）之作。

71 《蔣介石日記》（手稿本），一九二二年九月廿六日。

72 《張靜江函》，《蔣介石年譜初稿》，第九十九頁。

73 《蔣介石日記》（手稿本），一九二二年十月一日。

74 《蔣介石日記》（手稿本），一九二三年三月三日。

75 《蔣介石日記》（手稿本），一九二三年七月十七日。

76 《蔣介石日記》（手稿本），一九二三年七月十八、廿六、廿七日。

77 《事在人為》，《陳果夫先生全集》第五冊，第六〇至六十一頁。

⑱《商業場中》，《陳果夫先生全集》第五冊，第五十五頁。
⑲南伯庸《上海大亨——虞洽卿》，海南出版社一九九六年版，第二四八頁。
⑳《陳果夫致蔣介石函》，手跡，中國第二歷史檔案館藏。
㉛《張靜江事跡片斷》，《文史資料選輯》第廿四輯，第二七九頁。
㉜《事在人為》，《陳果夫先生全集》第五冊，第五十九頁。
㉝斯特林·西格雷夫：《宋家王朝》，中國文聯出版公司一九八六年版，第二三三至二三四頁。
㉞陳三井、居蜜編：《居正先生全集》（上），台灣中研院近史所一九九八年版，第一一四頁。
㉟《建軍史之一頁》，《陳果夫先生全集》第五冊，第六十七頁。
㊱手稿本殘損，此處引文，參用《蔣介石日記類抄·雜俎》。
㊲朱彤芳《舊中國交易所介紹》，中國商業出版社，一九八九年版，第一五九至一六〇頁。
㊳《上海證券物品交易所申謝》，《申報》，一九二〇年七月二日。
㊴《兩日來金融之大變動》，《申報》，一九二〇年六月十日。
㊵蔣介石日記，一九二〇年六月十日。
㊶《蔣介石日記類抄·雜俎》，一九二〇年十二月卅一日。
㊷《蔣介石日記》（手稿本），一九二〇年十二月十一日。
㊸轉引自《邵元沖致蔣介石函》，《蔣介石年譜初稿》第五十七頁。
㊹《建軍史之一頁》，《陳果夫先生全集》第五冊，第六十三頁。

孫逸仙博士代表團的蘇聯之行

——蔣介石一九二三年訪蘇紀實

一、早蓄遊俄願

俄國十月革命引起世界列強的恐慌與敵視。美、英、法、日等國首先選定在俄國遠東、西伯利亞等地區發動進攻。四月五日，日軍在海參崴登陸。繼之，謝苗諾夫、鄧尼金等紛紛起兵，攻城掠地，成立政府。蔣介石很早就關心俄國革命。一九一八年七月廿四日，蔣介石日記云：

> 西比利亞霍爾瓦斯政府與海參崴政府兩相分離，皆為日本所利用，而置國家於不問，其不步中國之後塵者幾稀矣！①

從上引日記可以看出，蔣介石指斥那些投靠日本的白衛軍頭目，認爲他們將走上與中國軍閥同樣的賣國道路。一九一九年十一月，蔣介石在遊歷日本期間，得悉反蘇維埃力量所組織的「西伯利亞政府」被迫遷離鄂木斯克，攻擊彼得格勒的白衛軍也已被擊退。他高興地在日記中記下這一消息，並且寫了一句：「利寧（列寧）政府之地位，爲此更加鞏固矣！」②隨後他寫了一篇題爲《列國政府對付俄國勞農政府的手段如何》的稿子，投寄在上海出版的《星期評論》。這是一份新文化運動的刊物。不過，蔣的這一嘗試並不成功，文章未被刊出。十一月十五日，他從神戶乘輪回國，在船上閱讀《俄國革命記》，在日記中寫下「想望靡已」四字。③

蔣介石原來羨慕歐美，這一年夏天，還曾有過「籌措費用，遊歷歐美三年」以及「先赴法國，遊歷世界」的想法，不過，很快他就決定遊歷俄國，爲此下工夫學習俄文。十一月廿七日，蔣介石日記中開始出現「究俄文」三字。次日，出現「上午，往讀俄文；下午，習俄文」的記載。當時，孫中山也已在觀察和研究俄國的革命道路，決定派人赴俄留學，特別請了一位俄國教師在廖仲愷家裏爲革命黨人上俄語課。蔣介石「往讀」的地方應該就是廖宅。蔣介石學俄文堅持了好幾年，一直到一九二三年底，他的日記不斷有類似記載出現。其間，朱執信還爲蔣介石講過一次俄語。④

一九一九年十二月三日，蔣介石日記云：「覆滄白信，研究俄國事情。」滄白，指楊庶堪，四川巴縣人。同盟會會員。辛亥革命重慶起義的領導人。一九一八年被孫中山任命爲四川省省長。蔣介石在與楊庶堪通信，「研究俄國事情」之後，一九二〇年一月九日日記又云：「下午往□□生處議事，命我以代表名義赴□。」很可能這是孫中山派遣蔣介石訪問俄國的最早記載，可惜由於日記字跡漫漶，不能確定。一九二〇年三月十四日，蔣介石萌生投身「世界革命」的想法，日記云：「革命當不分國界，世界各國如有一國革命能真正成功，則其餘當可迎刃而解。故中國人不必要在中國革命，亦不必望中國革命先成功。只要此志不懈，則必有成功之一日，當先助其革命成功能最速之國而先革之也。」四天以後，戴季陶到蔣介石處，商議赴俄。蔣介石思考之後，覺得廣東局面不佳，赴粵只能「爲人作嫁」，「不如往俄，自練志識」。⑤幾天之後，這種想法更加熾烈，日記云：「近日看得國事皆非國內所可解決，極思離國他行。」⑥五月廿六日晚，蔣介石邀約戴季陶、朱執信、廖仲愷到住處來一起商量，擬於一月內啓程，蔣介石和戴季陶各出三千元作爲旅費。不過，蔣介石不久即遵孫中山之命，赴福建漳州指揮作戰。七月十九日，蔣介石再生赴俄之想。同年九月，俄羅斯共產黨阿穆爾省中國支部書記劉謙到上海會見孫中山，建議聯合中俄革命力量，在新疆集中兵力，打倒中國北方的反動政府。孫中山決定派大元帥府參軍李章達使俄，蔣介石同行。廿二日，孫中山打電話給蔣介石，以俄國、四川、廣東三地，讓蔣介石選擇。蔣覺得：去廣東，「則公益大而個人損失不小」；去俄國，「同行者非知交，暫不能行」。⑦蔣選擇去四川，但最後聽廖仲愷的話，去了廣州。

一九二一年一月一日，蔣介石預定當年應做之事四項：其中第一項即是「學俄語，想到俄國去視察一回，實在做一些事業」。最後一項則是到北京去，「研究北京社會的內容，偵察北京附近的地形。還要借著議員的名義，結交幾個新朋友，或者就在北京組織一個新學社，團結狠好同志，否則如有機會，即可以借議員的名義，到俄國去視察一回。」⑧從上述日記可見，蔣介石夢繞魂牽的還是想去俄國考察。

一九二二年九月，蘇俄代表越飛的軍事隨員格克爾將軍到滬，與孫中山會談。孫中山於八月三十日致函蔣介石，要他從溪口趕來上海，參加會談。九月十日，蔣介石到上海，但第二天就離滬還鄉。十二日，孫中山再次致函蔣介石，要他到上海住十天，詳籌種種。九月廿一日蔣介石的日記中出現下列八個字：「往俄無害，往贛有利。」不過，一直到十月三日，蔣介石才帶著蔣緯國再次來滬，直奔孫府，「談時局」。他是否與格克爾見過面，日記中沒有留下任何訊息。

二、機會終於來了，出任孫逸仙博士代表團團長

一九二三年，機會終於來了。

孫中山一直在努力和蘇俄聯繫，爭取蘇俄支持。一九二二年十一月廿一日，孫中山致函蔣介石稱，肯定他的訪蘇之願。函稱：「兄前有志於西圖，我近日在滬，已代兄行之矣。現已大得其要領。」⑨十二月，孫中山寫信給列寧，告訴他，「本人擬派遣全權代表於近期往莫斯科，與你和其他同志磋商合作事宜，以裨俄中兩國的合法利益」。⑩同月，孫中山寫信給蘇俄代表越飛，聲稱自己可以調動大約一萬人從四川經過甘肅到內蒙古去。控制位於北京西北的進

攻路線。他詢問越飛：「貴國政府能否通過庫倫支持我？」⑪同年年底，俄羅斯與烏克蘭等組成蘇維埃社會主義共和國聯盟。一九二三年一月，孫中山和蘇俄代表越飛在上海會談。孫中山要求蘇俄給予兩百萬金盧布的援助，同時表示願意派遣軍事代表團訪問蘇聯。五月一日，越飛自日本東京轉給孫中山一封蘇聯政府的電報，同意提供兩百萬金盧布，並且宣稱，準備提供軍事物資，幫助孫中山在中國北部和西部建立作戰單位，開辦軍校。十二日，孫中山覆電越飛，感謝蘇俄的慷慨援助，表示將派代表去莫斯科磋商。⑫五月十日晚，孫中山設宴招待共產國際代表馬林，蔣介石應邀作陪，「研究一切」。十二日，蔣介石日記有「商議赴歐事宜」一語，可見，在孫中山的「聯俄」計劃裏，蔣介石佔有愈來愈重要的位置。不過，孫中山當時想親自訪問莫斯科。六月十七日，孫中山任命蔣爲大元帥行營參謀長，但蔣介石因對許崇智及西南各軍不滿，覺得廣東事無可爲，於七月十二日，向孫中山辭職返滬。

七月十三日，蔣介石在香港致函時任孫中山大本營秘書長的楊庶堪，自述性格特點，說明「如欲善用弟材，惟有使弟遠離中國社會，在軍事上獨當一方，便宜行事，而無人干預其間，則或有一二成效可收」。函稱：「爲今之計，舍允我赴歐外，則弟以爲無一事是我中正所能辦者。」⑬

此後，蔣介石日記陸續出現下列記載：

七月廿三日：「接季新（汪精衛）轉來（廖）仲愷電。」

七月廿四日：「覆季新函。」

七月廿六日：「上午，往訪季新、煥廷（林業明）兄，決定赴俄之議，於個人設想，則心甚安樂也。」

廖仲愷電今尚未見，顯然，其內容應爲通知蔣介石使俄一事。至七月廿六日，蔣介石和汪精衛以及國民黨本部財務部長林業明商量之後，「赴俄之議」就定下來了。多年宿願，即將實現，蔣介石非常高興。這以後，進入籌備階段。蔣介石忙著找人商量，物色成員，閱讀資料，其日記載：

七月廿七日：「往訪煥廷，致仲愷電。」

七月廿八日：「晚季新、溥泉（張繼）諸兄來，商赴歐事。」

七月三十日：「下午，劍侯（沈定一）、季新、仲輝（邵力子）、煥廷諸同志來談，共宴於小有天。」

七月卅一日：「上午與玄廬（沈定一）談天，下午看《新疆遊記》。」

八月五日：「晚，約會馬林及各同志，商決赴俄事。」

馬林是共產國際代表，荷蘭人，一九二一年初由共產國際派來中國，推動組織中國共產黨，促進國共合作。蔣介石在和馬林等商量之後，組織孫逸仙代表團一事最後定案。蔣介石任團長，成員爲：

沈定一，浙江蕭山人。中國同盟會會員。辛亥革命後曾任浙江省議會議長。一九二〇年參與發起組織中國共產黨，成爲中共早期黨員，但不久即脫黨。

張太雷，江蘇常州人。代表團中的唯一中共黨員。一九二一年在莫斯科擔任共產國際遠東書記處中國科書記，時任青年共產國際執委會委員。

邵元沖，浙江紹興人。中國同盟會會員，曾任孫中山大元帥府機要秘書。一九一九年留學美國，後受孫中山之命，考察國民黨海外組織。

王登雲，陝西醴泉人。美國留學生，曾任舊金山華文報紙主筆，代表團的英文秘書。瞿秋白視之爲「無賴」。中共方面曾企圖阻止王登雲參加代表團，未能成功。

次日，蔣介石會見汪精衛。同日，瞿秋白、張太雷來訪，「詳談一切」。下午，蔣介石趕制軍服。三時後，乘船回鄉。到溪口後，整書檢衣，預備啓程。蔣介石自稱其心情悲喜參半。喜的是符合自己儘快脫離「中國汙穢社會」，根本解決國事的心願，「前程發軔有望」，悲的是「吾黨在國內缺少人才，苦我黨魁，且對兒女不免戀愛也。」⑭

八月十四日，蔣介石回到上海，會見林業明和王登雲。其後，蔣介石忙著量衣、照相、看牙。十五日一早，蔣介石寫信向廖仲愷報告，又給交易所同事周駿彥、夫人毛氏的二兄毛懋卿等人寫信，拜託各事。其後，又訪問張太雷和瞿秋白。當晚，汪精衛設宴踐行。午夜，沈定一從紹興匆匆趕來。

快要遠行了，蔣介石面對經國、緯國兩個兒子，自感時有依戀不捨之心，有時甚至背著人流淚，彷彿十二三歲時離開母親出外讀書時一樣。蔣介石對自己的這種心情也有點奇怪。

三、起行赴俄，心繫緯國

八月十六日是預定出發的日子，蔣介石六時起床，首先給許崇智、楊庶堪、胡漢民、廖仲愷及姚冶誠等人寫信，然後外出拜會汪精衛、張靜江、邵力子諸人。回時已是正午，經國、緯國及陳果夫、陳潔如都到蔣介石的住處大東旅社送行。一時十五分，蔣介石、沈定一、張太雷、王登雲一行四人登上日輪木神丸。邵元沖當時在歐洲，準備從那裏直接赴俄。二時正，輪船啓碇。緯國雖不是蔣介石親生，但最受寵愛。蔣介石在船上聽到小兒的聲音，就以爲緯國在喊父親，夢中都會驚醒。十八日，船抵青島。入口時，雨霧連連，山色不青，但見港灣汙穢，秩序紊亂，除少數苦力外，並不見有一員警及港吏，像似無人管理的自由港。一九二二年，王正廷代表北京政府與日本交涉，收回青島，出任青島商埠督辦，被北京政府視爲外交重大勝利。如今蔣介石看到其成績不過如斯，徒負虛名，擔心將來收回其他租界時發生困難，深覺可嘆。

在船上，蔣介石除寫信，想念緯國外，大部分時間用於閱讀、抄錄《蒙古地志》，爲赴蘇後的談判作準備。十九日，船抵大連。上岸後，發覺街道頗似日本的橫濱。華人在大連約七萬人，一切訴訟均聽命日人，連會審公堂都沒有。整個「關東州」，不能設立一座中國學校，不能派一中國官吏，連租界都比不上。蔣介石覺得「言之可嘆，思之傷心，莫甚於此」。⑮當日十時，換乘火車。二十日到長春。一路七百里，所見所聞，皆是日本勢力，好像進入日本國境一樣。廿一日到哈爾濱。廿四日，由哈爾濱搭車赴莫斯科。廿五日，到達中俄交界地滿洲里。當地居民約有千家，華俄雜處，市況蕭條。蔣介石等一行由俄方代表迎接，換乘汽車過境。所謂國界，不過是一條延長的土塍而已，雙方皆無人監視，可以自由進出。四十五分鐘後，到達孟邱夫斯克，重上火車。

八月廿六日，車抵赤塔。一路山明水秀，森林濃鬱，蔣介石想不到西伯利亞居然有此佳景。廿七日，車抵上烏金斯克。蔣介石眺望風景，觀察形勢，覺得地形類似中國南方的山河。他南望蒙古，覺得從此離國日遠，頗有「不勝依依」之感。廿七日，車過貝加爾湖，一望無際，風濤如海，被蔣介石視爲「佳景」。廿九日之後，道路住宅，漸漸整齊，有點歐洲景色了。

曾經和孫中山共同發表宣言的蘇俄代表越飛也在這列車上，由於病重，蔣介石等未能與之相敘。

四、抵達莫斯科，稱蘇聯共產黨是「姐妹黨」

九月二日下午一時，蔣介石等一行經過長途旅行之後，抵達莫斯科車站，隨即乘汽車前往招待所。當日，正值莫斯科召開群眾大會，廿二萬遊行群眾高舉紅旗前往會場，街道上到處擠滿了人群。蔣介石從未見過如此盛大而沸騰的場面，心情也跟著高昂起來，視爲生平一大快事。第二天，蔣介石等拜會外交人民委員部東方部部長，會談一小時，商量會見蘇聯人民外交人民委員契切林的日期。蔣介石對會談和受到的接待很滿意，日記云：「相見時頗誠懇，皆以同志資格談話，尚未有失言過語之辭，私心亦安。」⑯九月五日下午二時三十分，蔣介石等會見契切林，談話一時半，由沈定一擔任記錄。蔣介石覺得契切林「語頗誠摯」，自己的談話也很「適中」，「無失當之處」，彼此都覺得「甚爲投機」。⑰當天蔣介石就致電汪精衛和林業明，向孫中山報告。

九月七日，蔣介石等會見俄共（布）中央書記魯祖塔克。

「我們是被派到莫斯科來的國民黨代表，來這裏的目的主要是要瞭解以其中央委員會爲代表的俄國共產黨，聽取對我們在中國南方的工作的一些建議，並互相通報情況。」蔣稱。

「我受俄共中央委託，歡迎代表團來訪。國民黨按其精神與俄共（布）非常接近。此外，還有另一些重要情況使中國的勞動群眾同蘇聯接近。無論在中國還是在俄國，兩國人民都主要從事農業生產；蘇聯的領土有幾千俄里與中國的邊界毗連，因此蘇聯人民同中國勞動人民發生聯繫是很自然的。遺憾的是，中蘇兩國勞動人民之間沒有任何接觸，這有礙於加強這種自然的聯繫。代表團的到來是向這個方向邁出的第一步。」魯祖塔克回答。

魯祖塔克的話使蔣介石聽來倍感舒服，他以更爲熱情的話語回報魯祖塔克：

「國民黨一向認爲，蘇聯共產黨是自己的姐妹黨。今天，代表團希望聽到對俄國革命的一些最重要的階段、對革命時期所犯的錯誤以及對共產黨在革命進程中的作用和意義的簡單介紹，因爲俄國革命的經驗教訓可能對國民黨在中國的工作很有教益。」

魯祖塔克樂於滿足蔣介石的要求，他滔滔不絕地講了兩個小時，談到了俄國實行新經濟政策的原因，共產黨的民族政策，發展工業和組建紅軍等多方面的問題。蔣介石很重視，當日日記稱：「其革命成功之點：一、工人知革命之必要；二、農人要求共產；三、准俄國一百五十民族自治，成聯邦制。其革命缺點：一、工廠充公後無人管理；二、集中主義過甚，小工廠不應同樣歸國有；三、分配困難。」對魯祖塔克所談到的俄國當時建設情形，蔣介石記錄稱：一、兒童教育周密；二、工人皆施軍隊教育；三、小工廠租給私人。除了在日記中記下的魯祖塔克的言論大綱外，蔣介石還表示：「詳言另錄」，可見他對此次談話的重視。

魯祖塔克向蔣介石等介紹了俄國革命的成功之點與缺點外，提議國民黨代表團和共產國際代表組成專門委員會，討論一些細節問題，並且協調國民黨同俄共中央的行動。魯祖塔克提議，爲了雙方的利益，最好有一名國民黨代表常駐莫斯科。蔣介石對魯祖塔克的「盛情的同志式接待」和所介紹的俄國情況表示感謝，聲稱不反對成立委員會和國民黨代表常駐莫斯科。談話至此結束。⑱當天下午，蔣介石等拜會共產國際東方局局長吳廷康（維經斯基）。這是位「中國通」，一九二〇年被派到中國，推動組織中國共產黨，與李大釗、孫中山都有交往。

五、會見紅軍高級領導人，暢談進軍北京計劃

九月九日，蔣介石等再次訪問吳廷康。下午三時，訪問蘇聯革命軍事委員會副主席斯克良斯基和紅軍總司令加米涅夫等。此前，孫中山任命的湖南省長兼湘軍總司令譚延闓一度佔領湖南省會長沙，因此，斯克良斯基首先向代表團祝賀，說：「爲國民黨而高興，因爲我們將國民黨視爲戰友。」在互相問候之後，蔣介石向斯克良斯基提出幾項要求：

一、俄國革命軍事委員會儘量向中國南方多派人，去按紅軍的模式訓練中國軍隊。

二、向孫逸仙代表團提供瞭解紅軍的機會。

三、共同討論中國的軍事作戰計劃。

斯克良斯基答覆說：已經向中國南方派去了一些人，需要等一等，看南方軍隊怎樣使用已經抵達的同志。俄國革命軍事委員會並沒有多少瞭解中國並且懂得漢語的幹部，不可能向中國南方派出大量軍事指揮員。他表示，因爲有大約三十名中國人在俄國東方民族共產主義大學學習，所以最好的辦法是在俄國爲中國人成立專門的軍事學校。經過交換意見，雙方迅速達成協定：在俄國境內爲中國人建立兩所軍事學校：一所高級學校，培養懂俄語的指揮員（不低於營級）三十人。校址設在彼得格勒或莫斯科；一所是中級軍校，建在靠近中國的地方，海參崴或伊爾庫茨克，五百人。關於代表團瞭解紅軍問題，斯克良斯基表示完全可以接受。

談到軍事作戰計劃，蔣介石聲稱：代表團擁有孫逸仙授予的全權。他介紹說：孫逸仙幾乎沒有任何軍事工業，香港距離廣州只有四十里，英國人阻止向廣州運輸軍事物資，因此，南方軍隊長期裝備不足。而且，香港對孫逸仙軍隊的後方構成嚴重威脅，一旦南方軍隊向北挺進，英國人就會收買附近幾個省的軍隊在後方暴動。此外，外國人在長江流域擁有大型內河艦隊，南方軍隊一接近這個地區，英國和美國的炮艦就會立刻阻止。外國人絕對不會允許南方軍隊打敗吳佩孚。因此，南方軍隊的總參謀部和國民黨的代表團在動身來莫斯科前夕決定，將戰場轉移到中國的西北地區。這是孫中山派出代表團的目的。

蔣介石接著向斯克良斯基和加米涅夫介紹中國的軍事形勢以及孫中山和吳佩孚的力量對比。他建議：「在庫倫以南鄰近蒙中邊境地區建立一支孫逸仙的新軍。由招募來的居住在蒙古、滿洲和中國交界地區的中國人，以及由滿洲西部招募來的一部分中國人組成。在這裏按照紅軍的模式組建軍隊。從這裏，也就是從蒙古南部發起第二縱隊的進攻。⑲

斯克良斯基和加米涅夫聽完蔣介石的說明，建議蔣介石用書面形式闡明這項計劃。這次會談進行到當晚七時，持續三個多小時。蔣介石覺得斯克良斯基「和藹可親」，參謀長克姆熱夫也熱心幫助中國。他在日記中寫道：「俄國人民無論上下大小，比我國人民誠實懇切，令人欣慕，此點各國所不及也，其立國基礎亦本於此乎！」⑳

從九月十日起，蔣介石開始在招待所起草「作戰計劃」。十一日下午，蔣介石和蘇聯軍事學校管理總部主任彼得羅夫斯基敘談一小時，彼得答應向代表團提供各種學校教材，同時向代表團詳細介紹俄國軍隊中政治委員制度和共產黨組織狀況：每個團部都由黨部派一政治委員常駐，參與團中主要任務；凡有命令，均須經其簽署才能有效；團裏的共產黨員，不論士兵或將校，在團的活動中擔當主幹，凡有困難勤務，皆由其黨組織負責人擔任。十二日上午，蔣介石寫完「作戰計劃」，加進可能是由沈定一起草的「宣傳計劃」，總名爲《中國革命的新前景》。十三日，開始起草《致蘇俄負責人員意見書》。十四日寫成。

六、《中國革命的新前景》與《致蘇俄負責人員意見書》

《中國革命的新前景》與《致蘇俄負責人員意見書》是蔣介石親自起草的兩份文件。《中國革命的新前景》共十八個部分。在《緒論》部分，蔣介石表示：「中國人民不但飽嘗中國國內軍閥暴政的痛苦，並且還倍受外國資本主義和帝國主義列強的壓迫，已經下決心要使中國完全徹底革命化，並且實行孫逸仙博士的三民主義：一、各民族獨立自由；二、人民自由行使各項政治權利；三、大工業國有化。接著，蔣介石開宗明義地提出：

> 從軍事觀點看，我們暫時還不能在外國資本主義的勢力範圍內，在中國東南地區奠定永久的基礎，所以，我們希望在靠近俄國友邦邊境的中國西北地區找一個適當地方，作為我們實行革命計劃，與中國軍閥和外國資本主義、帝國主義列強進行戰鬥的軍事基地。㉑

還在一九二一年一月，蔣介石就曾上書孫中山等人，建議「當以西北爲第一根據地」。

㉒至《中國革命的新前景》，蔣就作了更充分、明確的闡述。《緒論》以下為《中國目前形勢》、《敵人》、《軍事行動目標》等部分，蔣介石稱：「中國的軍閥和由他們組成的北京政府已經向外國資本主義和帝國主義列強徹底投降。」「他們正在進行同國民黨截然相反的活動，因為後者不讓他們毀滅中國，正在全力以赴進行公開的秘密反對他們的鬥爭。」「中國的內戰看起來是內部事務，實際上是國民黨和外國資本主義與帝國主義列強之間的的戰爭。」蔣介石接著說明國民黨和中國軍閥之間的實力對比，提出國民黨的敵人是直系軍閥，其主義是「做外國資本主義和帝國主義列強赤裸裸的傀儡」，其領袖是曹錕和吳佩孚。蔣稱：當時有包括奉系和「安福系」在內的十多省正在計劃反對曹、吳，學生和工人的運動，平漢鐵路工人的罷工，已經戳穿吳佩孚的愛國主義口號，中國人民都非常支持孫博士關於成立「工人隊」的意見。國民黨的最後目標是北京。

第五部分為《兩個擬議中的軍事基地》。第一個在蒙古庫倫，第二個在新疆的烏魯木齊。蔣介石從軍事根據地和軍事目標之間的距離、地理位置、行軍時間、國際關係、戰略等方面將兩者作了詳細比較，認為庫倫比烏魯木齊具有「更多的優越性」。蔣介石建議，在庫倫，從平漢鐵路招募工人和從災區招募農民，以年輕、有覺悟的中國人做軍官，用紅軍的名義進行訓練，兩年以後開始進攻。但是，蔣介石又建議，用烏魯木齊作永久根據地，同俄國合作，幫助東方其他被壓迫民族進行反對資本主義和帝國主義的鬥爭。他說：「我主張在這兩個地區同時建立軍隊，在庫倫建立主力部隊，在烏魯木齊建立增援團隊。」

第六部分為《中國的自然特點和它的交通情況》。以下依次為《敵人的兵力》《敵人如何部署部隊》、《敵人內部情況》、《國民黨的兵力》、《國民黨軍隊情況》、《國民黨和它的敵人的軍事供應及其財政狀況》、《用庫倫做根據地和以北京為目標的軍事準備時間》、《進軍的西翼》、《軍事行動階段》、《擬議中的軍事編制和兵力》、《軍事預算》、《各種籌備組織工作》。

軍事計劃之外，可能由沈定一起草的「宣傳計劃」全名《國民黨的宣傳工作方案》，共十條。提出建立上海大學，在上海建立大型出版社、更多的通訊社、擴大上海《民國日報》，在廣州和北京創辦兩種大型報紙，出版一種月刊和一種週刊，成立一個委員會，出版各種不定期的小冊子等。最後提出，《方案》將在聯席會議上討論。

在《致蘇俄負責人員意見書》中，蔣介石對比中俄兩國革命，一個「將陷於絕境」，一個「收效之速，一日千里」，自感有愧於心。《意見書》總結辛亥革命失敗的教訓，認為其原因在於黨魁「注全力於外交與政黨」，未能直接掌握軍事。蔣稱：俄國革命之所以成功，在於革命軍佔領彼得格勒這一政治中心，並且固守不失。辛亥革命之所以失敗，在於未能「直搗北京」，反將全國的政治中心袖手讓與袁世凱，以致中外結合，使北京成為惡勢力中心，根深蒂固。蔣表示：「為今之計，中國革命之法，唯有軍事與宣傳雙方工作，同時並進。以實力為剷除現在惡勢力之張本，而以宣傳事業作主義上之根本培養。」蔣介石批評南方的「革命軍隊」已經沒有革命精神，只在「借革命名義以謀其私人之權利」。他提出：「中國惡勢力之根據地，反革命派之大本營以及其一切內亂與外侮之策源地，皆在其政治中心地之北京。如望中國革命之奏效，非先打破此萬惡政治中心地之北京，則革命絕無成功之望。」蔣介石並且認為，要「對列強作戰，打破其在中國的勢力範圍，亦非打破北京不為功」。㉓《意見書》中，蔣介石還聲稱，無論內亂與外侮之壓力如何強暴，中國革命黨決不當調和派，也決不代表資本階級，革命精神始終如一，只要變更方法，改善環境，三年之內，必有成效可睹。

蔣介石將這兩份文件起草完成後，略感輕鬆。不過，他沒有就此定稿，一直在修改中。根據魯祖達克的建議，沈定一於九月十五日起草「兩黨聯結文稿」，並且擬於下星期二成立有國民黨代表團和共產國際代表組成的專門委員會。十六日，沈定一完成「草約」，蔣介石又忙著和沈一起研究「條文」。㉔

七、被熱情的紅軍士兵抬了起來，批評外交人員「下流無賴」

九月十六日，俄國陸軍學校學生舉行畢業典禮，蘇聯中央執委會主席加里寧及紅軍各領導人都出席並發表演說。下午，蔣介石等應邀參加，受到與其他各國出席人員不同的特別招待，使蔣介石等頗感自豪。十七日，參觀步兵第一百四十四團。事先，軍事院校管理總局秘書盧果夫斯基向莫斯科軍區司令穆拉托夫等人打好招呼，指示說：有中國共青團團員來訪，舉行歡迎儀式，訪問儘量秘密進行。蔣介石本來是準備穿上全套軍服的，結果，接受俄國人建議，改穿便服。當時，這個團剛剛演習歸來，營房還在修繕，生活尚未進入正軌。蔣介石等參觀了連隊、營房、紅角、號令、修理部、醫務室、俱樂部、圖書室、機槍小隊、廚房、麵包房、俄共支部，而且品嘗了紅軍戰士的食品，瞭解了每週的食譜。不過俄國人對蔣介石等還是有點警惕，沒有讓他們參觀武器庫。盧果夫斯基在向外交人民委員部的書面彙報時，特別聲明：「我也沒有介紹特別秘密的資料」。㉕

在有四百名紅軍士兵出席的大會上，蔣介石發表演說，首先稱讚「紅軍是世界上的一支最勇敢、最強大的軍隊」，他接著說：

紅軍戰士和指揮員們！你們戰勝了你們國內的帝國主義和資本主義，但你們還沒有消滅世界的資本主義和帝國主義。你們要準備同他們決戰，因為你們要在其他民族的幫助下完成這一事業。請記住，每一個戰士的義務就是犧牲。要時刻準備為你們的事業去犧牲，這就是勝利的保證。

我們是革命者，是革命的國民黨黨員，我們是軍人，我們是戰士，我們也準備在同帝國主義和資本主義的鬥爭中犧牲。

蔣介石表示：「我們來這裏學習並與你們聯合起來。當我們回到中國人民那裏時，要激發

他們的戰鬥力，戰勝中國北方的軍事勢力。」㉖

蔣介石的講話不時被經久不息的掌聲和高昂的《國際歌》樂聲打斷。講話結束時，與會者高喊「烏拉」。蔣介石情緒激動。據俄國人記述：「看來，他講話時充滿著強烈而誠摯的感情。他在結束講話時幾乎是在吼，他的雙手在顫抖。」離開軍營時，蔣介石等被紅軍戰士抬起來，輕輕搖擺，一直抬到汽車前。上車後，蔣介石等仍然非常激動，不斷讚美紅軍戰士的「精神」和「熱情」，認為這是他們在其他任何一支軍隊中都沒有見過的。蔣告訴全程陪同的盧果夫斯基說：「印象非常好。他為紅軍的『精神』所感動。他們所有人——指揮員和戰士——並不是首長與部下，而像是農民兄弟。」㉗

蔣介石在參觀紅軍第一四四團的表現並不是故意造作。當日，他在日記中有同樣的記載：「其軍紀及整理雖不及日本昔日軍隊，然其上下親愛，出於自然，毫無專制氣象。」對於紅軍中的「雙首長制」，即司令員之外，還有一位黨代表，蔣介石也感覺不錯，認為兩者之間分工恰當，「亦無權限之見」。「大約軍事指揮上事務皆歸團長，而政治及智識上事皆歸政黨代表，尤其是精神講話及平時除軍事外之事務，皆歸代表也。」㉘

九月十九日，蔣介石等參觀步兵第二學校。二十日，參觀研究毒氣的軍用化學學校。廿二日，參觀高級射擊學校，看到了十五世紀以來的各種槍枝，共約數百種，其中俄造騎兵用機關手槍，可連發三十五響，輕便非常，給了蔣介石很深印象。他在日記中慨嘆道：「俄國武器之研究及進步可與歐美各國相等，不比我國之腐敗也。」

初到莫斯科，受到熱情接待，蔣介石的印象是好的，只是覺得物價高。九月八日晚，蔣介石等往前皇家劇院觀劇，聽說正廳票價每人約需五個金盧布，感到莫斯科生活程度不低！十四日，蔣介石外出買鞋，定價九十金盧布，蔣介石驚詫地叫起來：「太貴了！」不過，蔣介石對這些均覺得無所謂，並不十分在意。使他在意的是蘇聯政府工作人員的態度。

九月廿三日，代表團中唯一的共產黨員張太雷和外交人民委員部的工作人員發生爭論，蔣介石爲張太雷幫腔。事後悶悶不樂，認爲「其部員之下流無賴，實使人討嫌」。㉙廿四日，蔣介石仍不能釋懷，日記云：「爲外交部員無禮怠慢，使人嫌惡，幾欲回國。余之性質，實太狹褊，不能放寬，奈何！」蔣介石早年性格的特點是任性。前些年在孫中山、陳炯明手下工作的時候，常常因與人不合，立刻甩手走人，辭職不幹。這次雖因蘇聯外交人民委員部的工作人員不敬，萌生回國念頭，但是，這畢竟是在外交場合，他還是忍住了。

八、參觀彼得格勒等地，為市況蕭條及海軍士氣擔憂

九月廿五日晚九時，蔣介石等一行乘火車前往彼得格勒等地參觀。

九月廿六日下午，參觀冬宮。先參觀博物館，收藏以瓷器、圖畫爲多，宮殿的牆壁、柱子，均用紅、白、綠三種大理石爲原料。其後參觀冬宮的覲見廳、寢室、書房、餐廳、浴室、會議廳、禮堂等處，或稱爲金間，或稱爲銀間，或稱爲翡翠間，給蔣介石的印象是「鋪陳華

麗」。不過，其中最吸引蔣介石的卻是展出的俄國革命黨歷史，特別是革命前的艱苦鬥爭與巨大犧牲。蔣介石在日記中寫道：「惟其中新設一層，皆述革命黨經過歷史之慘狀，殊令人興感也。」

九月廿七日，參觀海軍大學及海軍學校。

九月廿八日參觀海軍博物館。該館陳列彼得大帝以來俄國海軍的發展史，包括人員及艦船模型等。俄國海軍的發展迅速，使蔣介石頗感「驚駭」。同日，乘船遊覽涅瓦河，一直到海口爲止，使蔣介石等充分領略了彼得格勒形勢的宏壯。三時後參觀製造潛艇的工廠。第二天，再由彼得格勒乘船，參觀喀琅施塔得軍港，登上「摩拉塔」戰艦及第二號潛水艇。九月三十日，參觀大劇院和「伊曬克」教堂。蔣介石一直登上教堂的最上一層，彼得格勒四郊百餘里之內的風景，一一收入眼底。對這一教堂建築的宏大壯麗，蔣介石嘆爲「實所罕睹」。

十月一日，參觀前皇村，這是歷代沙皇居住的宮殿，蔣介石日記稱：「其建築之宏大，裝飾之華麗，誠所謂窮奢極欲。大理石與翡翠之柱壁、地板，不足奇也。」對沙皇尼古拉西的宮殿，則認爲遠遠超過法國的凡爾賽宮，「世無其比」。歸途中順道訪問一戶人家，受到親切接待。一位既漂亮又熱情的俄羅斯女郎一會兒翩翩起舞，一會兒揮指彈琴，使得一向貪戀女色的蔣介石嘆爲「誠尤物也」。[30]

從九月廿六日到十月一日，蔣介石等在彼得格勒參觀、訪問共六天。當時，俄國經濟還處於困難時期，喀琅施塔得軍港兩年前還發生過反對蘇維埃政府的暴動。蔣介石的總印象是：

「市況凋零，民氣垂喪，皆不如莫斯科之盛，而其海軍人員之氣象，更不良佳，殊堪為蘇俄憂也。」㉛

九、再回莫斯科，向托洛茨基等呈遞《備忘錄》

十月二日上午十一時，蔣介石等回到莫斯科，又因為為外交人民委員部的工作人員「弄鬼」生氣，蔣介石覺得自己意志不堅。日記云：「寬容大度，包羅萬象，方能成偉大事業。器小如此，奈何！」

還在彼得格勒訪問期間，蔣介石就在起草一份信稿。九月廿七日日記云：「早起，致函稿成。」廿八日日記云：「早起修正函稿。」三十日日記云：「上午，繕正函稿。」回到莫斯科的當晚，蔣介石將函稿謄錄一遍，大功告成。十月三日，代表團內部為函稿及《中國革命的新前景》發生爭論，只是「稍有齟齬」，情況並不嚴重，但蔣介石卻很不高興，日記云：「交友實難，吾自不慎，有何言也。」十月五日，蔣介石修改《中國革命的新前景》，定名為《孫逸仙代表團關於越飛五月一日東京電中所提建議之備忘錄》。一直到晚上十點才睡。日記云：「同伴參差，蕭然寡欣。交友之難，可嘆！」十月六日，蔣介石檢點《函稿》及《備忘錄》，一份送交外交人民委員契切林，一份送交革命軍事委員會托洛茨基、斯克良斯基和加米涅夫。《函稿》目前只有英文打字稿留存下來，現翻譯如下：

親愛的同志：

我們受孫逸仙博士委派，為建立中國國民革命的主要軍事力量，前來討論在中國的西北邊境建立革命的軍事組織的計劃細目。五月一日，蘇維埃政府通過越飛發自東京的電報，答應給我們的領導者以相關援助，對此，我們首先要充分表達感激之情。五月十二日，孫博士覆電，接受俄國人的建議並陳述說，他將為此投入很大的精力。該電已自廣州電達越飛和達夫謙。有信通知我們，孫博士的回答已經電告莫斯科。

我們受我們黨的領導人的委託，前來和你們討論建議的軍事部分。但是，我們也將利用這一機會，討論建立政治思想戰線的方案，作為成功地執行我們計劃的基礎。俄國同志在此領域有偉大的經驗，因此，我們期待關於我黨宣傳工作的討論將給予我們許多有價值的情報。這些，我們在不遠的將來會需要。

在所附《備忘錄》中，我們已經陳述了這一計劃的兩個方面，但是，我們必須強調，這是我們的特別任務，以達到一項軍事組織的明確決定。它將不僅是中國革命成功的絕對需要，而且會在太平洋地區的鬥爭中有偉大的實際作用。在這一鬥爭中，俄國和中國的革命軍隊將抵抗帝國主義的聯合力量。這一力量，企圖將中國置於他們的控制之下，並且成為蘇俄的真正危險。㉜

函末，蔣介石表示希望，儘早與蘇方會見，討論《備忘錄》，以便儘快執行計劃。可以看出，這封信和前述蔣介石寫就的《致蘇俄負責人員意見書》已經大不相同了。《備忘錄》分《緒論》、《軍事計劃》、《宣傳》、《結論》四大部分，共八千兩百餘字。㉝

從筆者見到的部分英文打字稿看，它在篇章結構上作了較大調整，但和《中國革命的新前景》並無很大不同。

十、好壞印象夾雜的蘇俄觀感

蔣介石遞上《備忘錄》後，主要任務完成，就等著俄國人回答，因此日子過得並不緊張。俄國人乘機安排蔣介石等人看戲、看芭蕾舞，參觀莫斯科的工廠、農村和克里姆林宮等處。

十月八日晚，往莫斯科大劇院觀劇。「此劇係俄國各民族各種演劇模型」，大概是一場綜合性晚會，教育人民委員盧那卡爾斯基親自登臺演出。蔣介石日記稱：「臺上印刷機器隨時印佈宣傳品，實乃共產主義國之特色也。」㉞

十月廿五日下午，參觀莫斯科的燈泡製造廠及發電廠，考察廠中的工人俱樂部，教室、音樂補習室、販賣合作社、圖書室、閱報室、膳廳、劇場等地，感到「應有盡有」。對工廠為工人配備「專科教師」，以備工人業餘學習，以及職工會與共青團，蔣介石都表示滿意。對工廠舉辦的展覽會，展示廠史及工人狀態，列表說明廠中資本盈虧，供工人觀覽，注重社會科學等做法，蔣介石也都贊成。

十月廿八日，看芭蕾舞。演員們的精湛舞姿看得蔣介石等人目瞪口呆，嘆爲觀止。蔣介石日記稱：「演劇婦女之活潑動作，無異機械，吾國優伶萬不及也。」

十月三十日，參觀莫斯科西郊的農村。先進入村蘇維埃，蔣介石覺得類似奉化鄉間的自治會，但制度不同。繼而參觀消費合作社、小學校。小學展覽的是學生自製的工具和自繪圖畫，蔣介石感覺較中國教育爲新穎。最後參觀鄉蘇維埃。蔣介石覺得規模較大，司法、行政、立法三權皆由出於此，鄉村員警亦出於此。

十一月一日，參觀克里姆林宮，正値衛生人民委員報告，蔣介石坐在台下聽了約一小時。克里姆林宮留給蔣介石的印象是建築宏大，但裝潢則比不上彼得格勒的冬宮等處。

十一月五日，參觀俄國共產無政府主義者克魯泡特金的故居。

十一月六日晚，到莫斯科市蘇維埃，參加慶祝十月革命節紀念大會，聽加米涅夫和布哈林以及當年起義水手、海軍士兵等演說。

十一月七日爲蘇維埃聯邦共和國六週年紀念日。上午九時，蔣介石等到紅場參觀閱兵式及群眾遊行。自十一時起至下午六時止，遊行尚未完畢。參加者有軍隊兩萬，飛機十六架，炮車八門，機關槍車一隊。炮車和機關槍車，蔣介石都未見過，充分感到俄國軍械的先進和軍容的威嚴。典禮讓蔣介石看到了俄羅斯人民對政府的擁護，當日，蔣介石在日記中寫道：「觀今日之運動，足知蘇維埃政府對於人民已有基礎，殊足以破帝國主義之膽。吾於蘇俄無所間言。」但是，蔣介石仍然覺得，俄國「中級以下人材缺乏，辦事時間延遲不準，緩慢非常，而其高級人員處事或尚感情，是其短處。至於其有否自滿之志，則吾尚未敢斷言也。」

十一月十五日下午，參觀博物館。

閒暇時，蔣介石自己參觀市場，或者獨自沿著美麗的莫斯科河散步。有一次，蔣介石一個人搭船，順流到莫斯科西南的「不寂之園」去觀光。那裏是莫斯科的最高處。風景優美，蔣介石感到有些像東京的上野公園，但比上野還要美。公園的最西邊是府雀山，相傳拿破侖到莫斯科後，曾先登此山。蔣介石徘徊於山徑和森林之間，眺望全城，自覺精神爽暢，稱譽此地為「莫斯科第一勝景」。此後，蔣介石又去過三次。

十一月十六日，拜訪蘇聯中央執行委員會主席加里寧。加里寧給蔣的感覺是「完全一農民」，「言語誠實，行動自在」。蔣介石和他談起國外大勢，不知所答。蔣介石暗自將加里寧和曾任中國總統的黎元洪比較，覺得黎「狡猾餒弱」，因此轉而讚美加里寧，「誠不愧為勞農專政國之議長也」。㉟

十一月十九日晚，參觀莫斯科市蘇維埃大會。內容為報告一年來的工作成績：工業已恢復至戰前的百分之六十；工資比去年增加一倍；新增工人宿舍可容一萬餘人；三萬失業工人，政府每月津貼每人八元。蔣介石日記稱：「是其重要報告也。」

十一月廿一日蔣介石訪問越飛。下午，訪問教育人民委員盧那卡爾斯基。盧稱：蘇聯的教育方針：一、廢除宗教；二、男女同校；三、接近實際生涯；四、學生管理校務；五、統一教育制度；六、注重勞工學校；七、專門學。盧並稱：中央與地方合計，現在常年教育經費約占國家總預算的百分之十四，共為一億四千萬元。蔣介石對盧的談話很重視，將其所談比較詳細地記在日記裏，但他還覺得教育預算偏低，「尚不足其預算三分之一也」。

從俄國人那裏，蔣介石得知各地都有共青團組織，蔣介石稱之為「少年共產黨支部」。對「少年共產黨支部」注重培植青年，蔣介石讚美其為「第一優良政策」。㊱蔣介石也瞭解到，當時的蘇維埃政府，看不起知識分子和商人，「優待農工而輕士商」，這本來是一項「左傾」政策，但蔣介石也贊成，在日記中表示：「吾亦無間言也。」㊲

十一、俄國人拒絕國民黨在庫倫建立軍事基地的要求，蔣介石大失所望

俄國人長期將蒙古視為其勢力範圍。一九一一年，中國發生辛亥革命，沙俄乘機派兵進入蒙古，導演「獨立」。一九二一年，紅軍為追剿沙俄白衛軍，進佔庫倫，此後即長期不肯撤兵。蔣介石要求在庫倫建立軍事基地，自然不能為俄國人所接受。十月十八日契切林約蔣介石往見，但臨時有病，未見。十月廿一日下午，蔣介石拜會契切林，集中談「蒙古自治問題及根本計劃」。契切林沒有正面回答可否，只籠統地強調「蒙古人怕中國人」，要蔣介石與蘇共領導人商談。廿六日，蔣介石致函契切林，反駁說：

要知道蒙古人所怕的是現在中國北京政府的軍閥，決不是怕主張民族主義的國民黨，蒙古人惟其有怕的心理，所以急急要求離開怕的環境。這種動作，在國民黨正想把他能夠從自治的途徑上，達到相互間親密協作底目的。如果蘇俄有誠意，即應該使蒙古人免除怕的狀況。須知國民黨所主張的民族主義，不是説各個民族分立，乃是主張在民族精神上做到相互間親愛的協作。所以西北問題正是包括國民黨要做工作的真意，使他們實際解除歷史上所遺傳籠統的怕。㊳

訪蘇前，蔣介石沒有料到事情會如此不順利。發出致契切林函後，蔣介石一整天都心神不佳，悶悶不樂，日記云：「可謂缺少經驗，自討其苦也。」㊴廿五日，蔣介石致斯克良斯基一函。廿八日，再各致契切林和斯克良斯基一函。這時候，蔣介石已經對他所受到的接待和蘇方的拖延不覆表示不耐。十一月一日，契切林寫信向季諾維也夫報告，說明蔣介石「已經神經過敏到極點，他認為我們完全不把他看在眼裏。」㊵

蘇聯方面對國民黨的要求遲遲不覆，固然由於蒙古問題，同時也由於蘇聯正熱衷於在德國、保加利亞、波蘭等地發動革命，建立「工人代表蘇維埃」。十一月二日，托洛茨基致函契切林與史達林，要求「極其果斷地和堅決地」向國民黨代表團「灌輸」：「他們面臨著一個很長的準備時期」，「軍事計劃以及向我們提出的純軍事計劃，要推遲到歐洲局勢明朗和中國完成某些政治準備工作之後。」㊶十一月十一日，斯克良斯基和加米涅夫再次與蔣介石等人會談。

當日上午，蔣介石檢出《意見書》，仔細審查，精心作好談話準備。下午見面時，斯克良斯基開門見山，表示不贊成國民黨代表團的計劃：

「孫逸仙和國民黨應該集中全力做好政治工作，因爲不然的話，在現有條件下的一切軍事行動都將註定要失敗。」他以「十月革命」爲例，說明那是「俄國共產黨長期堅持不懈的工作」的結果。他要求國民黨在中國也做同樣的工作，首先全力搞宣傳，辦報紙、雜誌，搞選舉運動，等等。

「孫逸仙同越飛會談以後，國民黨加強了自己的政治活動，但黨認爲同時也有必要開展軍事活動。」蔣介石還想盡力一搏，針鋒相對地與斯克良斯基辯論。他接著說明：「在俄國，共產黨只有一個敵人，而在中國，地球上的所有國家的帝國主義者都反對中國的革命者，所以，在中國採取軍事行動是必要的。」㊷

斯克良斯基寸步不讓，要國民黨「首先應該把自己的全部注意力用在對工農的工作上」。他說：「有必要在近幾年只做政治工作，軍事行動的時機只有當內部條件很有利時才可能出現。」他尖銳地批評蔣介石提出的軍事計劃：「發起你們方案中所說的軍事行動，就是事先註定要失敗的風險。」爲了不讓蔣介石完全失望，斯克良斯基提出，可以允許「中國同志」到蘇聯軍事學校學習。參謀部學院可以接受三至七人，軍事學校可以接受三十至五十人。至此，會談已經進行了兩個小時，蔣介石等無話可說了，表示將於十一月廿二日回國，希望再一次會見斯、加二人，並且請他們轉交一封信給革命軍事委員會主席托洛茨基。㊸

在歸途中，張太雷向陪同的俄國人表示：「在學習了蘇聯的經驗之後，本代表團應該同意革命軍事委員會的意見。」據這名俄國人事後的彙報，會談前，蔣介石由於神經緊張，過度勞累，一再要求送他去療養院休養兩周，而在與斯克良斯基會談之後卻表示：不要張羅療養院和醫生，自己感覺好多了。這名俄國人由此作出結論說：「中國人對同斯克良斯基同志的會見是滿意的。」㊹

事實是，俄國人拒絕了蔣介石的庫倫軍事計劃，蔣介石的內心極爲憤懣、失望。當日，他在日記中寫道：

> 無論為個人，為國家，求人不如求己。無論親友、盟人之如何親密，總不能外乎其本身之利害。而本身之基業，無論大小成敗，皆不能輕視恝置。如欲成功，非由本身做起不可。外力則最不可恃之物也。㊺

十一月十二日，蔣介石給汪精衛發了電報，又給契切林寫了封信。整天「心緒沈悶」。他想起了當時國內的狀況，更加抑鬱，日記云：世人虛僞，本黨同志，優秀者或死節，或遠離，現在所見者，只有「趨炎附勢，爭權奪利，吹牛拍馬，以公濟私，卑陋惡劣，互相利用挑撥之徒」，其他人則「貪似狼，猛似狗，蠢似豕」。想到這裏，蔣介石在句末重重地寫下了「可嘆」二字。

蔣介石又給斯克良斯基和契切林各寫了一封信。

十二、批評蘇俄政府「無信」，察覺史達林等人「排斥異己」

蔣介石在俄國時間久了，對俄國社會瞭解漸多。十一月廿四日日記云：「俄國中級人才太少，政府往往爲其下所蒙蔽，而其輕信、遲緩、自滿，爲其切要弊端，遇大事不能深重觀察，專尚客氣。人而無信，尚不能立，況其國乎！少數人種當國，排斥異己，亦其國之一大弊也。吾爲之危。」這一段日記前半段批評蘇俄政府「無信」，後半段，批評「少數人種當國，排斥異己。」

一九一九年七月，蘇俄政府曾由副外交人民委員加拉罕發表對華宣言，宣稱：「蘇維埃政府把沙皇政府獨自從中國人民那裏掠奪的或與日本人、協約國共同掠奪的一切交還給中國人民。」㊻一九二〇年九月，加拉罕照會北京政府外交部，聲稱：「以前俄國歷屆政府同中國訂立的一切條約無效，放棄以前奪取中國的一切領土和中國境內的一切俄國租界，並將沙皇政府和俄國資本階級從中國殘暴地奪得的一切，都無償地永久歸還中國。」㊼當時，蒙古問題是中蘇之間的重大糾紛。一九二三年一月，越飛與孫中山會談時，曾向孫表示，俄國現政府從來不想在外蒙實施帝國主義政策，也絕無使其脫離中國的目的。㊽一九二三年九月十六日，加拉罕到北京談判，專門向報界聲明：蒙古應爲中國之一部，俄國決無任何侵併計劃。㊾現在，蘇方堅決拒絕蔣介石在庫倫設立軍事基地的計劃，自然要被蔣視爲「無信」。

俄國共產黨從一九二一年起進行「清黨」，至一九二二年三月召開聯共（布）第十一次代表大會前，已經開除了十七萬黨員，占全體黨員的百分之二十五左右。第十一次黨代表大會上，由於列寧已經病重，出生於格魯吉亞的史達林當選爲總書記，並與季諾維也夫、加米涅夫等人陸續形成「三駕馬車」以至「七人小組」，壟斷蘇聯黨和國家大權，將托洛茨基排除在外。一九二三年四月，聯共（布）召開第十二次代表大會，「清黨」仍在進行。同時，史達林對托洛茨基的鬥爭也漸次進入火熱狀態，開始批判托洛茨基本人和他的擁護者拉狄克和克拉辛等。這些，不能不給蔣介石留下印象。十一月廿四日日記所稱「排斥異己」，顯指史達林等人。蔣介石認爲這是蘇聯的「大弊」，並且聲稱「吾爲之危」。

蔣介石晚年回憶說：「在蘇俄黨政各方負責諸人之中，其對我國父表示敬重及對中國國民革命表示誠意合作的，除加密熱夫、齊釆林是俄羅斯人之外，大抵是猶太人爲多，他們都是在帝俄時代亡命歐洲，至一九一七年革命才回俄國的。這一點引起了我特別注意。我以爲托洛斯基、季諾維也夫、拉迪克與越飛等，比較關切中國國民黨與俄國共產黨的合作。可是越飛自中國回俄之後，已經失意了。我並且注意到當時列寧臥病如此沈重，而其俄共黨內，以托洛斯基爲首要的國際派與史達林所領導的國內組織派，暗鬥如此激烈，我就非常憂慮他們這樣鬥爭，必於列寧逝世之後，對於中俄合作的關係，更將發生嚴重的影響。」㊿蔣介石的這一段回憶，可以幫助我們瞭解他十一月廿四日的日記。

十三、認真攻讀馬克思著作，但崇拜孫中山，婉拒加入中共

在蘇聯期間，蔣介石有較多空閒。除了學俄語，讀吳承恩的《西遊記》，學習拉手風琴，彈琵琶外，不少時間都用在閱讀馬克思主義著作上。其日記載：

九月廿一日下午，看《馬克思學說》。

九月廿二日下午，看《馬克思學說概要》。

九月廿四日，看《馬克思學說概要》。日記云：「頗覺有趣。上半部看不懂，厭棄欲絕者再。看至下半部，則倦不掩卷，擬重看一遍也。」

九月廿五日下午，看《經濟學》。

十月三日晚，看《共產黨宣言》。

十月四日上午，看《馬克思學說概要》。下午看《概要》。

十月七日看《馬克思學說概要》。

十月九日下午看《馬克思學說概要》。

十月十日，下午，看《馬克斯思學說》之《經濟主義》。日記云：「復習第三遍完，尚不

能十分瞭解，甚嘆馬克思學說之深奧也。」

十月十六日，看《共產黨宣言》

十月十七日，看《共產黨宣言》。

十月十八日，上午看《馬克思傳》。下午看《馬克思學說》，「樂而不能懸卷」。

十月二十日，下午看《德國社會民主黨史》。

十一月一日，看《德國社會民主黨史》。

從上述日記可見，蔣介石這一時期讀馬克思主義著作不僅很積極，很認真，一遍、兩遍、三遍地讀，有時還讀得很有興趣，樂不釋手。但是，蔣介石仍然高度崇拜孫中山。

當蔣介石訪問蘇聯之際，蘇聯政府也正派其副外交人民委員加拉罕來華和北京政府談判。九月八日，加拉罕致電孫中山，稱孫為「新俄國的老朋友」，表示希望得到孫的幫助。㉛九月十六日孫中山覆電加拉罕，其中談到：「中俄兩國之真實利益使雙方採取一種共同政策，俾吾人得與列強平等相處，及脫離國際帝國主義之政治、經濟的壓迫。」㉜十月九日，蔣介石從蘇聯報紙上讀到孫中山這一電報，高興地在日記中寫道：「今日俄報登載中師覆咯拉漢宣言，甚為得體，且有反對帝國資本主義之決心，不勝欣喜。」

十月十日是當時中國的國慶節。從下午起，蔣介石就在預備演講，題目是中國國民黨的歷史。當天晚上，在莫斯科的全體中國學生到蔣介石寓所，共同慶祝「雙十節」。蘇聯外交人民委員部、蘇聯共產黨都派代表前來祝賀。蔣介石講了大概一個半小時，自覺「頗有條理」。接著是演劇、獻技，奏《國際歌》，一直到夜十二時方散。

大概蔣介石在演說中比較突出地宣揚了孫中山的功績，第二天，蔣介石就聽到批評：「有崇拜個人之弊」。當時在俄國的中國學生接受馬克思主義教育，在領袖與群眾的關係上，在孫中山的個人作用上有某些新看法，本是很自然的事，但蔣介石卻不能理解，他聯想到中國國民黨和俄國共產黨內的情況，更增添一層憂慮。日記稱：「甚笑中國人自大之心及其願為外人支配而不願尊重國內英雄，此青年之所以能言難行而無一結果也。黨人好尚意氣，重妒嫉，而俄黨下級人員較吾中國更甚，此實為俄黨慮也。」㊾

十月十三日，蔣介石到蘇聯外交人民委員部。在那裏讀到孫中山致列寧、托洛茨基和契切林的三封信，其中稱蔣介石為「我的參謀長和密使」，聲稱「蔣將軍要和貴國政府及軍事專家一起提出一項由我的軍隊在北京西北地區進行軍事行動的建議。茲授權蔣將軍代表我全權行事。」㊿蔣介石感受到孫中山的「至誠」，心頭一熱，不覺淚下。孫中山為中國革命奮鬥多年，尚未成功，蔣介石頗為孫中山不平，日記稱：「天何不欲至誠之人成功而使其久屈也！」㊿同日，蔣介石還收到汪精衛、廖仲愷的來信，也都對蔣充滿期待，使處在異國他鄉的蔣介石感到溫暖。十月十八日，蔣介石再次接到孫中山手擬長電，又一次受到感動，日記云：「中師誠摯之辭，每使人讀之淚下，其非比長於文字者故為此籠絡之語，此其更可貴也。」

其間，曾有人動員蔣介石加入中國共產黨，蔣介石答以「須請命孫先生。」蔣的答覆使動員者失望，批評蔣是「個人忠臣」，這一批評又很快為蔣介石得知，大為不滿。㊿到當年十二月十三日，蔣介石離開蘇聯回國，見到「留俄同志」致孫中山函稿，其中論及孫中山周圍「忠臣多而同志少」，更使蔣介石「閱之甚駭」。其實，這本是一句要求加強國民黨內民主建設的善意勸告，但蔣介石不能理解。日記云：「少年輕躁自滿，詆笑道義，殊爲可嘆！排人利己之徒，誘引青年，自植勢力，而不顧黨誼，其實決不能自成其勢。夢夢之人，惟有一嘆而已。」㊼這裏所批評的「少年」和「排人利己之徒」，顯指當時的部分年輕的共產黨員，這是蔣介石對中共發生嫌隙的開始。第二年三月，蔣介石更致函廖仲愷訴苦說：「弟自知個性如此，殊不能免他人之非笑，然而忠臣報君，不失其報國愛民之心，至於漢奸、洋奴，則賣國害民而已也。吾寧願負忠臣卑鄙之名，而不願帶（戴）洋奴光榮之銜。」㊽

十四、與共產國際領袖季諾維也夫爭論，主張中國革命「兩步走」

蔣介石等到莫斯科後，曾於十月中旬通過吳廷康向共產國際提交過一份《關於中國國民運動和黨內狀況》的書面報告。該報告認爲：辛亥革命以來，中國的政權一直掌握在軍閥手中，帝國主義列強對中國的經濟剝削日益增強。國民黨的任務是「推翻世界資本主義」。中國的國民革命具有國際性質。《報告》對三民主義提出了新解釋：民族主義意味著「所有民族一律平等」，反對帝國主義，扶助弱小民族。民權主義指每個人都擁有言論、結社、集會、出版等自由，政府必須來自人民，取得人民幫助並爲了人民。民生主義就是國家社會主義，所有大工業、所有土地都屬於國家，由國家管理，以便避免私人資本主義的危害。但是，由於現時的經濟條件，中國不可能立即實行共產主義。民生主義是當前中國「最能接受的經濟制度」。《報告》還提出：國民黨必須進行改組，目前最重要的任務是爲宣傳工作尋找政治口號。同時，必須在反帝運動中同蘇維埃俄國合作。這種合作不僅爲中國革命帶來好處，也會爲世界革命帶來好處。㊾

吳廷康收到國民黨代表團的《書面報告》後，約蔣介石在適當時刻拜會共產國際主席團，但其時間卻一再延宕，不能確定，蔣介石覺得很失面子，不大高興。十一月廿五日，吳廷康再次相約，而又不定具體時間，蔣介石「憤激不堪，婉言拒其約會」，但吳廷康一再要求，蔣介石勉強答應。當晚七時，蔣介石到共產國際主席團參加共產國際執行委員會。首先會見主席季諾維也夫等人，據蔣介石日記稱：「各國共產黨主席皆履會，情形頗佳」。會上，蔣介石發表演說：

國民黨代表團是奉國民黨領袖孫逸仙之命派出的，目的是在這裏，在莫斯科這個世界革命的中心，同共產國際的同志們進行坦率的討論。

演說中，蔣介石重點對孫逸仙的民生主義，特別是「兩步走」的設想作了闡釋。他說：

民生主義是通向共產主義的第一步。我們認為，對中國革命來說。目前最好政策是，作為第一步，使用「（爭取）獨立的中國」、「人民政府」、「民族主義」之類政治口號。作為第二步，我們將根據共產主義的原則做一些事情。

蔣介石說明，由於當時大多數中國人民不識字，屬於小農階級和小資產階級，因此中國「目前不能進行無產階級革命」，不能使用「共產主義口號」，否則，「就會造成小土地所有者對這些口號的錯誤理解」，「會使他們加入反對派陣營」，「跟隨中國軍閥反對我們」，「會使中國革命不能取得成功」。「所以目前我們的綱領是旨在聯合中國人民的所有人士，以便借助於統一戰線來取得革命的巨大成功」。接著，蔣介石說明，孫逸仙博士三十年前開始革命時，就使用三民主義爲口號，人民已經習慣，軍閥也不會特別注意，小農階級和小資產階級也不會反對。

演說中，蔣介石還闡明了國民黨對世界革命的設想：「主要基地在俄國」，贊成「俄國同志幫助德國革命取得成功」。他說：

國民黨建議，俄國、德國（當然是在德國革命取得成功之後）和中國（在中國革命取得成功之後）組成三大國聯盟來同世界資本主義勢力作鬥爭。借助於德國人民的科學知識、中國革命的成功、俄國同志的革命精神和該國的農產品，我們將能輕而易舉地取得世界革命的成功，我們將能推翻全世界資本主義制度。

蔣介石展望，三、五年之後，中國的國民革命就能成功，一旦取得成功，「我們就開始進行第二階段，即在共產主義口號下展開工作。我們認爲，那時，中國人民將更容易實現共產主義。」⑥⓪

蔣介石對他在共產國際執委會上的報告很滿意，日記中自稱，訪蘇以來所作報告、講話，「亦以今日爲最從容而有條理也」。⑥①演講後，蔣介石接受共產國際執委會總書記柯拉羅夫等人的提問並作了答覆。季諾維也夫在總結中聲稱，共產國際的中國問題委員會將繼續開會，同國民黨代表團討論，作出決議。

季諾維也夫關心中國國民黨和中國共產黨兩黨之間已經開始的合作，希望國民黨做工作，將兩黨部分成員之間的可能發生的困難和誤解減少到最低程度，要求在中國工人罷工的時候，始終站在工人一邊，積極支持工人鬥爭，並且特別強調，這種支持應該是「認真的和積極的」。季諾維也夫表示，他不能肯定，得到的消息是否確實，有人對他說，漢口「二七罷工」時期，國民黨的支持不夠「強而有力」，其「冷淡態度使人感到很失望」。他希望，國民黨注意這一點，在工人的所有衝突和發動中，國民黨的支持真正是堅決有力的，以便不給埋怨和抹煞帶來口實。

對國民黨的「三民主義」，季諾維也夫明確表示，「不是共產主義的口號」，要使這些口號「更具體，更明確」。關於「民族主義」，季諾維也夫說：它應該「不爲新的資本家階級、新的資產階級在中國的統治提供可能」，「它不應用中國資本家的統治去取代外國帝國主義的統治」，也「不應導致建立中國一部分居民對另一部分居民的霸權地位」，「不應該導致對生活在中國境內的各民族的壓迫」。關於「民權主義」，季諾維也夫表示，「民權主義在歐洲已是一個反動的口號，民權主義不贊成革命。」在中國，它能否成爲「進步口號」，取決於「它能在多大程度上保障居民中的勞動群眾有可能捍衛自己的權利，並把自己的事業推向前進」。

關於「民生主義」，季諾維也夫稱，未必有必要詳細討論，如果把它理解爲「致力於把勞動群眾，如耕種土地的莊稼人」從賦稅重負等壓迫下解放出來，那就不必反對。但是他明確表示，「這完全不是真正的社會主義」，只是「有可能導致真正的社會主義目標的發展」。[62]

蔣介石表示，原則上同意季諾維也夫的講話，但他強調：「我們不是爲資產階級而進行革命工作的。」「目前我們希望，小資產階級和我們建立反對資本主義和帝國主義的統一戰線。但是，我們並不爲它的利益而鬥爭。」

季諾維也夫對蔣介石的回答作了有條件的肯定：「當然，共產國際並不認爲國民黨是資產階級的政黨。否則我們就不會同這樣的黨打任何交道。我們認爲，國民黨是人民的政黨。它代表那些爲爭取自己的獨立而鬥爭的民族力量。」「國民黨也是革命的政黨。」

會議最後，蔣介石要求共產國際派一些有影響的同志到中國，仔細研究中國局勢，領導國民黨，就中國革命的問題提出建議。季諾維也夫接受蔣介石的建議，答應向中國派出一位負責的代表，並請代表團轉達對中國國民黨，特別是孫逸仙同志的「熱烈的兄弟般的問候」。⑥③

十一月廿八日，共產國際主席團發佈《關於中國民族解放運動和國民黨問題的決議》。該決議由布哈林、柯拉羅夫、庫西寧、阿姆特爾以及吳廷康組成的委員會起草，共八條。它批評國民黨「沒有吸收城鄉廣大勞動群眾參加鬥爭」，把希望寄託於國內反動派，建議對三民主義作出新解釋，使之成爲「符合時代精神的民族政黨」。

關於民族主義，《決議》認爲，它的含義是：「要消滅外國帝國主義的壓迫，也要消滅本國軍閥制度的壓迫」；「不僅要消滅外國資本家的殘酷剝削，而且也要消滅本國資本的殘酷剝削。」決議提出，民族主義對外體現的是「健康的反帝運動的概念」；對內，和「同受中國帝國主義壓迫的各少數民族的革命運動進行合作」，公開提出「民族自決」原則，建立「中華聯邦共和國」。

關於民權主義，《決議》認爲，應使其有利於勞動群眾，只有那些真正擁護反帝鬥爭綱領的分子和組織才能享有權利和自由，決不能爲在中國幫助外國帝國主義者及其走狗（中國軍閥）的分子和組織享有。

關於民生主義，《決議》認爲，應該解釋爲把外國工廠、企業、銀行、鐵路和水路交通收歸國有，同時，對中國的民族工業實行「國有化原則」。《決議》認爲，不能提出「土地國有化」，只能提出，「消滅大土地所有者和許多中小土地佔有者的制度」，將「土地直接分配給在這塊土地上耕種的勞動者」。

《決議》要求國民黨重視中國工人階級，放手發動其力量，「把全國的解放運動建立在廣大群眾的支持上」，善於運用在華帝國主義的內部矛盾，同工農國家的蘇聯建立統一戰線，同日本的工農解放運動和朝鮮的民族解放運動建立聯繫。⑭

共產國際的這份決議有正確的部分，也有脫離中國革命實際的部分。蔣介石讀後，在日記中寫道：

> 普〔浮〕泛不實，其自居為世界革命之中心，驕傲虛浮。其領袖徐諾儆夫（按，即季諾維也夫——筆者）似有頹唐不振之氣，吾知不久必有第四國際出現，以對待該黨不正之舉也。⑮

下午，蔣介石赴共產國際會見其秘書，「應酬數語，即辭行」。

十五、會見托洛茨基，蔣介石和沈定一差點打起來

托洛茨基是列寧的戰友，十月革命的重要領導者。此時雖然受到史達林的批判、排斥，但仍然是革命軍事委員會主席。蔣介石到蘇後，一直希望見到他。

十月十六日，蔣介石致函托洛茨基。

十一月九日，蔣介石草擬致托洛茨基函稿。

十一月十八日晚，改正致托洛茨基函。

十一月十九日，發致托洛茨基函，大意云：「此次負國民黨使命，代表孫先生來此，要求貴政府於本黨所主張西北計劃，力予贊助。華人懷疑俄國侵略蒙古一點，務望注意避免。並即辭行。」㊱但是，直到十一月廿七日，托洛茨基才接見孫逸仙博士代表團全體。

托洛茨基表示早就想會見代表團，但由於生病，未能這樣做。現在健康恢復，有可能同蘇聯的朋友——孫逸仙的代表們交談。他說：「只要孫逸仙只從事軍事行動，他在中國工人、農民、手工業者和小商業人的眼裏，就會同北方的軍閥張作霖和吳佩孚別無二致。」他建議「國民黨的絕大部分注意力應當放到宣傳工作上」，說是「一份好的報紙，勝於一個好的師團。在目前情況下，一個嚴肅的政治綱領比一個不好的軍團具有更大的意義。」他要求國民黨「把軍事活動降到必要的最低限度」，「儘快放棄軍事冒險」。對於國民黨提交的備忘錄，托洛茨基明確表示：「國民黨可以從自己國家的本土而不是蒙古發起軍事行動。」㊲

蔣介石試圖作最後的爭辯，力圖說明各國帝國主義殘暴地壓制一切革命宣傳，國民黨政治活動困難，但托洛茨基則表示：政治宣傳必須適合於具體情況。報刊上只發表那些根據新聞檢查條件可以發表的東西，告示和傳單可以宣傳自己的觀點。應該有合法的工作和地下的工作。托洛茨基的這些話再次堅決地表明，蘇聯共產黨和政府不支持國民黨在蒙古的軍事計劃。

蔣介石的日記沒有記錄托洛茨基的上述態度，只有簡單的幾行字：「其人慷慨活潑。其言革命黨之要素，忍耐與活動，二者相輔並行而不可一缺也云。余之性質，厭倦與消極，此所以不能成事也。」⑱

會見托洛茨基後，蔣介石很生氣，認為托洛茨基在騙他們。他在代表團內部說：「如果蒙古想獨立，那需要我們承認，需要我們給予他獨立，而不是他自己承認自己。」沈定一反對蔣介石的意見，二人發生口角，差一點打起來。蘇聯外交人民委員部傳說：「中國代表團內部在打仗！」⑲

十六、在抑鬱無聊中歸國

會見托洛茨基的當晚，蔣介石向契切林辭行。廿八日下午三時，應外交人民委員部之宴。敘談三小時，「凡想說的話，大略各露其端倪，使其自繹。」⑳六時，送邵元沖登車回德國。在邵元沖到莫斯科以後，蔣、邵已經結為兄弟，交換了蘭譜。臨別時，蔣介石頗有「不盡依依，良友去之何速」之感。當晚，蔣介石與趙世賢談話，「略述此次來俄經過情形，並勉其不使為外人所支配而已。」㉑趙大概是留蘇學生。十一月十八日，蔣介石與他有過一次談話，認為是「青年有為之士，殊可貴也。」廿九日，蔣介石向越飛夫人辭行。下午二時登車。張太雷留在莫斯科，沒有隨蔣介石等歸國。此次訪蘇之行，蔣介石主要的目的沒有達到，勞而少功，加之與沈定一吵架之後，兩人關係緊張。蔣介石自悔「擇友不良」，見沈心煩，在車上也懶得說話。三時正，火車開動，蔣介石感到「抑鬱無聊已極」。十一月三十日，從車上望去，「冰天雪地，一望無際，日色沉沉，慘澹無光」。十二月二日，車過一座盛產寶石的城市，蔣介石本想買點寶石玩具，帶給經國、緯國，但因錢不多，只得作罷。八日，到中國國境，一片平原，只有由東北至西南一帶，有不甚高峻的山脈。蔣介石是軍人，立刻想起北方戰事適合採取攻勢。八時後到滿洲里。當地長官前來迎接，頗爲殷勤。代表團全體均無護照，因事前有電報通知，一律放行。當日到哈爾濱，地方高級長官來接，蔣介石因用的是假名，回避不見。

十二月十日蔣介石到大連，逛老虎灘。十二月十二日，登亞拉伯船。本定下午四時啓碇，因裝貨不足，至第二天早晨方開。蔣介石感嘆道：「日商信用，遠不如前，而船中腐敗形狀，不堪言爾。吾知東邦帝國資本主義之運命不久將盡矣。」⑫十三日，蔣介石開始在船上寫作《遊俄報告書》。十四日續寫，時作時輟，不寫時便在甲板上與王登雲一起跑步。訪蘇四個月以來，蔣介石至今才感到心地略暢。日記云：「風平浪靜，船位寬暢，亦一樂事也。」十四日，繼續寫作《遊俄報告書》。十五日，船入吳淞口。九時登岸回家，陳潔如還未起床。

當天下午，蔣介石往訪張靜江後，即登上江天輪，趕回奉化。胡漢民、汪精衛、廖仲愷、林業明、陳果夫諸人都到船上與蔣介石相會，詳敘別情。蔣介石向廖仲愷等人簡要彙報了訪蘇之行，說明俄國人對代表團「很同情」，「他在一些會議上發表了演說，人們把他抬了起來，音樂打斷了他的講話；人們向他說明了與政治工作有關的各種情況，甚至向他講了黨內在中國問題上存在的意見分歧」。蔣概括說：「這一切給他留下了很誠懇的印象。」「蘇聯有給予支持的真誠願望，問題在於，國民黨人是否充分理解自己的任務。」㊸此前二日，孫中山在廣州已經啓動了在近代中國具有重大意義的國民黨的改組工作，重新進行黨員登記，委任廖仲愷、譚平山、陳樹人、孫科、楊庶堪等人爲臨時中央執行委員，因此大家都勸蔣介石回滬，參加上海地區的黨務改組，但蔣介石執意不從，一心趕回溪口，紀念母親王太夫人的六十冥誕。他只向孫中山捎去一個建議，任命楊庶堪爲廣東省省長。回奉化後，蔣介石又將他所寫的《遊俄報告書》寄給孫中山。不過，這份《報告》至今尚未發現。

十七、去廣州向孫中山報告，孫認為蔣「過慮」

十二月十六日早七時，蔣介石船抵寧波，雇了座轎子，兼程趕回溪口。二時半到家，沒有休息，就趕往母親墓地參拜。當晚就住在新近落成的慈庵中。廿四日，又赴祖父母墓地參拜，同時視察亡弟的墳塋。

這邊蔣介石在家鄉省墓，那邊廖仲愷、孫中山急如星火地等待蔣介石彙報。十二月二十日，在上海的廖仲愷致電蔣介石，告以鮑羅廷有事商量，黃埔軍校急待開辦，要蔣立即乘輪來滬，共同南下。廿二日，廖仲愷、汪精衛、胡漢民聯名致函蔣介石，說明已將蔣的建議向孫中山提出，「待商之事甚多」，要求蔣介石勿因省長問題未決而拖延來滬時間。廿六日，胡、廖、汪三人再次致函蔣介石，轉抄楊庶堪覆電，中稱：「鮑先生日盼兄至，有如望歲，兄若不來，必致失望。」又稱：「軍官學校由兄負完全責任辦理，一切條件不得兄提議，無從進行。」⑭廿七日，張靜江也致函蔣介石，認爲「似不宜再緩」。廿八日，汪精衛轉來孫中山廿四日電報，中稱：

兄此行責任至重，望速來粵報告一切，並詳籌中俄合作辦法。台意對於時局、政局有所主張，皆非至粵面談不可，並希約靜江、季陶同來，因有要務欲與商酌也。⑮

同日，廖仲愷也致函蔣介石，說明上海諸人最遲一月四日搭船離滬，要求蔣「萬不能再延」。函件以前所未有的語氣責備說：「否則事近兒戲，黨務改組後而可乘此惰氣乎！」⑯儘管眾人一再催促，蔣介石還是在一月十六日才到達廣州。四天後，中國國民黨第一次全國代表大會開幕。廿四日，孫中山任命蔣介石爲陸軍軍官學校籌備委員長。三十日，孫中山任命楊庶堪爲廣東省省長。二月三日，孫中山任命蔣介石爲國民黨本部軍事委員會委員。

到廣州後，蔣介石即向孫中山口頭報告訪蘇情形，同時提出對國共合作的意見。孫中山原本支持蔣介石的軍事計劃。一九二三年十月九日，他就向蘇聯派遣來華的顧問鮑羅廷表示：我還等待著我派赴莫斯科的代表所進行的談判的結果。很明顯，我期待著在莫斯科的這些談判能夠取得豐碩成果。⑰蘇俄政府拒絕蔣介石的計劃，孫中山不能沒有失望之感。不過，孫中山認爲，「唯一的朋友是蘇聯」，因此，他批評蔣介石「對於中俄將來的關係，未免顧慮過甚，更不適於當時革命現實的環境」。對國共合作問題，孫中山也認爲蔣介石過慮。⑱據蔣介石多年後的回憶，孫說：蘇俄對中國革命，只承認本黨爲唯一領導革命的政黨，並力勸其共產黨員加入本黨，服從領導，何況，蘇俄也承認，中國並無實行其共產主義的可能呢！因此，孫中山決心堅持聯俄容共的決策。

國民黨第一次全國代表大會期間，蔣介石認爲參加大會的共產黨員「挾俄自重」，「本黨黨員盲從共產主義」，於二月廿一日向孫中山辭去陸軍軍官學校校長職務，離粵還鄉。三月十四日，他致函廖仲愷，將共產黨區分爲「國際共產黨」與「俄國共產黨」，又將「俄國共產黨」的「主義」與「事實」分開，表示「主義」雖可信，而「事實」則不然。信中，蔣介石強烈指責「俄黨」對中國的政策，他說：「至其對中國之政策，在滿、蒙、回、藏諸部，皆爲其蘇維埃之一，而對中國本部未始無染指之意。」「彼之所謂國際主義與世界革命者，皆不外凱撒之帝國主義，不過改易名稱，使人迷惑於其間而已。所謂俄與英、法、美、日者，以弟視之，其利於本國而損害他國之心，則五十步與百步之分耳。」⑲蘇聯支持中國革命，有其真誠的一面，蔣介石將其與英、法、美、日並視，稱其爲變相的「凱撒之帝國主義」，是錯誤的，但是，揆諸歷史，蘇聯在其國家發展中，確有其民族利己主義和民族擴張主義的一面，這也是不爭的事實。

蔣介石對蘇聯和中共的批評並沒有堅持多久，很快，他就以堅決主張聯蘇、聯共的左派姿態出現在中國的政治舞臺上。

（原載上海《世紀》，二〇〇七年第二至三期）

①《蔣介石日記》（手稿本），一九一八年七月廿四日。本文所引蔣氏日記，均同，不一一注明。

②《蔣介石日記》（手稿本），一九一九年十一月五日。

③手稿本殘損，據《蔣介石日記類抄．文事》補。

④《蔣介石日記》（手稿本）一九二〇年二月十四日云：「下午，執信來教俄語。」

⑤《蔣介石日記》（手稿本），一九二〇年三月十八日、十九日。

⑥《蔣介石日記》（手稿本），一九二〇年四月廿六日。

⑦《蔣介石日記》（手稿本），一九二〇年九月廿二日。

⑧《蔣介石日記》（手稿本），一九二一年一月二日。

⑨《孫中山全集》第六卷，中華書局一九八五年版，第六一六頁。

⑩卡爾圖諾娃：《加倫在中國》，中國社會科學出版社，一九八三年版，第十七頁。

⑪《聯共（布）、共產國際與中國民族解放運動》（一），北京圖書館出版社一九九七年版，第一六六頁。

⑫李玉貞主編：《馬林與第一次國共合作》，光明日報出版社一九八九年版，第一七四頁。

⑬《與楊庶堪縱談粵局與個人行止》，《總統蔣公思想言論總集．別錄》，第九十一頁。

⑭《蔣介石日記》（手稿本），一九二三年八月六日、七日。

⑮《蔣介石日記》（手稿本），一九二三年八月十九日。

⑯《蔣介石日記》（手稿本），一九二三年九月三日。

⑰《蔣介石日記》（手稿本），一九二三年九月五日。

⑱以上對話，見《聯共（布）、共產國際與中國民族解放運動》（一），第二八二至二八三頁。

⑲《聯共（布）、共產國際與中國民族解放運動》（一），第二八七頁。

⑳《蔣介石日記》（手稿本），一九二三年九月九日。

㉑New Prospects of the Chinese Revolution，原存俄羅斯現代歷史文獻保管與研究中心。

㉒《蔣介石年譜初稿》，檔案出版社一九九二年版，第五十四頁。

㉓《致蘇俄負責人員意見書》，《籌筆》（一），0001，蔣中正總統檔案，臺北國史館藏。

㉔《蔣介石日記》（手稿本），一九二三年九月十六日。

㉕《聯共（布）、共產國際與中國民族解放運動》（一），第二九一頁。

㉖《聯共（布）、共產國際與中國民族解放運動》（一），第二九一頁。

㉗《聯共（布）、共產國際與中國民族解放運動》（一），第二九二至二九三頁。

㉘《蔣介石日記》（手稿本），一九二三年九月十七日。

㉙《蔣介石日記》（手稿本），一九二三年廿三日。

㉚《蔣介石日記》（手稿本），一九二三年十月一日。

㉛《蔣介石日記》（手稿本），一九二三年十月二日

㉜ To Comrade Trotzky,Skliansky & Kameneff.中國第二歷史檔案館藏。

㉝ Memorandum of the Delegation of Dr.Sun Yat Sen with Relation to the Proposal Mentioned in the Telegram of A.A.Joffe Sent from Tokyo May 1，中國第二歷史檔案館藏。

㉞《蔣介石日記》（手稿本），一九二三年十月八日。

㉟《蔣介石日記》（手稿本），一九二三年十一月十六日。

㊱《蔣介石日記》（手稿本），一九二三年十一月四日。

㊲《蔣介石日記》（手稿本），一九二三年十一月四日。

㊳《蔣介石年譜初稿》，第一三七至一三八頁。

㊴《蔣介石日記》（手稿本），一九二三年十一月廿六日。

㊵《聯共（布）、共產國際與中國民族解放運動》（一），第三〇八頁。

㊶《聯共（布）、共產國際與中國民族解放運動》（一），第三〇九頁。

㊷《聯共（布）、共產國際與中國民族解放運動》（一），第三一一頁。本文原件為俄文，本文引用時對中譯文的口氣略有變動。

㊸《聯共（布）、共產國際與中國民族解放運動》（一），第三一〇至三一一頁。

㊹《聯共（布）、共產國際與中國民族解放運動》（一），第三一二至三一三頁。

㊺《蔣介石日記》（手稿本），一九二三年十一月十一日。

㊻《蘇俄政府第一次對華宣言》，《中國近代對外關係史資料選輯》，下卷第一分冊，上海人民出版社

一九七七年版，第十五至十六頁。

㊼《蘇中關係文件集》（一九一七～一九五七），莫斯科一九五九年俄文版，第五十一至五十三頁。

㊽《孫越宣言全文與國共聯合》，《外交月報》第二卷第一期。

㊾《時報》，一八二三年九月十九日。

㊿《蘇俄在中國》第廿九至三十頁，《總統蔣公思想言論總集・專著》。

51 陳錫祺：《孫中山年譜長編》下冊，中華書局版，第一六八七頁。

52《孫中山全集》第八卷，中華書局一九八六年版，第二一六頁。

53《蔣介石日記》（手稿本），一九二三年十月十一日。

54 Allen Suess Whiting, *Soviet Policies in China*, Stanford University Press, 1968, p. 234.

55《蔣介石日記》（手稿本），一九二三年十月十三日。

56《蔣介石年譜初稿》第一六八頁。

57《蔣介石日記》（手稿本），一九二三年十二月十三日。

58《蔣介石年譜初稿》第一六八頁。

59《聯共（布）、共產國際與中國國民革命運動》（一），第二九七至三〇二頁。

60《聯共（布）、共產國際與中國國民革命運動》（一），第三三〇至三三一頁。

61《蔣介石日記》（手稿本），一九二三年十一月廿五日。

62《聯共（布）、共產國際與中國國民革命運動》（一），第三三五至三三七頁。

⑥③以上對話，見《聯共（布）、共產國際與中國國民革命運動》（一），第三三七至三三八頁。

⑥④《聯共（布）、共產國際與中國國民革命運動》（一），第三四三至三四五頁。

⑥⑤《蔣介石日記》（手稿本），一九二三年十一月廿八日。

⑥⑥《蔣介石年譜初稿》，第一四〇頁。

⑥⑦《聯共（布）、共產國際與中國國民革命運動》（一），第三四〇至三四一頁。

⑥⑧《蔣介石日記》（手稿本），一九二三年十一月廿七日。

⑥⑨《聯共（布）、共產國際與中國國民革命運動》（一），第三八三頁。

⑦⓪《蔣介石日記》（手稿本），一九二三年十一月廿八日。

⑦①《蔣介石日記》（手稿本），一九二三年十一月廿八日。

⑦②《蔣介石日記》（手稿本），一九二三年十二月十二日。

⑦③《聯共（布）、共產國際與中國國民革命運動》（一），第三八四頁。

⑦④《蔣介石年譜》，第一四四至一四五頁。

⑦⑤《蔣介石年譜》，第一四四頁。

⑦⑥《蔣介石年譜》，第一四五頁。

⑦⑦N.Mitarevsky,*World Soviet Plots*.Tientsin Press,1927.

⑦⑧《蘇俄在中國》第三十二頁，《總統蔣公思想言論總集・專著》。

⑦⑨《蔣介石年譜》，第一六七頁。

毛澤東對國民黨建設的四項提案

一九二四年，在中國國民黨第一次全國代表大會上，毛澤東當選為中央執行委員會候補委員。隨後，他即以充沛的熱情參與國民黨中央的領導工作，殫精竭慮，希圖加強國民黨的戰鬥力量。根據國民黨中央黨部會議記錄，一九二四年一月卅一日，毛澤東曾和孫中山、廖仲愷、林祖涵（伯渠）、譚平山、瞿秋白、李大釗等人一起出席了中央執行委員會第一次會議。會上，在討論中央委員分配各地問題時，毛澤東被分配到上海執行部。二月一日至六日，中央執行委員會舉行第二次和第三次會議，毛澤東都參加了。二月九日的第四次會議，毛澤東雖未參加，但會上討論的十項提案中，有四項是他提出的。本次會議由孫中山主持，參加者有鄒魯、謝持、居正、彭素民、鄧澤如、李宗黃、柏文蔚、林祖涵、譚平山等十七人。

毛澤東向會議提出的第一項提案是「重要市縣黨部及區黨部宜有經費補助案」，理由如下：

經費斷不宜只用於中央與省之兩個高級黨部（空洞的黨部），市縣黨部、區黨部非補助經費，必無辦法，必難發展。因黨員所納月捐，至多只能供給區分部之用費（區分部委員會生活費及活動費），不能提供區黨部，更不能提供市黨部、縣黨部，而市、縣黨部及區黨部為本黨指揮黨員行動最扼要的機關，若這兩級黨部沒有力量，必至全黨失了力量。惟普通補助需費太多，補助窮僻、不重要地方黨部實亦沒有意義，宜擇有工人、農民、學生、商人等群眾運動實際工作之市、縣、區黨部補助經費，此等黨部之須補助經費，較之省黨部之補助經費更為重要（省黨部若不兼所在地市黨部，則專用鉅額經費，殊無充足理由）。

在本提案中，毛澤東認爲，市、縣黨部及區黨部是國民黨「指揮黨員行動最扼要的機關」，經費應補助於「有工人、農民、學生、商人等群眾運動實際工作」的地方，可以看出他對加強黨員作用和群眾工作的重視。經討論，會議決定將此案交預算委員會審查。

毛澤東的第二項提案是：「本年內各省省黨部宜兼理所在地之市黨部，中央及各地執行部宜兼理所在地之特別區黨部案」。經討論，會議認爲：「應照章程組織，此案不能成立。」

毛澤東的第三項提案是：「中央執行委員會及各地執行部實際組織時，應注意事實上之需要案」，理由如下：

中央及京、滬、哈、漢四執行部組織幹事以上職員共有六十餘人。大會後半年內斷不須設置職員如此之多。因為：（一）地方黨務方在開始，中央及執行部事務必不甚多；（二）宜以全力發展下級黨部，不宜將黨裏人才盡聚在最高黨部；（三）此刻決找不到如此多的有用之人，濫竽充數則全失本意。因此，中央及各執行部到實際組織時，宜看事實上的需要，事實上需要一部才開一部，需要一人才用一人。

從本案中可以看出，毛澤東重視基層工作，提倡務實，主張以精幹人才組織有效率的工作班子。經討論，會議決定將本案「交中央執行委員會參考」。

毛澤東的第四項提案是：「本年內地方組織宜分別輕重緩急，立定一計畫案」，理由如下：

地方組織不宜務廣，宜擇重要地方若干處，立定一計畫，集中人力、財力，於此一年內專心致志於此等地方，辦出個頭緒來，到第二次大會方有實際效果可看。本年內應該專力的地方應把列成兩等（原記錄如此——筆者）：第一等最重要而現時有發展之可能者，如上海、北京、廣州、漢口、哈爾濱……等，至多八九處，宜用十分之七的力量（人力、財力）去做；第二等次重要而現在有機會著手者，如太原、安慶、杭州、南昌……等，至多十一二處，用十分之三的力量去辦。此外各地如無可為機會，在本年內均可不注意，以免分散精力，得不到好結果。

毛澤東抓工作，打仗，一向強調抓重點，反對平均使用力量。本案主張在建立國民黨地方組織時「宜擇重要地方若干處」，「集中人力、財力」，專心致志地去做，正是這一思想的最初表現。經討論，會議決定將本案「交中央執行委員會參考」。

從以上四項提案可以看出，毛澤東爲建設國民黨傾注了怎樣的熱情。它是研究中國國民黨史和國共合作史的重要資料，也是研究早期毛澤東的重要資料。

（原載《團結報》，一九八八年二月六日。）

國民黨檔案中的毛澤東手跡

——讀台灣中國國民黨黨史會藏檔

我在臺北中國國民黨黨史會閱讀檔案時，特別留意收集毛澤東的信函手跡，結果，頗有所獲。其一，致國民黨中央秘書處徐蘇中函，函云：

蘇中先生：

宣傳部管書員張克張〔強〕同志因工作繁忙，請求由錄事地位升為幹事，增加薪水，以維持生活，是否可行，請編入星期五的會議日程，屆時提出討論為荷！此頌

大安！

弟　毛澤東

十月二十五號

張克強，國民黨中央宣傳部發書處職員。一九二五年十月廿五日，張克強致函當時代理

國民黨中央宣傳部長的毛澤東，敘述自己的工作情況，內稱，自受任發書處職守以來，已有數月，每日發書數千本，每日回答各處取書函件數十件，「無時或息，其工作之忙，責任之重，遠過他部」。張函並稱：「現下職位等於錄事，月支薪水六十元，雖爲黨服務，不敢言勞，惟當此生活日高，米珠薪桂，仍支錄事薪水，實不足以資生活，況實際上爲幹事之職務，而形式上與錄事同等，似屬不平，用特不忖冒昧，表明職責，請予升爲宣傳部幹事，照額支薪。如荷裁成，則感激無既矣！」

一九二五年十月五日，毛澤東經汪精衛提議，並經國民黨中央黨部常務會議通過，代理國民黨中央宣傳部長，自此，毛澤東即緊張地投入國民黨的革命宣傳工作。張克強致毛澤東函稱，他每日發書數千本，每日答覆各處取書函件數十件，從這一側面也反映出毛澤東領導國民黨宣傳部工作的強度與成績。

毛澤東雖然當時已是國民黨中央領導大員，而且工作繁重，但是，他仍然重視張克強這個「小人物」的要求。當天就給國民黨中央秘書處的徐蘇中寫了信，要求列入會議日程。十月三十日，國民黨中央執行委員會第一一七次會議，毛澤東又在會上提出此事，經討論通過，升張克強爲幹事。現臺北中國國民黨黨史會存有國民黨中央覆毛澤東函稿一份，內稱：

逕啓者。十月卅日，本會第一百十七次會議，執事提出宣傳部管書員張克強因工作繁忙，請求由錄事地位升為幹事，增加薪水，以維生活乙案，經即決議照准在案，

特此函達查照。此致

中央執行委員會

宣傳部部長毛

稿頭有「十一月二日送稿，十一月三日判行，十一月三日繕發」等字，稿後有譚平山、林祖涵簽名。當時，譚平山任國民黨中央政治委員會委員，林祖涵（伯渠）任國民黨中央執行委員會常務委員會委員，顯然此函是經他們之手審發的。

從張克強致函毛澤東到國民黨中央作出決定，從作出決定到形成文件，總共不過九天，其效率爲何如！

其二，致國民黨中央秘書處及常務委員會函，函云：

中央秘書處

常務委員諸同志：

因腦病增劇，須請假兩星期轉地到韶州療養，宣傳部事均交沈雁冰同志辦理，特此奉告，即祈察照為荷！

毛澤東

二月十四日

封面爲：「中央秘書處林伯渠先生」，下署中國國民黨中央執行委員會宣傳部毛緘。封面上並有「報告中央」、「報，林」等字，前者當係秘書處工作人員擬具的意見，後者當係林伯渠批准上報的手跡。

本函未署年，據內容，應爲一九二六年二月十四日之作。

沈雁冰於一九二六年初到廣州參加國民黨第二次全國代表大會，會後，陳延年要沈留在廣州任國民黨中央宣傳部秘書。當時宣傳部長是毛澤東。關於此事，沈雁冰回憶說：「毛澤東對我說，中央宣傳部設在舊省議會二樓，離此稍遠。又說，兩三天後就要開國民黨中央常務委員會，那時，他將提出任命我爲秘書，請中常委通過。我問，任命一個秘書，也要中常委通過麼？毛澤東答道，部長之下就是秘書，國民黨中央委員會如婦女部、青年部，都是如此。我聽說部長之下就是秘書，覺得擔子重了，不能勝任。毛澤東說不要緊，蕭楚女可以暫時幫助你處理部務。」①此後，沈雁冰即到宣傳部上班，接替毛澤東編輯《政治周報》，並與蕭楚女共同起草國民黨第二次全國代表大會宣傳大綱。從毛澤東推薦沈雁冰代理部務一事看，毛對沈的工作及其能力是很看重的。

毛澤東爲何選擇韶關作爲自己的療養地呢？據沈雁冰回憶，「毛澤東的請假雖說『因病』，實際上他是往韶關（在湘、粵邊界）去視察那裏的農民運動。」②

（原載《百年潮》一九九七年第一期。）

①茅盾《我走過的道路》，人民文學出版社一九八一年版，第二九八頁。
②同上，第三〇三頁。

國民黨中央致毛澤東函存稿

——讀台灣中國國民黨黨史會藏檔

我在臺北中國國民黨黨史會所藏廣州時期檔案中，共輯得國民黨中央致毛澤東函稿七通，其中一九二五年十一月二日函已作過介紹，①茲介紹其餘六通。

一、函上海毛澤東轉湖南省黨部經費支票三百（大洋）元

函云：

逕啓者：茲附上廣東銀行大洋三百元支票一張，希為照收，即轉湖南省黨部妥收，見覆為盼。再此票須向上海廣東銀行支付，合併奉聞。查湖南省黨部報告書內開，關於匯款一項，寄長沙文化書社范博先生或撥交上海執事代轉，須作普通寄款，不要說是黨費等語。用特函請查照辦理為荷！此致

澤東同志。

計附支票一則。

中央執行委員會
七月十九

本函未署年，稿右上側有汪精衛、譚平山的毛筆簽名。據函中所敘事實，知為一九二四年七月十九日之作。

一九二三年九月十六日，毛澤東遵照中共中央決定，同時受中國國民黨本部總務副部長林祖涵（伯渠）委託，自上海回長沙，籌建湖南國民黨組織。其後，陸續在長沙、寧鄉、安源等地建立國民黨分部，並在長沙建立總支部。次年一月，毛澤東代表湖南國民黨組織到廣州參加國民黨第一次全國代表大會。會後，毛澤東作為中央候補委員被派到國民黨上海執行部工作，任組織部秘書。

在上海工作期間，毛澤東仍然關心湖南的工作。本函反映出，湖南國民黨組織和廣州國民黨中央都選擇毛澤東作為經費的轉遞者，可見毛和雙方的密切關係。由於當時湖南還處在軍閥趙恒惕的統治下，因此湖南省黨部致國民黨中央的報告特別說明：「須作普通寄款，不要說是黨費」。

文化書社，成立於一九二〇年八月二日，其宗旨為「介紹中外各種最新書報雜誌，以充實青年及全體湖南人新研究的材料」。籌備員為易禮容、彭璜、毛澤東。

二、函毛澤東，決議代理宣傳部長

函云：

逕啓者：十月五日第一百十一次會議由汪委員提出，請以毛澤東代理宣傳部長案，經即席議決，特此函達查照。此致

毛澤東同志。

中央執行委員會

汪委員，指汪精衛。一九二四年一月，汪精衛被推爲國民黨中央宣傳部長。次年七月，被推爲廣州國民政府主席。同年十月五日，汪精衛在國民黨中央執行委員會上，以政府事務繁忙爲理由，推薦剛到廣州不久的毛澤東代理宣傳部長，得到通過。此爲國民黨中央給毛澤東的書面通知。該函由黃眾元起稿，十月七日送稿，當日判行並繕發。中央執行委員會下有林祖涵、譚平山二人的鉛筆簽名，表明二人是此函的「判行」者。

一九二六年一月，國民黨在廣州召開第二屆全國代表大會，成立國民黨第二屆中央委員會，汪精衛繼續被推爲宣傳部長。二月五日，汪精衛在中央執行委員會常務委員會第二次會議

上稱：「本人不能常到部辦事，前曾由中央執行委員會全體會議許可另請代理，今請毛澤東同志代理宣傳部長」。②會議議決照准。因此，毛澤東在這個崗位上一直工作到一九二六年五月。當月，因國民黨二屆二中全會通過蔣介石的《整理黨務案》，規定共產黨員不得擔任國民黨中央的部長。廿五日，毛澤東國民黨中常會第二十八次會議提出辭職。廿八日，第二十九次會議任命顧孟餘代理宣傳部長。

三、函派陳公博、毛澤東代表本會參與新學生社各地代表大會開幕禮

函云：

逕啓者：頃據新學生社函稱，定期雙十節上午八時假座廣東大學雨操場舉行各地代表開幕典禮，屆時請派員駕臨指示等情。茲特派執事為本會代表，希依時赴會為盼。此致

陳公博、毛澤東同志。

中央執行委員會。

一九二五年十月八日，廣州新學生社致函國民黨中央黨部，邀請該部派出代表出席該會開

幕典禮，「指示一切」。十月九日，譚平山、林祖涵即決定派陳公博、毛澤東參加。此爲國民黨中央致陳、毛二人的通知函原稿。稿上有譚平山、林祖涵二人的親筆簽名。

新學生社，成立於一九二三年。至一九二五年九月，有社員一千餘人，散佈於廣東、廣西及香港等地。《廣州民國日報》稱其「對於社會事業與民眾運動，向稱得力，對於國民革命運動，更不遺餘力，頗能引起西南一般革命的青年之注意與同情。」③

四、函毛澤東，通知通告草案已通過

函云：

逕啓者：本月四日本會第一百廿五次會議，執事遵照第一百廿四次會議第六項之決議，提出通告草案，請公決案，經即決議照原案通過在案，除照案印發外，特此函達查照。此致

毛澤東同志

中央執行委員會

一九二五年十一月廿三日，林森、居正、鄒魯、張繼等在北京西山召開「第四次中央執行

委員會全體會議」，決議取消共產黨員在國民黨的黨籍，解除共產黨員譚平山、李大釗、林祖涵、毛澤東等人的中央執行委員候補中央執行委員職務。同時決議解除鮑羅廷顧問職務，中央執行委員會遷移上海等。廿七日，汪精衛、譚延闓、譚平山、林祖涵、李大釗、于右任、毛澤東、瞿秋白等通電全國各級國民黨黨部，指出根據三中全會決議，全國代表大會及中央全會必須在廣州召開，林森等在北京西山召開的會議是非法的。同日，國民黨中央委託毛澤東起草有關通告。十二月四日，國民黨中央執行委員、監察委員、各部部長聯席會議討論通過了毛澤東起草的《中國國民黨對全國及海外全體黨員解釋革命策略之通告》，內稱：「聯俄與容納共產派分子，則為本黨求達到革命成功之重要政策。先總理決之於先。第一次全國大會採納於後，乃有客觀之根據及深切之理由。」又稱：「若吾黨之革命策略不出於聯合蘇俄，不以占大多數之農工階級為基礎，不容納主張農工利益的共產派分子，則革命勢力陷於孤立，革命將不能成功。本黨辛亥革命所以未能成功，即因當時反革命派勢力已有國際聯合，而吾黨革命勢力尚無國際聯合，在國內亦未喚起的多數民眾為之基礎，完全陷於孤立地位，故不得不妥協遷就以馴至於失敗。」④會議批准了上項通告。本函即為通知毛澤東此事而作。

本函由張光祖於十二月六日起草，八日判行，同日繕發。稿前有徐蘇中，稿後有譚平山、林祖涵簽字。

五、函委毛澤東為農民運動講習所所長

函云：

逕啓者：本月十九日，本會第十三次常會，農民部提出，請委派毛澤東同志為農民運動講習所所長案，經即決議□准，相應函達查照，此致

毛澤東同志。

中央執行委員會常務委員會

為了統一領導全國農民運動，一九二六年一月，國民黨第二次全國代表大會決定在農民部成立中央農民運動委員會，以毛澤東、林祖涵、阮嘯仙、羅綺園、蕭楚女等九人爲委員。三月十六日，農民運動委員會舉行第一次會議，決定任命毛澤東任第六屆農民運動講習所所長。會後，即由農民部向國民黨中常會報告，請求批准。十九日，毛澤東出席國民黨中常會第十三次會議。會議批准了農民部的請求。本函爲中常會給毛澤東的通知。由張光祖於三月廿一日主稿，同日判行並繕發。稿前有劉芬簽字，稿後有楊匏安、林祖涵簽字。

自一九二四年七月至一九二五年十二月，國民黨中央共在廣州舉辦過五屆農民運動講習所。第六屆自一九二六年五月起至九月止，收全國二十個省區的學員三百二十七人。毛澤東親自爲學員講授《帝國主義》、《中國民族革命運動史》、《社會問題與社會主義》等課。此

外，他並主持編輯《農民問題叢刊》，在序言中提出：「農民問題乃國民革命的中心問題。」

六、函請鄧澤如、陳其瑗、毛澤東於本月十九日到秘書處審查孫文主義學會在寧搗亂案

函云：

逕啓者：案查本會於本月十六日第二十一次會議關於孫文主義學會在寧搗亂案，當經決議，由鄧澤如、陳其瑗、毛澤東及秘書處一人會同審查，議定辦法，提出下次常務會議討論云。相應函達執事查照，並請於本月十九日（星期一）上午十時到本會秘書處會同審查為荷！此致

鄧澤如同志

陳其瑗同志

毛澤東同志

中央執行委員會秘書處

一九二六年三月十一日，鄧澤如、柳亞子、朱季恂、吳玉章到南京參加中山陵奠基典禮，當地孫文主義學會分子即在車站高呼「打倒左派」口號，毆擊國民黨江蘇省黨部執行委員會侯

紹裘等人。次日舉行典禮時，孫文主義學會分子又用鐵杆木棒等毆打到會左派。事後，鄧澤如、柳亞子等聯名致函國民黨中央，指責南京孫文主義學會分子「借總理神聖之名義，實行其帝國主義及軍閥走狗之手段」，要求中央發表宣言，「明白暴露其罪狀，並聲明除廣州以外，一切未經黨部批准，擅自組織之孫文主義學會，均與本黨無關，以揭破其陰謀」。⑤四月十六日，國民黨中常會舉行第二十一次會議，聽取鄧澤如的有關報告。會議決議由鄧澤如、陳其瑗、毛澤東等「會同審查，議定辦法」。本函爲通知三人的函稿。由陳步光於四月十七日主稿，同日判行並繕發。稿前有徐蘇中，稿後有楊匏安、林祖涵簽字。

四月廿二日，國民黨中常會舉行第二十二次會議，毛澤東會同鄧澤如、陳其瑗及楊匏安提出南京事件審查報告，要求中常會訓令全體黨員：「不得認反動分子爲黨員，並不得加入各地未經本會批准擅自設立之孫文主義學會。」⑥

（原載《團結報》，一九九七年五月十七日。）

①見本書第一七九頁。

②《中央執行委員會常務委員會第二次會議錄》，《中國國民黨第一、二次全國代表大會會議史料》，江蘇古籍出版社一九八六年版，第四七一頁。

③《廣州民國日報》，一九二五年十月九日。

④《廣州民國日報》，一九二五年十二月五日。

⑤《致中央執行委員會聯名信》，柳亞子《磨劍室文錄》，上海人民出版社一九九三年版，第一〇三三頁。

⑥《中央執行委員會常務委員會第廿二次會議錄》，《中國國民黨第一、二次全國代表大會會議史料》，第五三三頁。

毛澤東和國民黨上海執行部

——近世名人未刊函電過眼錄

一九二四年一月，毛澤東作爲湖南代表參加了在廣州召開的中國國民黨第一次全國代表大會。同月卅一日，國民黨第一屆中央執行委員、監察委員召開全體會議，決定在上海、北京、漢口等地成立執行部，以加強這幾個地區的工作，毛澤東被派到上海執行部。二月中旬，毛澤東從廣州到上海，和共產黨人羅章龍、王荷波、惲代英、沈澤民、邵力子、瞿秋白、施存統、鄧中夏、向警予、張秋人等參加國民黨上海執行部工作。據規定，國民黨上海執行部管轄範圍除上海外，還包括江蘇、浙江、安徽、江西等四省。二月廿五日，由胡漢民主持召開第一次執行委員會。會議通過胡漢民、葉楚傖、汪精衛爲常務委員，邵元沖爲文書科主任，未到以前，由毛澤東代理。會議還通過胡漢民任組織部長，毛澤東任秘書。此後，毛澤東還陸續被上海執行部任命爲平民教育委員會常務委員、合作運動委員會委員兩項職務。

一、工作之一，辦理黨員登記，建設國民黨基層組織

根據《上海執行部組織部辦事細則》，部長的任務是「總攬本部事務」，「本部會議任主席」，秘書的任務是「協助部長，辦理本部事務」。由於胡漢民是國民黨元老，事務繁忙，因此組織部的實際事務都落在毛澤東身上。現存胡漢民致毛澤東函（手跡）云：

頃得覺生先生來書，要取《宣言》十份，《黨章》十份及《民國日報特刊》一份，入黨表、登記表各四十份，願書二十份，請即交其來人為幸！此上

潤之我兄。

弟漢民　十七

函側有「請羅先生照發。十八。」等字，應爲毛澤東所批手跡。羅先生，指羅章龍，時任組織部組織指導幹事。函中所稱「覺生」，指居正，國民黨元老。《宣言》，指國民黨第一次全國代表大會宣言。《民國日報特刊》，指上海《民國日報》爲國民黨第一次全國代表大會召開所編輯的特刊。當時胡漢民四十五歲，毛澤東三十一歲，但胡卻稱毛爲「潤之我兄」，自稱爲「弟」，可見二人關係融洽，胡很器重毛。

第一次國民黨全國代表大會後，各地國民黨的首要工作是辦理黨員登記。三月中旬，上海執行部發表《通告》第一號、第二號。第一號宣布凡在國民黨第一次全國代表大會之前入黨者，「無論何人，均須重新登記」。第二號宣布：「凡明瞭本黨宣言、章程、願意入黨者，即

由黨員二人負責介紹於區分部執行委員會，區分部執行委員會即將入黨表一紙交本人，照表內各項詳細填明。」同時公佈的還有《上海執行部公函》，要求黨員填表時說明「現在願爲黨作何事」，「將來願爲黨作何事」，「對於現社會的見解及態度」，「對於本黨意見」等項。上述《通告》及《公函》均應爲毛澤東手筆。

毛澤東的工作做得很認真。至今國民黨檔案中還留存部分國民黨人致毛的公函及毛閱後的批註。如：三月十日陳白致毛澤東函云：

本區代表會議已定十六日午後二時在敝校舉行，請轉問胡先生，屆時懇其蒞會或委派代表駕臨，指示進行為禱！

《宣言》、《黨章》等件，亦有黨外人士欲索閱者，能否再發下若干？入黨表一種，舉辦登記時，亦尚需用，望並發若干。

委交第四區分部宣言等一件，姑交人送上，究應如何處置，請核示。倘不妨暫為保管，可仍帶下，當待十六日會期，交與該區分部代表。

敬祝我們主義光明。

弟陳白

三月十四日

本函所用爲萬竹小學十週年紀念信箋，函中有「敝校」二字。據此可知，陳白係該校教員。函末有陳白附言：「關於區黨部執行委員人數，依照黨章第十章六十九條，應由中央執行委員會規定之，本區執行委員人數，應規定幾人，請示。」國民黨第一次全國代表大會通過的《總章》規：國民黨以全國代表大會、地方代表大會、地方黨員大會爲各該黨部之高級機關；其基層組織爲「區分部」，設區分部執行委員；區分部之上爲全區黨員大會或代表大會，選舉產生全區執行委員會，組成「區黨部」。據本函可知，國民黨上海執行部成立後，即根據《總章》，醞釀召開各區代表會議，成立區黨部。

預定在同日召開代表會議的還有第六區。該區第一區分部史以鑒致毛澤東函云：

> 此間今已決定於本月十六日（星期日）下午二時借座此處同濟大學工科樓上十二號（丁立俱君招待）開區代表大會，預備成立區黨部，祈代定開會秩序，屆時簡代表到會指示一切。幸甚！

此函不僅將會議時間、地點通知毛澤東，而且要求毛「代定會議秩序」，可見毛與下級黨部關係之深以及下級黨部對毛的信賴。

現在可以見到的國民黨人致毛澤東的信件，還有：

四月廿九日孫鏡函，要求發給「本黨《總章》十份」。

四月三十日「正」函，代表「楊行區分部」請求發給：入黨願書五十份、《民國日報特刊》五十份、《總章》及《宣言》各二十份。函側有毛澤東批註：「已覆。照發。」

五月下旬蔡林蒸函，聲稱已有同志九人，將召開成立會，邀請毛澤東、羅章龍前來「指導一切」。函側有毛澤東批註：「業已成立區分部，執行委員蔡林蒸、何量澄（？）。五、卅。」

六月八日陳葆元函，聲稱「寄還王仲恬先生入黨表一紙和宣言書十五份都已收到了，敝部所存之黨章已被人要完，望寄下二十份以便熱心吾黨的人要看。」又稱：「刻又有一位同志孟家泰君入吾黨，現他底入黨表，願書，和舊黨員何子培，季慶仁二君底登記表各一紙寄上，向先生登記。王君之登記證望寄下。」並稱：「附上敝區分部五月份收支報告表二紙，望轉交貴執行部常務委員。」

上海第六區第二區分部秘書張廷灝（中共黨員）函，報告區分部執行委員為楊文炤、唐文棪、張廷灝；辦公地點為江灣復旦大學；管轄區域為「復旦大學大、中學部，將來或可兼管江灣全鎮」；「黨員現有四十五人，尚有十餘人欲加入」；要求毛「入黨表等再寄五十份來」。

又，張廷灝函，報告「《宣言》、《黨綱》、入黨表、《特刊》和信均已收到」，「惟尚缺志願書二十張，請即擲下」。

從上述各函可知，毛澤東在上海執行部組織部的工作除辦理黨員登記外，還包括建立基層組織、發展新黨員等幾個方面。

上海執行部成立不久，胡漢民、汪精衛先後返粵，原來的三個常委中只剩下葉楚傖一人。一九二四年七月，毛澤東因與葉楚傖之間經常發生分歧，辭去組織部秘書一職，推張廷灝繼任，毛本人專任文書科工作。

二、工作之二，從事平民教育運動

國民黨上海執行部成立後，一面建立、發展組織，一面決定從「平民教育運動」入手開展工作。三月六日，執行部召開第二次會議，決定組織上海執行部平民教育委員會，指定汪精衛、葉楚傖、于右任、孫鏡、何世楨、邵力子（鄧中夏代）、惲代英、毛澤東等九人組成，互推孫鏡、鄧中夏、毛澤東三人爲常務委員。今存鄧中夏四月十六日函手跡云：

孫、毛先生：

弟因要參與上大平民學校教務會議，故不能到今日之常務會，特請劉伯倫兄為代表。

弟中夏

孫，指孫鏡，湖北京山人。一九〇六年加入同盟會，武昌起義後任職於戰時總司令部，反袁鬥爭時任職於中華革命黨本部。國民黨改組期間，曾任黨務部代理部長，並曾出席國民黨「一大」。上海執行部成立後，任調查部秘書。函中所言劉伯倫，原爲社會主義青年團南昌支部負責人，時爲跨黨黨員，在上海執行部工作。同函附吳淞學校及楊樹浦平民學校預算兩紙，從中可知，鄧中夏當時已在平民教育方面做出了實際成績。

由於工作太忙，身體也不好，毛澤東於同年五月廿六日致函平民教育委員會，申請辭職。函云：

平教委員會諸同志：

弟因腦病日增，組織部及秘書處事務又繁，平教委員會常務委員勢難勝任，懇予准許辭職，另推一人接替。本月常務委員會議請劉伯倫同志代理出席。

毛澤東

五月廿六日

封面爲：「調查部孫鐵人先生　毛緘」。孫鐵人，即上文提到的孫鏡，與毛澤東同爲平民教育委員會常務委員。

三、工作之三，推廣合作運動

除「平民教育」外，國民黨上海執行部計劃進行的另一項工作是推廣合作運動。三月中旬，德國革命黨人佛朗克到滬，向國民黨人建議「在農村中進行消費及信用合作」，認爲「此種事業，於革命及革命後的建設助力必大」。同月廿七日，上海執行部召開執行委員會，決定組織合作運動委員會。廿九日，召開談話會，胡漢民、林煥廷、郭景仁、邵力子、劉百倫、瞿秋白、毛澤東、佛朗克及「俄國同志」魏洛德等九人參加。會議由魏洛德講演「中國合作運動與外國合作運動之聯絡」，佛朗克講演「合作運動與革命黨之關係」，邵力子報告「中國合作運動情形」。四月十日，國民黨上海執行部指定陳果夫、沈儀彬、許紹棣、葉楚傖、張廷灝、林煥廷、郭景仁、胡漢民、毛澤東、朱季恂等十一人爲合作運動委員會委員。

沒有材料說明毛澤東在擔任合作運動委員會委員後做了哪些工作，但張廷灝致毛澤東函云：「下學期只要能維持我的生活，極願爲合作運動效力也。」可見，毛曾督促張從事合作運動，對此事是熱心的。

四、左右鬥爭加劇，毛澤東離開上海

國民黨上海執行部的初期工作是有成績的，但不久即因「容共」問題發生左右分歧。一九二四年八月一日，周頌西、喻育之等人在南方大學召集各區黨部代表會議，討論處置共產分子問題。會上，主張「容共」和反對「容共」的兩派發生分歧。次日，喻育之等到上海執行部，要求致電廣州國民黨中央「分共」，並毆打「跨黨黨員」邵力子。當時，主持執行部工作的葉楚傖採取騎牆態度，既未按右派要求致電國民黨中央，也未對喻育之等進行處理。對此，毛澤東極爲不滿，聯合惲代英、施存統、鄧中夏、劉伯倫等跨黨黨員致函孫中山，控告葉楚傖「主持不力，跡近縱容」。同年九月，直系江蘇督軍齊燮元進攻皖系浙江督辦盧永祥，江浙戰爭爆發。孫中山和皖、奉兩系早有聯盟，因此支持盧永祥，並企圖乘機北伐，推翻直系中央政府，統一中國，而中共中央則反對與任何軍閥結盟。陳獨秀與時任中央局秘書的毛澤東聯名發出通告，認爲「江浙戰爭顯然是軍閥爭奪地盤與國際帝國主義操縱中國政治之一種表現」，「人民對任何軍閥戰爭不能存絲毫希望，可希望解救中國的惟有國民革命」。十月十日，上海國民黨人召開雙十節國民大會，喻育之等支持盧永祥，反對齊燮元，上海大學學生、社會主義青年團團員、跨黨黨員黃仁等則根據中共中央指示，反對支持任何軍閥，兩派發生衝突，結果，黃仁被毆傷，推墮台下致死。事後，葉楚傖自覺左右爲難，棄職赴粵。廿三日，葉以「辦理黨務困難」爲理由向國民黨中央要求辭去上海執行部職務。廿四日，毛澤東與國民黨中央委員、上海執行部成員沈定一、瞿秋白聯名致電廣東國民黨中央，電稱：

> 轉中央委員會。自楚傖登報辭職赴粵以來，滬部停滯，請電促葉、于、戴積極到部視事，或另派正式委員來滬負責，俾免中絕。沈定一、瞿秋白、毛澤東。

于，指于右任，上海執行部工人農民部部長；戴，指戴季陶，由孫中山任命的國民黨中央駐滬委員。二人雖均爲上海執行部成員，但均不參預執行部工作，因此，沈、瞿、毛三人要求國民黨中央加以督促。十一月六日，國民黨中央討論沈定一等來電，決議慰留葉楚傖，催促葉、于、戴三委員積極到上海執行部視事。在廖仲愷、汪精衛力勸下，葉楚傖雖然回上海了，但是，上海執行部和上海國民黨人之間的左右矛盾日益加劇，自上海國民黨內部左右派矛盾加劇後，經費即不能照發，加上負責無人，工作幾乎停滯。同年十一月十三日，孫中山自廣州北上，途經上海，毛澤東即以國民黨上海執行部秘書處文書科主任名義，聯絡張廷灝、羅章龍、惲代英等十四人，致函孫中山，反映執行部情況，要求孫派人解決。同年十二月，毛澤東因勞累過度患病，於當年年底回湘療養，結束了在國民黨上海執行部的工作。

（原載《百年潮》，二〇〇三年第六期。）

瞿秋白的《聲明》與國共兩黨的「分家」風波

——讀台灣中國國民黨黨史會藏檔

國共合作之前，國民黨內即有一部分人持反對態度；國共合作統一戰線形成後，仍有一部分人繼續反對。一九二四年八月下旬，瞿秋白有一份維護國共合作的文件，題爲《候補執行委員瞿秋白對於八月十九、二十兩天之中央全體會議議事錄之聲明》，在當時起了重要作用。這一聲明，台灣李雲漢教授在《容共與清黨》一書中曾有所引述，其後，台灣出版的《國父年譜》、《中華民國史事紀要》等書陸續引述，但均不出李著範圍，使人頗感不足。一九九六年，我訪問台灣期間，才有機會在國民黨黨史會藏檔中得見全豹。

一、一場反對「共產派」的風波

中共以個人身分加入國民黨後，即在國民黨部分組織內部建立中共「黨團」。一九二四年上半年，國民黨人陸續發現《中國社會主義青年團第二次大會決議案及宣言》（一九二三年八月廿五日）、《青年團團刊》第七號（一九二四年四月一日）《中國共產黨關於國民運動及國民黨問題的決議》等文件，肯定了國民黨內有中共「黨團」這一事實，於是，部分反對國共合作或反對「容共」的國民黨人便借此發難，要求和共產黨「分立」、「分家」，從而掀起一場大波。

一九二四年六月十八日，國民黨中央監察委員張繼、謝持、鄧澤如向孫中山及國民黨中央執行委員會提出彈劾共產黨案，指責共產黨在國民黨內部組織「黨團」，「完全不忠實於本黨」，「且其行爲尤不光明」，提出非「速求根本解決不可」！①同月廿五日，謝持、張繼等向當時擔任國民黨顧問的鮑羅廷提出質問：「君以共產黨加入國民黨，而在黨內作黨團活動，認爲合理乎？」②七月三日，國民黨中央召開執行委員會第四十次會議，決定發表宣言，說明以國民黨第一次全國代表大會發表之宣言及政綱爲準。「凡入黨者，如具有革命決心及信仰三民主義之誠意者，不問其從前屬於何派，均照黨員待遇，有違背大會宣言及政綱者，均得以黨之紀律繩之」。③同時並決定，在短期內召開全體會討論，並呈請孫中山決定。

七月三日的會議並沒有能平息風波。八月十五日，馮自由致函孫中山，爲張繼等人辯護。函件指責孫中山偏袒共產黨人，要求孫中山「毅然向黨員引咎道歉，以平多數黨員之公憤」。同時，「將共產黨員一律除名，並將引狼入室之漢民、仲愷、精衛等嚴重懲辦」。④比之張繼等人的「彈劾」，馮自由的信件囂張得多。

二、瞿秋白舌戰張繼

馮自由致函孫中山的同日，國民黨中央執行委員會在廣州召開全體會議。八月十九日，討論張繼等人的彈劾案。當日到會中央執行委員十二人，候補中央執行委員七人。會議由廖仲愷主持。張繼首先發言，分七項：一、共產派在黨中爲黨團活動之事實及其刊物；二、海內外黨人與共產派衝突之真相；三、共產派分子加入本黨之始，原以信義爲指歸，現在發生糾紛，應負其責；四、第三國際共產黨是否適宜於中國社會情形；五、革命黨人應有自尊精神，以俄爲摯友則可，以俄爲宗旨則不可；六、黨人應尊重情感，爲共患難之要件；七、最後辦法，主張實際的協同工作，名義上跨黨徒滋紛擾。應注意以上各點，以分立爲要。⑤王法勤不同意「分立」，主張「速謀救濟黨內糾紛辦法」。覃振在王法勤發言的基礎上進一步提出「救濟方法」兩條，一是從紀律上規定：國民黨員不得任意加入其他政黨；凡共產黨員加入國民黨者，應爲國民黨工作，不得援引國民黨黨員重新加入共產黨，也不得爲共產黨徵求黨員；另一條爲：由孫中山指派，在國民黨中央黨部加設國際宣傳委員會，「凡關於第三國際與本黨共產派之一切任務，均由本委員會爲中心，以期救濟。」⑥

聽了張繼等人的發言後，瞿秋白即挺身而出，維護國共合作。他的發言，據台灣中國國民黨黨史會所藏瞿秋白《聲明》記載，共五點。

一、三民主義之政黨是否能容納馬克思派，即是否能容思想上的派別。

二、國民黨是否必要容納一切思想上雖有異同而對於現時中國之政見上相同之革命分子。

三、共產派即馬克思派加入本黨，完全爲參加國民革命，促進本黨之進行，然此派是否有黨團行動；此種黨團行動是否有害抑係有利於本黨之發展。

四、若有類似於黨團之行動，是否不問其對於本黨之利害，即因此而不容納。

五、因監察委員會提出「好好的分家」，即分立問題，故提出上列數點，請會議注意。當日會議未有結果。

三、暢論國共合作

八月二十日，會議繼續舉行，由胡漢民主席。瞿秋白作了長篇發言，分七段。在第一段中，瞿秋白首先闡述了國民黨主義與共產黨主義的相異之點：

國民黨主義——先行訓政制（革命獨裁），以成就國家社會主義（民生主義），而「陰消」正在發生之私人資本主義。

共產黨主義——先行無產階級獨裁制，以無產階級的國家資本主義（新經濟政策）漸次「撲滅」已發現之私人資本主義。

在第二段中，瞿秋白說明：共產派加入國民黨，但並未「放棄其無產階級獨裁之主張」。他說：

共產派加入本黨，現時並未拋棄其無產階級獨裁之主張；然既加入本黨，即足以表示其贊成試行之民生主義之平均地權節制資本，能否因此實現各盡所能各取所需之社會，則為將來之問題。如其能也，則階級獨裁制之「墮胎藥」當然可以不用，蓋民生主義之「消胎藥」已發生效力，無胎可墮矣。如其不能，則墮胎藥仍非用不可（至於改良派之所謂社會主義，恰好是資本主義之「安胎藥」，不但非共產黨所能贊成，且亦為國民黨，如汪精衛先生等所力闢）。共產派之加入國民黨，蓋非放棄其無產階級獨裁制，卻為主張國民革命之最急進者，然其思想上的研究，則仍保存其無產階級獨裁之學說。

在第三段中，瞿秋白說明：「共產黨之獨立運動不但不與國民黨運動相衝突，且大有輔助於國民黨。」他說：

共產派之獨立政黨，代表無產階級之特別利益，其政黨的活動當然注重在此，然今日中國國民革命運動之中無產階級運動亦其最主要之一部分。國民黨與共產黨各自獨立運動，無意之中亦必互相輔助，有意的結合便為共產派加入國民黨。故共產黨員之兼國民黨員者（跨黨）其行動分兩方面，例如（一）以國民黨員之資格向一般國民（農工亦在其內）宣傳國民當參加國民革命；（二）以共產黨員之資格向農工宣傳勞動階級當參加國民革命。前一例之宣傳無階〈級〉性質，後一例則有階級性質。農工之階級覺悟蓋為引其參加國民革命之必要條件。共產黨之獨立運動不但不與國民黨運動相衝突，且大有輔助於國民黨。

在第四段中，瞿秋白說明何以國民黨與共產黨「一方面宜合」，「別方面共產黨宜獨立」。他說：

政治策略上共產黨與國民黨同為革命的政黨：在民族主義上共同反抗帝國主義及其工具之軍閥，且在民權主義上現時同主張革命獨裁制（訓政與以黨治國），並不幻想全民政治之突然湧現；在民生主義上現時同主張節制資本平均地權，並非調和階級鬥爭，乃在自然的階級鬥爭中輔助勞動界而節制資本家。至於將來國民黨或從民族主義退而至於帝國主義，從革命之各階級之獨裁制退而至於資產階級獨裁，從節制資本退而至於放縱資本主義（所謂天賦人權說之歐美式民治派），或醫治資本主義（改良派）；或則從民族主義進於世界主義，從各階級之獨裁進於無產階級獨裁，從節制資本進於消滅資本主義。——此則為將來之事。歷史當有以示吾人也。然現時正在發生之中國資本主義尚未「陰消」，中國無產階級尚確然存在，國民黨與共產黨亦並存於中國。同時兩黨應付此現時社會之策略與兩黨之革命對象則確然相同。故一方面宜合，合則革命力雄厚；別方面共產黨宜獨立，獨立則無產階級之特殊利益，得於普通之國民利益外，有所特別表像及行動。將來三民主義之實現苟能「陰消」資本主義至於淨盡，即消滅一切階級，則不但無所用其共產黨之組織，且已成「全民社會」而無所用其政治矣。

故共產黨之獨立，共產黨之異於本黨並非由於策略問題，革命與否，妥協與否，乃國民黨之能否真正服從三民主義之革命原則與否之問題，而非共產派與否之問題也。若國民黨中果有一部分以為國民黨不應反對帝國主義，且已退於資產階級獨裁，已取放縱資本之主義而甘心為改良派，則亦難怪共產派以國民黨員之資格而有所規箴，更難怪其在決定加入以前有此等過慮矣，凡此一切，皆為理論上或政策上之問題。

在第五段中，瞿秋白著重說明了所謂中共「黨團」問題。他說：

既准跨黨，便不能無黨團之嫌疑。國民黨外既有一共產黨存在，則國民黨便不能使共產派無一致行動，況既謂之派，思想言論必有相類之處，既有黨外之黨，則其一致行動更無可疑，何待團刊等之發現乎？故吾人只能問此一致行動是否有利於革命及黨，不能以一致行動便為破壞國民黨之證據。若其行動有違反宣言及章程之處，則彼輩既然以個人資格加入本黨，盡可視為本黨黨員，不論其仍屬於共產派與否，概以本黨之紀律治之。否則只有取消跨黨之決議。

在這一段中，瞿秋白還說明了吸收「左派」參加共產黨的問題。他說：

至於共產派吸取階級覺悟的左派分子，則更為當然之事。今日唯有階級覺悟之農工，方能積極贊助國民革命，同時既有階級覺悟，便自然加入階級的政黨；此階級的政黨既受國民黨之正式承認，其吸收此等分子又何足為破壞國民黨之證據。若此會議議決「分立」，方可謂共產之發展足以侵蝕國民〈黨〉。若不分立，則共產黨之發展即係國民黨中一部分之發展，何用疑忌。

在第六段中，瞿秋白分析辛亥以來中國革命的進展和社會力量分化狀況，說明國民黨要反對列強和軍閥，必須恢復民權主義精神，引進新的階級力量。他說：

自辛亥以來純粹排滿的民族主義之社會力量日漸減少消散，而國民黨之政權亦自全國的漸被迫而至於今日之廣州革命政府——一切排滿外人，向日利於中國之脫離「中世紀」以便於其資本主義之侵略（吸取原料）者，今已必不再繼續接濟中國革命政府，且自革命初成即已抱定協助反動軍閥如袁世凱等之政策；買辦階級，向日之代

> 表外人利益而願同國民黨反對滿清者，今亦隨之而退，倒戈反噬；其他小農、小工、小商，既失其排滿之對象，固無階級覺悟，故只知國民黨有軍事行動，足以害其「安居」「樂業」，不肯參加國民革命。因此廣州市買辦階級助帝國主義陰謀推翻革命政府，忘〔妄〕想設立商人政府（買辦政府）；陳炯明、吳佩孚又從別一方面受外人之間接指使復軍閥之「歷史使命」，日謀進寇。國民黨若不另覓一道路，——於反抗北洋外，更加以反抗帝國主義，以此恢復民權主義之精神——則革命必且失敗。此另一道路，即恢復民權主義精神之道路，恰在於輔助勞農階級，先從彼等之實際利益入手，方能導之於民權主義及民族主義。

當年五月一日，張繼在上海大學演說時曾稱：「中國爲列強之勞動國，列強爲中國之資本國。」瞿秋白在引述張繼的上述言論之後，發揮說：「故工人農民若不反對列強及軍閥則已，一反對列強及軍閥即爲階級鬥爭。苟無此種覺悟，則必不能進而爲民族主義及民權主義奮鬥也。」

接著，瞿秋白說明，排斥共產派必將削弱國民黨的反帝力量，爲帝國主義者所歡迎。他說：

> 此階級利益之代表者即為共產黨。本黨苟能容納共產派，即迎受新興的反帝國主義之社會力量，則本黨之革命又從新開始，而發展之前途未可限量。無階級覺悟者固

常詆毀共產黨，破壞共產黨，然其效功國民黨，革命之實績可於事實上見之，於其能否與勞動群眾有密切關係見之，不在其僭稱代表全廠工人或全路工人也。共產派之急進的反帝國主義主張，乃是國民黨員之天責，並非欲赤化國民黨。今若實行分裂，排斥共產派，無非令國民黨反帝國主義之力量減少，帝國主義者實感謝不盡也。

第七段中，瞿秋白通過所謂「感情問題」尖銳地批評了反共產派。他說：

再則此次糾紛中又有所謂感情問題，然以忠於革命，日謀所以發展革命者，即為國民黨內一部分人所「深惡痛絕」（見護黨特刊），此等情感不知其為革命的情感抑反革命的情感也。

同時，瞿秋白也批評了共產派文件中的詞語不當之處。他說：

至於共產派之文字，往往有不雅馴之辭，致傷其他同志之感情，因而疑其無誠意，此則適足以見其為治於人之小人，殊無君子之度，共產派於此誠不能辭其咎，吾黨中央全體會議當有以告誡之也。

瞿秋白長於辯論，他的這篇發言剖析有力，層次井然，令人有「語驚四座」、「聲震屋瓦」之想。不過，他的「無產階級獨裁」的理論當時未必能令人理解並接受。

當日會議上發言的還有張繼、謝持、沈定一、傅汝霖、丁惟汾、覃振等六人，仍然不能作出結論。

四、國民黨中央發佈《訓令》

國民黨中央全體會議不能取得一致意見，但是，同日舉行的國民黨中央政治委員會第六次會議卻順利作出了結論。

政治委員會的參加者是孫中山、胡漢民、廖仲愷、瞿秋白、伍朝樞、鮑羅廷等六人。左派佔優勢，因此，會議通過《國民黨內之共產派問題》和《國民黨與世界革命運動之聯絡問題》兩項決議草案，為解決「彈劾」案定了基調。

廿一日，國民黨中央全體會議，胡漢民任主席。原來「彈劾」共產派的監察委員只有張繼一人出席，形單影獨，他表示願將「彈劾」案暫時掛起來，「作為懸案」。會上，汪精衛宣讀了沒有參加會議的監察委員李石曾的來函：「兩黨既已合作如前，萬不宜分裂於後。」胡漢民稱：「這次黨內糾紛主要原因，即在發現《團刊》之後，情感愈形險惡。但細察《團刊》內容，用語不當處固多，而內容確無其他惡意，不能即認為是一個有陰謀的黨團。」⑦會議決定接受政治委員會的兩項議案。會後，國民黨中央根據兩項議案的精神對全體黨員發佈《訓令》，內稱：

> 中國共產黨員之加入本黨，其事遠在改組以前，溯其加入之原因，在於灼知中國今日軍閥與帝國主義勾結之現狀，非國民革命無由打破，而國民革命，惟本黨負有歷史的使命，非加入本黨無由為國民革命而盡力。且當國民革命時代，一心一德，惟本黨主義之是從。其原有之共產主義固不因之拋棄，而鑒於時勢之關係，初不遽求其實現，故與本黨主義亦無所衝突。

又稱：

> 本黨為代表國內各階級之利益而奮鬥，而中國共產黨則於各階級中之無產階級特別注意，以代表其利益。無產階級在國民中為大多數，加以特別注意，於本黨之主義精神無所違反。

以上云云，鮮明地維護國共合作，顯然接受了瞿秋白發言中的有關思想。但是，關於中共在國民黨內建立「黨團」問題，《訓令》則未能採納瞿秋白的觀點。《訓令》稱：

凡屬本黨黨員，不容有黨團作用。共產派之在黨內者，前此亦並無黨團作用。……今中國共產黨與本黨同為革命組織，對於現時中國之政見又盡相同，故決不能發生黨團作用，而加入本黨之共產派既服從本黨之主義，更不致有黨團作用。……同志平日相與戮力，其精神之浹洽，不外於理智之互浚與感情之相符，而此等之秘密行為，實足為感情隔膜之導因。

但是，《訓令》也並未要求共產黨取消所建「黨團」，只表示，希望瞭解與國民黨有關的共產黨方面的秘密。《訓令》稱：

倘使中國共產黨關於此等之討論及決議，使本黨得以與聞，則本黨敢信黨內共產派所被黨團作用之嫌疑，必無從發生。

《訓令》表示，國民黨並不反對黨員中不同思想派別在「學理上之討論」，只希望通過討論，「求其殊途而同歸於革命」。《訓令》對共產派和「反共產派」都作了某種批評。《訓令》稱：

至於共產派之文字著作，語句之間，每有不遜。辭不馴雅，則傷感情，實有可責備者，而諸黨員之反對共產派者，往往激昂過甚，逸於常軌。此皆所謂意氣用事，本會於此，不能不申以告誡。⑧

這段話，也顯然採納了瞿秋白發言中的有關思想。至此，監察委員彈劾案暫告結束，國共合作得以繼續維持。

五、孫中山激憤表示：「自己去加入共產黨」

風波暫時平息了。八月三十日，孫中山在會議閉幕上講話。他宣布開除馮自由的黨籍，並嚴厲指出：「那些反對共產派的人，根本不懂得我們的主義。」「民生主義與共產主義沒有任何根本區別，區別僅僅在於實現的方法。」又說：「民生主義和共產主義從原則上是一致的，所以我們決定容共。從現在起，如果誰再說我們的民生主義不是共產主義，那就意味著該同志的『民生主義』與我的們民生主義不同。」他並憤而表示：「如果所有的國民黨員都這樣，我就拋開國民黨，自己去加入共產黨。」⑨

在孫中山宣布開除馮自由黨籍的時候，張繼表示自己的看法和馮相同，要求同樣受到懲罰，但孫中山則稱張的立場和馮「沒有任何相同之處」。會後，張繼由於提案被否決，憤而離開廣東。同年十月十四日，張繼自上海致電時在韶關準備北伐的孫中山，電稱：「自八月大會以來，共產派背行無忌，恥與為伍，請解除繼黨職，兼除黨籍。」⑩孫中山收到電報後，批示道：「交中央執行委員會執行，革除之！」⑪張繼雖然是同盟會時期的老同志，但由於他一再頑固地反對國共合作，孫中山不得不準備對他採取堅決的措施。只不過由於田桐、謝持、林業明等人的說情，張繼才沒有被革除出黨。⑫

①張繼等彈劾共產黨呈文。
②中央監察委員會編印《彈劾共產黨兩大要案》，一九二七年九月。
③《中央執行委員會第四十次會議錄》，《中國國民黨周刊》第三十期。
④馮自由《致孫中山先生函稿》，《檔案與歷史》一九八六年第一期。
⑤中國國民黨第一屆第二次中央執行委員會全體會議記錄。
⑥同上。
⑦《中國國民黨第一屆第二次中央執行委員會全體會議記錄》。
⑧《中國國民黨周刊》第四十期。
⑨《孫中山在國民黨中央執行委員會上的講話》《百年潮》一九九七年第一期。
⑩中國第二歷史檔案館編《中華民國史檔案資料彙編》第四輯（上），江蘇古籍出版社一九八六年版，第三十三頁。
⑪國民黨黨史會藏，原件。
⑫《中華民國史檔案資料彙編》第四輯（下），第六三二頁。

關於孫中山「三大政策」概念的形成及提出

多年來，「聯俄、聯共、扶助農工」三大政策一直被認爲是孫中山晚年思想的重要方面，也是區分國民黨左、右派的標準，但是，由於孫中山著作和國民黨「一大」有關文件中從未出現過「三大政策」一類提法，因此，學者們不能不關注這一概念的形成、提出時間以及它的背景。在這一方面，日本學者狹間直樹、石川禎浩、台灣學者蔣永敬、大陸學者黃彥、魯振祥、張海鵬等人都作出了貢獻。①本人多年來也一直關注這一問題，今據中國國民黨上海市左派組織所編《中國國民》，結合其他資料，略述己見，希望有助於釐清這一問題的來龍去脈。

一、反對戴季陶主義和西山會議派過程中提出的問題

孫中山在其革命生涯中，曾經寄希望於許多西方國家的支持，但是久無實效。十月革命後，孫中山轉而寄希望於俄國，逐漸形成「聯俄」政策。一九二一年中共成立，在共產國際推動下，孫中山又逐漸傾向於容納共產黨員以個人身分加入國民黨，實行黨內合作，這就是所謂「容共」政策。但是，從一開始，國民黨內部對這兩項政策就有不同意見，只是由於孫中山的

威望，沒有形成大的風波。孫中山逝世後，反對的意見和呼聲日漸增強。於是先有一九二五年七月戴季陶《國民革命與中國國民黨》等書的出版，繼有同年十一月西山會議的召開。這樣，國民黨的黨內鬥爭就日趨激烈了。

在《國民革命與中國國民黨》一書中，戴季陶尖銳地指責共產黨員加入國民黨的有關政策是「寄生政策」，認爲「真正的國民革命」，要「真實的國民革命主義者，才可以指導得來」。②他一方面承認C・P・和C・Y・「真是爲民眾的幸福而奮鬥的勇士」，但是，同時又「苦心孤詣」地希望C・P・和C・Y・，「要真把三民主義，認爲唯一的理論，把國民黨認爲唯一救國的政黨」，要求他們「犧牲了自己的空想，脫離一切黨派，作單純的國民黨員」。③這樣，戴季陶這一時期雖然還並不反共，但是，卻不允許共產黨人跨黨，和孫中山的「容共」政策有了很大不同。同書中，戴季陶還提出：「中國在圖國家的獨立和民族的自由上，有很親切聯俄的必要，並且在參與世界革命運動上，尤其有和蘇聯共同努力的必要。但是中國人總要看清楚自己的需要，尤其是要尊重自己的獨立性，不可把自己民族的獨立性拋棄了，去依賴蘇俄，更不可把自己的必要忘記了去盲從蘇俄。」④這一段話表明，戴季陶這時候還不反對孫中山的「聯俄」政策，但是，他對這一政策已經持有懷疑態度。戴書的出版標誌著戴季陶主義的形成，上海部分國民黨人迅速組織孫文主學會，出版《革命導報》，以爲回應。

一九二五年十一月廿三日，林森、鄒魯、謝持等人在北京西山召開國民黨「第一屆第四次中央全會」，繼續宣揚戴季陶主義的有關觀點。會議攻擊共產黨在國民黨內的「黨團作用」，聲稱國民黨不容「黨中有黨」，「不容共產黨利用本黨的招牌來鼓吹階級革命」，「不能再容共產派篡竊」，等等，會議要求跨黨的共產黨員一律退出國民黨，使兩黨黨員的「旗壘劃然分明」。⑤會議同時聲稱，當時的廣東，「軍政大權已完全在俄人掌握之中」，「若是蘇俄採用帝國主義的手段，那當然也是本黨的敵人」。⑥在此基礎上，會議通過了一系列議案，如「取消共產黨在本黨黨籍」、「顧問鮑羅廷解雇」、「懲戒汪精衛」、「變更聯俄政策」等。三月廿九日，張繼、林森、鄒魯等七十七人進一步在上海召開「國民黨第二次全國代表大會」，繼續通過了一系列文件和議案。其核心主題仍與西山會議相同，只不過提法上更爲激烈。例如，明確批評蘇俄的外交政策「猶帶有帝俄時代之遺傳病」，聲言既反對「籠統的仇俄」，也反對「盲目的親俄」，批評中共「盲目模仿蘇俄」等。⑦又如，批評中共的「階級鬥爭」主張「不合社會之需要」，「至易破壞國民革命」，甚至批評中共「暗中截斷本黨與民眾之聲氣，毀壞本黨之信仰」，「直接助帝國主義與軍閥之摧殘革命勢力」，等等。⑧本來，西山會議派對中共還比較客氣，僅僅要求取消「共產派」的國民黨黨籍，但仍可視爲「友黨」，說是「理勢所不得不分，而情誼未始不可合」。⑨但是到了中山艦事件後，就發展爲要求「驅除黨寇」，「緝拿共產黨徒」了。⑩

可以看出，西山會議派的議案雖多，但核心只有兩項，即改變孫中山生前所定而爲當時廣州國民黨中央所執行的「聯俄」與「容共」兩項政策。

戴季陶和西山會議派的思想、主張遭到了中共和國民黨左派的強烈批判。在這一過程中，

「三大政策」的概念逐漸形成並提出。

二、沈雁冰概括孫中山的「民族革命運動政策」，包含了後來「三大政策」的全部內容

國民黨第一次全國代表大會後，在上海成立執行部，負責指導江蘇、浙江、安徽、江西四省黨務，同時兼管湖北、四川、湖南、貴州四省。上海執行部之下，設各區黨部聯合委員會。⑪一九二五年五月廿五日，該會出版《中國國民》週刊，成爲上海國民黨左派的言論喉舌。同年十月七日，時任國民黨上海第一區黨部委員的沈雁冰（當時是共產黨員）在該刊發表《蘇俄十月革命紀念日》一文。文中除熱烈讚揚列寧的「實現世界革命的政策」外，還熱烈讚揚孫中山的「民族革命運動政策」。他說：

> 然而世界兩大革命潮流之一——東方民族革命運動也有他的唯一偉大的革命導師！這便是本黨先總理孫先生！正像列寧的炯眼早看到世界革命的實現必待東西兩大革命之攜手，先總理的炯眼也早看到東方民族革命之實現必須外與西方革命的無產階級聯合戰線，內則扶植農工階級的階級勢力而後有濟！所以先總理於前年改組本黨之際，毅然決然容許中國共產黨黨員以個人資格加入本黨，共同革命。所以先總理不顧帝國主義者的造謠中傷而毅然決然與蘇維埃俄羅斯攜手。所以先總理於廣州商團之變

及其他無數的勞資爭端與農民反抗地主的事項中，都制止資本家與地主的剝削壓迫而扶助農工，組織自衛。迄今總理雖亡，而讀遺囑，翻遺著，我們都可以看見總理的民族革命運動的政策，如日月中天，江河行地。⑫

文中論及「容許中國共產黨黨員以個人資格加入本黨」、「與蘇維埃俄羅斯攜手」、「扶助農工」，後來作為「三大政策」的全部內容，在這裏都提到了。

同年十二月三日，陳獨秀在中共中央機關刊物《嚮導》發表文章，分析國民黨左右派時稱：「在策略上：左派懂得要實現反對帝國主義與軍閥的國民革命，國外有聯合蘇俄國內有聯合工農階級及共產黨之必要；右派則反對聯俄，反對共產黨反對工農階級之階級利益的爭鬥而失其同情。」⑬這一段話，比沈雁冰上文精煉，但是，沒有明確地和孫中山掛鉤。類似的情況也表現在十二月四日國民黨中央發表的《對全國及海外全體同志之通告》中。該《通告》在批評馮自由、鄒魯等人的主張後，明確說明，「聯俄與容納共產分子」是「本黨求達到革命成功之重要政策」，「先總理決之於先，第一次全國大會採納於後」。接著，通告論證說：

若本黨之革命策略，不出於聯合蘇俄，不以占大多數的農工階級為基礎，不容納主張農工階級利益的共產派分子，則革命勢力陷於孤立，革命將不能成功。⑭

國民黨「一大」通過的文件有「全力」扶助農夫、工人運動發展的明確內容；《宣言》甚至聲稱，國民黨的事業，目的在於「謀農夫、工人之解放」，「為農夫、工人而奮鬥」。⑮孫中山在一九二四年的相關演說中也表示，「要農民來做本黨革命的基礎」，工人「可以做全國人的指導」。⑯因此，《通告》所稱「以占大多數的農工階級為基礎」云云，也明顯地依據孫中山的晚年思想和「一大」文件。這在當時，極為明白，也極易理解，《通告》之所以沒有在兩者之間「掛鉤」，其原因當在此。

陳獨秀的文章和國民黨中央的通告，一發表於上海，一發表於廣州，時間上只相差一天，沒有彼此影響的可能。這說明，當時兩黨高級領導人之間對革命策略的認識相當默契。

十二月廿三日，沈雁冰繼續發表文章稱：「孫總理所定的策略便是對外聯絡世界上革命的無產階級，對內扶助本國的農工，培養農工階級的勢力，以增厚反帝國主義的力量。這個策略已見之實行者，是聯合蘇俄與容許中國共產黨分子加入國民黨。」⑰這段話，指明是孫中山所定策略，也說得很精煉，很概括，但是，沒有明確地形成「三個政策」的概念。

三、柳亞子發表《告國民黨同志書》，沈雁冰總結為「總理的兩個重要政策」

沈雁冰的《蘇俄十月革命紀念日》一文沒有和戴季陶正面論戰，同時發表的國民黨江蘇省黨部致中央執行委員會呈文及辯正文章則鮮明地批判戴季陶的觀點。江蘇省黨部認為戴季陶的

《國民革命與中國國民黨》一書有五大錯誤：其一是誤認孫中山思想發生於中國「數千年的舊文化」。其二是誤認孫中山思想的根本意義是「仁愛」，其三是否認階級鬥爭。文章在論述戴書的第四個錯誤時說：

> 中山先生的主義所以與歐美各國的民主主義之僅代表資產階級者不同，所以能為被壓迫民族革命的指導，便在特別努力於促進工農階級有意識的集中和發展。

又在論述第五個錯誤時說：

> 中山先生要增進國民革命運動之實力，力求農夫、工人之參加，所以允許為農工階級自己的政黨之共產黨得以跨黨加入國民黨。⑱

由於戴書反對「聯俄」觀點還不很明晰，所以文章僅論及「扶助農工」和「容共」兩大政策，而沒有涉及「聯俄」。

十一月二十日，上海《民國日報》刊出林森、覃振、戴季陶、邵元沖、葉楚傖、沈定一、張繼等人電報，決定在北京西山召開中央執行委員會第四次全體會議，同時刊出該會《籌備處啓事》，標誌著上海《民國日報》的轉向。廿九日，《中國國民》自第五期起改爲三日刊，更加著力於批判西山會議派。

《中國國民》在和西山會議派論戰時，除陸續發表共產黨人惲代英、楊之華、張國燾的文章外，特別注意發表國民黨元老的文章。十二月二日、二十日，先後發表楊譜笙的《致國民黨青年同志書》和張靜江的《告國民黨同志書》。廿九日，發表江蘇省黨部執行委員、宣傳部長柳亞子的《告國民黨同志書》，著重論述「聯俄和容納共產分子，都是本黨總理孫先生的遺訓」。文章首引孫中山遺囑中「聯合世界上以平等待我之民族，共同奮鬥」一語，說明「現在世界上以平等待我之民族，除了蘇俄，還有哪一個？」文稱：

> 我們要國民革命成功，要打倒帝國主義，取消不平等條約，以完成我們民族主義，當然非聯俄不可了。同時，蘇俄幫助我們，一方面是要鞏固他們的立國信條，一方面是要雄厚他們作戰的陣線。

在論述「容納共產分子」時，柳亞子引述孫中山遺囑中的「喚起民眾」一語，說明「所謂民眾，當然包括著全國國民中間最大多數的工農階級了」。文稱：

> 要國民革命成功，非把工農階級宣傳和組織起來，使他們加入革命的隊伍，是沒有第二個辦法的。同時，共產黨是代表工農階級利益的政黨，既然要吸收工農階級，

絕對無排斥共產分子加入本黨的理由。

柳亞子表示：「排斥共產分子，就是斷本黨新生命，就是阻撓國民革命的成功，老老實實說，就是總理的罪人，也就是本黨的公敵。」⑲

柳亞子的這篇文章實際上講了孫中山晚年政策的三個方面，但是由於他把「宣傳和組織工農以及「容納共產分子」揉合在一起講了，所以，沈雁冰在推薦這篇文章時便把它概括為「總理的兩個重要政策」。他在題為《柳亞子同志的至理名言》一文中稱：

我們敢說，凡是國民黨員讀了亞子同志的文章，而猶懷疑於聯俄與容納共產派——總理的兩個重要政策——那他不是神經系統有點毛病，便是反動派。

上文表明，沈雁冰雖然已經從三個方面概括了孫中山的政策，這裏，又提出「兩個重要政策」，一方面是隨文就義，按柳亞子的思路在寫文章；另一方面，也說明沈雁冰在進行概括時還沒有想得很清楚。

由於西山會議派的責難主要指向「容共」與「聯俄」，因此，孫中山的「兩個重要政策」的提法曾經在相當廣泛的範圍內流行過。一九二六年三月十二日，中共中央在《中山先生逝世週年紀念日告中國國民黨黨員書》中說：「中山先生看清了國內無產階級的共產派有黨內合作之必要而無危險，看清了國外無產階級的蘇俄必然以平等待我而無所疑慮，才決定聯共、聯俄這兩個特殊的革命政策。」⑳五月廿二日，在國民黨二屆二中全會的閉幕演說中，蔣介石也曾表示，絕不改變「先總理的兩大政策——聯俄和容納共產分子」。㉑

四、紀念孫中山逝世一週年，施存統首次提出「三大革命政策」概念

在上海《民國日報》和國民黨上海執行部先後爲西山會議派掌握後，廣東國民黨中央委派惲代英、張廷灝、劉重民三人爲中央特派籌備員，籌組國民黨上海特別市黨部。一九二六年元旦，上海特別市黨部在上海大學召開成立會。選舉張廷灝、惲代英、林鈞、楊之華、沈雁冰、楊賢江、王漢良、張君謀、陳杏林等九人爲執行委員；議決擴大《中國國民》的篇幅，移交市黨部直接辦理。市黨部下設宣傳、組織、商人、婦女、工農、青年、調查七部，分別以惲代英、張廷灝、王漢良、楊之華、陳杏林、楊賢江、沈百先爲部長。一月十日，市黨部各部聯席會議，確定施存統、楊賢江、惲代英等十三人爲宣傳委員。

一九二六年三月十二日是孫中山逝世一週年。當日，國民黨上海特別市黨部青年部出版《總理週年紀念特刊》，施存統（當時是共產黨員）以「復亮」爲名發表《中山先生的三大革命政策》一文，空前明確地提出了「三大革命政策」的概念。文章說：

這個實現「中國之自由平等」的方法，也已由我們中山先生指示出來了。這就是中山先生的三大革命政策：團結工農勢力，聯合蘇俄，容納共產派。現在的革命的中國國民黨，已經很忠實地很勇敢地繼承中山先生的這三大革命政策了，所以它的基礎一天穩固〔了〕一天，它底勢力一天強盛一天，它底運動一天擴大一天，它底工作一天有效一天，全國被壓迫的革命民眾集中於它的旗幟下面的一天多似一天，帝國主義及軍閥對於它底勢力一天寒〔害〕怕一天。

文章並以廣東國民政府的成立和國民革命軍的發展爲例，說明「這些都是證明先生這三大革命政策的成功，即以後的成功亦必須忠實地遵守這三大革命政策」。

在分述三項政策後，施存統稱：「以上這三個革命政策，可說是完成國民革命的根本政策，缺一不可。這三大革命政策，是中山先生積四十年的革命經驗所得到的，亦就是國民革命的保障。我們若違反這三大革命政策之一種或全體，那就是中山主義的叛徒，不配冒稱爲中山主義者。」

施存統的文章並非無源之水。二月十六日，中國共產主義青年團中央曾經轉發過中共中央的一份《孫中山先生紀念日宣傳大綱》。這份大綱提出，孫中山逝世日，「應是國民革命最廣大的宣傳日」。大綱稱：「借孫文主義之名，而行破壞統一的國民革命之實，不是真正孫文主義的信徒，乃是孫文主義的叛徒」。《大綱》特別要求，在國民黨廣州中央之下「遵從孫中山先生一切主義和政綱」。關於「政綱」。文件特別以括弧舉例說明，「如聯俄，集中革命勢力，如容納共產分子等」。㉒顯然，施存統寫作《中山先生的三大革命政策》一文，乃是為了貫徹共青團中央轉發的中共中央文件精神，只不過他沒有照抄照搬，而是加進了自己的理解。

值得注意的是，三月十二日，中共中央在《告中國國民黨黨員書》中雖有孫中山「兩個特殊的革命政策」這一提法，但是，同文中在分析國民黨內部分化還曾說：「企圖聯合無產階級，遂不得不採用容納共產派聯俄擁護農工利益等革命政策；企圖結合資產階級，遂不得不修正聯共聯俄政策及提出階級調和口號。國民黨左右派乖離的真正原因完全在此。」這裏，實際上將孫中山的晚年政策概括爲三個方面了。

五、柳亞子發表《揭破偽代表大會真相》，將「兩個政策」的提法改為「三個革命的重大政策」

西山會議派召集的「中國國民黨第二次全國代表大會」於三月廿九日在上海開幕。三十日，《中國國民》出版《反對叛黨分子之代表大會特刊》，猛烈攻擊該次會議。在這一期特刊中，柳亞子發表《揭破偽代表大會的真相》一文，他說：「我們對於這一個偽代表大會，要解剖他的內容，從政策、紀律、事實三方面，來證明他們確實是反動，確實是非法，確實是搗亂，確實是本黨的蟊賊，確實是總理的叛徒。」文章的最重要之點是將他原來的「兩個重要政策」修改爲「三個重要政策」。他說：「總理的革命政策，可分爲三大點，第一是聯合世界上的革命民眾，第二是集中全國內的革命勢力，第三是團結革命的基本隊伍。」接著，他對這「三大點」分別作了論證。文章說：「爲聯合世界上的革命民眾而聯俄，是總理第一個重要的政策」；「爲集中全國內的革命勢力而容納共產分子，是總理第二個重要政策」；「爲團結革命的基本隊伍而擁護工農階級，是總理第三個重要政策」。柳亞子並說：「這三個重要政策，是決定於總理生前的」。

柳亞子激烈地指責西山會議派：

所謂西山會議，居然反對聯俄，說是媚外賣國，居然反對容納共產分子，說是本黨確受蠶食的危險，更居然反對擁護工農階級利益，說是提倡階級鬥爭，那不是明明白白反對總理的政策嗎！

文章又說：

大家要曉得，總理積四十年經驗，才苦心孤詣，定下了這三個革命的重大政策，而他們敢於反對他，敢於誣衊他，更敢於破壞他，只此一點，便足證明他們的反動，證明他們是本黨的蟊賊，證明他們是總理的叛徒了。

將柳文和施文比較，顯然，柳亞子讀過施文，並且接受了它的影響，但是，柳文依「聯俄、容共、擁護工農利益」的層次敘述「三大政策」，顯然更接近後來的提法。

據柳亞子回憶，一九二六年五月國民黨二屆二中全會召開期間，他曾以「三大政策」爲武器，在廣州當面批評蔣介石：「到底是總理的信徒，還是總理的叛徒？如果是總理的信徒，就應當切實地執行三大政策。」㉓證以上引柳亞子文所提孫中山的「三個重要政策」，他的這段回憶應該是可信的。

六、《聲討反動派的第二次全國代表大會宣傳綱要》再次闡述孫中山晚年「最重要的革命政策」

一九二六年四月一日，《中國國民》週刊第一期出版，公佈了上海特別市黨部宣傳部頒發的《聲討反動派的第二次全國代表大會宣傳綱要》，共七條，其第二條稱：

西山會議所要求的無不處處與本黨進步的革命政策相抵觸。本黨總理積四十年之經驗，深知欲達到中國自由平等之目的在喚醒民眾與聯合世界上以平等待我之民族，故注重農工利益與聯合蘇俄，同時為集中革命勢力，又主張容納共產派分子加入本黨。

所以注重農工利益、聯合蘇聯，容納共產派分子是本黨總理晚年所決定之最重要的革命政策之一。凡是中國民族解放之忠實努力者都知道這種革命政策是正確的，並已卓著成效。乃召集西山會議的人反正〔而〕要推翻此種政策，其違背總理遺教，反叛革命可想而知。

這裏，將「農工」問題列爲首位，和柳亞子文將「聯俄」列爲首位不一致，卻和較早的施存統文一致，但是，《綱要》將「三項重要政策」說成「本黨總理晚年所決定的最重要的革命政策之一」。這種情況，說明當時施、柳的說法還沒有爲人們所普遍接受，也說明二人的說法並非來源於集體討論所形成的決議。

七、陳獨秀精煉地概括孫中山的「革命政策」，距後來提出的「三大政策」概念實際內容已經相差無幾

一九二六年七月六日，陳獨秀發表《論國民政府之北伐》一文，批評在蔣介石領導下匆促作出的北伐決策。此舉引起蔣介石、張靜江等國民黨人強烈不滿。九月十三日，陳獨秀寫作公開信，答覆張靜江等人，內稱：

凡是尊重國民政府的人，應該要求他有高度的革命性。事實是怎樣呢？中山先生擁護農工利益聯俄聯共，此革命政策，都幾乎推翻了……這樣來革命，其結果怎樣呢？㉔

上文述及，當年三月十二日，中共中央在《告中國國民黨黨員書》中已經將孫中山的革命政策歸納爲「容納共產黨聯俄擁護工農利益」，這裏，陳獨秀則將其概括爲「擁護農工利益聯俄聯共」。次序上小有不同，其最重要的變化是將「容納共產黨」改爲「聯共」。在此之前，上引《告中國國民黨黨員書》曾偶見「聯共」一詞，但與「擁護農工利益」、「聯俄」並稱，這是第一次。顯然，陳獨秀這裏的提法和後來提出的「三大政策」的實際內容已經相差無幾了。

陳獨秀將「容共」改爲「聯共」，其理由，應基於當年六月四日《中國共產黨中央委員會致國民黨中央委員會信》，其中透露了國共合作之初與孫中山的協商情況，信稱：

> 唯是合作之方式：或為黨內合作，或為黨外合作，原無固定之必要……然當本黨決定合作政策之初，曾商之於貴黨總理孫中山先生，孫先生以為黨內合作則兩黨之關係更為密切，本黨亦認為中國社會各階級力量只是相互關係，現亦可適用此種合作方式，故毅然決定，令本黨得加入貴黨，同時，本黨與貴黨結政治上之同盟。㉕

這樣，陳獨秀自然認爲「聯」字比「容」字能更準確地表現兩黨關係的實質了。孫中山的「容共」是兩黨合作的一種特殊形式，包含著「聯共」的意義，這一點，當年的蔣介石也是這樣認爲的。一九二六年三月國民黨二屆二中全會閉幕後，他在廣州全市國民黨員大會上發表演說，特別聲明：「共產黨加入國民黨，係增加革命力量，兩黨合作攜手，中國革命前途，有希望成功。」㉖「兩黨合作攜手」不是「聯」，是什麼？

八、黃埔同學會機關刊物《黃埔潮》同時出現三篇提倡「三大政策」的文章

一九二六年十月三日，黃埔軍校黃埔同學會的機關刊物《黃埔潮》第十一期同時出現提倡「三大政策」的三篇文章。其一爲軍校學生、經理第一隊隊員吳善珍的《我們對總理的聯俄聯共政策懷疑嗎？》，中稱：

> 自總理決定「聯俄」、「聯共」、「農工」三大政策以後，黨內新舊的右派……如山西會議、上海偽中央、孫文主義學會，——他們的宣言決議案，完全以反對此三大政策為骨幹。……但是，黃埔學生有始終擁護此三大政策的精神，並且以此作評判革命反革命的根據。

同期發表的余灑度和遊步瀛的文章都述及「三大政策」。余文提出：「確遵總理對革命的三大政策。A・聯俄，B・聯共，C・擁護農工利益」，稱之爲「革命的方法」。遊文提出，必須接受「孫文主義和孫中山先生所手定的『聯俄』、『聯共』、『農工』三政策」。文章自署作於一九二六年八月二十日。

如果說十一期的三篇文章還只是表達個人觀點，那末第十二期的《最近宣傳大綱》則表達的是黃埔同學會的集體意見。該《大綱》制訂於當年十月五日，它聲稱：

> 及至十三年本黨改組後始進了一個新的鞏固的時期，制定應付時局的政綱及政策，提出適應時局的口號，確定「聯俄」「聯共」「農工」三大政策本黨在民眾中始取得領導的地位。

同期發表的《本會慶賀第四期同學畢業》一文則明確提出：「第一次全國代表大會時，總理訂下『聯共』『聯俄』和『農工』三大政策」，「這是我們唯一無二的革命策略，是我們今後唯一革命之路，也就是中國革命生死存亡的分水嶺」。

《黃埔潮》的觀點得到了陳獨秀的肯定。同年十一月四日，陳獨秀在中共中央政治局和共產國際代表聯席會議上報告稱：

黃埔軍校中，自我們同志一百六十餘人退出後，左派學生在我們指導之下已經組織起來，並且發展到廣大中去，又企圖擴大到全國；他的政綱是迎汪復職，繼續總理聯俄聯共扶助工農三大政策。㉗

陳獨秀所述「左派學生」當即指在《黃埔潮》發表文章的吳善珍等人，他所述「在我們指導之下已經組織起來」，則明白無誤地告訴人們，這些「左派學生」是受中共領導的。

十一月七日，中共廣東省委宣傳部長任卓宣在中共廣東區委機關刊物《人民周刊》第三十期上發表文章稱：「至於國民黨的改組，五卅之反帝運動，廣東革命基礎之鞏固，皆不是偶然的。任何一個有覺悟的革命者，都可以看得出，這是孫中山聯俄、聯共及工農三大政策之結果。」㉘任卓宣的文章表明，中共廣東區委支持黃埔「左派學生」的觀點。這以後，《廣州民國日報》也開始出現孫中山「三大革命政策」的宣傳了。㉙

施存統一九二六年秋到廣東任中山大學教授，同時任黃埔軍校教官。黃埔的「左派學生」接受並宣傳「三大政策」，應該和他在軍校的教學生涯有關。㉚從吳善珍等人發表的文章看，它們和施存統當年三月在上海發表的文章之間也存在著某些聯繫。例如，吳文論及西山會議、上海僞中央、孫文主義學會，這正是施存統文章的寫作背景；他將「三大政策」稱爲「革命的方法」，這正是施存統前引文中的觀點。

惲代英在一九二九年曾經說過：「孫中山本人的著作中，並無所謂三大政策之一名詞，這一名詞據我所知，還是周恩來在三月二十以後，爲黃埔左派製造出來的。」㉛一九二六年下半年，周恩來正在廣州擔任廣東區委軍事部長，領導黃埔軍校的共產黨人應是他的工作範圍。當年十月十四日，他還對吳善珍所在的黃埔軍校第四期學生作過《武力與民眾》的報告。惲代英所稱「黃埔左派」，當即陳獨秀報告中所稱「左派學生」。這裏透露出來的訊息表明，周恩來在「三大政策」的概括和傳播方面，有一份貢獻。一九二六年十二月一日，他在寫作《現時政治鬥爭中的我們》時即已公開提出，國民黨左右派在對待「三大革命政策」上根本對立；㉜在此之前，他向黃埔學生傳播這一概念是完全可能的。

九、中共中央特別會議將「三個政策」寫入決議

一九二六年十二月，中共中央召開特別會議，通過《關於國民黨左派問題的決議案》，中稱：

> 所謂左右乃比較之詞，並沒有固定的界說，社會的左右派和一個政黨內的左右派既然不能混同，贊成解決土地問題的國民黨左派，現在又還未成胎，所以只好承認一些贊成繼續孫中山、廖仲愷的聯俄聯共和輔〔扶〕助工農這三個政策的分子是左派，反對者便是右派……㉝

這是「三個政策」這一概念正式進入中共中央決議，並以之作爲區分國民黨左右派的標準。至一九二七年，蔣介石逐漸右轉之後，中共和國民黨左派對這一概念的使用愈廣，「三個政策」也逐漸被「三大政策」的提法所代替了。

十、結語

孫中山的晚年，其思想與早年有其一貫之處，但是，也確有若干新成分。如何認識、總結孫中山的思想及其前後發展，成爲孫中山逝世後，中國各政治派別論戰的重要焦點。前人云：「孔墨之後，儒分爲八，墨離爲三。取捨相反、不同，而皆自謂真孔墨。」一個哲人的身後，常常有無盡的關於這一哲人的爭論。這種情況，自古如此。

如上所述，「三大政策」這一概念形成於一九二五年十月至一九二六年末國民黨的內部鬥爭中。它是中共和國民黨左派對孫中山晚年所行政策的一個比較準確的概括。應該承認，所概括的三個方面確實都來自孫中山，不是贗品；也應該承認，三個政策均爲孫中山晚年新增，而爲前期、中期所無，反映出孫中山晚年思想和政治主張的新發展。中共和國民黨左派在作出這一概括時有一個從「二」到「三」的發展過程。其最初的目的是反對戴季陶主義和西山會議派，後來則是爲了反對蔣介石等人。在這一過程中，中國國民黨上海區黨部聯合會、上海特別市黨部、中共廣東區委、中共中央，以及沈雁冰、施存統、柳亞子、陳獨秀、周恩來和黃埔軍校的「左派學生」們都起了作用。

【附記】

本文寫作中，承日本神戸大學石川禎浩教授賜寄國民黨上海特別市黨部青年部出版的《總理週年紀念特刊》，謹此致謝。

①參見狹間直樹：《「三大政策」與黃埔軍校》，《歷史研究》一九八八年第二期；石川禎浩：《施存統と中國共產黨》，（日本）《東方學報》，第六十八冊（一九九六年三月）；蔣永敬：《「三大政策」探源》，（台灣）《傳記文學》第五十四卷第三期；黃彥《關於國民黨「一大」宣言的幾個問題》，《中國社會科學》，一九八七年第四期；魯振祥：《三大政策研究中的幾個問題》，《孫中山和他的時代》（中），中華書局一九八九年十月版。張海鵬：《關於中國近代歷史發展規律的認識和對若干史實的解說》，台灣《歷史月刊》一九九八年第二期。

②《國民革命與中國國民黨》，一九二五年上海季陶辦事處印贈，第五十二頁。

③同上，第五十七頁。

④同上，第七十一頁。

⑤《取消共產派在本黨之黨籍案》，《為取消共產派在本黨的黨籍告同志書》，《中國國民黨歷次代表大會及中央全會資料》，第三五八、三七七、三八四頁。

⑥同上書，第三八三、三八六頁。
⑦《第二次全國代表大會宣言》（上海），中國國民黨歷次代表大會及中央全會資料》，第四〇〇、四〇三頁。
⑧同上，第四〇三至四〇四頁。
⑨《取消共產派在本黨黨籍宣言》，《中國國民黨歷次代表大會及中央全會資料》，第三五七頁。
⑩《中國國民黨歷次代表大會及中央全會資料》，第四一九、四二五頁。
⑪後來改稱中國國民黨上海各區黨部聯席會。
⑫《中國國民》第二期。
⑬《什麼是國民黨左右派》，《嚮導》第一三七期。
⑭《廣州民國日報》，一九二五年十二月五日。
⑮《孫中山全集》第九卷，北京中華書局版第一二一、一二四頁。
⑯《孫中山全集》第十卷，第一四九、五五五頁。
⑰《總理指示的一條路》，《中國國民》第十三期。
⑱《對於戴季陶同志的〈國民革命與中國國民黨〉以書誤點的辯正》（連載之二），《中國國民》第四期。
⑲《中國國民》第十五期。
⑳《中共中央文件選集》（二），第七十五頁。

㉑《蔣校長演講集》第八十一頁。四月七日，廣東孫文主義學會致電廣州國民黨中央時也說：「對於總理手訂之兩大革命策略，尤不敢有絲毫懷疑。」，見《政治周報》第十期。

㉒《中共中央文件選集》（二），第四十八頁。「如聯俄，集中革命勢力」一語中的逗號為筆者據文義所加。

㉓《磨劍室文錄》（下），上海人民出版社一九九三年版，第一五八四頁。

㉔《答張人傑符琇黃世見冥飛》，《嚮導》第一七一期。

㉕《中共中央文件選集》（二），第一四一頁。

㉖《廣州民國日報》，一九二五年五月廿五日。

㉗《中共中央文件選集》（二），第四二六頁。「廣大」，指廣東大學。

㉘《我們對於十月革命應有的認識》，一九二六年十一月七日。

㉙《新聞記者聯合會孫中山先生誕日紀念宣傳大綱》，《廣州民國日報》，一九二六年十一月十一日。

㉚施本人也曾於一九二六年十二月卅一日撰寫《孫文主義與馬克思主義》，繼續宣揚「三大政策」，見一九二七年一月十四日《廣州民國日報》。

㉛《施存統對於中國革命的理論》，《布爾什維克》第二卷第五期，一九二九年二月。

㉜《人民周刊》第三十七期，一九二七年一月四日。

㉝《中共中央文件選集》（二），第五七三頁。

中山艦事件之謎

一九二六年三月二十日在廣州發生的中山艦事件，撲朔迷離，它的許多疑團至今尚未解開。本文擬探討這一事件發生前後的真實過程，以進一步揭開中山艦事件之謎。

一、「三・二〇」之前蔣介石的心理狀態

中山艦事件後，蔣介石曾多次談到有關經過，但是，他吞吞吐吐，欲言又止。六月廿八日，他在孫中山紀念週上演說稱：「若要三月二十日這事情完全明白的時候，要等到我死了，拿我的日記和給各位同志答覆質問的信，才可以公開出來。那時一切公案，自然可以大白於天下了。」①現在，該是對這樁公案徹底清理的時候了。下面，就我們所能見到的蔣介石這一時期的部分日記及有關信件、資料，對它進行一次考察。

根據日記、信件等資料，自一九二六年一月起，蔣介石和蘇俄軍事顧問團團長季山嘉以及汪精衛之間的矛盾急劇尖銳。先是表現在北伐問題上，後又表現在黃埔軍校和王懋功第二師的經費增減問題上。

一九二五年末，蔣介石從汕頭啓程回廣州，參加國民黨第二次全國代表大會，主張立即北伐。十二月廿八日日記云：「預定明年八月克復武漢。」②一九二六年一月四日，他在國民政府春酌中發表演說：「從敵人內部情形看去，崩潰一天快似一天。本黨今年再加努力，可以將軍閥一概打倒，直到北京。」③兩天後，他在向大會所作的軍事報告中又聲稱：「再用些精神，積極整頓，本黨的力量就不難統一中國」，「我們的政府已經確實有了力量來向外發展了」。④季山嘉反對蔣介石立即北伐的主張。他在黃埔軍校會議上以及在和蔣介石的個別談話中，都明確表示過自己的意見。這些意見，從顧問團寫給蘇聯駐華使館的報告中可以知其梗概。該報告認爲：「國民黨中央缺乏團結和穩定。它的成員中包含著各種各樣的成份，經常搖擺不定」；又說：「軍隊缺乏完善的政治組織，將領們個人仍然擁有很大的權力。在有利的情況下，他們中的部分人可能反叛政府，並且在國民黨右翼的政治口號下，聯合人口中的不滿成份。另一方面，國民革命軍何時才能對北軍保持技術上的優勢還很難說。當然，革命軍的失敗將給予廣州內部的反革命以良機。」⑤文件未署名，但季山嘉身爲顧問團團長，報告顯然代表了他的意見。據此可知，季山嘉和顧問們認爲，由於政治、軍事等方面的條件還不成熟，因此，北伐應該從緩。然而，蔣介石容不得反對意見，二人的裂痕由此肇端。

但是，這一時期，蔣介石與季山嘉之間的關係還未徹底破裂。一月中旬，奉、直軍閥在華北夾攻馮玉祥的國民軍。爲此，季山嘉提出兩項建議：一、由海道出兵往天津，援助國民軍；二、蔣介石親赴北方練兵。其地點，據說是在海參崴。⑥對於這兩項建議，汪精衛贊成，蔣介石最初也同意。一月廿六日日記云：「往訪季山甲〔嘉〕將軍，商運兵往津援助事。」⑦廿八日日記又云：「往訪季山嘉顧問，研究北方軍事、政治。實決心在北方尋得一革命根據地，其必大於南方十倍也。」⑧然而，蔣介石很快就改變了態度。二月六日，軍事委員會會議議決黃埔軍校經費三十萬元，王懋功第二師經費十二萬元。七日，軍校經費減至廿七萬元，王懋功第二師的經費則增至十五萬元。此事引起蔣介石的疑忌，懷疑是季山嘉起了作用。⑨當日，蔣介石和季山嘉進行了一次談話。從有關資料看，季山嘉擔心中國革命重蹈土耳其的覆轍，對國民革命軍軍官的素質表示不滿，對蔣介石也有委婉的批評。蔣介石「意頗鬱鬱」，抱怨蘇俄顧問「傾信不專」，在日記中說：「往訪季山嘉顧問，談政局與軍隊組織，針砭規戒之言甚多，而其疑惑戒懼之心，亦昭昭明甚。以中國之社會與空氣，難怪其以土耳其爲殷鑒，亦難怪其疑中國軍人爲貪汙卑劣之品也。嗚呼！國家若此，軍人如彼，欺凌侮辱，誠令人格喪失，無地自容矣。」⑩當日，蔣介石在日記中表示：「急思跳出環境，免成軍閥也。」季山嘉覺察到了蔣介石的不滿，曾於事後立即向汪精衛表示：「我等俄國同志，若非十二分信服蔣校長，則我等斷不致不遠萬里而來，既來之後，除了幫助蔣校長，再無別種希望。」又稱：「至於其他一切商榷，我等既意存幫助，則當知無不言，言無不盡，此正由十二分信服，故如此直言不隱。若蔣校長以爲照此即是傾信不專，則無異禁我等不可直言矣。」⑪季山嘉的這一態度，柔中有剛，一方面表示「信服」蔣校長，「幫助」蔣校長，另一方面又毫不妥協地聲明，在有不同意見時應該「直言不隱」。汪精衛隨即於八日致函蔣介石，將季山嘉的上述表態源源本本地告訴了他。蔣介石的直接反應是，決定辭去一切軍職。⑫八日，蔣介石表示不就軍事總監一職；九日，通電辭去軍事委員會委員及廣州衛戍司令職務。十一日日記提出有兩條路可走，一條是「積極進行，衝破難關」，一條是「消極下去，減輕責任，以爲下野餘地」，並云：「蘇友疑忌、侮慢、防範、欺弄之行，或非其本來方針，然亦無怪其然，惟有以誠義感之而已。」⑬十三日，日記中突然有了準備赴俄的記載：「如求進步，必須積極，否則往莫斯科一遊，觀察蘇俄情形也。」

在蔣介石與季山嘉的矛盾中，汪精衛支持季山嘉。國民黨第二次全國代表大會期間，蔣介石提出北伐問題，汪精衛曾表示同意，並開始準備經費，但不久轉而贊同季山嘉的意見。二大未就北伐問題作出任何決定。二月八日，汪精衛在向蔣介石轉述季山嘉態度的信函中，又盛讚季山嘉「說話時，一種光明誠懇之態度，令銘十分感動」，要蔣介石創造條件，使季山嘉等能夠「暢所欲言，了無忌諱，了無隔閡」。⑭對於蔣介石的辭職，汪精衛則一再挽留，二月九日函云：「廣州衛戍司令職，弟實不宜辭，是否因經費無著。此層銘昨夜曾想及，故今晨致弟一電，請開預算單。」⑮十二日再致一函云：「以後弟無論辭何職，乞先明以告我。如因兄糊塗，致弟辦事困難，則兄必不吝改過。」⑯十四日，汪精衛並親訪蔣介石，從上午一直談到晚上，勸他打消辭意。⑰但是，蔣介石毫不動心。十九日，蔣介石向汪精衛正式提出「赴俄」一事。當日日記云：「余決意赴俄休養，研究革命，以近來環境惡劣，有加無已，而各方懷疑漸深，積怨叢生，部下思想不能一致，個人觀念亦難確定，安樂非可與共，亦不得不離粵休養也。」同日，季山嘉到蔣介石寓所訪問，談話中，蔣介石透露了「赴俄」的意圖，並且觀察季山嘉的反應，於日記中寫下了「狀似不安」四字。大約在此期間，蔣介石擬派邵力子赴北京，請鮑羅廷回粵。隨後又致電鮑羅廷，要求撤換季山嘉。

二月廿二日晚，蔣介石應邀參加蘇聯顧問的宴會。席上，蔣自感有人「嫌」他。廿三日，原代理軍校教育長、第二十師師長王柏齡見蔣，說有人詆毀他。蔣介石將這兩件事聯繫起來，疑慮重重。日記云：「聞茂如言，人毀我，昨夜又見人嫌我。」⑱廿四日，國民政府成立兩廣統一委員會，任命汪精衛、蔣介石、譚延闓、朱培德、李濟深、白崇禧為委員，將廣西軍隊改編為第八軍、第九軍，以李宗仁、黃紹竑為軍長。此事進一步引起蔣介石的疑忌，他認為廣東有六個軍，照次序，廣西軍隊應為第七、第八軍。但是，現在卻將第七軍的建制空下來，必然是季山嘉企圖動員王懋功背叛自己，然後任命他為第七軍軍長。⑲於是，蔣介石聽從王柏齡的建議，於廿六日以迅雷不及掩耳的手段將王懋功扣留，任命自己的親信劉峙為第二師師長。當日日記云：「上午，茂如來談，撤革王懋功之師長職，扣留之。此人狡悍惡劣，唯利是視」，「其用心險惡不可問，外人不察，思利用其以倒我，不知將來為害黨國與革命至於胡底，故決心革除之」。⑳扣王之後，蔣日記云：「今晚略得安睡矣。」次日，將王押送赴滬。

王懋功政治上接近汪精衛，王部是汪可以掌握的一支武裝力量。蔣介石驅王之後，覺得心頭一塊石頭落了地。廿七日在日記中得意地寫道：「凡事應認明其原因與要點。要點一破，則一切糾紛不解自決。一月以來之難境心戰，至此稍安，然而險危極矣。」他找到汪精衛，聲言季山嘉「專橫矛盾，如不免去，不惟黨國有害，而且牽動中俄邦交。」又稱：「如不准我辭職，就應令季山嘉回俄。」下午，季山嘉在和汪精衛議事時，表示將辭去顧問職務。蔣介石在日記中對此稱：「不知其尚有何作用也？」㉑

儘管蔣介石在驅除王懋功問題上取得了勝利，但仍然疑慮重重，覺得自己處於極為危險的境地。三月五日日記云：「單槍片馬，孤苦零丁，忤逆毀鹹，此吾今日之環境也。總理與諸先烈有靈，其當憐而援之，不使我陷於絕境至此也。」㉒三月七日，劉峙、鄧演達二人告訴蔣介石，有人以油印傳單分送各處，企圖掀起「反蔣」運動，這更增加了蔣介石的危險感，覺得有人在陷害他，企圖把他搞掉。三月十日日記云：「近日反蔣運動傳單不一，疑我、謗我、毀我、忌我、排我、害我者亦漸顯明，遇此拂逆，精神頹唐，而心志益堅矣。」這時，蔣介石和季山嘉的矛盾更形尖銳，以致於公然「反臉」。㉓十二日，季山嘉和他討論北伐問題，他居然「力闢其謬妄」。㉔蔣介石曾同意季山嘉由海路運兵往天津的計劃，此時卻認為這是「打消北伐根本之計」，與孫中山的「北伐」之志完全「相反」。㉕對於季山嘉勸他往北方練兵的建議，更認為是心懷叵測，是有意設法使他離開廣東，「以失軍中之重心，減少吾黨之勢力」。㉖「赴俄休養」本來是蔣介石自己提出的，而當汪精衛為了緩解他和季山嘉的矛盾，同意這一要求，惟其「速行」時，蔣介石卻又恐懼起來。三月十四日，蔣介石和汪精衛談話後，在日記中寫道：「晚，與季新兄談話，其催予離粵乎？」三月十五日日記云：「知王懋功之惡劣及世道人心之險詐，誠不能辨事矣。革命絕望。晚在家憤悶已極。」又云：「憂患疑懼已極，自悔用人不能察言觀色，竟陷於此，天下事不可爲矣！」這一時期，他和秘書陳立夫的赴俄護照也得到批准，㉗就使他更加惶惶然了。

正是在這種狀態下，右派乘虛而入，利用蔣介石多疑的心理，製造謠言和事端，以進一步挑起蔣介石和汪精衛、季山嘉以及共產黨人之間的矛盾。

二、中山艦調動經過

要揭開中山艦事件之謎，還必須查清中山艦調動經過。

根據黃埔軍校管理科交通股股員黎時雍的報告，事件的開始是這樣的：「十八日午後六時半，孔主任因外洋定安火輪被匪搶劫，飭趙科長速派巡艦一隻，運衛兵十六名前往保護。職奉令後，時因本校無船可開，即由電話請駐省辦事處派船以應急需，其電話係由王股員學臣接。」㉘孔主任，指黃埔軍校校長辦公廳主任孔慶叡。趙科長，指黃埔軍校管理科科長趙錦雯。定安輪是由上海開到廣州的商輪，因船員與匪串通，在海上被劫，停泊於黃埔上游。㉙根據黎時雍的上述報告，可知當時調艦的目的在於保護商輪，最初並沒有打算向李之龍管轄的海軍局要艦，更沒有指定中山艦開動，所求者不過「巡艦」（巡邏艇）一隻，衛兵十六名而已。只是由於黃埔軍校「無船可開」，才由黎時雍自作主張，向黃埔軍校駐省辦事處，請求「速派船來，以應急需」。

駐省辦事處接電話的是交通股股員王學臣。他事後的陳述是：「三月十八日午後六時三十分，接駐校交通股黎股員時雍電話云：因本晚由上海開來定安商輪已被土匪搶劫。現泊黃埔魚珠上游。奉孔主任諭，派衛兵十六名，巡艦一隻，前往該輪附近保護，以免再被土匪搶劫。職因此時接電話聽不明了，係奉何人之諭，但有飭趙科長限本夜調巡洋艦一二艘以備巡查之用。職當即報告歐陽股長……想情係教育長之諭，故此請歐陽股長向海軍局交涉。」㉚歐陽股長，指黃埔軍校管理科交通股股長兼駐省辦事處主任歐陽鍾。根據上述報告可知，向海軍局要艦的是王學臣，所謂鄧演達「教育長之諭」則是因爲電話聽不清，「想情」之故。至於艦隻規模，也因「想情」之故，由「巡艦」而上升爲「巡洋艦一二艘」了。

歐陽鍾得到王學臣的報告後，即親赴海軍局交涉。當時，海軍局代局長李之龍因公外出，由作戰科科長鄒毅面允即派艦隻一二艘前往黃埔，聽候差遣。此後，據歐陽鍾自稱，他「於是即返辦事處」。㉛而據海軍局的《值日官日記》則稱：「因李代局長電話不通，無從請示辦法，故即著傳令帶同該員面見李代局長，面商一切。」㉜又據李之龍夫人報告：當夜，有三人到李之龍家，因李仍不在，由李之龍夫人接待，「中有一身肥大者」聲稱：「奉蔣校長命令，有緊急之事，派戰鬥艦兩艘開赴黃埔，聽候蔣校長調遣」，同時又交下作戰科鄒科長一函，中稱：已通知寶璧艦預備前往，其餘一艘，只有中山、自由兩艦可派，請由此兩艦決定一艘。李之龍歸來閱信後，即去對門和自由艦艦長謝崇堅商量，因自由艦新從海南回省，機件稍有損壞，李之龍決定派中山艦前往，當即下令給該艦代理艦長章臣桐。㉝同夜十時餘，黃埔軍校校長辦公廳秘書季方接到歐陽鍾電話，據稱：向海軍局交涉之兵艦，本晚可先來一艘，即寶璧艦，約夜十二時到埔，請囑各步哨不要誤會。季方當即詢問因何事故調艦，抑奉何人之命交涉，答稱：係由本校黎股員時雍電話囑咐，請保護商輪之用。㉞

十九日晨六時，寶璧艦出口。七時，中山艦出口。同日晨，海軍局參謀廳作戰科科長鄒毅要求歐陽鍾補辦調艦公函，歐陽鍾照辦。此函現存，內稱：「頃接黎股員電話云：奉教育長諭，轉奉校長命，著即通知海軍局迅速派兵艦兩艘開赴黃埔，聽候差遣等因，奉此，相應通知貴局迅速派兵艦兩艘為要。」中山艦於上午九時開抵黃埔後，代理艦長章臣桐即到軍校報到，由季方委派副官黃珍吾代見。章出示李之龍命令，略稱：派中山艦火急開往黃埔，歸蔣校長調遣。該艦長來校，乃為請示任務。並稱：若無十分重要事情，則給其回省，另換一小艦來候用。黃珍吾當即報告鄧演達，鄧謂並無調艦來黃埔之事，但他「公事頗忙」，命黃轉知該艦長聽候命令。㉟

當時，以聯共（布）中央委員布勃諾夫為團長的蘇聯使團正在廣州考察。中山艦停泊黃埔期間，海軍局作戰科鄒科長告訴李之龍，因俄國考查團要參觀中山艦，俄顧問詢問中山艦在省河否，李之龍即用電話請示蔣介石，告以俄國考查團參觀，可否調中山艦返省，得到蔣介石同意，然後李之龍便電調中山艦回省。㊱

中山艦的調動經過大體如上。這一經過至少可以說明以下幾點：

一、中山艦駛往黃埔並非李之龍「矯令」，它與汪精衛、季山嘉無關，也與共產黨無關。

多年來，蔣介石和國民黨部分人士一直大肆宣傳的所謂「陰謀」說顯然不能成立。

二、蔣介石沒有直接給海軍局或李之龍下達過調艦命令。因此，所謂蔣介石下令調艦而又反誣李之龍「矯令」說也不能成立。

三、中途加碼，「矯」蔣介石之令的是歐陽鍾。他明明去了李之龍家裏，卻在事後隱匿有關情節；他在海軍局和李之龍夫人面前聲稱「奉蔣校長命令」調艦，而在給作爲校長辦公廳秘書的季方的電話裏，卻只能如實陳述；在給海軍局的公函裏，他清楚地寫著要求「迅速派兵艦兩艘」，而在事後所寫的報告和供詞中，又謊稱只是「請其速派巡艦一、二艘」，㊲有意含糊其詞。因此，歐陽鍾是中山艦事件的一個重要干係人物。此人是江西宜黃人，一九二五年五月任軍校代理輜重隊長，不久改任少校教官，其後又改任管理科交通股股長兼軍校駐省辦事處主任。他是孫文主義學會骨幹、海軍軍官學校副校長歐陽格之侄。㊳瞭解了他的這一身分，將有助於揭開中山艦事件之謎。

三、蔣介石的最初反應和「三・二〇」之後的日記

據蔣介石自述：三月十九日上午，「有一同志」在和蔣介石見面時曾問：「你今天黃埔去不去？」蔣答：「今天我要去的。」二人分別之後，到九點、十點時，「那同志」又打電話來問：「黃埔什麼時候去？」如此一連問過三次。蔣介石覺得有點「稀奇」了：「爲什麼那同

志，今天總是急急的來問我去不去呢？」便答覆道：「我今天去不去還不一定。」」蔣介石所說的「有一同志」，他當時表示名字「不能宣布」，但實際上指的是汪精衛。到下午一點鐘的時候，蔣介石又接到李之龍的電話，請求將中山艦調回省城，預備給俄國參觀團參觀。蔣介石當即表示：「我沒有要你開去，你要開回來，就開回來好了，何必問我做什麼呢？」此後，蔣介石愈益感到事情蹊蹺：「為什麼既沒有我的命令要中山艦開去，而他要開回來為什麼又要來問我？」「中山艦到了黃埔，因為我不在黃埔，在省裏，他就開回來省城。這究竟是什麼一回事？」㊴當日，蔣介石有這樣一段日記：「上午，往訪季新兄。回寓會客。準備回汕休養，而乃對方設法陷害，必欲使我無地自容，不勝憤恨。下午五時，行至半途，自思為何必欲私行，予人口實，志氣何存！故決回寓，犧牲個人一切以救黨國也，否則國粹盡矣。終夜議事。四時往經理處，下令鎮壓中山艦陰謀，以其欲陷我也。權利可以放棄，名位可以不顧，氣節豈可喪失乎？故余決心不走。」㊵

蔣介石的這一段日記提出了一個重要事實，就是，他在判斷所謂「陷我」的陰謀之後，最初的反應是離開廣州，退到他所掌握的東征軍總指揮部所在地汕頭。已經行至半途了，才決定返回，對中山艦採取鎮壓措施。蔣介石的這一段記載，證以陳肇英、陳立夫、王柏齡等人的回憶當是事實。陳肇英時任虎門要塞司令，他在《八十自述》中回憶說：三月十九日，蔣介石專使密邀陳肇英、徐桴（第一軍經理處處長）、歐陽格三人籌商對策。「當時蔣校長顧慮共產黨在黃埔軍校內，擁有相當勢力，且駐省城滇軍朱培德部，又有共黨朱德統率之大隊兵力，㊶且獲有海軍的支持，頗非易與，主張先退潮、汕，徐圖規復。我則主張出其不意，先發制人，並請命令可靠海軍，集中廣九車站待變，以防萬一。初時蔣校長頗爲躊躇，且已購妥開往汕頭之日輪『廬山丸』艙位。迨車抵長堤附近，蔣校長考慮至再後，終覺放棄行動，後果殊難把握，亟命原車馳回東山官邸，重行商討，終於採納我的建議，佈置反擊。」㊷陳立夫則稱：「汪先生謀害蔣先生」，「蔣先生發覺了這個陰謀，很灰心，要辭職，要出亡」。十九日那天，檢點行李，帶他坐了汽車到天字碼頭，預備乘船走上海。在車上，他勸蔣先生幹，「有兵在手上爲什麼不幹？」㊸又稱：「昔秦始皇不惜焚書坑儒，以成帝業。當機立斷，時不可失。退讓與妥協，必貽後悔。」㊹汽車到了碼頭，「蔣先生幡然下決心，重復回到家中發動三月二十日之變。」㊺陳肇英和陳立夫的回憶在回汕頭或去上海上雖有差異，但在蔣介石一度準備離開廣州這一點上，卻和蔣介石的日記完全一致。這說明蔣介石當時確實相信有一個「陷害」他的陰謀，否則，他是不必在自己的親信面前演出這一場戲的。

關於此，還可以在蔣介石「三・二〇」之後的日記和其他資料中得到證明。

二十日晨，根據蔣介石命令，採取了一系列措施：全城戒嚴；逮捕李之龍等共產黨員五十餘人；佔領中山艦；包圍省港罷工委員會，收繳工人糾察隊的槍械。與此同時，蘇俄顧問也受到監視，衛隊槍械被繳。廿一日，汪精衛致函國民黨中央委員會請病假，聲稱「甫一起坐，則眩暈不支，迫不得已，只得請假療治」，所有各項職務均請暫時派人署理。㊻當日傍晚，蔣介石去探視汪精衛，日記云：「傍晚，訪季新兄病。觀其怒氣沖天，感情衝動，不可一世。甚矣政治勢力之惡劣，使人幾乎無道義之可言也。」

廿二日，國民黨中央委員會在汪精衛寓所召集臨時特別會議。會議上，汪精衛對蔣介石擅自行動表示了不滿，會議決定：「工作上意見不同之蘇俄同志暫行離去」；「汪主席患病，應予暫時休假」；「李之龍受特種嫌疑，應即查辦。」㊼會後，汪精衛即隱居不知去向。廿五日，蔣介石日記云：「四時後回省，與子文兄商議，找覓精衛行蹤不可得。後得其致靜兄一書，稱余疑其、厭其，所以不再任政治、軍事之事。彼之心跡可以知矣。為人不可有虧心事也。」此後數日內，蔣介石日記充斥了對汪精衛的指責。

三月廿六日日記云：「政治生活全是權謀，至於道義則不可復問矣。精衛如果避而不出，則其陷害之計，昭然若揭矣，可不寒心！」

三月廿八日日記云：「某兄始以利用王懋功，離叛不成，繼以利用教育長陷害又不成，毀壞余之名節，離間各軍感情，鼓動空氣，謂余欲殺某黨，欲叛政府。嗚呼！抹煞余之事業有所不計，而其抹煞總理人格，消滅總理系統，叛黨賣國，一至於此，可不痛乎！」

四月七日日記云：「接精衛兄函，似有急急出來之意，乃知其尚欲為某派所利用，不惜黨國之敗壞也。」

蔣介石的這些日記表明，他當時確實認為，「陷害」他的陰謀的核心人物是汪精衛。四月二十日，蔣介石在演說中聲稱：「有人說，季山嘉陰謀，預定是日待我由省城乘船回黃埔途中，想要劫我到中山艦上，強逼我去海參崴的話，我也不能完全相信，不過有這樣一回事就是了。」⑱話雖然說得有點游移，但卻道出了他的心病。

汪精衛於政治委員會臨時特別會議之後隱居不出，據陳璧君說，一是爲了「療病」，一是爲了讓蔣介石「反省一切」。⑲但蔣介石除了裝模作樣地給軍事委員會寫過一個呈子，自請處分外，並無什麼像樣的「反省」行爲。其間，汪精衛讀到了蔣介石致朱培德的一封信，信中，蔣介石毫不掩飾地表露了他對汪精衛的疑忌，於是汪精衛決定出國。三月卅一日汪精衛致函蔣介石，內稱：「今弟既厭銘，不願與共事，銘當引去。銘之引去，出於自願，非強迫也。」⑳蔣介石於四月九日覆函云：「譬有人欲去弟以爲快者，或有陷弟以爲得計者，而兄將如之何？」又稱：「以弟之心推之，知兄必無負弟之意，然以上述之事實證之，其果弟爲人間乎？抑兄早爲人間乎？其果弟疑兄而厭兄乎？抑吾兄疑弟而厭弟乎？」㉑這封信也說明了蔣介石當時認爲，汪精衛受人離間，懷疑並厭棄自己，和其日記是一致的。

此外，還可以考察一下蔣介石這一時期的精神狀態。三月二十日下午，何香凝曾去見蔣介石，質問他究竟想幹什麼，派軍隊到處戒嚴，並且包圍罷工委員會，是不是發了瘋，還是想投降帝國主義？據記載，蔣介石「竟像小孩子般伏在寫字臺上哭了」。㉒陽翰笙也回憶說，當他代表入伍生部到黃埔開會，見蔣介石「形容憔悴，面色枯黃」，作報告時講到「情況複雜，本校長處境困難時，竟然哭起來了」。㉓鄧演達也因爲蔣介石「神色沮喪」，甚至關照季方：「要當心校長，怕他自殺」。㉔這種精神狀態，從蔣介石認爲自己處於被「陷害」的角度去分析，也許易於理解。

儘管蔣介石內心對汪精衛恨之入骨，但是，汪精衛當時是國民政府主席、國民革命軍總黨代表，公認的孫中山事業的繼承人，蔣介石這時還不具備徹底倒汪的條件。於是，一方面，他不得不在公眾面前透露某些情節，以說明有人企圖陷害他；另一方面，卻又不能全盤托出他的懷疑。其所以吞吞吐吐，欲言又止，要人們在他死後看日記者，蓋爲此也。

四、西山會議派與廣州孫文主義學會的「把戲」

據陳公博說，鄒魯在一九三〇年曾告訴他：當時，西山會議派謀劃「拆散廣州的局面」，「使共產黨和蔣分家」，鄒魯等「在外邊想方法」，伍朝樞「在裏頭想辦法」，於是，由伍朝樞出面，「玩」了下面這樣一個「小把戲」：有一天，伍朝樞請俄國領事吃飯，跟著第二天便請蔣介石的左右吃飯。席間，伍朝樞裝著不經意的樣子說：昨夜我請俄國領事食飯，他告訴我蔣先生將於最近期內往莫斯科，你們知道蔣先生打算什麼時候起程呢？事後，蔣介石迅速得到了報告，他懷疑「共產黨要幹他」，或者汪精衛要「趕他」，曾經兩次向汪精衛試探，表示於統一東江南路之後，極端疲乏，想去莫斯科作短暫休息。一可以和俄國當局接頭，二可以多得些軍事知識。在第二次試探時，得到汪精衛的同意。自此，蔣介石即自信判斷不錯。他更提出第三步試探，希望陳璧君和曾仲鳴陪他出國。陳璧君是個好事之徒，天天催蔣介石動身。碰巧俄國有一條船來，並且請蔣介石參觀，聽說當日蔣介石要拉汪精衛同去，而汪因已參觀過，沒有答應，於是蔣便以爲這條船是預備在他參觀時扣留他直送莫斯科的了。因此決定反共反汪。「這是三月二十日之變的真相」。55

這段記載說明了伍朝樞在挑起蔣介石疑懼心理過程中的作用。應該說，陳公博沒有揑造鄒魯談話的必要。但是，我們還必須結合其他材料加以驗證。

一、這一段話的核心是蔣介石懷疑共產黨和汪精衛要「幹他」或「趕他」，以自請「赴俄休養」作試探，得到汪精衛同意，便進一步增強了他的懷疑。此點和前引蔣介石日記大體一致。

二、陳孚木在《國民黨三大秘案》一文中說：其時，伍朝樞知道有一艘裝載軍械送給黃埔軍校的俄國商船，不久會到廣州，便編造「故事」說：「蘇聯從蔣介石與俄顧問季山嘉的不和諧，判定蔣是反革命分子，已得汪精衛的同意，不日以運贈軍械爲名，派遣一隻商船來廣州，即將強擄蔣介石去莫斯科受訓。」「他把這『故事』作爲很機要秘密的消息，通傳給在上海西山會議派中央的許崇智、鄒魯等幾個廣東人，很快便傳到蔣介石在滬的親密朋友如戴季陶、張靜江、陳果夫等幾個人耳朵裏了。」56陳孚木的這一段記載，認定伍朝樞是編造謠言的主要人物，謠言的核心情節是利用俄船強擄蔣介石去莫斯科，伍並將這一謠言通傳給在上海的西山會議派。凡此種種，均可與鄒魯對陳公博所述相印證。陳孚木當時是國民政府監察委員，曾任《廣州民國日報》的總編輯，和國民黨上層人物廣有聯繫。他看過中山艦事件製造者歐陽格一九二七年寫的有關回憶稿，57所述自然具有相當的可靠性。

三、一九二六年四月一日，柳亞子致柳無忌函云：「反動派陷害共產派是確實的，李之龍是一個共產派的軍人（屬於青年軍人聯合會的），而蔣部下很有孫文主義學會的人在那裏搗鬼，他們製造一個假命令，叫李把中山艦開到黃埔去，一方面對蔣說，李要請你到莫斯科去了，蔣大怒，即下令捕李。」柳亞子所述的核心情節是，有人造謠，以李之龍將劫蔣「去莫斯科」，煽動蔣介石反共，此點和鄒魯、陳孚木所述基本一致。柳亞子是國民黨元老，各方面交遊頗廣，他的這一段話不會沒有來歷。同函中，柳亞子又說：「在兩星期前，沈玄廬（定一）告訴陳望道，廣州不出十日，必有大變，所以反動派的陰謀是和上海通氣的。」㊽沈定一是西山會議派的重要人物，當時在上海。如果他不瞭解伍朝樞「玩的小把戲」，是不會作出「廣州不出十日，必有大變」的判斷的。六月四日，陳獨秀在給蔣介石的一封信裏也說：「先生要知道當時右派正在上海召集全國大會，和廣東孫會互相策應，聲勢赫赫。三月二十日前，他們已得意揚言，廣州即有大變發生。先生試想他們要做什麼？」㊾這些材料，都可以反證陳孚木所述：伍朝樞曾將他編造的故事，通傳給在上海的西山會議派中央。

四、鄧演達曾告訴季方，蔣介石之所以「倉皇失措」，是因爲「得到密報」：「共產黨利用其海軍局長李之龍的關係，將中山艦露械升火，與黃埔鄧演達聯合行動，圖謀不軌。」㊿此說雖未提到伍朝樞，但在指出蔣介石「得到密報」這一點上，仍有可資參證之處。

從一九二六年一月起，西山會議派的鄒魯等人就在廣州和香港散佈謠言。第一次說李濟深陰謀倒蔣，廣州並發現以四軍名義指蔣爲吳佩孚第二，想做大軍閥的傳單；第二次說第一軍要繳四軍的械；第三次說，二、三、四、五各軍與海軍聯合倒蔣；第四次說，蔣介石對俄械分配於各軍不滿，將驅逐俄顧問全體回國；第五次說，蔣介石倒汪。⑥①如此等等。很顯然，散佈這些謠言的目的在於製造廣東國民政府內部的不和，煽起蔣介石心中疑忌的火焰。事實上，它們也確實起了作用。這一點，前引蔣介石日記已有充分的證明。蔣介石之所以在那樣一個特定時刻對中山艦採取鎮壓措施，應該說，西山會議派和伍朝樞的謠言起了重要作用。

當然，鄒魯把中山艦事件完全說成是西山會議派和伍朝樞的「功勞」也並不全面。其中還有柳亞子、陳獨秀所指出的廣州孫文主義學會的作用。廣州孫文主義學會發端於一九二五年六月的中山學會，其核心人物爲王柏齡、賀衷寒、潘佑強。這一組織成立後，即與西山會議派相勾結，陰謀反對國共合作。其間的聯絡人就是時任國府委員，兼任廣州市市政委員會委員長的伍朝樞。李之龍說：「這種組織（指廣州孫文主義學會——筆者）在廣州的主要工作，最初是對抗青年軍人聯合會，其後經伍朝樞、吳鐵城之介紹，遂與西山會議派結合，遂受其利用而擴大爲倒汪、排共、仇俄之陰謀。他們在廣州發難，領過了上海僞第二次全國代表大會數萬元之運動費，陳肇英領了一萬五千元，歐陽格領了五千元。」⑥②中山艦事件發生前，廣州孫文主義學會分子異常活躍。王柏齡很早就到處散佈汪精衛反蔣。⑥③二月廿二日，蔣介石日記中有王柏齡進讒的記載。三月十七日早晨，王柏齡在黃埔軍校內又散佈說：「共產黨在製造叛亂，陰謀策動海軍局武裝政變。」⑥④王柏齡並在他的部隊內，對連以上軍官訓話，要他們「枕戈待旦」，消滅共產黨的陰謀。⑥⑤當日，蔣介石在日記中寫道：「上午議事。所受苦痛，至不能說，不忍說，是非夢想所能及者。政治生活至此，何異以佛入地獄耶！」顯然，蔣介石的這段日記和王柏齡的謠言之間有著某種聯繫。正是在這一狀況下，作爲孫文主義學會成員之一的歐陽鍾出面假傳蔣介石命令，誘使李之龍出動艦隻，以便和王柏齡的謠言相印證。他的活動是整個陰謀的組成部分。關於此點，如果我們將幾個有關回憶錄綜合起來考察，就可以真相大白。陳孚木寫道：「那時伍朝樞所說的俄國商船已經到達，起卸軍械之後，停在黃埔江面。一連幾天，沒有什麼動靜。於是，王柏齡便與歐陽格商量，決定『設計誘使中山艦異動』。」⑯章臣桐寫道：「在三月十八那一天，歐陽格打電話給黃埔軍校駐省辦事處的副官歐陽鍾（歐陽格之侄），叫他用辦事處的名義向海軍局要一隻得力兵艦開往黃埔，說是校長要的。所謂得力的兵艦，即暗指中山艦而言。」在章臣桐接到李之龍命令，上艦升火試笛之後，「歐陽格就在蔣的面前報告說：『中山艦已出動，正在開往黃埔，聽說共產黨要搶黃埔的軍火』。」⑰自由艦艦長謝崇堅也有類似回憶。他說：「三月十八日歐陽格偵知中山艦上發生混亂，戒備不嚴，有機可乘，密令歐陽鍾僞稱接到校本部電話，通知海軍局立派一艘得力軍艦，駛往黃埔聽用。據說十九日上午中山艦在東堤起錨後，孫文主義學會分子立即向蔣介石控告，說海軍李之龍異動，已出動中山艦要逮捕校長，奪取軍火。」⑱這就很清楚了：歐陽格與王柏齡定計之後，一面唆使歐陽鍾矯令，一面向蔣介石謊報，其結果便演出了震驚中外的「三・二〇」的一幕。

中共很快就對孫文主義學會在中山艦事件中的作用有所瞭解。當年五月，上海區委主席團開會，有人報告說：「中山艦問題，純由孫文主義學會的挑撥而成。」⑲多年以後，王柏齡曾得意地說：「中山艦云者，煙幕也，非真歷史也，而其收功之總樞，我敢說，是孫文主義學會。」⑳這不啻是自我招供。

五、偶然中的必然

就蔣介石誤信伍朝樞、歐陽格等人的謠言來說，「三・二〇」事件有其偶然性；但是，就當時國民黨內左、右派的激烈鬥爭和蔣介石的思想狀況來說，又有其必然性。

孫中山逝世後，國民黨內的左、右派力量都有所發展。一九二六年一月召開的國民黨第二次全國代表大會是左派的勝利。會議代表中，共產黨員和國民黨左派占絕對優勢。吳玉章任大會秘書長，實際上主持會議。會議通過的宣言進一步闡明了聯俄、聯共、扶助農工的三大政策，堅持了「一大」的革命精神。會議選出的中央執監委員中，共產黨員占七人，國民黨左派占十五人。在隨後建立的國民黨中央秘書處、組織部、宣傳部、農民部中，都由共產黨員擔任領導工作。與此同時，國民革命軍中大約已有一千餘名共產黨員。一軍、二軍、三軍、四軍、六軍的政治部主任都由共產黨人擔任。一軍三個師的黨代表，有兩個是共產黨員。九個團的黨代表中，七個是共產黨員。此外，中國共產黨在廣東的群眾基礎也大爲加強。當時，有組織的工人隊伍約十餘萬，農會會員約六十餘萬，其中工人武裝糾察隊兩千餘人，農民自衛軍三萬餘人。

蘇俄顧問團這一時期也加強了自己的地位和影響。顧問團向蘇俄駐華使館報告說：「總參謀部是軍事委員會的專門組織。羅加喬夫，我們的軍事指揮者（團長助理）實際上擔當總參謀長」；又說：「我們的顧問事實上是所有這些部門的頭頭，只不過在職務上被稱為這些部門首領的顧問。（一九二五年）十二月末，我們的顧問甚至佔有海軍局長（斯米諾夫）和空軍局長（列米）的官方位置。」該報告又稱：「現存的國民黨是我們建立起來的。它的計劃、章程、工作都是在我們的政治指導下按照俄國共產黨的標準制訂的，只不過使它適合中國國情罷了。直到最近，黨和政府一直得到我們的政治指導者的周密的指導，到目前為止，還不曾有過這樣的情況，當我們提出一項建議時，不為政府所接受和實行。」⑪

汪精衛也表現為前所未有的左傾。據張國燾回憶：他「一切事多與鮑羅廷商談」。⑫第二次全國代表大會舉行前夕，莫斯科來了一個很長的報告，內容為反對帝國主義，汪精衛還沒有讀完就說內容很好，可作大會宣言的資料。在會議召開期間，汪精衛多次強調共產派與非共產派在歷次戰役中，熱血流在一起，凝結成一塊，早已不分彼此。既能為同一目的而死，更可為同一目的而生存下去。⑬在選舉中央委員以前，他預擬了一份名單和中共商量，其中左派以及和汪有關係的人占多數。⑭一九二六年二月一日，他在中執會常委會議上，提議任命周恩來為第一軍副黨代表，李富春為第二軍副黨代表，朱克靖為第三軍副黨代表。五日，又提議請毛澤東代理宣傳部長。⑮二月廿二日，他在紀念蘇俄紅軍成立八週年聯歡會上，繼季山嘉之後發表演說，聲稱：「吾人對於如師如友而助我的俄同志，真不知如何表示其感激之情，惟有鑴之中心而已。」⑯對於孫文主義學會和青年軍人聯合會之間的衝突，他也鮮明地左袒，曾命令王懋功「嚴厲制止」孫文主義學會的遊行。⑰三月初旬，他又召集兩會會員訓話，激烈地批判孫文主義學會的反共傾向，曾稱，「土耳其革命成功，乃殺共產黨；中國革命未成，又欲殺共產黨乎！」⑱

國民黨右派不能容忍共產黨力量的發展和蘇俄顧問影響的增強，不能容忍汪精衛的左傾。西山會議派稱：「現在的國民政府，名義上是本黨統治的，事實上是被共產黨利用的。」又稱：「俄人鮑羅廷操縱一切」，「軍政大權已完全在俄人掌握之中。」蔣介石雖然因依靠蘇俄供應軍械而仍然主張聯俄，對共產黨也時而表現出願意合作的姿態，但在內心裏，卻早已滋生出強烈的不滿。三月八日日記云：「上午與季新兄商決大方針。余以為中國國民革命未成以前，一切實權皆不宜旁落，而與第三國際必能一致行動，但須不失自動地位也。」九日日記云：「吾辭職，已認我軍事處置失其自動能力，而陷於被動地位者一也；又共產分子在黨內活動不能公開，即不能相見以誠，辦世界革命之大事而內部分子貌合神離，則未有能成者二也。」四月九日，蔣介石在覆汪精衛函中也說：「自第二次全國代表大會以來，黨務、政治事事陷於被動，弟無時不抱悲觀，軍事且無絲毫自動之餘地。」這一切都說明了蔣介石和左派力量爭奪領導權的鬥爭必不可免，即使沒有右派的造謠和挑撥，蔣介石遲早也會製造出另一個事件來的。

（原載《歷史研究》一九八八年第二期，略有增訂。）

①《黃埔潮》第二期。

②本文所引蔣介石日記，原據毛思誠的分類摘抄本，現改用手稿本，以下不再一一注明。

③《廣州民國日報》，一九二六年一月七日。

④《中國國民黨第二次全國代表大會日刊》第十八號，一九二六年一月九日。

⑤Document,22,Wilbur and How:*Document on Communism Nationalism and Soviet Advisers in China(1918-1927)*,Columbia University,New York,1956,p.246.

⑥參見《包惠僧回憶錄》，人民出版社一九八三年版，第二〇二頁。

⑦《蔣介石日記》（手稿本），一九二六年一月廿六日。

⑧《蔣介石日記》（手稿本），一九二六年一月廿八日。

⑨蔣介石：《覆汪精衛書》，稿本，一九二六年四月九日，中國第二歷史檔案館藏，下同。

⑩《蔣介石日記》（手稿本），一九二六年二月七日。

⑪汪精衛：《致蔣介石書》，原件，一九二六年二月八日。

⑫《蔣介石日記》（手稿本）一九二六年二月八日云：「晚傍回校部，擬辭軍職及此生不復認軍職通電稿成。」

⑬《蔣介石日記》（手稿本），一九二六年二月十一日。

⑭《致蔣介石書》，原件。

⑮《致蔣介石書》，原件。

⑯《致蔣介石書》，原件。

⑰《蔣介石日記》（手稿本）一九二六年二月十四日：「季新兄來談終日，終無善法，以解決辭職之意也。」

⑱《蔣介石日記》（手稿本），一九二六年三月廿三日。

⑲蔣介石：《覆汪精衛書》，一九二六年四月九日；參見《晚宴退出第一軍黨代表及CP官長並講經過情形》，《民國十五年以前之蔣介石先生》，第八編二，第四〇至四十二頁。

⑳《蔣介石日記》（手稿本），一九二六年三月廿六日。

㉑《蔣介石日記》（手稿本），一九二六年三月廿七日。

㉒《蔣介石日記》（手稿本），一九二六年三月五日。

㉓蔣介石：《覆汪精衛書》，一九二六年四月九日。

㉔《民國十五年以前之蔣介石先生》，第八編二，第八編一，第七十七至七十八頁。此句為蔣介石親筆所加。

㉕蔣介石：《覆汪精衛書》，一九二六年四月九日。

㉖蔣介石：《覆汪精衛書》，一九二六年四月九日。

㉗蔣介石對曾擴情等人口述。見曾擴情：《蔣介石盜取政權和蓄謀反共的內幕》，全國政協文史資料未刊稿；參見陳肇英：《八十自述》，《中華民國史事紀要》，一九二六年三月二十日，臺北版。

㉘《交通股員黎時雍報告》，原件，一九二六年三月廿四日，中國第二歷史檔案館藏，以下所引各原件，均同。

㉙參見《廣州民國日報》，一九二六年四月十二日、十九日。

㉚《交通股王學臣報告》，原件，一九二六年三月廿六日。

㉛《歐陽鍾報告》，原件，一九二六年三月廿三日。

㉜抄件，中國第二歷史檔案館藏。

㉝《李之龍夫人報告》，原件，一九二六年三月卅一日。

㉞《季方報告》，原件，一九二六年三月廿四日。

㉟《黃珍吾報告》，原件，一九二六年三月廿四日。

㊱《李之龍供詞》，原件。未署日期。

㊲《歐陽鍾報告》，又，《歐陽鍾供詞》，原件，一九二六年三月卅一日。

㊳季方在關於「中山艦事件」一文中回憶說：「在那年三月十八日夜晚，有一艘來自上海的商船，於虎門駛過來遭到水盜的劫持後，即駛來軍校要求緝查保護。當時由管理處（軍校的後勤機構）的歐陽格（科長級幹部，孫文主義學會分子）用校長的名義打電話給海軍局，要調兩艘炮艦到黃埔軍校來。」見《黃埔軍校回憶錄專輯》，廣東人民出版社一九八二年版，第三十四至三十五頁。這裏所說的管理科的科長級幹部歐陽格係管理科交通股股長歐陽鍾的誤記。此點筆者曾函詢季方同志，蒙季方之女季明相告，可以訂正。

㊴蔣介石：《晚宴退出第一軍黨代表及ＣＰ官長並講經過情形》，《民國十五年以前之蔣介石先生》，第八編二，第四十五至四十六頁。

㊵《蔣介石日記》（手稿本），一九二六年三月九日。

㊶此說誤，當時朱德尚在莫斯科。

㊷轉引自《中華民國史事紀要》，一九二六年三月二十日。

㊸陳公博：《苦笑錄》，香港大學亞洲研究中心，一九八〇年版，第七十五頁；參閱陳立夫：《北伐前余曾協助蔣公作了一次歷史性的重要決定》，臺北《傳記文學》第四十一卷，第三期。

㊹文心玨：《國共合作與國共分離的回憶》，湖南政協文史資料未刊稿。作者在「三．二〇」事件後，曾親自聽陳立夫講述有關經過。

㊺陳公博：《苦笑錄》，香港大學亞洲研究中心，一九八〇年版，第七十五頁；參閱陳立夫：《北伐前余曾協助蔣公作了一次歷史性的重要決定》，臺北《傳記文學》第四十一卷，第三期。

㊻《時報》，一九二六年三月三十日。

㊼《中國國民黨第二屆中央執行委員會政治委員會會議記錄》，油印件。

㊽《晚宴退出第一軍黨代表及ＣＰ官長並講經過情形》，《民國十五年以前之蔣介石先生》第八編二，第四十六頁。

㊾陳璧君：《致介兄同志書》，原件，一九二六年四月一日。

㊿《致蔣介石書》，原件，一九二六年三月卅一日。

㉛《覆汪精衛書》，一九二六年四月九日。

㉜陳孚木：《國民黨三大秘案之一》，連載之七，《熱風》第七十四期，香港創墾出版社一九五六年十月一日出版，發表時署名浮海。

㉝《風雨五十年》，人民文學出版社一九八六年版，第一〇五頁。

㉞季方：《我所接觸到的蔣介石》，《文史資料選輯》第七十三輯，第九十八頁。

㉟陳公博：《苦笑錄》，第七十七至七十八頁。

㊱《國民黨三大秘案》，連載之三，《熱風》第七十期。

㊲據陳孚木敘述，歐陽格的回憶寫於一九二七年「四．一二」政變之後，想乘「清黨」之機出版表功，曾請陳看過。後來送呈蔣介石，蔣約略一翻閱，臉色一沉，罵他道：「嚇！你懂什麼？有許多問題你哪裏知道，這種小冊子可以出版的嗎？把稿子留下來！」說著把稿本向抽屜內一丟，硬把這稿子沒收了。見《國民黨三大秘案》，連載之十八，《熱風》第八十五期。按，《蔣介石日記》（手稿本）一九二七年七月十一日云：「會藍、方、歐陽葛（格）諸友。」可見，四一二政變後，歐陽格確實找過蔣介石。

㊳《柳亞子文集．書信輯錄》，上海人民出版社一九八五年版，第七十頁。

㊴《給蔣介石的一封信》，《嚮導周報》第一五五期。

㊵季方：《白首憶當年》，《縱橫》，一九八五年第二期。原文未說明消息來源，承季明女士相告，係季方直接得之鄧演達者。當時，中山艦事件的製造者們確曾企圖將鄧演達牽連在內。季方回憶說：三

月二十日晚，新任中山艦艦長歐陽格曾將中山艦開到黃埔，要求鄧到艦上去商量要事。季方、嚴重、張治中等怕有陰謀，勸鄧不要上當，鄧因此托故未去（見上文）。關於此，陳肇英回憶說：當時曾由他和歐陽格「具函請軍校的重要共黨分子來艦談話，而後予以扣押或驅逐出校」。見其所著《八十自述》。

61 李之龍：《汪主席被迫離職之原因、經過與影響》，漢口中央人民俱樂部印發；參見《鄒魯、胡毅生秘密到港》，《廣州民國日報》一九二六年三月十八日。

62 《汪主席被迫離職的原因、經過與影響》。

63 《包惠僧回憶錄》，第二〇四頁。

64 馬文車：《中山艦事件的內幕》，《文史資料選輯》第四十五輯。

65 茅盾：《我走過的道路》，人民文學出版社一九八一年版，第三〇五頁。

66 《國民黨三大秘案》，連載之十八，《熱風》第八十五期。

67 《中山艦事件》，《上海文史資料》第八輯。

68 《中山艦事件親歷記》，《上海文史資料》第十九輯。關於歐陽格謊報共產黨要「搶黃埔的軍火」一事，還可從蔣介石當時的活動中得到佐證。據民生艦艦長舒宗鎏及黃埔軍校軍械處長鄧士章回憶，三月十九日（原文誤記為三月十八日），他們曾接到「緊急通知」，要把黃埔庫存的軍火迅速裝上民生艦，計三八式步槍一萬支，俄式重機槍二百挺，裝好後停泊與新洲海面。事後，蔣介石並登艦檢查，對舒宗鎏說：「沒有我的命令，不許把軍火交給任何人。」見覃異之《記舒宗鎏等談中山艦事件》，

《文史資料選輯》第二輯。如果沒有歐陽格的謊報，蔣介石是不會這樣將軍火搬來搬去，折騰一氣的。

69《上海區委主席團會議記錄——報告政局、黨的策略及內部組織問題》。

70《黃埔創始之回憶》，《黃埔季刊》第一卷第三期。

71Document 22,Wilbur and How:*Document on Communism Nationalism and Soviet Advisers in China (1918-1927)*,PP:245-247.

72《張國燾回憶錄》第二冊，現代史料編刊社一九八〇年版，第八十二頁。

73《張國燾回憶錄》第二冊，第八十二至八十三頁。

74《張國燾回憶錄》第二冊，第八十五頁。

75《中國國民黨中執會常委會會議錄》，《中國國民黨第一、二次全國代表大會會議史料》，江蘇古籍出版社一九八六年版，第四六四至四六五、四七一頁。

76《廣州民國日報》，一九二六年二月廿四日。

77王懋功：《致張靜江書》，原件，一九二六年三月七日。

78轉引自蔣介石：《覆汪精衛書》，一九二六年四月九日。

中山艦事件之後

中山艦事件之後，汪精衛爲何突然隱匿，既而悄然出走？蔣介石爲何一路順風，掌握了國民黨和軍隊的最高權力？在制訂對蔣妥協、退讓的過程中，蘇聯顧問的意見如何？中共中央起了何種作用？凡此等等，史學界都還不完全清楚。本文將企圖回答這些問題。

一、「反蔣聯盟」的流產與汪精衛負氣出走

一九二六年六月三日，蘇聯駐華使館武官處代理武官謝福林（Сейфулин）①有一份寫給莫斯科的報告，彙報中山艦事件之後的廣州形勢。該報告一開始就說明，它以鮑羅廷同年五月底的一份報告爲基礎，因此，這是一份極爲重要的文件。該報告在敘述蔣介石要求限制共產黨的情況後說：

> 這樣，我們面臨著兩種選擇：一、接受蔣的要求，以避免一場災難，否則，它將必然來到。二、採取類似汪精衛在三・二〇期間為應付局勢，而已為我們認為是不適

當的措施，即組成反蔣聯盟，依靠聯盟的壓力，迫使蔣不屈服於國民黨中反共派的要求。（古比雪夫同志支持這一理論。）

據此可知，「三・二〇」期間，汪精衛曾組成反蔣聯盟，企圖採取措施，對蔣施加壓力。汪精衛的這一做法得到蘇聯顧問古比雪夫（按：即季山嘉）的支持，但遭到「我們」蘇方的反對，被認爲「不適當」。

該報告又說：

許多人相信，關於國共關係的決議並不能促使右派轉變，蔣將被迫反對右派。例如，鮑羅廷發現，儘管蔣知道汪在「三・二〇」及其後參了反蔣聯盟，但他仍然能使蔣相信，有必要讓汪參加五月廿九日的會議，討論北伐問題。汪已去巴黎的說法純係謠傳。②

這裏，再次提到「反蔣聯盟」，並明確指出，蔣知道這一事實。看來，研究中山艦事件以後的歷史，首先要揭示「反蔣聯盟」的真相。

在「三・二〇」事件期間，蔣介石擅自行動，宣布戒嚴，逮捕李之龍等共產黨人，包圍蘇聯顧問住宅等做法引起了普遍不滿；作爲黨政軍領袖的汪精衛更爲憤慨。據陳公博回憶，二十日晨，第二軍軍長譚延闓和第三軍軍長朱培德二人見汪，汪稱：「我是國府主席，又是軍事委員會主席，介石這樣舉動，事前一點也不通知我，這不是造反嗎？」並稱：「我在黨有我的地位和歷史，並不是蔣介石能反對掉的。」③當時，譚、朱決定見蔣，問他想什麼和要什麼。他們要求陳公博通知第二軍副軍長魯滌平和第三軍參謀長黃實，「囑咐軍人準備，以備萬一之變」。其後，汪又詢問來訪的第四軍軍長李濟深：「你們能立刻到軍隊去嗎？」④汪提這一問題，說明他有了調動軍隊的念頭。

譚延闓、朱培德會見蔣介石的情況，據謝華回憶，譚曾經說了下面一段話：「總理逝世才一年，骨頭還沒有冷，你幹什麼呢？國共合作是總理生前的主張，遺囑也說要聯俄、聯共、扶助農工，你現在的行動，總理的在天之靈能允許嗎？」⑤譚的原話未必是這樣說的，但謝華當時是譚部政治工作人員，此段話必有一定根據。綜合考察譚延闓當時的態度，他對蔣提出質問是可能的。

同日，宋子文、李濟深、鄧演達先後來到蘇聯顧問團住址，表示對蔣介石的不滿；譚延闓、朱培德繼至，稱蔣介石爲「反革命」，提議「嚴厲反蔣之法」。蘇聯顧問團並得知，汪精衛雖正抱病昏臥，但也稱蔣的舉動爲「反革命」。顧問團的印象是：「全體皆對蔣表示反對。」⑥

譚延闓、朱培德提議的「嚴厲反蔣之法」，有關文獻沒有說明內容，但是，在蔣介石已經動用武力的情況下，只能是以武力對付武力。據親歷者的回憶，譚延闓曾飭令準備專車，擬赴韶關調兵（當時第二軍駐紮北江一帶）。⑦周恩來也回憶說：「這時，譚延闓、程潛、李濟深都對蔣不滿」，「各軍都想同蔣介石幹一下」。⑧還有人回憶，聽說汪精衛當時曾主張，「二、三、四、五、六軍聯合起來，給我打這末經黨代表副署、擅調軍隊、自由行動的反革命蔣介石」。⑨譚延闓處事一向以沉穩圓滑著稱，他跑到蘇聯顧問團去提議「嚴厲反蔣之法」，並準備去韶關調兵，如果不是出於汪精衛的授意或同意，這是不能想像的。

三月二十日這天，中共廣東區委負責人陳延年以及毛澤東、周恩來等人也曾到蘇聯顧問住址，提議對蔣介石採取強硬態度。毛澤東並提出，動員所有在廣東的國民黨中央執、監委員，秘密到肇慶集中，依靠駐防當地的葉挺獨立團的力量，爭取第二、第三、第四、第五、第六各軍的力量，開會通電討蔣，指責他違反黨紀國法，必須嚴辦，削其兵權，開除黨籍。⑩有關資料說明，譚延闓曾經找過毛澤東，向他提出反擊蔣介石的主張。譚延闓此舉，也可能出於汪精衛的授意或同意。

至此，謝福林報告所稱汪精衛組織的「反蔣聯盟」的輪廓就大體清晰了——它是在蔣介石已經動作的情況下，爲「應付局勢」，企圖聯絡第二、第三、第四等軍的力量（也許還包括共產黨人），進行反擊。

然而，「反蔣聯盟」很快就胎死腹中。儘管專車已經備就，譚延闓卻突然中止了韶關之行。

廿一日傍晚，蔣介石以探病爲名訪問汪精衛，只見汪「怒氣勃勃，感情衝動，不可一世」。⑪但是，廿三日，汪精衛就像洩了氣的皮球一樣，「遷地就醫」，不知所去。

這些情況之所以發生，就在於蘇方認爲汪精衛的「反蔣聯盟」及其措施「不適當」，主張並實行妥協、退讓。儘管季山嘉支持汪精衛，但是，他對於用兵和與蔣介石破裂都還有顧慮，⑫而且，當時在廣州，有比季山嘉地位更高的聯共中央委員、紅軍政治部主任、蘇聯考察團團長布勃諾夫在。

二十日下午，蔣介石根據季山嘉的要求，撤去了對顧問團的包圍。隨後，季山嘉派助手、軍事顧問團副團長鄂利金(Олбгин)⑬去蔣介石處。鄂利金對蔣「稍加責言」，蔣則「百方道歉」。⑭這以後，布勃諾夫親自出馬，偕鄂利金再赴蔣介石處，商談以後問題。蔣提出俄國顧問「許多錯誤」，⑮應允次日上午至布勃諾夫處再議。廿一日，蔣介石爽約未至，顧問團得到消息稱：蔣介石「不願同俄國顧問共事」。⑯當日，蘇方在廣州人員會議，認爲「廣州市內力量對比對國民政府不利，省內力量對比對國民政府有利，需要贏得時間，而要贏得時間就要作出讓步」，⑰因此，決定「儘量設法留住蔣介石並爭取恢復他同汪精衛的友誼」。⑱爲此，會議決定撤去軍事顧問團團長季山嘉、副團長鄂利金及顧問羅加喬夫的職務，派索洛維也夫以蘇聯駐廣州領事館參議名義與蔣介石磋商。廿二日，索洛維也夫會見蔣介石，詢問：係對人問題，抑對俄問題？蔣答：對人。索洛維也夫稱：只得此語，此心大安，今日可令季山嘉、羅加喬夫各重要顧問回國。⑲同日上午十時，國民黨中央政治委員會開會，索洛維也夫列席。會上，汪精衛雖仍對蔣介石擅自行動表示不滿，但由於蘇方已經作出撤換季山嘉等人的決定，退讓、妥協的局面已經形成，汪精衛已無可奈何。因此，會議決定：一、工作上意見不同的蘇聯同志暫行離去，另聘其他爲顧問；二、汪主席患病應予暫時休假；三、李之龍受特種嫌疑，應即查辦。⑳這樣，蔣介石的行動就得到了承認，政治上又贏了一個回合。會後，汪精衛就隱匿不見，失蹤了。

王若飛在作黨史報告時曾經指出過：三・二〇事件後否定反擊蔣介石計劃的是布勃諾夫；㉑顯然，主持蘇方人員會議，決定撤換季山嘉、羅加喬夫等重要顧問職務並令其回國的也只能是布勃諾夫。他於當年二月率領考察團來到中國，負責調查並研究中國革命的有關問題，顯然只有他，才能作出上述重大決定。

汪精衛當時以蘇聯爲靠山，和季山嘉又一直保持著密切的關係。現在，面對蔣介石的進攻，蘇方不僅不支持自己反擊，反而向蔣介石低頭，撤換季山嘉等人，汪精衛如何不生氣？失去靠山，他就無所作爲。於是，先之以決定隱匿，繼之以決定出走。值得指出的是，儘管他於五月九日已經離開廣州，轉赴法國，但鮑羅廷對此卻毫無所知，還在期望爭取他和蔣介石一起會談，討論北伐問題。這只能說明，他對蘇方既失望，又憤懣，心頭有一口難平之氣，因此，不告而別了。

二、蘇方的妥協邏輯及其「利用蔣介石」的政策

布勃諾夫決定對蔣介石妥協、退讓有他自己的邏輯。在他看來，「三・二〇」事件是由「軍事工作和總的政治領導方面的嚴重錯誤引起的」，這表現在：一、不善於預見國民政府內部的衝突及其在軍隊中的反映。二、過高地估計了廣州領導的力量和團結一致。三、未能及早揭露和消除軍事工作中重大的冒進做法。四、參謀部、軍需部、政治部的集中管理進行得太快，沒有考慮到中國將領們的心理和習慣。五、將領們受到過分的監督。他說：「中國將軍們脖子上戴著五個套，這就是參謀部、軍需部、政治部、黨代表和顧問。」㉒他提出，顧問們在任何情況下都不應該越權，不應該承擔任何直接領導軍隊的職責，任何過火行為都將嚇跑大資產階級，引起小資產階級動搖、復活軍閥主義、加劇左右翼矛盾等嚴重後果，從而激起反共浪潮。

不能認爲布勃諾夫的分析完全沒有道理。蘇聯顧問們在幫助中國革命的過程中確實有缺點。例如，顧問們將中國共產黨、共青團以至於國民黨一概視爲自己的「政治領導」之下的組織，經常包辦代替國民黨和國民政府的工作。一九二五年七月一日，鮑羅廷、加倫、羅加喬夫、切列潘諾夫、斯切潘諾夫、列米等顧問召開軍事會議，除決定向國民革命軍各軍派出顧問外，居然決定由顧問直接出任軍職。例如，由羅加喬夫任軍務處長兼總參謀長，由切列薩多夫任軍務處副處長兼副總參謀長，楚巴廖瓦任軍務處通信調查部主任，郭密任總司令部政務處處長，馬瑪也夫任軍務處情報科科長等。㉓顧問團的一份報告說：

參謀團是軍事委員會的專門機構。我們的軍事指揮者（團長助理，按，指羅加喬夫——筆者）的正式位置是總參謀長顧問，但他實際上擔任總參謀長……當時下列部門從屬於參謀團：作戰與情報局（包括通訊服務）、管理與檢查局、軍需局、海軍局……我們作為指導者被稱為這些部門首長的顧問，但事實上是這些部門的頭頭。十二月末，我們甚至佔有海軍局局長（按，指斯米諾夫）和航空局長（按，指李靡）的官方位置。不過，一有機會，他們必須再次成為顧問。因為我們作為指導者佔有官方位置政治上不方便，再次成為顧問不會絲毫有損於我們的影響。㉔

顯然，越俎代庖，或顧問權勢過大都會引起國民黨人，特別是軍官們的反感。

一九二五年十一月一日，季山嘉代替加倫出任華南軍事顧問團團長。季山嘉的作風、性格和鮑羅廷、加倫都有明顯的不同。他上任之後，大刀闊斧地致力於加強軍隊的集中管理。顧問切列潘諾夫回憶說：

接替加倫任南方政府總顧問的季山嘉（古比雪夫）就比較直來直去，他錯誤地認為，南方軍隊中的轉折時期已經過去，現在該是轉向嚴格集中，並使軍隊具有明確任務、劃一組織和統一紀律，服從於中央軍事機構的時候了。㉕

軍隊必須有統一的指揮和高度的組織性、紀律性，季山嘉的做法本無可非議，但是，急於求成、方式簡單粗暴，也必將引起國民黨人和軍官的反感。在這一過程中，和力圖掌握軍權的蔣介石之間的矛盾也必將加劇。王若飛說：季山嘉「不以同志態度對待國民黨，以自己爲統帥，引起了國民黨很多不滿」，㉖指的就是這方面的問題。

糾正缺點、錯誤以及某些急躁、冒進的做法都是必要的，但是，蔣介石在中山艦事件中的作爲，主要是爲了打擊蘇聯顧問和中國共產黨人，打擊汪精衛，和左派力量爭奪領導權，布勃諾夫看不到這一點，其決策的錯誤就是必然的了。

三月廿四日，布勃諾夫使團離開廣州，蔣介石到布勃諾夫住處送行。據稱，在長達兩個多小時的談話中，蔣介石「表面上很誠懇，想爲自己辯解並對三月二十日事件作出解釋」。這一情況加強了蘇聯顧問們的印象：「蔣介石能夠留在國民政府內，也應該留在國民政府內，蔣介石能夠同我們共事，也將會同我們共事。」㉗

季山嘉被撤職後，即隨布勃諾夫等一起回國，接替他的職務的是斯切潘諾夫，蔣介石稱之爲史顧問。㉘

「史顧問」同意布勃諾夫對中山艦事件的分析，但他又增加了兩條：一、關於帝國主義問題、農民問題、共產主義問題，在軍隊中的激烈宣傳不盡適當。二、中國共產黨在黨務及軍隊宣傳中，「不知盡力於組織國民黨，默爲轉移，只知以鮮明的擴充共產黨爲工作之總方針，欲在各處完全把持一切指揮之權」。㉙中山艦事件後，蔣介石於三月廿三日以「事前未及報告，專擅之罪，誠不敢辭」為理由，自請從嚴處分。四月二日，拘留在事件中起了惡劣作用的歐陽格。㉚這些，又使得斯切潘諾夫感到，蔣介石「似又略向左派演進」。㉛他對蔣介石的思想和性格進行了分析，認為「蔣氏具有革命思想，遠在其他軍閥之上」，又認為蔣「喜尊榮，好權力，幻想為中國英雄」。因此，他決定「利用蔣介石」，其策略是：一、對蔣灌注一小部分之革命主義，並以左派之勇敢勢力包圍之，使蔣擺脫右派的影響，成為左派。二、滿足蔣的喜尊榮的欲望，協助其取得「比較現時更為偉大之權力與實力」，其具體位置為國民革命軍總司令。他說：「就喜歡權勢而論，蔣氏將來或就總司令之職，足以滿足其尊榮欲望。」為此，他指示顧問們要「處處迎合其意，與以讓步」。㉜

在對中共的批評上，尼洛夫㉝比斯切潘諾夫更為激烈，他說：「當初共產黨人於工作時只知利用國民黨，在其覆翼之下擴大己黨之力量，公然攫取國民黨之最高管理機關及軍隊中之政治機關，包辦工農運動，以此引起國民黨大多數之不滿。」㉞基於上述認識，他主張召開國共兩黨中央委員會聯席會議，規定相互工作的程序。在現時，應先開預備會，「以安慰蔣介石為最近之目的」。他並提出，將共產黨全體名單送交各高級長官，共產黨在軍隊中完全公開。㉟

布勃諾夫的妥協、退讓還只涉及蘇聯顧問，而斯切潘諾夫等人的妥協、退讓則涉及到中國共產黨的全部工作；後來陳獨秀提出，在對國民黨的關係上，要「辦而不包，退而不出」，顯然受到斯切潘諾夫等人意見的影響。至於「處處迎合其意」，協助蔣取得「更為偉大之權力與實力」等做法，乃是一種愚蠢的權術。

四月十六日，在國民黨中央黨部和國民政府聯席會上，蔣介石被選為軍事委員會主席，隨即採取行動反對右派。十七日，與孫文主義學會幹部談話，要求取消學會。廿三日，與張靜江、譚延闓、李濟深、宋子文及斯切潘諾夫等密議，決定免去吳鐵城的廣州公安局局長職務。次日，命左派李章達帶兵就任公安局長。蔣介石的這些做法使蘇聯顧問們感到，他們「利用蔣介石」的策略是正確的。

在相當長的時期內，史達林和共產國際對蔣介石都缺乏正確的瞭解和分析。中山艦事件前不久，共產國際第六次執委會將蔣介石選為主席團的名譽委員。㊱中山艦事件之後，聯共（布）中央決定對蔣介石作「有條件的妥協」。㊲一直到「四・一二」政變前夕，史達林還主張對蔣介石「利用到底」。㊳顯然，布勃諾夫、斯切潘諾夫及其後的鮑羅廷都不過是這一政策的執行者而已。

三、中共中央試圖改變對蔣策略與鮑羅廷的否決

中山艦事件的發生，不僅對在廣州的蘇聯顧問們是晴天霹靂，對在上海的以陳獨秀為代表的中共中央來說，也同樣如此。

中共中央曾企圖從莫斯科得到指導，但是，莫斯科方面遲遲沒有消息。三月末，布勃諾夫等在歸國途中經過上海。這樣，中共中央才從布勃諾夫處得知詳細情況。四月三日，《嚮導》

所發表的伊文諾夫斯基對該刊記者的談話，實際上就是布勃諾夫對中共中央的談話。自然，在他的影響下，只能根據既定方針依樣畫葫蘆。同日，陳獨秀發表文章，認為由於帝國主義和軍閥的強大，中國的革命勢力必須統一起來，文章宣稱：「蔣介石是中國民族運動中的一塊柱石」，共產黨人決不會陰謀去推翻他。㊴這篇文章是中山艦事件後中共黨人的一個有權威性的表態，反映出中共中央當時對形勢的認識與對策。中共中央隨即決定，「維持汪蔣合作的局面，繼續對蔣採取友好的態度，並糾正廣州同志們的一些拖延未解決的左傾錯誤」。同時，又決定派張國燾趕赴廣州，查明事實真相，執行這一妥協政策。㊵張國燾到廣州後，即召開廣東區委緊急會議，傳達中共中央的妥協政策，要求一致遵行。他完全同意蘇聯顧問對蔣介石思想性格的分析以及「利用蔣介石」的策略。斯切潘諾夫在報告中曾說：「關於蔣介石之個性，余與中國共產黨及中央委員會會長等觀察略同。」又說：「中國共產黨亦同具此眼光，而完全贊成此種根本政策。中國共產黨中央委員會主席謂彼離去上海之前，中央委員會亦有此種決議，以為無論如何，必須利用蔣介石。」㊶這裏所說的從上海來的中國共產黨的「會長」或「主席」，當均指張國燾。

然而，在張國燾離開上海之後，中共中央於四月中旬收到陳延年的報告，決定改變妥協、退讓政策，採取一項新的政策，其要點為：一、盡力團結國民黨左派，以便對抗蔣介石，並孤立他。二、在物質上和人力上加強國民革命軍二、六兩軍及其他左派隊伍，以便於必要時打擊蔣介石。三、盡可能擴充葉挺的部隊、省港罷工委員會指揮下的糾察隊和各地的農民武裝，使其成爲革命的基本隊伍。㊷中共中央並決定在廣州成立特別委員會，其人選爲彭述之、張國燾、譚平山、陳延年、周恩來、張太雷，以彭述之爲書記。四月末，彭述之受命前往廣州，和鮑羅廷面商上述計劃。前引謝福林報告所稱兩種選擇之一：「採取類似汪精衛在三•二〇期間爲應付局勢，而已爲我們認爲是不適當的措施，即組成反蔣聯盟，依靠聯盟的壓力，迫使蔣不屈服於國民黨中反共派的要求」云云，顯指中共中央的這一新的政策。

彭述之到達廣州後，即成立特委機關，召開會議，傳達中共中央的新政策，結果，遭到剛剛回到廣州的鮑羅廷的強烈反對。

一九二六年二月，鮑羅廷以「奉召回國述職」爲由，向廣州國民政府請假，離開中國南方。同月十五日，鮑羅廷在北京向布勃諾夫等彙報了廣東革命根據地的情況。中山艦事件發生後，他取消返國計劃，經張家口、庫倫，轉道海參崴，在那裏和自莫斯科來的胡漢民等會合，於四月廿九日一起回到廣州。

鮑羅廷回到廣州之後，即面臨著所謂「右派政變」問題。

據謝福林向莫斯科的報告：三•二〇之後，右派認爲蔣介石向右轉了，企圖靠近蔣。但是，在四月二十日蔣解除了吳鐵城的職務之後，右派認爲，蔣不可能投入自己的懷抱，因此，開始接近李濟深和其他各色廣州將軍們。李濟深曾有可能被爭取過去，但在胡漢民回國之後，右派便將胡看作自己的頭目和組織者。報告說：

右派利用汪精衛不在的機會，沒有通知國民政府，計劃為胡漢民的到來舉行精心安排的慶祝典禮，向其致敬。他們甚至準備為他建立一座凱旋門，並且舉行示威以支持胡漢民成為政府首領。胡在報紙上發表了一項宣言，同時向國民政府提出了一份報告。他的報告和宣言表明，他不想和我們合作。他秘密地會見了伍朝樞、孫科、吳鐵城、古應芬等和其他反動派，並且使李濟深、陳銘樞和其他廣州將軍們站到自己一邊。他告訴蔣，鮑羅廷將開始解決三・二〇事件，慫恿蔣逮捕鮑羅廷，試圖在左派內部製造分裂。㊸

謝福林的報告並稱：右派正在散佈共產黨即將「共產」的謠言，並且正在煽動銀行家和商人罷市，結果，很多人到銀行提款、擠兌，極大地擾亂了政府的財政。報告特別提到，五月七日，青年軍人聯合會和孫文主義學會兩派分別組織示威，孫文主學會的潘佑強和楊引之被打得半死。最後，黃埔軍校的指揮官們要求蔣介石採取行動，從國民黨中清除共產黨成員。五月十六日，第一軍第二師和黃埔學生舉行了反共示威。謝福林的報告係根據鮑羅廷的報告寫成，顯然，上述內容反映的是鮑羅廷對廣州形勢的瞭解和分析。

鮑羅廷回到廣州之際，蔣介石頗爲惴惴，擔心在汪精衛問題上產生「糾葛」。㊹四月三十日，蔣介石開始與鮑羅廷「商議黨爭，交換意見」，發現鮑尚有「猜忌之點」。㊺但是，在最初的試探之後，蔣介石就迅速提出，要求限制共產黨人在國民黨內的職務。鮑羅廷由於感到一場右派政變迫在眉睫，決心以向蔣介石讓步爲代價，換取他對右派的鎮壓。他對彭述之說：「在當前局勢異常危險的威脅下，只有成立一個革命的獨裁，像法蘭西大革命中的羅貝斯比爾的革命獨裁一樣，才能打破右派反革命的陰謀，替革命開闢一條出路。」㊻鮑羅廷認爲，蔣介石有很嚴重的缺點，但在現時的國民黨人中，沒有人能像他有力量、有決心，足以打擊右派的反革命陰謀。爲了打開當前極度危險的僵局，不得不對蔣作最大限度的讓步。前引謝福林報告所稱：「接受蔣的要求，以避免一場災難」，與鮑羅廷對彭述之所說的話，精神完全一致。當時，中國共產黨還處在幼年時期，還不懂得也無力實行獨立自主的原則，時在廣州的趙世炎表示：「我們應當信任鮑羅廷同志，接受他的主張，由他負責去實行。」㊼隨後，鮑羅廷指示陳延年召開幹部特別會議。會上，鮑羅廷一再強調維持國共合作的必要，爲了合作，必須向蔣介石妥協。會議在沒有進行討論的情況下，表決接受了鮑羅廷的主張。㊽三年以後，陳獨秀回憶說：「我們主張準備獨立的軍事勢力和蔣介石對抗，特派彭述之同志代表中央到廣州和國際代表面商計劃，國際代表不贊成，並且還繼續極力武裝蔣介石，極力主張我們應將所有的力量擁護蔣介石的軍事獨裁來鞏固廣州國民政府和進行北伐。我們要求把供應蔣介石、李濟深等的槍械勻出五千支武裝廣東農民，國際代表說：『武裝農民不能去打陳炯明和北伐，而且要惹起國民黨的疑忌及農民反抗國民黨。』」㊾以上所云，應是事實。陳、彭二人由於意見被否定，便轉而主張退出國民黨，改取黨外合作。

可以看出，中山艦事件之後，在制訂和執行對蔣妥協、退讓政策的過程中，起決定作用的是共產國際和蘇聯方面，以陳獨秀爲代表的中共中央不應該是主要的責任者。

四、「黨務整理案」的通過與蔣介石掌握最高權力

從五月十二日起，蔣介石即與鮑羅廷商談「黨務整理辦法」。鮑羅廷表示過不同意見，但「態度極爲緩和」，凡蔣介石所提主張都接受了。㊿十四日，蔣對鮑說：「對共產黨提出條件雖苛，然大黨允許小黨在黨內活動，無異自取滅亡，余心實不願提此亡黨條件，但總理策略既在聯合各階級，故余不願違教分裂也。」這段話，表面上聲稱遵從孫中山遺教，而實際上認爲孫中山的「容共」將導致國民黨「亡黨」。對於這一段本應反駁的話，鮑羅廷「默然」。㊿十五日，國民黨召開二屆二中全會，蔣介石提出旨在限制共產黨的《國民黨與共產黨協定事項》。會上，委員們「相顧驚惶」，蔣介石也自覺「言之太過，終日不安，精神恍惚異常」。㊿十六日，蔣介石再晤鮑羅廷，聲稱：「余甚以兩黨革命，小黨勝於大黨爲憂；又以革命不專制不能成功爲憂；又以本黨黨員消極抵制共產而不能積極奮發自強爲憂。」㊿據說，鮑羅廷「頗感動」云。十七日，《國民黨與共產黨協定事項》作爲《整理黨務第二決議案》通過。至二十日，會議共通過《整理黨務決議案》四件。

國民黨二屆二中全會期間，中共黨團曾討論對「黨務整理辦法」的態度。彭述之引經據典地說明不能接受，但提不出具體辦法。反覆討論，毫無結果。最後，張國燾「用了非常不正派

的辦法要大家接受」。54

根據謝福林的報告，鮑羅廷對蔣介石的讓步共三條：一、共產黨員不能擔任國民黨中央黨部的部長。二、將在國民黨中的共產黨員名單交給國民黨中央執行委員會主席。三、不允許國民黨員參加共產黨。55在二屆二中全會通過的整理黨務決議案中，這些內容都包括進去了。此外還增加了共產黨員在國民黨高級黨部任執行委員時，其人數不得超過總數的三分之一等規定。至此，蔣介石的限共要求全部得到滿足。會議並根據孫科的提議，規定以後國民黨完全信任蔣介石爲「革命重心」。56從中山艦事件以來，蔣介石步步進攻，至此可謂贏得了全盤勝利。

中山艦事件後，在廣州的蘇聯顧問墨辛向中共提出，廣州是國民革命取得了勝利的地區，執政的是國民黨，其主要任務是進一步爭取國民革命在全國的勝利，因此，「在這種情況下，國共之間的任何爭鬥都會削弱和分裂國民革命運動的力量，並會使廣東省內外國民革命運動的進一步發展成爲泡影」。57四月廿四日，聯共中央拒絕了托洛茨基和季諾維也夫提出的共產黨人退出國民黨的建議，認爲必須實行讓共產黨人留在國民黨內的方針，同時要在內部組織上向國民黨左派作出讓步，重新安排人員。58五月十七日，布勃諾夫使團向聯共中央提出的總結報告說：「對於中國革命運動來說，主要危險是『左』的危險。工人階級和中國共產黨應當竭盡全力在資產階級民族革命過程中保證這場革命取得徹底的勝利和有進一步發展的可能性，然而無論如何不應在目前承擔直接領導國民革命的任務。」59鮑羅廷和張國燾的讓步顯然與上述情況有關。

鮑羅廷指望以讓步換取對右派的鎮壓，蔣介石在這方面給了鮑羅廷以某種滿足。五月八日，蔣介石拒絕和胡漢民會談，迫使胡於次日離開廣州。⑩三十日，逮捕吳鐵城。同日，通過張靜江和孫科、伍朝樞商量，希望孫科充當黨政代表赴俄與共產國際接洽，伍朝樞暫時離粵。⑪鮑羅廷覺得自己的策略成功了，興致勃勃地致函加拉罕稱：「中央全會關於共產黨人的決議使右派蒙受了比共產黨人更大的損失」，「右派被置於極其不利的局面」，「他們剝奪了用來反對我們的主要的和很方便的武器」。⑫同時，他又向莫斯科報告說：「右派受到了嚴重的打擊，不得不放棄他們的陰謀」，「城市變得很平靜，所有的商會都在以很大的努力向國民黨政府表達忠誠」。⑬作爲對蔣介石的回報，鮑羅廷竭力動員蔣介石出任國民革命軍總司令一職。在蔣「惶愧力辭」的時候，鮑羅廷居然以去就力爭，聲言如蔣不就總司令一職，他自己就要辭去總顧問一職。⑭

六月四日，國民黨中央黨部任命蔣介石爲總司令。在此前後，他還被任命爲國民黨中央組織部長、軍人部長、國民政府委員和中央常務委員會主席等職。鮑羅廷終於使斯切潘諾夫的策略成爲現實，滿足了蔣的「喜尊榮心」，協助蔣取得「比較現時更爲偉大之權力與實力」。可以說，沒有蘇聯方面的「利用」政策，蔣介石在取得最高權力的過程中不會那樣順利。

一九二六年四、五月間，廣州的形勢確實相當嚴峻。謝福林報告所述胡漢民企圖離間蔣介石和鮑羅廷之間的關係，⑮右派準備舉行歡迎胡漢民的遊行，⑯要求胡漢民出任國民政府主席，⑥⑦謠言蜂起，金融緊張，左右派公開衝突等情況，都是事實。吳鐵城、馬超俊、古應芬等人並曾有一個計劃，準備以突擊檢查的辦法逮捕在廣州的全部共產黨人。⑥⑧吳鐵城的被捕使這一計劃破產，從而消弭了危險，但是，通過旨在限共的「整理黨務決議案」，將蔣介石捧上總司令和中央常務委員會主席的寶座，使他掌握至關緊要的軍權和黨權，中國革命的形勢就更加嚴峻了。

自鄒魯、林森等於一九二五年一月在北京召開西山會議，隨後又在上海另立中央，召開對立的第二次全國代表大會後，共產國際、蘇聯顧問、中共中央都把和這一個右派集團作鬥爭看成主要任務，完全忽視了革命陣營中正在發展的新右派。一九二六年四月三日，陳獨秀發表文章說：「現在所謂新右派，還非常模糊幼稚」，⑥⑨正是這一忽視的明證。

五、蔣介石提出一黨專政理論與新的反共要求

根據整理黨務案，譚平山、林伯渠、毛澤東等辭去了國民黨中央組織部、農民部、宣傳部部長或代理部長的職務，並且，各省、市黨部均將陸續改組，但是，蔣介石不以此為滿足，又超出整理黨務案的範圍，進一步要求共產黨人承認國民黨的領導地位，同時要求參加國民黨的共產黨員退出共產黨。

還在四月上旬，蔣介石就聲稱，國民革命軍以三民主義為主義，只能以三民主義者為幹

部，因此，共產主義分子應暫時退出軍隊。⑦⓪同月二十日，他在宴請退出第一軍的共產黨人時發表講話，聲稱：「一個團體裏面有兩個主義，這個團體一定不會成功」，⑦①企圖進一步提出反共要求。不過，限於時機，他的話講得比較含蓄。二屆二中全會後，他覺得時機成熟，便直言不諱了。五月廿七日，他對由退出軍隊的共產黨人組成的高級訓練班講話，宣稱「領導中國國民革命的是中國國民黨」，「革命是非專政不行的，一定要一個主義、一個黨來專政的」。⑦②六月七日，他在黃埔軍校發表演講稱：「一國有兩個革命黨，這個革命也一定不能成功」；「中國要革命，也要一切勢力集中，學俄國革命的辦法，革命非由一黨來專政和專制是不行的。」他並稱：「如果一黨中間，有另外的一個小黨的黨員在裏面活動，一班黨員便起了猜忌懷疑之心，由這猜忌懷疑便發生一種恐慌，由這恐慌便生出衝突，由這衝突使自己的勢力互相殘殺，同歸於盡。」因此，他要求共產黨作出「暫時犧牲」，以便輔助國民黨強大起來。他說：「一方面主張世界革命統一，中國革命要受第三國際的指導；一方面，中國革命是中國國民黨來領導中國各階級革命，要請中國國民黨裏的共產黨同志，暫時退出共產黨，純粹做一個中國國民黨的黨員。」⑦③次日，他向鮑羅廷明確提出：「共產分子在本黨應不跨黨。」⑦④同年八月，他派邵力子代表國民黨赴莫斯科參加共產國際執委第七次全會，要求國際接納國民黨，同時命邵轉達：承認共產國際是世界革命的領導，但共產國際應承認國民黨是中國革命的領導，共產黨實際上是不需要的。⑦⑤

聯合共產黨共同致力於中國革命是孫中山經過深思熟慮之後的決策，採取共產黨人加入國民黨的「黨內合作」形式更是孫中山的選擇。蔣介石關於共產黨人退出國民黨的要求完全違背孫中山的決策，他的「由一黨來專政和專制」的理論，更明確地暴露了他反對以至取消共產黨的用心。但是，這一切都未能引起鮑羅廷的重視。相反，他卻繼續鼓吹「絕對團結」。六月十六日，他在黃埔軍校演講稱：「絕對團結，於革命方有希望。現在四面八方都是敵人，各派一定要聯合起來，共同去打倒敵人。敵人既推倒之後，方再討論革命的原理。」⑯七月二十日，他又在蔣介石就任國民革命軍總司令的宴會上發表演講，號召「在蔣同志之下，共同前進，打倒敵人。」⑰結果是，敵人尚未打倒，蔣介石就動手打倒共產黨了。

中共中央注意到了蔣介石「一個主義」之類的言論。六月四日，陳獨秀發表致蔣介石的公開信，說明國民黨是各階級合作的黨，而不是單純一階級的黨，所以「共信」之外，也應該有各階級的「別信」；除了共同主義之外，也還有各階級各別需要所構成的各別主義之存在。⑱七月十二日至十八日，中共中央在上海召開擴大會議，提出「與資產階級爭國民運動的指導」，「保證無產階級政黨爭取國民革命的領導權」，⑲表示出和蔣介石抗爭的意味。但是，這一時期，中共中央也制訂不出正確對待蔣介石的方針。在陳獨秀等人心目中，蔣介石還是中派，還要「愛護」、「扶助」，「使之左傾」。自然，基於這種認識，只能回應鮑羅廷的號召，「在蔣同志之下，共同前進」了。

六、共產黨人失去了最好的一次機會

中山艦事件後，蔣介石道義上處於劣勢，軍事上只掌握第一軍的部分力量，實力處於下風。如果在這個時候組成反蔣聯盟，對蔣介石的進攻採取堅決的回擊，那末，勝利者顯然是左派。然而，蘇聯考察團和蘇聯顧問計不出此，一再對蔣妥協、退讓，並幫助蔣達到了他當時可能達到的權力高峰。及至蔣介石率領重兵開始北伐後，鮑羅廷等才慢慢感覺失策，於是先有迎汪運動，後有提高黨權運動，目的都在於奪回蔣介石已經取得的權力。但是，文鬥敵不過武鬥，黨權敵不過軍權。直到一九二七年「四・一二」政變前夕，武漢政府才下決心利用程潛第六軍的力量逮捕蔣介石，然而，那時候，蔣介石重兵在握，豈是輕易能夠就範的呢！

在中山艦事件之後，共產黨人失去了最好的一次機會。

（原載《歷史研究》一九九二年第五期，略有增補，此據拙著《蔣氏秘檔與蔣介石真相》收錄）

①謝福林，真名阿利別爾特・拉賓(Альберт Лапин)，一九一六年參加俄國共產黨，一九一七年參加紅軍，其後畢業於軍事學院。一九二五年來華，先後在張家口、開封兩地的馮玉祥軍中任顧問。一九二六年四月調任蘇聯駐華使館武官處代理武官。

②Document 52,Wilbur and How:*Missionaries of Revolution*,Harvard Press,1989,pp.718-719.

③陳公博：《苦笑錄》，第三十七至三十八頁。

④陳公博：《苦笑錄》，第三十七至三十八頁。
⑤《大革命的一點經歷》，《謝華集》，湖南人民出版社，一九八九年版，第三〇二頁。
⑥斯切潘諾夫報告，《蘇聯陰謀文證彙編．廣東事項類》，第三十四頁。
⑦方鼎英：《補敘中山艦事件》，全國政協文史資料未刊稿；文心玨《國共合作與國共分離的回憶》，湖南政協文史資料未刊稿。
⑧《關於一九二四至二六年黨對國民黨的關係》，《周恩來選集》（上），人民出版社一九八〇年版，第一二〇頁。
⑨方鼎英：《補敘中山艦事件》，全國政協文史資料未刊稿；文心玨《國共合作與國共分離的回憶》，湖南政協文史資料未刊稿。
⑩茅盾《我走過的道路》，人民文學出版社一九八一年版，第三〇七頁。
⑪《蔣介石日記類抄．黨政》，一九二六年三月廿一日。
⑫周恩來一九四三年十一月廿七日在中共中央政治局會議上發言稱：「我在富春家遇見毛（澤東），問各軍力量，主張反擊，我聽了毛的話，找季山嘉，他說『不能破裂』。」
⑬鄂利金，真名拉茲貢(И.Я.Разгон)，來華之前曾任軍事學院副院長。
⑭斯切潘諾夫報告，《蘇聯陰謀文證彙編．廣東事項類》第三十四頁。拉茲貢四月廿五日在莫斯科的書面報告敘述此次會面的情況說：「我發現蔣非常沮喪，他說他要請求國民黨中央執行委員會給他處分。」見文件四十三，《聯共（布）、共產國際與中國國民革命運動》（三），第二三三頁。

⑮斯切潘諾夫報告，《蘇聯陰謀文證彙編‧廣東事項類》第三十四頁。

⑯文件三十一，《聯共（布）、共產國際與中國國民革命運動》（三），第一七七頁；另一說為蔣堅持要求「驅逐俄人及共產黨人」，恐不確，見《關於斯切潘諾夫報告之問題及批評》，同上，第四十頁。

⑰文件三十，《聯共（布）、共產國際與中國國民革命運動》（三），第一七二頁。

⑱文件三一，《聯共（布）、共產國際與中國國民革命運動》（三），第一七七頁。

⑲《民國十五年以前之蔣介石先生》第八編，八十三頁。羅加喬夫(В.П.Рогачев)，一九二四年來華，一九二五年七月任參謀團主任。同時決定調回蘇聯的還拉茲貢。

⑳《中國國民黨第二屆中央執行委員會政治委員會會議錄》。

㉑《中共黨史革命史論集》，第一一二頁。

㉒切列潘諾夫《中國國民革命軍的北伐》，中國社會科學出版社一九八一年版，第三七四頁。

㉓《蘇聯陰謀文證彙編》卷首影印俄文原件及中譯件。

㉔Document 26,Wilbur and How:*Missionaries of Revolution*,pp.602-603.

㉕切列潘諾夫《中國國民革命軍的北伐》，第三〇六頁。該報告現已全文公布，參見文件三十，《聯共（布）、共產國際與中國國民革命運動》（三），第一六九頁。

㉖《中共黨史革命史論集》，第一一二頁。

㉗文件三十一，《聯共（布）、共產國際與中國國民革命運動》（三），第一七七頁。

㉘斯切潘諾夫(B.A.Степанов)，參加過第一次世界大戰和俄國國內戰爭。工農紅軍軍事學院畢業。一九二四年十月來華，在黃埔軍校工作，曾任蔣介石及第一軍顧問，參加過兩次東征之役。

㉙斯切潘諾夫報告，《蘇聯陰謀文證彙編‧廣東事項類》，第三十五至三十六頁。

㉚《蔣介石分類日記‧黨政》（一九二六年四月二日）云：「靜江、子文兄來談，適值歐陽格艦隊司令被拘留，以歐陽聯合右派，不利於其黨也。」

㉛斯切潘諾夫報告，《蘇聯陰謀文證彙編‧廣東事項類》，第三十八頁。

㉜斯切潘諾夫報告，《蘇聯陰謀文證彙編‧廣東事項類》，第三十六至三十八頁。

㉝尼洛夫，真名薩赫洛夫斯基(Сахновский)，參加過俄國國內戰爭，工農紅軍軍事學院畢業。一九二四年來華，先後在第四軍及第一軍中任顧問。一九二六年曾北上向布勃諾夫考察團報告。

㉞斯切潘諾夫報告，《蘇聯陰謀文證彙編‧廣東事項類》，第四十至四十一頁。

㉟斯切潘諾夫報告，《蘇聯陰謀文證彙編‧廣東事項類》，第四十至四十一頁。

㊱費爾南多‧克勞丁《共產國際‧史達林與中國革命》，求實出版社，一九八二年版，第二頁。

㊲格魯寧：《論三‧二〇事件後中國共產黨的策略問題》，轉引自賈比才等：《中國革命與蘇聯顧問》，中國社會科學出版社一九八一年版，第一四六頁。

㊳伊羅生《中國革命史》，上海嚮導書局，一九四七年版，第八十四頁。

㊴《中國革命勢力的統一政策與廣州事變》，《嚮導》第一四八期。

㊵張國燾《我的回憶》，第二冊，現代史料編刊社，一九八〇年版，第九十九至一〇五頁。

㊶《蘇聯陰謀文證·廣東事項類》第三十六、三十八頁。

㊷彭述之《評張國燾〈我的回憶〉》，香港前衛出版社一九五七年版，第五至六頁；參見《彭述之選集》第一卷，香港十月書屋版，第七十二頁。蘇聯陰謀文證彙編·廣東事項類》，第三十六、三十八頁。

㊸Wilbur and How:*Missionary of Revolution*,pp.717-718.

㊹《蔣介石分類日記·黨政》，一九二六年四月廿六日。

㊺同上，一九二六年四月三十年。

㊻彭述之《評張國燾〈我的回憶〉》，第八頁。

㊼同上，第九至十頁。

㊽同上，第九至十頁。

㊾《告全黨同志書》。

㊿蔣介石《蘇俄在中國》，第三節。

(51)《蔣介石分類日記·黨政》，一九二六年五月十四日。

(52)同上，一九二六年五月十五日。

(53)同上，一九二六年五月十六日。

(54)周恩來《關於一九二四至二六年黨對國民黨的關係》，《周恩來選集》（上），第一二三頁。

(55)Wilbur and how:*Missionaries of Revolution*,p.719.

㊻《蔣介石日記類抄·黨政》，一九二六年五月十七日。

㊼文件四十一，《聯共（布）、共產國際與中國國民革命運動》（三），第二一二頁。

㊽文件四十七，《聯共（布）、共產國際與中國國民革命運動》（三），第二三六至二三七頁。

㊾文件五十二，《聯共（布）、共產國際與中國國民革命運動》（三），第二四九頁。

⑩Wilbur and how:*Missionaries of Revolution*.p.719.

⑪《邵元沖日記》，一九二六年五月三十日，上海人民出版社一九九〇年版。

⑫文件五十五，《聯共（布）、共產國際與中國國民革命運動》（三），第二七三頁。

⑬Wilbur and how:*Missionaries of Revolution*.p.719.

⑭《蔣介石分類日記·軍務》，一九二六年六月三日。

⑮《蔣介石分類日記·黨政》（一九二六年四月三十年）云：「下午與展堂兄談天，其言近挑撥，多不實，心甚疑之。」

⑯《各界歡迎胡展堂先生大會籌備會啓事》，《廣州民國日報》，一九二六年五月十日、十一日。

⑰《胡漢民抵粵後情形》，《申報》，一九二六年五月十二日。

⑱郭廷以等《馬超俊第六次訪問談話記錄》，一九六一年八月廿九日，未刊，美國哥倫比亞大學珍本和手稿圖書館藏；參見馬超俊《吳鐵城先生和我》，《吳鐵城回憶錄》，台灣三民書局一九七一年版，第一七二頁。

⑲《國民黨左派之過去、現在及將來》，《嚮導》，第一四八期。

⑦⓪《民國十五年以前之蔣介石先生》第八編二，第八頁。

⑦①同上，第四十四頁。

⑦②同上，第七十四至七十五頁。

⑦③《廣州民國日報》，一九二六年六月廿六日至三十日。

⑦④《民國十五年以前之蔣介石先生》，第十五冊，七十九頁。

⑦⑤A.Б. 列茲尼科夫《共產國際與中國共產黨》，《國外中國近代史研究》（十一），中國社會科學出版社，一九八八年版，第三三九至三四〇頁；邵力子《出使蘇聯的回憶》，《文史資料選集》第六十輯，一八四至一八五頁。

⑦⑥《鮑顧問演詞》，《廣州民國日報》，一九二六年六月十七日。

⑦⑦《蔣總司令就職後宴會盛況》《上海民國日報》，一九二六年七月二十日。

⑦⑧《嚮導》，第一五七期。

⑦⑨《中國共產黨與國民黨關係決議案》，《中共中央文件選集》（一九二六），中共中央黨校出版社一九八九年版，第一七六頁。

馮玉祥加入國民黨始末

——近世名人未刊函電過眼錄

發展馮玉祥加入國民黨，肇端於廖仲愷的建議。臺北中國國民黨黨史館所藏廖仲愷致汪精衛未刊電稿云：

北京執行部李石曾轉精衛兄：一、中央定由總理追悼大會後至月底止，於各界廣徵黨員。馮煥章及所部愛護總理備至，且表同情於本黨，當能為本黨主義政綱奮鬥，以達國民革命之成功，能由兄與季龍介紹馮入黨否，請商季龍圖之。二、愷患病便後出血二年餘，近益加甚，非速割治不可，而廣州、潮汕兩方政務黨務，皆須有人照料。愷元日需再赴汕，歸當入院治療。兄病痊，請即歸，並堅約季陶、元沖同行，以維總理創業於不墜。切盼！

末署：「愷。真。四月十一日發。」據字跡，本電稿爲廖仲愷手筆。

函中所稱「北京執行部」，指國民黨北京執行部。季龍，徐謙的字。徐是國民黨老黨員。

一九一二年，任國民黨本部參議。一九二〇年十一月，任廣州軍政府司法部部長、大理院院長。一九二四年十月，應馮玉祥之邀，到北京參加國事會議。一九二六年一月，當選國民黨第二屆中央執行委員。不久，任北京執行部主任。

孫中山於一九二五年三月十二日在北京逝世後，廣州即於同日組織哀典籌備委員會。廿一日，廖仲愷、胡漢民、蔣介石等通電表示：「謹遵總理遺志，繼續努力革命。」其後，各項悼念活動陸續展開，大規模徵集國民黨黨員即是其中之一。

廖電稱：「馮煥章及所部愛護總理備至，且表同情於本黨。」這是不錯的。馮玉祥與孫中山的關係，淵源很久。

馮玉祥早年即具有革命思想，武昌起義後曾在灤州舉兵響應。一九一七年十二月，段祺瑞為實行「武力統一」政策，進攻南方「護法」軍，命馮玉祥率部援湘，但馮不願參與軍閥混戰，於次年二月十四日、十八日兩次通電，主張罷兵修好，恢復已被破壞的國會。孫中山讀到了馮玉祥的這一通電文，又從來粵的徐謙處得悉馮的政治主張，便於三月四日致函馮玉祥，稱他為「愛國軍人模範」，鼓勵他「以恢復舊國會之主張，明白宣示全國」。一九二〇年夏，馮玉祥駐軍漢口諶家磯，致函孫中山稱：「真正救國，只有先生一人」，「今雖扼於環境，未能追隨，但精神上之結合，固已有日」。同年九月，孫中山派徐謙、鈕永建持函到漢口，表達「一致從事革命工作」之意，使馮大受鼓舞，當即表示：「四萬萬五千萬人民都把眼睛望著中山先生和他所領導的團體」。十一月，馮玉祥派秘書任佑民赴粵，向孫中山保證：「只要用得著我時，我當然無不盡力以赴。」同年冬，馮玉祥移師信陽，得到孫中山的傳語：「北方革命，希望在馮。」當時，馮正因軍餉無著，憂憤成病，躺臥在帳篷裏，聽到孫中山的傳語後，頓時躍起。

一九二一年，馮玉祥奉北洋政府之命入陝。馬伯援到馮的駐地，傳達國民黨方面的期望。其後，馮率部東下，囑馬赴粵，向孫中山提出五條意見，建議「結合擁護共和者，爲一大團體而救危亡」。其後，孫馮關係日密。

一九二三年，孫中山希望借助蘇聯的幫助，在庫倫訓練軍隊，由蒙古南部進攻北京，因此，一面派蔣介石率領孫逸仙代表團赴蘇，希望得到蘇方支持；一面則希望馮玉祥在北方有所作爲。十月廿五日，孫中山對馬伯援說：「馮煥章若真革命，必須加入國民黨。」十二月十四日，馬伯援到北京南苑向馮介紹孫中山北上的決心及其俄蒙計劃，馮玉祥認爲當時條件還不具備，對馬說：「政府的兵力，數倍吾人，冒險盲動，終必失敗，稍待則濟，我終要革命的，請轉語中山先生及季龍。」此後，馮玉祥即積極準備。一九二四年一月，孫中山命孔祥熙攜帶《建國方略》一部贈馮，馮讀後，深受啓迪。同年十月，馮玉祥在北京發動政變，推翻以曹錕爲代表的直系政權，實現了他對孫中山的諾言，也實現了許多國民黨人「首都革命」的夢想。馮爲表示服膺國民革命，將所部改編爲國民軍。十一月七日，馮玉祥請馬伯援持函面見孫中山，邀孫北上。電稱：「先生黨國偉人，革命先進，務希即日北上，指導一切。」十二月四日，孫中山抵達天津，馮玉祥特派參謀長熊斌赴津歡迎。十二月三十日，孫中山抵達北京，馮玉祥親赴鐵獅子胡同行轅，向孫中山請教解決時局辦法。孫中山提出召開國民會議，廢除不平等條約等主張，被馮玉祥認爲是「救時之良方」。孫中山逝世後，馮玉祥下令全軍帶孝七日，並將《三民主義》、《建國大綱》、《建國方略》等書頒發全軍少校以上官佐。

鑒於馮玉祥在孫中山去世前後的表現，廖仲愷建議汪精衛與徐謙商量，介紹馮玉祥參加國民黨。馮部是當時北方軍隊中唯一傾向進步的力量，吸收馮參加國民黨顯然是正確而必要的。但是，馮擔心部隊受國民黨影響，自己不易控制，又怕戴上「紅帽子」之後，在軍閥中孤立，再加上有傳統的所謂「君子群而不黨」一類觀念，因此，馮在接近國民黨的時候，又和國民黨保持距離。一九二六年三月，馮玉祥赴蘇考察，途次蒙古庫倫，適值蘇俄顧問鮑羅廷及原在北京活動的國民黨人顧孟餘、徐謙等人途經該地，準備轉道海參崴，南下廣東。鮑羅廷等要求馮的國民軍與國民黨合作，並向馮宣傳「如何救民救國及黨之重要」。徐謙與馮玉祥會面後，即針對馮的顧慮加以說服，聲稱國民黨是「有組織，有主義，有紀律的一種政黨，是以國家民族的利益爲前提」，動員馮加入。此次，馮有允意，徐謙雖決定放棄南下打算，隨馮玉祥赴俄。五月九日，馮、徐抵達莫斯科。十日，馮在莫斯科參觀列寧墓。日記云：「規模狹小，鋪設簡單，共黨人員可謂不失列寧平民化之精神矣。」同日日記云：「本日決心加入國民黨，爲國民黨一黨員，以努力致力於中國國民革命。」其後遂經徐謙介紹，塡具願書，正式加入國民黨。六月初，在廣州的蔣介石、譚延籌備北伐，致電馮玉祥，邀其赴粵會談。十一日，馮覆電建議雙方軍隊「會師武漢」，表示即派李鳴鐘、劉驥歸國會商。十七日，馮玉祥爲李、劉二人書寫致蔣介石、譚延闓的介紹函（未刊），中云：

前承電示，以國民革命事業會議粵中。茲事體大，自當充分注重。弟因事不能離莫，特請李督辦鳴鐘、劉總參謀長驥兩同志為全權代表前往與會並接洽一切，以此電覆，諒已鑒入矣。

年來國事日非，帝國主義者及其卵翼下之軍閥益肆行無忌，對於國民，加緊進攻，救國之方，惟有遵照總理中山先生遺訓，從事於國民革命。弟偕季龍同志遠來莫京，於政治、經濟、軍事等項，日有所考察，與平素所服膺之三民主義相印證，愈為佩仰，遂毅然加入國民黨，與諸同志共同奮鬥。李君鳴鐘、劉君驥均有覺悟，亦於日前加入國民黨矣。

李鳴鐘，河南沈丘人。一九〇九年畢業於陸軍隨營學堂。歷任步兵團長、旅長。一九二四年任國民軍第一軍第六師長。一九二五年任國民軍西路總指揮。次年，任甘肅軍務督辦。劉驥，湖北鍾祥人。清末入新軍，與馮玉祥同伍，灤州起義參加者，後畢業於北京陸軍大學，曾任國民軍總參謀長。

馮玉祥到達莫斯科後，蘇聯政府派專家爲他講解辯證法唯物論，引導他參觀機關、學校、工廠、兵營，共產國際和中共駐共產國際代表團也派劉伯堅、蔡和森等人做他的思想工作。其間，馮並受到蘇聯政府和蘇共領導人加里寧、托洛茨基以及列寧夫人克魯普斯卡婭等人的接見。在各方幫助下，馮的思想發生很大變化。從此函所稱「弟偕季龍遠來莫京」等語，可見蘇聯以及徐謙等對於馮玉祥的影響。後來，馮玉祥在《自傳》中說：「吾自十五年二月由平地泉啓行，經庫倫、烏金斯克乘西伯利亞火車至俄，則參觀莫斯科、列寧城（即聖彼得堡）之新建設，而於其革命成功之由，亦博訪而審查之。又時與中國國民黨要人時相過從，已深知革命策略。嘗謂革命而無一旗幟鮮明之主義，正確革命黨爲之領導，向一定之政治目標奮鬥，決不能取得與永遠保持其政權。」這裏所談「時相過從」的「中國國民黨要人」正是徐謙。

可見，從一九二五年四月廖仲愷提議，將發展馮玉祥入黨的任務交給徐謙起，徐謙就一直在爲此而堅持不懈地努力。

馮玉祥本人加入國民黨後，不久又通令國民軍全體加入。同年八月，國民黨中央任命馮玉祥爲國民軍總黨代表。

蔣介石與前期北伐戰爭的戰略、策略

戰爭是一門高超的軍事指揮藝術，既需要正確的戰略，也需要正確的政治策略與之配合。一九二六至一九二七年的前期北伐戰爭是在蘇聯和共產國際援助下由國共兩黨聯合進行的，其戰略、策略的制訂者有蔣介石、鮑羅廷、加倫、張靜江、譚延闓，陳獨秀等人。本文將著重考察這一時期蔣介石在制訂和執行有關戰略、策略中的作用，藉以推進對北伐戰爭和蔣介石其人的研究。

一、關於北伐時機

發動戰爭必須選擇恰當的時機。這一選擇的正確與否，常常影響戰爭的勝負以至結局。一九二五年十二月第二次東征結束後，蔣介石即有意於北伐，設想在次年八月克復武漢，年內打到北京。一九二六年一月四日，他發表演說稱：「去年可以統一廣東，今年即不難統一中國。」①六日，他在國民黨第二次全國代表大會上作軍事報告，樂觀地宣布：「國民革命的成功，當不在遠。」②二月廿四日，他向廣東國民政府提出，早定北伐大計。

在北伐時機上，蔣介石和蘇聯軍事顧問團、蘇共中央、鮑羅廷以及陳獨秀等人的意見相抵觸。一九二六年初，蘇聯軍事顧問團即向蘇聯駐華使館報告，認為：國民黨中央缺乏團結和穩定，成員複雜，經常搖擺；軍隊缺乏完善的政治組織，將領權力過大，部分人可能反叛政府。③三月廿五日，蘇共中央政治局決議，廣東政府應該竭其全力進行土地改革、財政改革、行政改革和政治改革，動員廣大人民參加政治生活，加強自衛能力。決議明確聲稱：「在現時期，應當著重拋棄任何軍事討伐的念頭，一般說來，應當拋棄任何足以惹起帝國主義軍事干涉的行動。」④此後，蘇共中央政治局多次作出類似決定，如四月一日決議云：「廣州（政府）不應佔領廣州地區以外的目標，而應在現階段把注意力集中在內部工作。」四月十五日決議強調上述指示「應當不折不扣地執行」。⑤共產國際遠東書記處也於四月廿七日決議：「致函中共中央，說明目前提出廣州進攻的問題，無論從政治角度還是從宣傳角度來說都是錯誤的。」

參加會議的中共黨員蔡和森並建議，由共產國際致函中國方面，「批評廣州政府提出的關於組織北伐的建議」。⑥直到五月六日，蘇共中央的口氣才有所鬆動，同意派遣一支規模不大的部隊去保衛湖南，但不久就再度嚴厲起來，要求在廣東的中共成員堅決譴責廣州政府「在目前進行北伐或準備北伐」。⑦鮑羅廷積極貫徹蘇共中央和共產國際的上述決議，他在中共廣東區委會議上力陳必須進行充分的準備，以保證北伐的結局有利於革命。五月一日，他和蔣介石進行了一次長達四小時的談話，對北伐多所爭執。但是，蔣介石堅持己見，爭論以鮑羅廷的妥協告終。

蔣介石的主張得到部分中國將領的擁護。當年三月十八日，軍事委員會即議決進行北伐準備。同月三十日，馮玉祥的代表馬伯援到達廣東，表示國民軍願與國民黨合作，希望集中革命力量，向長江發展。此事加強了國民政府和國民革命軍將領的決心。四月三日，蔣介石向國民黨中央建議：「整軍肅黨，準期北伐」。建議書分析國民軍退出京津以後的形勢，認爲「以後列強在華，對於北方國民軍處置既畢之後，其必轉移視線，注全力於兩廣革命根據地無疑，且其期限，不出於三月至半年內也」。⑧他提出，在三個月內，即在國民軍未被消滅，吳佩孚的勢力尚未十分充足之際，出兵北伐。其時，江西方本仁的代表蔣作賓也到達廣州，聲稱國民政府倘能於近期北伐，江西可不勞而獲。四月十六日，政治委員會與軍事委員會舉行聯席會議，議決由蔣介石、朱培德、李濟深三人籌擬北伐準備計劃，由宋子文籌辦軍餉。同月二十日，赴湘聯絡唐生智的陳銘樞、白崇禧回粵，向軍事委員會報告，聯絡成功：「將來實行協同出師北伐，當收事半功倍之效。」⑨這些，使原來對北伐持謹慎態度的將領也樂觀起來。在李濟深、陳銘樞、李宗仁等人的一再催請下，軍事委員會於五月廿九日會議決定，命第七軍刻期出發援湘，北伐大計遂決。

儘管北伐已經見之於實際行動，但是，國民革命陣營內部的意見仍然並不一致。

一九二六年二月，中共中央北京特別會議曾議決，當時的第一責任是「從各方面準備廣東政府的北伐」。⑩但是，也有部分共產黨人認爲，南方革命陣營暴露出來的問題很多，首先要積聚北伐的實力，不可輕於冒險嘗試。兩種意見並存的結果是搖擺不定。六月下旬，派赴廣州調查中山艦事件真相的張國燾、彭述之回到上海，中共中央一度傾向於進行北伐，認爲只有這樣，才是使廣州「擺脫內外威脅的唯一出路」。⑪然而沒過幾天，中共中央的態度又大幅度改變。七月七日，陳獨秀在《嚮導》發表文章，認爲北伐只是討伐北洋軍閥的一種軍事行動，不能代表中國民族革命的全部意義。他說：「若其中夾雜有投機的軍人政客個人權位慾的活動，即有相當的成功也是軍事投機之勝利，而不是革命的勝利。」文章認爲，北伐時機尙未成熟，當前的問題是防禦吳佩孚南伐，防禦反赤軍擾害廣東，防禦廣東內部買辦、土豪、官僚右派回應反赤。⑫在隨後召開的中共中央擴大會議上，陳獨秀的主張得到大多數人的支持，通過了相應的決議，認爲廣東國民政府出兵，只能是「防禦反赤軍攻入湘粵的防禦戰，而不是真正革命勢力充實的徹底北伐」。⑬九月十三日，陳獨秀又在答辯文章中說明，北伐成熟的標準一爲「在內須有堅固的民眾基礎」，「在外須有和敵人對抗的實力」。文章特別提出，當時孫中山的擁護農工利益、聯俄、聯共政策，「都幾乎推翻了」，「這樣來革命，其結果怎樣呢！」⑭

中山艦事件後，蔣介石已經牢固地掌握了領導權，中共的權力、活動受到限制，在這一情況下北伐，不能確保其結局有利於工農，因此，從這一意義上說，北伐的時機尙未成熟，陳獨秀關於倉促北伐的危險有一定見地。但是，一九二六年上半年，吳佩孚正集中力量在北方進攻國民軍，無力南顧；湖南實力派唐生智又驅逐趙恒惕，倒向廣州國民政府，因此，這一時機對保證北伐的軍事勝利又是有利的。後來的事實也證明了這一點。

二、各個擊破與遠交近攻

北伐前，中國存在著吳佩孚、孫傳芳、張作霖三大軍閥集團。同時，在西南、東南、西北、中原等地還存在著若干軍閥小集團。這些集團既彼此爭鬥，又在一定條件下相互勾結。如何利用矛盾，因勢利導，分化聯絡，確定打擊的先後主次，是北伐出師必須首先解決的問題。

從一九二六年初起，蔣介石就在考慮北伐戰略問題。一月十一日日記云：「先統一西南，聯絡東南，然後直出武漢為上乎？或統一湖南，然後聯絡西南、東南，而後再進規中原為上乎？抑或先平東南，聯絡西南而後長驅中原乎？殊難決定也。」⑮最初，他傾向於同時攻佔湖南和江西，但加倫將軍則主張各個擊破，先取兩湖。六月廿一日，軍事委員會接受加倫提出的北伐計劃。⑯七月一日，蔣介石下達北伐部隊動員令，宣布其進軍計劃為「先定三湘，規復武漢，進而與我友軍國民軍會師，以期統一中國，復興民族」。⑰隨令頒發《集中湖南計劃》，規定以第七軍李宗仁部、第八軍唐生智部、第四軍陳可鈺部進攻長沙，以第二軍譚延闓部、第三軍朱培德部、第六軍程潛部防備江西。這就表明，蔣介石接受了加倫的「各個擊破」戰略。

根據「各個擊破」戰略，北伐的首攻目標是吳佩孚。為了與這一戰略相配合，蔣介石和廣州國民政府又採取遠交近攻策略。

對孫傳芳，蔣介石和國民政府最初企圖「收撫」，承認其地位，與之共同夾擊吳佩孚；後來則企圖使之保持中立。

孫傳芳與吳佩孚同爲直系。一九二五年十月，自任浙、蘇、皖、閩、贛五省聯軍總司令，旋又被吳佩孚委任爲江蘇都督。浙、蘇等省是中國的富庶之區。孫傳芳雖有進一步擴張地盤的野心，但最爲重視的是保持現有勢力範圍。他就任五省聯軍總司令後，即多次派人赴粵「修好」。北伐出師前夕，孫傳芳派人向蔣表示，如能答應不進攻江蘇與浙江，則孫軍不反對國民革命軍佔領江西；在國民革命軍佔領漢口後，孫傳芳可以參加未來的政府。⑱北伐開始後，孫傳芳改變主意，向蔣介石提出，希望不用北伐字樣，不侵犯福建與江西。蔣介石則要求孫傳芳擺脫和吳佩孚的關係，倒向粵方，並以承認孫的「五省總司令」地位相許。⑲八月，蔣介石指令駐滬代表何成濬和孫傳芳接洽，要求孫有確切表示，或提出加入國民政府的具體條件。⑳八月下旬，何孫在南京會談。何成濬提出：由廣州政府委派孫傳芳爲東南五省首領，要求孫軍自江西西進，會同國民革命軍夾擊湖北，會師武漢。孫傳芳則要求國民革命軍退出湖南，將湖南作爲南北緩衝地帶。㉑會談中，孫傳芳表示，贊同國民黨的三民主義，但堅決反對共產主義，對何成濬的具體意見則始終不答覆。㉒九月初，張群再次赴寧談判。孫傳芳表示，不能接受國民政府的任命，但又同時聲稱：願保持和平與中立。孫的左右手楊文愷則提出辦法三條，其內容爲：在現下不犯入其轄境；將來與廣東國民政府立於對等地位，商量收拾全局；粵方「須表明非共產」等。㉓自然，這些條件，廣東國民政府也不能接受。

湘贛互爲犄角。北伐軍的作戰特點是長驅直進，奪取大城市，自然，不能不顧慮側翼的安全。七月十一日，北伐軍克復長沙。廿四日，唐生智在長沙召集第四、第七、第八各軍將領會議，研究下期作戰計劃。唐生智、李宗仁主張同時進攻鄂、贛，第七軍第二路指揮官胡宗鐸則主張迅速進取武漢，對江西暫取監視態度。㉔會議結果，通過了唐、李主張。㉕八月五日，蔣介石在湘南郴州與加倫、白崇禧等會議，研究唐、李送來的意見書。加倫顧慮到武昌時會遇到帝國主義的阻礙，主張多加兵力，先攻武漢，對江西暫取守勢，蔣介石贊成加倫的意見。㉖會議決定，以第一、第四、第六、第七、第八軍擔任洞庭湖以東之線，為主攻，以第十軍擔任洞庭湖以西之線，為助攻，僅以少數兵力監視贛西。㉗十二日，蔣介石抵達長沙，當晚即召開有加倫、白崇禧、唐生智、李宗仁、鄧演達、朱培德、陳可鈺和黔軍袁祖銘的代表等二十多人參加的軍事會議，研究下一步行動方案。會上，蔣介石重提攻鄂、攻贛先後問題，徵求與會者意見。會議經過反覆討論，決定仍依出師前原定方案進行。㉘蔣孫之間的談判雖然未能取得成效，但它延緩了孫傳芳援助吳佩孚的軍事行動；在湘鄂戰場未取得決定性勝利之前，對江西取守勢，也保證了北伐軍得以集中兵力，首先擊潰吳佩孚軍閥集團。

對於張作霖，國民政府和蔣介石採取「聯盟」政策，力圖離間奉系和吳佩孚、孫傳芳的關係。

一九二六年七月，國民黨北京政治分會的李大釗、李石曾等通過葉恭綽等人與張學良交涉，要求奉方斷絕對吳佩孚的軍火接濟，並在廣東國民政府和奉系之間建立反對吳佩孚的聯盟。㉙同時，譚延闓也派奉軍總參議楊宇霆的同學楊丙赴奉聯絡。㉚一九二二年至一九二四年期間，孫中山曾和張作霖、段祺瑞等締結反直同盟，楊丙到奉後重提舊事，希望建立新的聯盟。楊對張作霖表示：「兩家事實，原無衝突，三角同盟，久有聯絡」，「此番用兵之原因，只全在吳一人」。[31]奉方同意：與國民政府之間「互以實力（兵力彈械）相助，並規定切實聯絡辦法」；在孫傳芳出兵援贛的情況下，奉系出兵攻取南京；政治問題，如五權憲法、國民會議本是孫中山主張，有協商地步；雙方用對等協商方式或各派專使負責討論方案，由雙方當局簽字。但是奉方提出的條件則很苛刻：（一）湘、鄂、浙、川、滇、黔、兩廣，統由西南悉心支配，及設法收拾聯絡，蘇、皖及黃河流域，統由東北支配，負責收拾。（二）未來選舉，正屬北，副及第一期國務總理屬西南，委員則尚待商。這就是說，奉系要與國民政府分治中國，並由張作霖任總統。奉方提出的其他條件還有：外交背影，互相設法自行疏遠，免使由內戰而牽動爲國際大戰；黨治行之西南，北方暫難辦到。[32]

八月十七日，張靜江、譚延闓派蔣作賓赴奉，動員張作霖設法阻止吳佩孚率兵南下，同時合作討孫，其條件爲：南京讓與奉系，安徽作爲緩衝地，雙方各派代表數人協商政治問題。[33]九月十八日，蔣作賓抵達瀋陽，與奉方談判。奉系和吳佩孚、孫傳芳雖有共同的「反赤」關係，但吳、孫的失敗有利於奉系的擴張，因此，奉系同意和廣東國民政府聯合。談判中，奉方表示：（一）決不援吳，聽吳自滅；（二）決不援孫，雖王（占元）、靳（雲鵬）等做此要求，亦不過爲口頭之敷衍。現已令張宗昌赴魯，相機出動，無論如何，不使孫全部力量對北伐軍作戰；（三）以後政治結合，俟孫解決後再商量。奉方再三表示，對於三民主義、五權憲法，絕不反對。[34]同月，蔣作賓派湯薩棠攜帶致譚延闓密函南歸，內稱：「此行已得圓滿結果。」㉟下旬，蔣作賓南歸，攜回楊宇霆、張作霖致張靜江、蔣介石、譚延闓等人函件，其中，張作霖追述奉粵合作歷史，聲稱「時事益棘，非得海內二、三豪傑出而合力挽救，不足以奠國本」。㊱張、譚等接信後認爲：「中國混亂已久，不可失此唯一之良機」，建議於「最短時間成立具體協定，解決大局」。㊲鮑羅廷也同意張、譚的意見。一時間，廣東國民政府與奉系的關係似乎再次熱烈起來。㊳

蔣介石支持和奉系結盟。當年八月，國民黨宣傳品中出現「打倒張作霖」字樣，蔣介石立即致電糾正：「中央議決，此次獨對吳攻擊，而不與張。今本部兼言張逆，殊違中央方針。」㊴十月中旬，蔣介石估計江西戰事即將結束，準備制訂向長江下游進軍，徹底消滅孫傳芳集團的計劃。他希望奉系出兵，夾擊孫傳芳。同月十六日，蔣介石致電張靜江、譚延闓，要他們詢問奉方「究能何時出兵入蘇」，電稱：「應催奉方從速對南京出兵，並表明此間非殲除孫傳芳決不終止，望其同時夾擊，則收效更速。」㊵十二月七日，蔣介石、鮑羅廷、徐謙、宋子文、孫科等在廬山會議，決定「消滅孫傳芳，聯絡張作霖」。㊶十六日，蔣介石接楊丙函，得悉奉方「毅然與革命軍爲敵」的情況，估計與奉方的大戰即將爆發。但是，爲了首先消滅孫傳芳集團，蔣介石仍然希望與奉方緩和。十八日，蔣介石致電鮑羅廷，同意在奉方「有重要人員來商，或有緩和希望」時，派孫科、蔣作賓赴奉。㊷

中共中央在十月份才得知國民政府和奉系的談判情況，當時奉方提出的條件已進一步發展爲：一、承認張張作霖爲總統，取消國民政府；二、粵、貴、川、黔、湘、鄂、閩、贛、哲、滇等十省歸粵，蘇、皖歸奉；三、川、滇由蔣介石自由解決，馮玉祥、吳佩孚由奉方自由解決。㊸這些條件較之楊丙正式傳遞回來的條件還要苛刻，因此，中共中央認為「十分奸險，絕無容納之餘地」，主張一面拖延時間，一面調兵入贛，迅速解決孫傳芳之後再與奉系談判。後來又建議：一、在奉系勢力之下，各地一切政治設施，奉張均可自由為之，即張要做總統也不反對；二、奉方如不進攻國民軍與國民政府，國民政府也不反奉。三、江蘇、安徽地盤歸屬問題，視哪方面的軍隊先取為斷。如奉方先取，可以屬於奉方。㊹

當時，奉系正積極向南擴張，企圖從孫傳芳、吳佩孚、靳雲鶚等人的手中搶奪江、浙、河南等地，因此，也想與國民革命軍「緩和」。約在一九二七年一月間，楊宇霆邀李石曾會晤，聲稱：「奉軍即入河南，解決吳、靳各部」，表示在佔領武勝關後將與北伐軍議和。楊並約李石曾與他同伴出京，轉赴南方主持和議。㊺與此同時，日本方面也出面勸說國民政府與奉方實行南北分治。李大釗表示，國民政府方面「極欲與奉方謀和平」，但是，他對奉方的和平誠意表示懷疑，詢問日方「對奉天有沒有把握使之不對南作戰」？㊻

由於奉方胃口太大，要求太高，通過多管道進行的對奉談判最終都沒有結果。一九二七年三月，李石曾曾說：「奉系軍閥楊宇霆要與我們妥協，五、六個月來派人來說話，也非止一次，但是條件終是做不到一路。我同守常君商量，有時大家都發笑。我屢次不願理它了，倒是守常君幾次囑我與他委蛇。守常以為我們打仗，勝負未可定，把奉天和緩住了，亦很好。」㊼

儘管與奉方的談判沒有達成協定，但是，張作霖也沒有給予吳佩孚以實際援助。口頭上，張作霖信誓旦旦，一再對吳佩孚表示，要共同討赤，合作到底，並保證提供吳所急需的一百萬發子彈，實際上，卻一再「延宕」、「敷衍」，吳佩孚連一粒子彈都沒有得到。㊽一九二七年春，張作霖又不顧吳佩孚的強烈反對，毅然派兵南下，強佔了吳佩孚恃以再起的根據地河南。

國民革命軍出師時，兵力約十萬餘人，實際作戰兵力僅有五萬人。㊾三大軍閥集團的聯合力量遠遠超過國民革命軍，如果彼此聯合，國民革命軍將難以應付。根據情況，利用矛盾，遠交近攻，將消滅三大軍閥集團的任務分解爲幾個階段，在打擊第一階段的敵人時，暫時與第二、第三階段的敵人聯盟，以利於各個擊破，這一戰略是正確的。

三、保護側背，轉戰江西

按照北伐出師前的決策，第一步是打下武漢，第二步是進取河南，與馮玉祥的國民軍會師；關於江西，在蔣介石和鮑羅廷之間有過討論，但未作出正式決定。當時，蔣介石認爲佔領江西，對前方、後方都有利；鮑羅廷贊成蔣的意見，認爲如不佔領江西，戰線就過於狹窄，不能防禦各方面的進攻。㊿八月廿七日，國民革命軍佔領汀泗橋，蔣介石即部署進攻江西。

當日，蔣介石電告程潛，決於九月一日對江西實行攻擊。廿九年，蔣介石決定親自指揮江西戰事。卅一日，北伐軍擊潰吳軍主力，佔領賀勝橋。同日，蔣介石和加倫商量。加倫當時在攻克武漢後是進取河南還是回兵江西問題上方針未定，處於矛盾狀態。51其顧慮是：如果「取江西，必與孫傳芳衝突，同時英帝國主義爲維持其長江勢力，亦必出死力幫助孫傳芳」；「如果放棄江西，一直進攻吳佩孚，先聯絡樊鍾秀取得河南，再同國民軍聯絡，拋棄長江下游，只向內地發展，這樣做固然有這樣做的好處，但是，戰線太長，江西、福建都可以從側面進攻，很有後顧之憂，對於軍事上也有不利的地方。」52儘管如此，蔣介石決心已下。53九月二日，命第二軍魯滌平部、第三軍朱培德部、第六軍程潛部協同動作，三天後進攻。

這一決策的改變主要由於孫傳芳態度的變化。北伐軍向湖南進軍後，孫傳芳一面與廣東國民政府談判，討價還價，一面坐山觀虎鬥，準備在北伐軍與吳佩孚兩敗俱傷的時候，出而收漁人之利。八月中旬，孫傳芳覺得形勢有利，又經楊文愷等勸說，決定出兵援贛。54同月下旬，孫部十餘萬人陸續到達贛北。月底，孫傳芳任命盧香亭爲援贛軍總司令，同時下達進攻計劃：以皖軍王普部爲第一軍，進攻通山、嶽州；以蘇軍爲第二、第三軍，進攻平江、瀏陽；以贛軍鄧如琢部進攻醴陵、株州；同時命閩南周蔭人部進攻廣東潮州、梅縣。55這樣，不僅廣東革命根據地受到威脅，而且進攻武漢的國民革命軍的側背也處於孫軍的攻擊目標之中。孫軍隨時可以截斷北伐軍和廣東的聯繫，使之處於首尾不能相顧的局面。

其二是和唐生智的矛盾。長沙軍事會議後，第八軍的實力迅速擴充。由唐生智指揮主力第四、第七、第八軍奪取武漢的局面已經形成。這一路節節勝利，出現了「武昌指日可下」的形勢，蔣介石急於另闢戰場並迅速取勝，以提高自己的威望。八月廿九日蔣介石日記云：「余決心親督江西之戰，以避名位」，正是這一心情的曲折表現。56其後，在進攻武昌過程中，蔣介石和唐生智的矛盾進一步發展，以至到了不能相容的地步。九月八日蔣介石日記云：「接孟瀟總指揮函，其意不願余在武昌，甚明也。」十四日日記云：「余決離鄂向贛，不再為馮婦矣，否則人格掃地殆盡。」57這樣，他終於在十七日離開湖北前線，並於十九日到達江西萍鄉，開始指揮江西軍事。

為了鬆懈孫傳芳的作戰意志，指揮江西軍事期間，蔣介石一面部署進攻，一面繼續與孫傳芳談判。孫傳芳曾提出，雙方於十月三日停戰，恢復原狀。同月十四日，蔣介石覆電孫傳芳代表葛敬恩等，要求孫先行確定撤退援贛軍隊日期，同時邀請江浙和平代表蔣尊簋、魏炯諸人到前方面商。廿三日，葛敬恩、魏炯在奉新會見蔣介石，聲稱孫傳芳「可放棄閩、贛，惟須保江、浙、皖，暗中結約，共同對奉，商妥後，即由贛撤兵」。58加倫主張「表面答應，實則準備總攻擊」。蔣介石與鄧演達商量之後提出：一、浙江歸國民革命軍；二、江蘇、安徽作為孫傳芳的勢力範圍，但應允許國民黨自由宣傳；三、孫傳芳撤退援贛之兵前一日為停戰之期。59廿八日，蔣尊簋自南昌抵達蔣介石行營所在地高安，表示只要保持孫傳芳的五省總司令的頭銜，其餘皆可商量。蔣介石堅持要求孫傳芳首先確定撤兵日期，限於十一月一日前答覆。60至期，孫傳芳沒有回答，戰事再起。十一月八日，北伐軍攻入南昌。十一月九日，江西戰役結束。孫傳芳的第一、第二、第三方面軍殲滅殆盡。孫傳芳率殘軍逃往長江下游。

蔣介石率軍入贛，改變了原定計劃，但是，這一改變有其戰略需要。由於吳佩孚的主力大部已在賀勝橋被擊潰，另一部分被包圍於武昌城內，因此，這一改變沒有影響戰爭局勢。

四、圍城強攻的教訓

戰爭是兩軍軍力的較量，著重點在於消滅敵人的有生力量。戰爭中當然也要攻城掠地，但那應該是消滅敵人有生力量的結果。在敵人的有生力量還很強大，或者在條件還不具備時勉強攻城，都必然損兵折將，導致失敗以至慘敗。

北伐戰爭中，蔣介石有過兩次圍城強攻，導致失敗的教訓。

一次是一九二六年九月至十月的武昌攻城戰。九月二日，北伐軍第一軍第二師、第四軍、第七軍等開始進攻武昌。武昌城垣高大，易守難攻，進攻未能奏效。九月三日，蔣介石偕白崇禧、加倫等人到洪山麓視察。蔣介石自恃有東征時惠州攻城的經驗，決定第二天拂曉，由第一軍第二師「帶頭衝鋒」，各軍「跟著衝上去」。⑥①第一軍第二師是蔣介石的嫡系，出師以後一直作爲預備隊。蔣介石此舉，意在讓自己的嫡系取得頭功。當日，召集各將領緊急會議。唐生智對第一軍第二師的戰鬥力已喪失信心，堅決要求蔣介石將該師調離前線，蔣介石認爲唐「以下凌上」，是一種不能忍受的「奇辱」。⑥②他訓斥第二師師長劉峙說：「如不爭氣，不能見人！但使光榮得以維持，雖積屍疊城，亦所不恤！」⑥③五日凌晨，蔣介石頒發第二次攻城計劃，指示各將領「肉搏猛衝」。⑥④各軍奮勇隊多次衝到城下，都被城上守軍的密集火力擊退。劉峙唯恐其他部隊已攻城得手，爲搶奪頭功，竟通報稱，第二師第六團已攻進城內。⑥⑤第四、第七軍得訊後，調動預備隊再次進攻，結果又付出許多傷亡。當日上午，蔣介石得到第二師入城消息，信以爲真，非常高興。後從白崇禧處得知，消息不確，「愁急不知所爲」。⑯

北伐軍兩次攻擊武昌失利，傷亡兩千餘人。九月五日，蔣介石和李宗仁、陳可鈺等到前線視察後，也感到硬攻無望。六日，蔣介石和各軍將領會議，決定以少數兵力在城外對敵保持警戒，主力撤到城外較遠的地區集結整頓。十五日，北伐軍發佈封鎖令，禁絕武昌城內外的一切水陸交通，實行長期圍困。至十月十日，吳軍發生內變，北伐軍攻入城內，歷時四十六天的武昌攻城戰勝利結束。

第二次是一九二六年九月和十月的南昌攻城戰。

蔣介石決定進軍江西後，北伐軍迅速佔領萍鄉、贛州、修水等地。在勝利的鼓舞下，蔣介石於九月十二日電令朱培德，要求他從速督軍，「猛進南昌」。⑰當時，敵軍主力正在樟樹佈防，與北伐軍第二、第三軍相持，南昌城內守敵很少，第六軍軍長程潛變更原定攻擊德安和塗家埠的計劃，於九月十九日奇襲南昌得手。其後，敵軍迅速由南北兩面來攻。程潛感到孤城難守，下令撤離，旋即陷入包圍，結果，第六軍受到巨大損失。

十月九日，蔣介石以自湖北調來的第一軍第二師爲主力，會同第二軍、第三軍，第二次進攻南昌，守敵退入城內固守。十二日，蔣介石趕到南昌，與白崇禧、魯滌平會商。白崇禧反對圍城硬攻，但蔣介石求勝心切，親往北門第二師陣地，決定夜半爬城。當夜，第二師正在作攻城準備之際，敵軍敢死隊從城下水閘中破關而出，襲擊攻城部隊。時值黑夜，不辨虛實，第二師秩序大亂。白崇禧下令全軍沿贛江東岸南撤，由事先搭好的浮橋渡江，退往西岸。⑱此役，蔣介石自感指揮無方，既煩惱，又緊張，「終夜奔走，未遑寧息」。⑲混戰中，部隊及裝備受到很大損失。十三日，蔣介石下令撤圍。他在日記中悔恨地寫道：「因余之疏忽鹵莽，致茲失敗，罪莫大焉，當自殺以謝黨國。」不過，他並沒有執行的意思，自己又補寫了一句；「且觀後效如何。」⑳

再攻南昌的失利使蔣介石冷靜了下來。十月十四日。他通知各軍，暫取守勢。他一面決定調第四軍及賀耀祖的獨立第二師來贛。一面與白崇禧、加倫重訂計劃，準備第三次進攻。十月下旬，日本軍事專家稱：「孫軍精銳在沿南潯路，南昌只少數軍隊利用堅城而守，因此，九江、南昌得以相互策應；南軍不先向沿南潯路擊破孫軍精銳以斷九江。南昌間之交通，而突然集大兵於南昌城下，久攻而疲，後援不繼，敵人則由南潯路更番來援，甚易活動，因此，『攻城』是南軍失策之一云云。」㉑中共中央隨即將日本專家的意見轉告加倫，加倫、蔣介石等採納了這一意見。

鑒於孫軍主力集中在南潯路九江、德安、建昌、塗家埠等地，得交通之便，可以及時轉移兵力，相互增援，因此，第三次進攻以截斷南潯路，殲滅孫軍主力爲主，而不急於奪取南昌。十一月一日，總攻開始，南潯線及南昌郊外的孫軍一一被擊潰，南昌成了孤城，守軍不戰而降。關於蔣介石進攻江西之役的經驗，中共中央在有關文件中總結說：蔣介石作戰「注意攻城而不先擊破敵人在南潯路之主力軍，故犧牲極大，北伐軍幾有覆滅趨勢，幸而挽救得快，尚能轉敗爲勝。」⑫

五、順流而下，繼續追殲

江西之戰結束後，北伐軍的進軍方向再次成爲國民革命陣營內部爭論的焦點。

加倫、鮑羅廷等反對向長江下游進軍，其原因，一是不願和帝國主義列強發生直接衝突；一是擔心蔣介石脫離革命。⑬中共中央贊同加倫等人的意見，主張爲便於北伐軍專力向北方發展，可以設法使長江下游地區的各軍閥「分頭獨立」，「成爲紛亂局面」，令「帝國主義無法爲一致的對付」。⑭後來又曾主張守住武勝關以南，不輕易與孫傳芳開釁，也不輕易進入河南，而以主要力量統一西南，準備進攻奉系的軍力。⑮十一月八日，蔣介石與加倫商量向長江下游進軍問題，加倫認爲：繼續向安徽、江蘇前進，不僅「現在不是時候，並且危險」。加倫建議：利用夏超、周鳳岐等地方武裝佔領浙江，使江蘇、安徽成爲緩衝地。⑯十一月九日，中共中央與共產國際遠東局討論，決定改變攻克江西後不再東下的意見，贊成蔣介石向長江下游進軍，完全消滅孫傳芳的勢力，「至於前進至浙江、安徽爲止，抑直到江蘇，則應視北伐軍的實力及奉軍南下的遲速而定」。⑰

北伐開始以後，蔣介石集黨權、軍權於一身，鮑羅廷和中共中央逐漸感到扶持和向蔣介石妥協的失策，力求削弱蔣介石的權力，於是有迎汪運動的展開，企圖以蔣汪合作代替蔣介石的個人專權。自此，蔣介石即產生與左派分家，另立門戶，分庭抗禮的想法。一九二六年十二月遷都之爭發生後，蔣介石的這種想法更爲強烈，向長江下游另謀發展的計劃也就日漸具體了。

一九二七年一月一日至七日，國民革命軍總司令部在南昌召開軍務善後會議。會上，蔣介石提出向長江下游進軍問題。鄧演達認爲此舉是蔣介石「欲在東南別開局面的政治問題」，因此持反對態度。加倫也表示：「用兵東南實在毫無把握，我也不知怎樣計劃才好！」⑱但由於蔣介石的堅持，會議決定對河南吳佩孚部暫取守勢，對浙江、江蘇、安徽的孫傳芳等部取攻勢。

會議同時決定：將北伐軍分編爲東路軍、中路軍和西路軍三個作戰序列。東路軍自閩贛入浙，佔領浙江，進取上海，夾攻南京。中路軍一部由贛東北進取南京，一部由鄂東北進取安慶、合肥，側擊津浦路敵軍。會議期間，蔣介石將有關部署電告何應欽：「閩平後應即以全力入浙，一俟浙局統一，再圖蘇皖，暫以畫江而守，以待時局之變遷。總之，上海不得，則長江形勢閉塞，而海內外交通亦難自如，故南京與皖南亦應急謀收復。」⑲該電的值得注意之點是蔣介石關於北伐的階段性設想：「河南不得，則中原難定，西北軍不能與我聯絡，閻錫山亦不能表示態度。閻已派代表正式聲明，一俟我軍入豫，或至津浦路，彼必回應也。中意如此，北占河南，南得南京，晉必回應，則奉軍危，不出關而不可得。否則攻守亦得自如，北伐乃可告一段落。」蔣介石的這一設想可能與他政治上準備與左派攤牌有關。

江西之戰中，孫傳芳的主力受到了巨大打擊。但是，孫部在長江下游仍保有相當力量，而且，孫部的再生力量很強，經過一段時期，其戰鬥力即會得到恢復。北伐軍沿京漢路北伐，孫傳芳部仍可向江西、湖北發動進攻，從而斬斷北伐軍的南北聯繫。因而，蔣介石在江西戰役之後，趁熱打鐵，向長江下游進軍，除了其政治上的目的外，從戰略方面考察，可以追殲孫傳芳軍閥集團，不使其有喘息修整，捲土重來的時間。中共中央從反對到改取支持態度，正是基於後一方面的考慮。

六、不為遙制

戰爭中的形勢瞬息萬變，很難拘守某一既定的程序和方案。最高統帥既須有原則性，又須有靈活性，特別是賦予下級統帥以一定的靈活性。因此，當下級統帥遠離主戰場，獨立作戰時，不爲遙制歷來是兵家重視的一條原則。

九月初，在福建的周蔭人接受孫傳芳指示，宣布就任五省聯軍第四方面軍總司令，積極企圖進擾粵邊，進而進攻廣州。當時，國民革命軍駐防潮州、梅縣一帶的軍隊，僅有第一軍第三師、第十四師、獨立第四師等部，計槍六千支，炮八門，而周蔭人所屬張毅等部則有槍三萬餘支，機槍六十餘挺，炮二十餘門。⑧⓪雙方力量懸殊，因此，蔣介石確定作戰方案時，力主穩健，要求採取攻勢防禦，不可急切進攻。九月十三日，蔣介石致電何應欽，指示其對周蔭人聲明：「如閩不派兵侵粵與贛，則閩、粵仍敦睦誼。」⑧①但是，何應欽則認爲，由於北伐軍在鄂、贛節節勝利，周軍士氣已餒，又多為北方人，不善山戰，更兼竭力搜括，閩民恨之入骨，因此，致電蔣介石，詳細羅列周軍弱點，要求率師入閩作戰。何的要求得到蔣介石同意，福建戰役於是開始。82

北伐戰爭以軍事打擊為主，但是，也注重對敵軍的策反。由於國共兩方的共同工作，周部曹萬順、杜起雲兩旅於十月八日在粵北蕉嶺起義。接著，何應欽又在閩、粵交界的永定、松口取得勝利。十五日，蔣介石電任何應欽為東路軍總指揮，指示何乘勝平定閩南。十九日，蔣介石再電何應欽，告以和加倫研究結果：「如我力能勝張毅，則速進取，否則暫守邊境，以待贛局發展」，但蔣介石表示，相信以第一軍之力，「必能勝周克閩，新開東南之局」。83二十日，三電何應欽，認為「此刻對閩作戰，我已處於主動地位」，要求何「相機處理」。84當時，蔣介石正專注於江西戰場，不可能深入地研究福建的情況並指揮作戰，因此，只能要求何應欽「相機處理」。何應欽接電後，即積極部署，發兵入閩。周蔭人部兵敗如山倒。十二月三日，東路軍收復福州。

浙江之役與福建之役類似，也是不為遙制的成功戰例。

一九二六年十二月十一日，浙軍第三師周鳳岐部在衢州起義，奉命進攻富陽，掩護東路軍主力進入浙江。當時，東路軍主力還在福建，周鳳岐部作戰失利，孫軍浙江總司令孟昭月進逼衢州。東路軍入浙部隊分電何應欽及蔣介石，要求迅速增援。何應欽電告白崇禧稱，在不得已時，可以退守浙、贛邊境仙霞嶺之線，待本部主力到達後，再採取攻勢。一九二七年一月二十日，白崇禧到達衢州，召集各將領會議。與會者一致認爲：衢州無險可守，爲使東路軍安全集中，必須佔領嚴州以西地區。如等待閩中部隊，不免坐失良機。會議期間，蔣介石來電告知：皖南陳調元、王普已表示與我合作，側背威脅減輕，盡可全力對付當面之敵。[85]蔣介石還表示：衢州爲戰略要點，戰守由白崇禧自決。白崇禧獲得「自決」權後，即決定轉守爲攻。[86]二月十六日，擊敗孟昭月部。十七日，收復杭州。白崇禧僅用了約二十天時間，即佔領整個浙江。孟部的被打垮，使孫傳芳聯合奉魯軍，以浙江爲基地實行反攻的計劃徹底粉碎，爲北伐軍進攻江蘇、安徽，奪取上海、南京，創造了有利條件。

在中國近代史上，北伐戰爭是一場勝利的革命戰爭。其所以勝利，原因很多，既和戰爭的性質、人心向背、國共合作以及國際國內環境有關，也和戰略、策略的運用得當有關。這一方面的歷史經驗，是近代中國軍事史的重要內容之一。

（原載《歷史研究》，一九五五年第二期。）

①中國第二歷史檔案館編：《蔣介石年譜初稿》，檔案出版社一九九二年版第五〇三頁。

②《中國民黨第二次全代大日刊》第十八號，一九二六年一月九日。

③Report on the National Revolution Army and the Kuomintang,Early 1926,C.M.Wilbur and J.L.how,*Missionaries of Revolution*,Harvard University Press,1989,pp.613–614.

④*Problems of Our Policy with respect to China and Japan*,*Leon Trotsky on China*,Monad

Press,New York,1976,pp.107–108.

⑤《聯共（布）、共產國際與中國國民革命》（三），第一九一、二〇三頁。

⑥《聯共（布）、共產國際與中國國民革命運動》（三），第二三八、二三〇頁。

⑦《聯共（布）、共產國際與中國國民革命運動》（三），第二四一、二六八頁。此後，類似的意見存在了很久，如，六月廿一日，共產國際遠東局俄國代表團會議稱：「在廣州內部業已形成的形勢下舉行北伐是有害的。」維經斯基甚至肯定，「依我看，北伐必然遭到失敗。」見同上書第三〇七、三〇九頁。

⑧《蔣校長建議中央請整軍肅黨准期北伐》，《蔣介石年譜》第五五四頁。

⑨《赴湘代表陳銘樞、白崇禧回粵》，《申報》，一九二六年四月廿八日。

⑩《國民黨工作問題》，《中共中央文件選集》（一九二六），中共中央黨校出版社，一九八九年版，第六十頁。

⑪文件六十三、六十四，《聯共（布）、共產國際與中國國民革命》（三），第三二七、三三一頁。

⑫《論國民政府之北伐》，《嚮導》第一六一期。

⑬《中國共產黨對於時局的主張》，《嚮導》，第一六三期。《中央政治報告》，《中共中央文件選集》（一九二六），第一五三頁。

⑭《嚮導》第一七一期。

⑮《蔣介石日記類抄·軍務》。

⑯切列潘諾夫：《中國國民革命軍的北伐》，中國社會科學出版社一九八一年版，第四一六至四一七頁；關於軍事委員會的開會日期則據《民國十五年以前之蔣介石先生》第八編二，第八十八頁。
⑰《民國十五年以前之蔣介石先生》，第八編三，第一頁。
⑱文件七十六，《聯共（布）、共產國際與中國國民革命運動》（三），第三六四頁。
⑲《民國十五年前之蔣介石先生》，第八編三，第七十七頁。
⑳《蔣介石致何雪竹電》，一九二六年八月十八日，台灣《近代中國》第廿三期，一九八七年六月三十日版。
㉑《何成濬致譚延闓密函》，一九二六年九月四日，中國第二歷史檔案館藏；《粵蔣代表何成濬之談話》，《申報》，一九二六年九月四日；何成濬：《八十回憶》，《近代中國》第廿三期。
㉒《粵蔣代表何成濬之談話》，《申報》，一九二六年九月四日。
㉓《何成濬致譚延闓密函》，一九二六年九月七日，中國第二歷史檔案館藏。
㉔陳訓正：《國民革命軍戰史初稿》第一輯卷二第一編第四章。
㉕國民革命軍總司令部參謀處：《北伐陣中日記》，一九二六年八月二日，《近代稗海》第十四輯，四川人民出版社一九八八年版，第四十五頁。
㉖《蔣介石日記類抄．軍務》，一九二六年八月五日。
㉗《北伐陣中日記》，一九二六年八月六日，《近代稗海》第十四輯，第六十四頁。
㉘陳訓正：《國民革命軍戰史初稿》第一輯卷二第一編第四章。

㉙《陸山致畏公（譚延闓）密函》，中國第二歷史檔案館藏。
㉚楊丙與楊宇霆同為日本士官學校學生。
㉛《楊丙致譚延闓密函》，同上。
㉜《楊丙寄來件》，革命文獻拓影，北伐時期第五冊，「蔣中正檔」，臺北國史館藏。
㉝《張靜江、譚延闓致蔣介石函》，同上，「蔣中正檔」。
㉞《蔣作賓致蔣介石函》，同上，「蔣中正檔」，臺北國史館藏。
㉟譚延闓手抄：《蔣作賓致譚延闓函》，中國第二歷史檔案館藏。
㊱《楊宇霆致張靜江等函》，手跡，中國第二歷史檔案館藏。
㊲《張靜江、譚延闓致李石曾等電》，同上，「蔣中正檔」。
㊳廣東國民政府和奉系的談判進行得很秘密，但還是有所洩露。九月廿一日，張宗昌、韓麟春、張學良聯名致電張作霖：「頃聞蔣介石處派代表蔣作賓到奉，商洽一切，倘為他方所聞，不免滋生誤會，搖動大局。如該代表到奉時，務乞嚴密拿辦，立予槍斃，以表示我方堅決不撓。」廿三日，張作霖覆電，聲稱確有蔣作賓來奉之說，「當即注意，久未來見，詳細調查，聞已潛行離奉。想知我方對彼意思不良，不敢來見也。」張作霖要張宗昌將此意轉告孫傳芳，以安其心。見遼寧省檔案館編：《奉系軍閥密電》第三冊，中華書局一九八七年版，第二二八至二二九頁。
㊴《蔣介石致軍人部曾秘書電》，「蔣中正檔」。
㊵《民國十五年以前之蔣介石先生》第八編五，第六十五頁。

㊶同上，第八編七，第十八頁。
㊷《蔣介石致宋子文轉鮑羅廷電》，「蔣中正檔」，參見《民國十五年前之蔣介石先生》，第八編七，第四十三、五十二頁。
㊸《中共中央文件選集》（二）中共中央出版社一九八九年版，第四一九、四七八頁。
㊹同上，第四〇八、四一九至四二〇頁。
㊺《中華民國史檔案資料彙編》第四輯，江蘇古籍出版社一九八六年版。第一〇二四頁。
㊻同上，第一〇三一頁。
㊼《廣州民國日報》，一九二七年三月廿五日。
㊽《于國翰致張學良電稿》，一九二六年十月一日；參見《張景惠等覆何恩溥電稿》，一九二六年十月十一日，《奉系軍閥密電》第三冊，中華書局一九八七年版，第一〇八、一〇九頁。
㊾秦孝儀：《蔣公總統大事長編初稿》，卷一，台灣版，第一三三頁。
㊿文件七十六，《聯共（布）、共產國際與中國國民革命運動》（三），第三六四頁。
(51)《中央局報告》，《中共中央政治報告選輯》，第八十八頁。
(52)《中共中央文件選集》（二），第三三六頁。
(53)《蔣介石日記類抄．軍務》，一九二六年八月三十一日。
(54)《何豐林致張作霖電》，《奉系軍閥密電》第三冊，第九十六頁。
(55)《孫傳芳世電》，《申報》，一九二六年九月十九日；參見《民國十五年以前之蔣介石先生》，第八編四，第十九頁。

56 《蔣介石日記類抄·軍務》，一九二六年八月廿九日。

57 《蔣介石日記類抄·軍務》。

58 《特立同志由漢口來信》，《中央政治通訊》第十期，一九二六年十一月三日。

59 《蔣介石日記類抄·軍務》，一九二六年十月廿三日。參見《蔣介石致張靜江、譚延闓電》，《民國十五年以前之蔣介石先生》第八編五，第一〇九頁、一一七頁。

60 《蔣介石日記類抄·軍務》，一九二六年十月廿九日。

61 唐生智《從辛亥革命到北伐戰爭》，《文史資料選輯》總一〇三輯，第一七七頁。

62 《蔣介石日記類抄·軍務》，一九二六年九月四日。

63 同上。

64 《民國十五年以前之蔣介石先生》，第八編四，第十五頁。

65 《周士第回憶錄》，人民出版社一九七九年版，第八十頁。

66 《蔣介石日記類抄·軍務》。

67 《民國十年以前之蔣介石先生》，第八編四，第廿九頁。

68 《李宗仁回憶錄》第廿八章，第四〇九頁。

69 《蔣介石日記類抄·軍務》，一九二六年十月十一日。

70 同上，一九二六年十月十三日。

⑪《中共中央文件選集》（二），第四一〇頁。
⑫《中共中央文件選集》（二）第四八二頁。
⑬參見文件七十六，《聯共（布）、共產國際與中國國民革命運動》（三），第三六四頁；文件二〇一、二六八，同上書（四），第二二七、四九四頁。
⑭《上海區委主席團會議記錄》《上海工人三次武裝起義研究》，知識出版社版，第一五〇頁。
⑮《中央局報告》（一九二六年九月二十日），《中共中央文件選集》（二），第三三六至三三七頁。
⑯《加同志報告》，《北伐戰爭（資料選輯）》，第廿八至廿九頁。
⑰《對於目前時局的幾個問題》，《中共中央文件選集》（二），第四四一頁。
⑱陳銘樞：《我為什麼要打倒共產黨》，《中央》半月刊，一九二七年六月十五日。
⑲《蔣介石致何應欽電》，「蔣中正檔」。
⑳《國民革命軍東路軍戰史記略》，漢口武漢印書館一九三〇年版，第十九頁。
㉑《民國十五年以前之蔣介石先生》，第八編四，第三十二頁。
㉒《國民革命軍東路戰史紀略》，第廿一至廿二頁。
㉓《民國十五年以前之蔣介石先生》，第八編五，第九十二頁。
㉔同上，第九十八頁。
㉕《北伐簡史》，台灣正中書局一九六八年版，第一〇五頁。
㉖《白崇禧回憶錄》，第四十頁。

邵力子出使共產國際與國共兩黨爭奪領導權

一九二六年十一月，共產國際執行委員會召開第七次擴大全會，中國共產黨、中國國民黨分別派譚平山、邵力子出席。譚於一九二〇年發起組織中國社會主義青年團。在中共黨內歷任中央局委員、中央駐粵委員、廣東區委書記等要職。國民黨改組後，他出席國民黨「一大」，任國民黨中央常務委員兼組織部長。一九二五年被中共中央局任命為駐國民黨中央黨團書記。邵是老同盟會會員，長期主持上海《民國日報》。一九一九年參加中國國民黨，次年參加中國共產黨上海發起組。一九二五年到廣州，深得蔣介石的信任，先後擔任黃埔軍校秘書長、政治部副主任、主任等職。一九二六年中山艦事件後，蔣介石要求邵力子退出共產黨，邵不願。①當時，蔣介石正在考慮和共產國際的關係、中國革命總計劃、北伐準備等問題，曾召見邵力子，討論「統一與集中」對於革命的重要性。②不久，邵力子被蔣任命為國民革命軍總司令部秘書長。北伐開始後，蔣命邵作為國民黨代表赴莫斯科出席共產國際執委會擴大全會。到上海時，中共中央召開歡送會，要邵以純粹國民黨員的身分赴蘇，邵因而退出中共。③

邵力子到達莫斯科後，先後向共產國際執委會提出「書面報告」及「補充報告」各一份，並曾在共產國際執委會第七次擴大全會上作過兩次演講。此外，還曾會見史達林。在「書面報告」中，邵力子聲稱：「國民黨及其領袖蔣介石同志（他是中央常務委員會主席）派我到莫斯科這裏來，爲的是取得共產國際對於解決中國國民革命過程中出現的一些極其重要的問題的指導。」④檢閱俄羅斯新近公佈的檔案及相關文獻資料，可以證明，邵力子所說並非虛言。對於這些「重要的問題」，蔣介石極爲重視，曾準備撇開北伐軍務，親到莫斯科談判。⑤

一、其一，要求在國民黨和共產國際之間互派代表

一九二五年九月，胡漢民奉命訪蘇。次年初，國民黨進一步左傾。二月十三日，胡受命作爲國民黨代表致函設在莫斯科的共產國際，聲稱中國國民黨力求由國民革命過渡到社會主義革命，要求共產國際接納國民黨加入共產國際。⑥同月十七日，共產國際執行委員會第六次擴大全會開幕，胡漢民致詞，熱烈讚揚共產國際是革命的大本營和總司令部，聲稱中國革命是世界革命的一部分，孫中山的學說與馬克思列寧主義在根本問題上一致，政權應由工農掌握。⑦但是，當時的共產國際執行委員會主席季諾維也夫只承認國民黨是「同情黨」。⑧十八日，聯共（布）政治局會議討論胡漢民代表國民黨所提出的要求，作出了否定的決議。幾天後，共產國際主席團覆函國民黨中央，措辭委婉地表示：國民黨是共產國際在全世界同帝國主義作鬥爭的直接盟友，作爲同情黨正式加入共產國際自然不會遇到什麼反對意見，但是，「目前的時機不適合」，那樣做，「只會促使帝國主義竭力動員反革命力量」，「建立反華統一戰線」，「給

中國人民爭取獨立的鬥爭造成困難」。函件表示，如果國民黨中央堅持，可以將這一問題提交共產國際第六次世界代表大會討論。⑨

同年九月，邵力子到達莫斯科後，即會見共產國際領導人，遞交「書面報告」，代表蔣介石向共產國際提出希望，其中之一是：國民黨應同共產國際建立更密切的聯繫。在國共兩黨代表會議上邀請共產國際的代表作爲會議的顧問參加。蔣應許，國民黨將經常地向共產國際派去自己的代表，或者爲了保持聯繫派駐共產國際常任代表；請共產國際派更多的人員來中國。事後，邵力子曾將和共產國際領導人見面及會談的情況電告蔣介石。⑩十一月廿二日，共產國際執行委員會第七次擴大全會舉行開幕式，邵力子代表中國國民黨致詞。他熱烈讚揚共產國際是「世界革命的司令部」：「它團結著全世界無產階級和殖民地國家的被壓迫人民，領導著他們爲擺脫資產階級的壓迫和帝國主義的剝削而進行鬥爭。」邵在敘述了在孫中山領導下改組國民黨，與中國共產黨結成統一戰線的歷史後聲稱：「國民黨必將取得成就，這是因爲它正確地把中國革命看作是世界革命的組成部分，因此，也就可以指望得到共產國際和全世界無產階級的全面支持。」⑪

三天後，邵力子趁熱打鐵，致函共產國際執行委員會，聲稱儘管國民黨加入共產國際的時機尚未到來，但國民黨左派的領袖和同志們「不能滿足於得到革命者純道義上的同情」，「比任何時候都更需要共產國際的領導」。信件強調：「國民黨從來沒有忘記工農的利益，從來沒有同反革命派實行妥協」；同時聲稱，北伐之後，被壓迫群眾的權力已在增長。信件建議：共產國際和國民黨之間互派代表。共產國際駐國民黨中央委員會的代表應當在所有黨的事務和革命策略問題上給黨以忠告和指導。國民黨駐莫斯科的代表應當參加國際革命的工作。⑫當年二月，國民黨通過胡漢民提出的要求被拒，前事不遠，邵力子不得不降低要求，後退一步。

據邵力子回憶，離開中國前，蔣介石曾面囑他向史達林轉達：要第三國際直接領導中國國民黨，不要通過中國共產黨。邵當時反駁說：「共產黨是第三國際的直接組成分子啊！」但蔣堅持己見。後來在會見史達林時，邵只說了前半句：希望第三國際加強對國民黨的領導。⑬

二、其二，確定國民黨的反帝、反軍閥策略

在很長時期內，國民黨不曾提出過鮮明的反對帝國主義的綱領。對此，中國共產黨早有不滿。一九二二年六月，中共在肯定當時中國各政黨中，「只有國民黨比較是革命的民主派，比較是真的民主派」的同時，就曾指出：「他們的黨內往往有不一致的行動及對外有親近一派帝國主義的傾向」。⑭一九二四年初，鮑羅廷更尖刻地批評說：「國民黨不是反帝的」，「它缺乏足夠的民族主義色彩，缺乏徹底的反帝精神」，甚至說：「他們的所有『著作』的一條紅線，就是完全向外國人奴顏婢膝，巴結討好。」⑮對於孫中山，鮑羅廷也毫不客氣。他批評孫「總是不去尋求同帝國主義的鬥爭，而是尋求同帝國主義妥協」。

比較起來，中共的反帝態度要堅決、明確得多。還在一九二二年六月，中共就曾一針見

血地指出，帝國主義是中國軍閥的支持者，其目的是「造成他們在中國的特殊勢力」，「延長中國的內亂，使中國永遠不能發展實業，永遠爲消費國家，永遠爲他們的市場」。⑯一九二三年十一月，中共決定幫助國民黨：「矯正其政治觀念，根據三民主義中之民族主義，促其做反帝國主義的宣傳及行動。」中共當時認爲：「反帝國主義的運動，在中國國民運動中，比反軍閥運動更爲切要，在軍閥與帝國主義有衝突時，吾人得助軍閥以抗外人，斷不可借外力以倒軍閥。」⑰

在蘇聯和中共的影響下，國民黨的反帝主張日益明確。國民黨「一大」宣言提出：「蓋民族主義對於任何階級，其意義皆不外免除帝國主義之侵略。」「故民族解放之鬥爭，對於多數之民眾，其目標皆不外於反帝國主義而已。」⑱到了一九二六年一月的國民黨「二大」，其宣言就將「打倒帝國主義」列爲「國民革命之第一工作」。這樣，「反帝」鬥爭的重要性就被提升到了前所未有的高度，國共兩黨也就在這一問題上充分取得共識。北伐進軍期間，兩黨及其群眾在南方半個中國齊聲同唱「打倒列強」歌，就是這一新的認識在音樂上的體現。

邵力子在提交共產國際的「書面報告」中沒有像此前一樣充分闡述開展反帝鬥爭的必要，而是強調提出：「中國國民革命應當利用各帝國主義列強之間的矛盾」。他說：「各帝國主義者都同樣地仇視反帝運動，但是它們利益的矛盾使它們不可能組成統一戰線。」又說：「領導人民大眾進行反帝鬥爭的國民黨不可能提出『反對一般帝國主義』以外的口號問題，但是，在國民黨國民政府的對外政策中，不可能不對各種不同的帝國主義集團加以區別。」邵力子以省港大罷工及其後的形勢爲例，說明英國保守黨內閣有過武力干涉廣州的設想，但因迫於英國工人階級壓力和其他列強的反對而作罷。邵力子認爲，日本和美國當時尚未和廣州國民政府發生衝突，法國也希望延緩中國的革命浪潮。因此，中國革命應當對各種不同的帝國主義集團加以區別，對英國以外的其他列強採取和平政策；「即使對英國，『在公正的條件下』，國民政府也準備採取和平政策，以便讓英國勞動人民明白，反英鬥爭是保守黨實行的對華政策的結果，並通過這種辦法來加強英國工人階級的反戰立場。」當年七月，廣州國民政府和港英當局曾就結束省港大罷工一事進行談判，邵力子就此表示：「這決不意味著國民黨在帝國主義面前退卻，而是希望同它達成和平的協定。這只是必要的策略讓步。」⑲

譚平山在論述同一問題時明顯和邵力子有所不同。譚承認，外國資本家之間、帝國主義國家之間有矛盾，但他強調的是必須堅決、徹底地進行反帝鬥爭。十一月廿二日，譚平山在全會開幕式上發言，表示擁護共產國際對帝國主義的分析，即帝國主義的穩定是相對的、不牢固的，它是垂死的，「到處建立更加殘酷、更加野蠻的制度，這樣一來，也就加速了世界革命的進程，加速了自己的滅亡」。⑳譚平山認爲，當時的中國革命已從五四時期的「聯合美帝、反對日帝的純資產階級運動，發展成爲聯合世界無產階級反對帝國主義的民族革命運動」。中國革命的任務是「徹底擺脫帝國主義」，「把外國帝國主義從中國驅逐出去」。他說：「由於帝國主義國家的無產階級同本國資產階級的鬥爭，由於殖民地人民的民族解放運動，帝國主義終將被打倒。」㉑

在對國內軍閥的策略上，邵力子、譚平山之間也存在著微妙的差異。

邵力子在「書面報告」中首先聲稱：國民黨「二大」以後，國民政府接連不斷受到居民要求立即向北進軍的電報，國民軍的處境又很危險，自從蔣介石在第三次全國勞動大會和廣東省第二次農民代表大會作了報告以後，北伐的必要性就為全體國民黨員及工人、農民所理解。邵力子這樣說，是為了反駁此前陳獨秀在《嚮導》上對北伐所作的批評。邵力子接著提出：「考慮到自南向北進軍可能導致北方軍閥結成聯盟，國民黨在這次北伐中只提出『自衛』和『反對吳佩孚』的口號。對張作霖和孫傳芳不僅不去觸動他們，而且還同他們進行相應的談判。」當時，蔣介石在蘇聯顧問加倫的幫助下，確定對北洋軍閥採取「各個擊破」方針，軍中的口號是：「打倒吳佩孚，妥協孫傳芳，不理張作霖。」北伐開始後不久，蔣介石就派人到南京與孫傳芳會談，要他接受廣東國民政府委派，共同反對吳佩孚。同時，又派人與張作霖談判，要張停止對吳、孫兩派軍閥的援助。邵力子的報告所傳達的正是蔣介石的上述策略思想。但是，譚平山的報告強調的卻是：「完全消滅半封建的軍閥制度，建立統一的革命政權。」㉒譚的報告雖然也提到了中國「半封建軍閥」的分化，如吳佩孚軍隊的分化、孫傳芳軍隊的崩潰、張作霖和張宗昌之間的矛盾，等等，卻完全沒有涉及「區別對待」或「各個擊破」一類問題。

邵力子和譚平山的這種微妙差異同樣反映出國共兩黨對軍閥態度上的不同。

孫中山在革命鬥爭中，曾長期利用一派軍閥以反對另一派軍閥。對此，共產國際早就指示中共：「我們應當在國民黨內部竭力反對孫中山與軍閥的軍事勾結、這些軍閥是敵視蘇俄的外國資本的代理人，而蘇俄則不僅是西歐無產階級的盟友，而且也是東方被壓迫民族的盟友。這種勾結有可能使國民黨的運動蛻化爲一個軍閥反對另一個軍閥的鬥爭，從而不可避免地不僅要導致民族陣線的徹底瓦解，而且要導致工人組織和共產黨的信譽掃地。」㉓一九二四年九月，屬於皖系的浙江軍閥盧永祥和屬於直系的軍閥齊燮元之間爆發戰爭。孫中山和皖系、奉系之間結有三角同盟，共同反對直系的曹錕、吳佩孚政權，因而自然支持盧永祥，並且企圖乘機興師北伐，直搗北京。同月十日，中共中央就發表通告稱：「此次江浙戰爭，顯然是軍閥爭奪地盤與國際帝國主義操縱中國政治之一種表現；無論對於參加戰爭之任何方，若有人爲偏袒之言動，都是犧牲人民利益來助宰制勢力張目。」通告表示：「人民對任何軍閥戰爭不能存絲毫希望，可希望解救中國的惟有國民革命。」㉔譚平山在共產國際執委會上不談對軍閥的分化、利用等一類問題，顯然與中共的上述態度有關。

在「書面報告」中，邵力子向共產國際提出的希望之二是，「明確制定我上面所談到的對待各個帝國主義集團和軍閥派系的策略，並要求共產黨接受統一的行動綱領。」㉕顯然，這是在要求共產國際確認國民黨的反帝、反軍閥策略，並將中共的行動納入這一統一的「綱領」中去。

三、其三，闡明國民黨的農工政策

在書面報告中，邵力子聲稱「國民黨在一大以後就開始特別重視工農運動，同情國民黨的工人和農民越來越多。這種現象特別表現在廣東省，在政府同工農組織的合作中。」他彙報說：廣東省已經有六十六個縣組成農民協會，會員超過六十萬人。又彙報說：國民黨和國民政府正在修訂《勞動法典》，用以維護工人工會的權益。關於土地問題，邵力子特別說明：蔣介石曾就土地問題和鮑羅廷長談，就改善農民狀況有過協定，準備在必要和適當的時候公佈。

譚平山的書面報告有一節專談農民問題。涉及組織農民運動、土地、實行最低的土地稅、制止農村高利貸、農村統一戰線、武裝農民等多方面的問題。譚批評國民黨的最近宣言：「有一個『只有進行革命，土地才能歸農民』的口號，這是一句空話。」他表示：「我們這方面應該進行廣泛的宣傳，爭取無條件地滿足農民的要求。」但是，譚平山提出的實際措施還是「實行最低的土地稅」和減租百分之二十五等方案。㉖

布哈林不滿意譚平山的書面報告，於會議第二天的講話中嚴厲地批評了中國共產黨。他說：「雖然中國共產黨的路線總的來說是正確的，但它所犯的主要錯誤就在於，黨對農民問題注意得不夠，過分畏懼農民運動的開展，在國民黨佔領區進行土地改革不夠堅決。」㉗廿六日，譚平山發言，承認布哈林所批評的錯誤，表示將以「布哈林的觀點」作為「解決中國對農民的策略的問題的出發點」。㉘廿九日，譚在《關於中國情況的報告》中說：「大地主階級是中國軍閥制度的基礎。為了徹底消滅半封建的軍閥制度，我們應該解決土地問題。」㉙十二月二日，他進一步表示：「中國土地問題比以往任何時候都更為尖銳，若不及時加以解決，就不能保證民族革命的勝利。」他提出的具體辦法有：在國民革命軍佔領的地方，沒收廟宇土地，沒收公開反對革命政權的買辦軍閥和大地主的財產等。他並在會上向國民黨公開呼籲：「儘快地滿足農民群眾的要求」。㉚十二月十五日，譚平山代表中國委員會發言，聲稱：「這個問題的原則牢固地確定了，即土地應該屬於農民。」可以看出，譚平山的調子在逐漸升高。

在布哈林的批評面前，邵力子仍然堅持原來的立場。十一月三十日，邵力子發言，聲稱孫中山的三民主義就是社會主義，孫中山和布哈林所設想的中國革命前途是一致的；邵同時聲稱：國民黨在民族革命以後，力圖避免「在中國形成資產階級統治」；國民黨已是「群眾的黨」，「現在公開地切實地保護工農的利益」。在談到土地問題時，邵力子說：「蔣介石同志在他對國民黨黨員的講話中指出，如果不能正確地解決農民的土地問題，那中國革命是不可想像的。」在講了上述事例後，邵力子鄭重聲明：「國民黨對土地問題是極其重視的。」但是，邵力子也委婉地表達了國民黨不準備立即接受激進土地綱領的立場。他說：「怎樣在中國實現土地改革呢？我認爲，全會必將就這個問題給我們指示和確定總的路線。但必須注意，任何有關土地改革的建議，都應符合當前的實際情況。」㉛

中國革命黨人和共產國際之間在土地問題上的分歧由來已久。孫中山早年主張「平均地權」，但其實質是通過調節稅收來剝奪地主對土地的壟斷，爲近代工商業的發展創造條件，並不涉及農民的土地要求。對此，鮑羅廷曾批評爲「小資產階級的改良」。㉜一九二三年五月，共產國際指示中共「三大」：在中國進行民族革命建立反帝戰線之際，必須同時進行土地革命，吸引農民，其核心內容爲：沒收地主土地，沒收寺廟土地，無償分配給農民。但是，當年召開中共「三大」和「四大」都沒有採納上述意見。一九二四年一月，毛澤東還曾明確提出：「只要我們還不確信我們在農村擁有強有力的基層組織，只要我們在很長時期內沒有進行宣傳，我們就不能下決心採取激進的步驟反對較富裕的土地所有者。」㉝同樣，共產國際對國民黨的遊說也未見顯著成效。一九二三年十一月，鮑羅廷和廖仲愷起草過一份土地法令，但孫中山不同意立即公佈，「建議先同農民聯繫，傾聽他們的呼聲」，同時，「培養一些幹部，以便在土地法令頒佈之時，能有人向農民宣傳和說明」㉞國民黨「一大」以後，孫中山提出了「耕者有其田」的主張。他在和蘇聯顧問弗蘭克私下談話時並說：「我決心將所有現在掌握在地主（**出租土地的人**）手裏的土地交給農民掌握和所有。」這當然比較接近於共產國際的土地革命思想，但孫中山又認爲，必須在成立了農民協會並將農民武裝起來之後，才有條件實行。他說；「在當前組織農民協會的形勢下，進行任何反對地主的宣傳都是策略性的錯誤，因爲那樣做會使地主在農民之前先組織起來。」㉟此後，國民黨的各種決議並未按共產國際的要求列入土地革命，因此，布哈林在共產國際執委會第六次全會上對中共的批評，實際上也是指向國民黨的。

四、其四，調整國共關係，要求共產國際承認國民黨對中國革命的領導權

邵力子「書面報告」的重點是「關於黨」。在這一部分中，邵力子準確地複述了蔣介石當年六月初在黃埔軍校演講時提出的觀點：「革命取得勝利的基本條件是統一的領導和統一的意志。中國革命是世界革命的一部分。中國革命也和世界革命一樣需要統一。共產國際是世界革命的領導。因此，國民黨應是中國革命的領導。」㊱報告中，邵力子同時傳達了蔣介石對中國共產黨的看法：「共產黨是無產階級的政黨。他不可能也不應該限制它的發展。然而在統一戰線中，它（共產黨）應當承認領導中國革命的國民黨是領導者，並採取措施避免產生致使統一戰線削弱國民革命力量的各種麻煩和分歧。」報告中，邵力子還傳達了蔣介石對共產國際的要求：一、與共產國際建立更加密切的聯繫。在國共兩黨代表會議上邀請共產國際的代表作為顧問參加；請求共產國際對中國革命運動的各種問題給予指導；經常向共產國際派出代表或派駐常任代表；請共產國際派更多人員來到中國。二、明確制訂報告中談到的對待各個帝國主義集團和軍閥派系的策略，並要求共產黨接受統一的行動綱領。三、請在如何統一中國的革命陣線，加強和鞏固國民黨，進一步改善國共在聯合鬥爭時的相互關係等問題上給予指導。

繼「書面報告」之後，邵力子又提出「補充報告」，闡述在國共合作發生的摩擦和分歧，指責中國共產黨人沒有領會共產黨人加入國民黨後應承擔的基本任務。報告強調：「統一戰線方式不是兩黨站在一條線上的聯合方式，而是共產黨人加入國民黨的一種方式。」「在目前的社會條件下只能進行國民革命。而這一革命的領袖應當是國民黨。」㊲

邵力子的「補充報告」提出，共產黨人應該執行兩項根本任務：加強和擴大國民黨；幫助和加強國民黨左派。報告批評了「部分年輕共產黨人」中存在的情況：一、在工農群眾中說：國民黨是資產階級或小資產階級政黨，是動搖的政黨，將來會壓迫工農。二、竭力把國民黨的年輕左派吸收到共產黨組織中去，結果是國民黨內幾乎沒有純粹的國民黨左派。報告希望：共產黨「千方百計地努力擴大和發展國民黨左派，加強它在國民革命運動中的領導地位」；不要在軍隊中建立秘密組織；在對各個帝國主義集團和軍閥派系的具體策略上和國民黨採取一致行動；對（國民黨）在軍事和政治建設中出現的錯誤，共產黨人先要友好地提出，在拒絕接受的情況下才進行公開批評。

邵力子的要求和譚平山在會議上提出的主張，正好互相頂牛。

在「書面報告」中，譚平山形象地說明中國革命有如兩架賽車競爭，一架是資產階級駕駛的，一架是無產階級駕駛的。誰超過對方，誰就頭一個達到目的。他說：「無產階級與資產階級之間由於爭奪革命的領導權問題而展開競賽，很久以前就已經開始了。但是，只有現在才到了決賽時刻。」㊳十一月廿九日，譚平山發言，分析中國革命的兩種發展可能：其一，中國的無產階級和全世界無產階級一起完成徹底的革命；其二，中國新興的資產階級從無產階級手中奪去革命的領導權，並在帝國主義的幫助下建立中國的資本主義。他說：「中國無產階級在中國革命中的領導權還沒有足夠的保證。中國無產階級還處於必須與資產階級爭奪民族革命領導權的階段。」㊴自然，譚平山所說「無產階級領導權」就是中國共產黨的領導權。

中國共產黨對於領導權的認識有一個發展過程。「一大」時，中共決定「對現有其他政黨，應採取獨立的攻擊的政策。」「只維護無產階級的利益，不同其他黨派建立任何聯繫。」㊵在這種情況下，自然不存在領導權問題。中共「二大」克服了「一大」所表現的關門主義和孤立主義傾向，會議提出，「共產黨應該出來聯合全國革新黨派，組織民主的聯合戰線」。㊶

要成立聯合戰線，就必然有一個誰來領導的問題，但是，會議沒有就此提出看法。其後，中共中央西湖特別會議決定進一步推進民主聯合戰線，討論了共產國際代表提出的共產黨員以個人身分加入國民黨的問題，也還是沒有研究領導權問題。

領導權問題最早見於高君宇、蔡和森、瞿秋白等個別共產黨員的文章中。㊷一九二三年五月，共產國際明確指示中共「三大」：領導權應當歸於工人階級的政黨。㊸但是，「三大」沒有考慮共產國際的這一意見，在決定共產黨員以個人名義加入國民黨時，卻在宣言中表示：「中國國民黨應該是國民革命之中心勢力，更應該立在國民革命之領袖地位。」㊹當年十一月，中共三屆一中全會提出：「我們須努力站在國民黨中心地位」，這可算領導權思想的萌芽，但決議馬上就補充說，「事實上不可能時，斷不宜強行之」，可見決心並未下定。㊺

一九二四年一月，李大釗在國民黨「一大」發言，高度評價國民黨的革命性，他說：「我們環顧國中，有歷史、有主義、有領袖的革命黨，只有國民黨；只有國民黨可以造成一個偉大而普遍的國民革命，能負解放民族、恢復民權、奠定民生的重任，所以毅然投入本黨來。」他強調革命力量應「集中於一黨」，宣稱接受孫中山的指揮。他說：「光是革命派的聯合戰線，力量還是不夠用，所以要投入本黨中，簡直編成一個隊伍，在本黨總理指揮之下，在本黨整齊紀律之下，以同一的步驟，為國民革命的奮鬥！」李大釗並稱：「我們加入本黨是來接受本黨的政綱，不是強本黨接受共產黨的黨綱。」顯然，中共中央當時還沒有考慮到：一旦孫中山逝世後怎麼辦？一旦兩黨發生政見分歧時怎麼辦？

國民黨「一大」後，國共兩黨部分黨員之間的分歧日漸顯露，無產階級領導權問題遂逐漸受到中共中央注意。一九二四年七月一日，李大釗在共產國際第五次代表大會上報告說：「中國共產黨的力量不大。它的戰線很長，因為它同時領導著工人運動和民族運動。」㊻同月廿一日，由陳獨秀、毛澤東簽署的《中央通告》提出，須努力獲得或維持「指揮工人農民學生市民各團體的實權」。㊼一九二五年一月召開的中共「四大」提出：「中國民族革命運動，必須最革命的無產階級有力的參加，並且取得領導的地位，才能夠得到勝利。」㊽這就對領導權問題作了極其清晰的表述。會議對國民黨的評價和「三大」有了顯著差別，稱其為「中國民族運動中一個重要工具，然亦僅僅是一個重要工具」。會議同時提出和國民黨的「爭鬥」問題。宣言稱：「我們固然要幫助國民黨在實際運動上在組織上發展，同時也不可忘了在國民黨中的爭鬥：反帝國主義的政治爭鬥，農工階級的經濟爭鬥。」宣言表示：「對於國民黨政治上妥協政策，尤其是不利於工人農民的行動，我們必須暴露其錯誤，號召工人農民起來反抗。」㊾其後，中共中央關於領導權問題的認識不斷加強，如一九二五年十月中共中央擴大執行委員會就提出：「中國共產黨是無產階級的指導者，是民族解放運動的領袖的指導者，應當指示群眾以前進的道路。」㊿至此，在民主革命中必須保證無產階級的領導權已成為中共的普遍認識。但是，如何取得這種領導權呢？中共中央提出了多種辦法：與左派建立密切的聯盟，竭力贊助左派和右派鬥爭；控制中派；在國民黨勢力所在地，到處擴大共產黨，「積極的跑到政治舞臺上去，到處實行我們自己的思想鬥爭和策略」；[51]其他辦法還有：拉住小資產階級，促進資產階級革命化等等。至一九二六年七月，中共中央擴大會議遂形成了比較全面的意見。會議通過的《中國共產黨與國民黨關係問題的決議案》提出：「一方面我們的黨應當更加加緊在政治上表現自己的獨立，確立自己在工人中及多數農民中的勢力，取得革命化的一般民眾中的政治影響；別方面組織這些小資產階級的革命潮流而集合之於國民黨，以充實其左翼，更加以無產階級及農民的群眾革命力量影響國民黨——這樣去和左派國民黨結合強大的鬥爭聯盟，以與資產階級爭國民運動的指導。如此才能保證無產階級政黨爭取國民革命的領導權。」[52]

然而，當時兩黨聯盟的方式是黨內合作，共產黨員以個人身分加入國民黨。如何在這一特定格式中，既掌握領導權，又保證兩黨繼續合作，這是個很難解決的問題；在蔣介石集黨、政、軍大權於一身，又針鋒相對地提出國民黨的領導權問題之後，這個問題就更難解決了。

五、可以解決和無法解決的問題

共產國際第七次全會在一片歡呼聲中閉幕了。邵力子受蔣介石之囑提出的「重要問題」有的解決了，有的沒有解決，有的則在舊的格式、框架下根本無法解決。

關於和共產國際互派代表問題。一九二七年一月六日，共產國際主席團決定原則上接受國民黨向共產國際主席團派駐代表的建議，交主席團小委員會討論並解決手續上的問題。㊼譚平山認爲，當初胡漢民代表國民黨申請加入共產國際時動機就不純，一是爲了提高自己在國民黨內的威信，一是爲了削弱共產黨在群眾中的影響，因此，他對共產國際主席團的決定持懷疑態度。一月七日，譚平山在主席團會議上表示，他原則上贊成國民黨作爲同情黨向主席團派駐代表，但他同時聲明，這一建議只是幾個國民黨員提出的，其他人不知道，國民黨中央也沒有接受這一建議。他要求政治書記處再作研究。㊽一月十日，索洛維耶夫致函共產國際主席團小委員會，聲稱主席團會議已原則上通過和國民黨互派代表的決定，決定將國民黨代表列爲有發言權的共產國際主席團成員，要求小委員會致電鮑羅廷，確認邵力子的委託書，或另派代表。㊾十一日，小委員會決定致電鮑羅廷與共產國際駐中國的代表維經斯基，將上述決定通知他們，要他們瞭解國民黨中央是否討論過，邵是否已被授權等問題，待收到覆電後再議。此後，邵力子即以國民黨代表的身分繼續留在莫斯科，但是，共產國際擔心向國民黨派駐代表就等於接納國民黨，始終沒有向國民黨派駐自己的代表。一直拖到四月七日，維經斯基等才在漢口致電共產國際執委會政治書記處，建議由共產國際駐中國共產黨的代表兼任駐國民黨的代表並參加國民黨的一切領導機關。㊿

邵力子留蘇期間，共產國際遠東書記處還會決定：「不反對吸收邵力子同志在共產黨員同志的監督和領導下參加農民國際的工作。」[57]又決定報請政治局批准，由庫西寧、拉斯科爾尼科夫、索洛維耶夫、蔡和森、邵力子等人組成國民黨問題常設會議。但是，此會未被批准成立。58

關於確定國民黨的反帝、反軍閥策略問題。當時，蘇聯共產黨正醉心於推行「世界革命」，因此，籠罩共產國際執委會第七次全會的是一片強烈的反帝氣氛。在全會所作的決議中，雖然也有「應利用各帝國主義集團間的矛盾」一類的片言隻語，但它更強調的是「從根本上打擊在中國的帝國主義勢力」。全會不僅要求廢除對華不平等條約，撤除外國租界，而且要求打擊「帝國主義勢力的經濟基礎」，要求中國國民政府將屬於外國資本的鐵路、租讓公司、工廠、礦山、銀行和企業一概收歸國有。59在這一情況下，自然不會考慮國民黨人所提出的對列強實行區別對待的策略，相反，卻常常擔心他們會和列強勾結。直到一九二七年四月，武漢國民政府處於極端困難時，鮑羅廷才決定實行外交上的「政策調整」，分離英、日，區別外國政府以及資本家集團中的軍人派和工商業資本派、財政資本派與商業資本派，但已為時過晚了。60

中國軍閥林立。為了打擊一派軍閥，在某些條件下可以和另一派軍閥結成臨時聯盟。這一點，共產國際、聯共（布）中央、中共都是認可的。例如聯共（布）中央政治局就肯定：「廣州同張作霖進行談判是合適的，同時提醒廣州防止捲入與廣州政府的資源和力量不相適應的軍事行動的危險。」61中共也贊成「聯奉」。中共上海區委負責人羅亦農就曾表示：「北伐軍戰線太長很危險。」「要看國民政府的政治手腕如何？能否拉住奉軍。」「在政治全盤觀察，聯奉是必要的。」62

關於土地革命。共產國際極爲重視中國革命中的土地問題。在《關於中國形勢問題的決議》中，共產國際提出：「中國民族革命運動的發展，重點是土地革命」。共產國際並嚴重脫離實際地要求中國革命黨人「進行連續性的徹底改革，以實現土地國有化」。針對部分中共黨人擔心開展土地革命會影響統一戰線的顧慮，共產國際在決議中特別寫了下面一段話：「懼怕資產階級中某一部分勢力會不堅決、不真誠地合作，而拒絕在民族解放運動的綱領裏把土地革命問題提到顯著地位，這是不對的。這不是無產階級的革命策略。」63自然，這些主張也是對於邵力子在會上所述主張的明確否定。

在共產國際行動執委會和主席團成員中，印度人羅易強烈主張在中國推行土地革命。全會《關於中國形勢問題的決議》就是由他起草的。一九二七年一月，羅易被作爲共產國際的代表派往中國，譚平山同行。共產國際此舉顯然是爲了促進中國的土地革命。在共產國際擴大全會的影響下，原先主張暫緩進行土地革命的中共黨人和部分國民黨左派迅速改變看法。一九二七年四月，武漢國民黨中央成立由國共兩黨成員組成的土地委員會，制訂解決中國土地問題的方案。該會從四月初開始工作，經過一個多月時間，形成《解決土地問題決議案》。在表決時，林祖涵、吳玉章兩位共產黨員贊成通過而不公布，徐謙、宋慶齡、陳友仁以及孫科、汪精衛等人都不舉手，只好決定暫時保留。但是，這時候，湘、鄂、贛部分地區的農民運動已經從減租減息躍向重新分配土地了。

關於領導權。共產國際《關於中國形勢問題的決議》將中國革命分為三個階段。第一階段，民族資產階級和資產階級知識分子是最重要的動力。第二階段，工人階級在中國舞臺上出現，與農民、城市小資產階級，部分地也同資產階級聯合起來。決議認為，中國革命即將向第三階段過渡，「運動的基本力量將是革命性更強的聯盟——無產階級、農民階級和城市小資產階級的聯盟，把大部分大資產階級排除在外」，「無產階級越來越明顯地成為運動的領導者」。⑭蔣介石通過邵力子要求共產國際承認中國國民黨是中國革命的領導者，《決議》的這一段話雖然不是對蔣的直接回答，但卻是堅決而明確的否定。

雙方都要求領導權，但領導權只能屬於一方。在兩不相下而又別無其他途徑可以解決的情況下，這種對領導權的爭奪必然會導致統一戰線破裂，進而導致血與火的衝突。但是，共產國際對此卻缺乏清醒的認識。《關於中國形勢問題的決議》稱：「無產階級應該作出選擇：是同資產階級中的大部分勢力維持聯合，還是進一步鞏固自己同農民的聯盟。」⑮這實際上是在要求從統一戰線中甩掉中國「資產階級的大部分」，但是，在另一方面，共產國際又力圖拉住蔣介石，維繫原來的統一戰線框架。一九二七年三月，發生英美炮艦轟擊南京事件，邵力子以國民黨代表身分致函共產國際主席團，表示「要在世界革命戰線上共同努力，打倒共同的敵人——國際帝國資本主義」。⑯這時，已處於國共分裂前夜，形勢日益嚴重，共產國際執委會主席團卻在覆邵力子函中稱：「堅信國民黨將保持團結一致，外國帝國主義者、軍閥以及中國勞動人民的其他敵人都無法分裂高舉民族解放旗幟的偉大的黨。」⑰不久，邵力子因蔣介石電催，

⑱準備束裝歸國，史達林、李可夫、伏羅希洛夫竟分別托邵將自己的照片贈與蔣介石，以示親善！⑲

六、尾聲

一九二七年三月，聯共（布）中央政治局獲悉，蔣介石曾向共產國際執委會表示，願意會見在中國的共產國際執委會代表團。政治局認爲這一會見是有必要的，打算派維經斯基去上海，與蔣介石聯繫，並防止他採取「極端行動」。⑳共產國際駐中國代表團收到指示後，未能及時作出決定，直到羅易得悉蔣介石決定在南京召集國民黨中央全會，才於四月十二日致電蔣介石，建議他放棄計劃，參加武漢方面召集的會議。電稱：「我們建議您遵守協定，把黨內一切有爭議問題提交中央委員會全會來解決並服從全會的決定。如果您接受這一忠告，我們將願意訪問南京，以便和您本人討論一切重大問題。共產國際將盡可能幫助建立一切革命力量的反帝統一戰線。」㉑但是，這一天，上海的「清黨」行動已經開始了。同月廿二日，蔣介石覆電羅易，指責武漢國民黨左派，電稱：「國民黨黨內問題，關係本黨之存亡，實非尋常糾紛之可比，最近種種事實已經證明破壞國民革命聯合戰線責任之誰屬，而在武漢一方把持我黨黨權之人有不能辭其咎者。」蔣批評羅易「只聽見一方面人的話，未嘗知其真相」，聲稱南京會議係當年三月汪精衛在上海會議時所決定，「事非由我而起，我亦無權打消也」。㉒蔣介石和共產國際的關係自此終結。

邵力子歸國前，史達林已經得到蔣介石解除上海工人糾察隊的消息。他笑著對邵力子說：「如果蔣介石真的解除了工人自衛隊的武裝，我卻把自己的照片送給他，工人們會怎樣看我？」四月廿三日，邵力子在海參崴得知確訊，便將照片退回史達林等人。他表示：「不能充當反革命的武器」，回國後將經上海去武漢。函稱：「達成妥協的希望已經破滅，我很擔心帝國主義者可能進行干涉，希望共產國際和各國同志號召全世界革命者阻止這種干涉。」[73]

返國後，邵力子在上海住了幾天，到南京見蔣介石，蔣仍要邵當秘書長，邵稱：「我不能再當秘書長，不離開你就是了。但希望停止殺戮青年，並不要叫我寫關於反共的文字。」[74]

① 《上海區委召開「民校」黨團擴大會議記錄》（一九二六年七月十一日）載：「蔣要許多同志退出C．P．，他們都不情願。蔣要邵退出，他說，我本掛名，現如退出，人就說我為飯碗問題，所以不願退出。」

② 蔣介石一九二六年六月十二日日記云：「擬於此數日內，將第三國際問題、中國革命總計劃及出征前後之準備三者確定大綱也。」，又六月廿六日日記云：「晚在東山寓次與力子談革命以集中與統一為唯一要件，而其基礎則在下級士兵也。」

③ 邵力子：《出使蘇聯的回憶》，《文史資料選輯》第六十輯，中華書局一九七九年版，第一八四頁。

④ 《邵力子給共產國際執行委員會的報告》，《聯共（布）共產國際與中國國民革命運動》第三冊，北

京圖書館出版社一九九八年版，第五〇七頁。

⑤一九二六年十一月蔣介石致邵力子電云：「別後未接來書，中亦無暇奉言，所商之事有無結果？此間甚忙，請兄事畢速回。中如來俄，莫當局之意如何？請覆。」見「蔣中正檔」，0163，臺北國史館藏。

⑥《胡漢民就接納國民黨加入共產國際問題致共產國際執行委員會書提要》，《聯共（布）共產國際與中國國民革命運動》第三冊，第九十至九十二頁。

⑦《東方各革命黨致賀詞》，《共產國際有關中國革命的文獻資料》第一輯，中國社會科學出版社一九八一年版，第一一五至一一六頁。

⑧《出席共產國際執行委員會第六次全會的聯共（布）代表團核心小組會議第一號記錄》，《聯共（布）共產國際與中國國民革命運動》第三冊，第一四九頁。

⑨《共產國際執行委員會主席團給國民黨中央委員會的信》，《聯共（布）、共產國際與中國革命運動》第三冊，第一五二至一五三頁。

⑩邵電未見，蔣介石曾於當年十一月廿三日覆電云：「到俄後與第三國際談話之電已接閱。近況如何？請兄速回襄助一切，中甚苦也。」，見蔣中正檔，00172，臺北國史館藏。

⑪《共產國際有關中國革命的文獻資料》第一輯，第一四四頁。

⑫《邵力子給共產國際執行委員會的信》，《聯共（布）、共產國際與中國革命運動》第三冊，第六三六至六三八頁。

⑬《出使蘇聯的回憶》，《文史資料選輯》第六十輯，第一八四至一八五頁。
⑭《中共中央文件選集》第一冊第三十七頁。
⑮《鮑羅廷的札記和通報》，《聯共（布）、共產國際與中國革命運動》第一冊，第四二一、四二三、四二九頁。
⑯《中國共產黨對於時局的主張》，《中共中央文件選集》（一），第三十五頁。
⑰《國民運動進行計劃決議案》，《中共中央文件選集》（一），第二〇〇頁。
⑲《中國國民黨歷次代表大會及中央全會資料》（上），第十八頁。
⑱《聯共（布）、共產國際與中國國民革命運動》第三冊，第五〇八至五〇九頁。
⑳《共產國際有關中國革命的文獻資料》第一輯，第一四四頁。
㉑《共產國際有關中國革命的文獻資料》第一輯，第一七二、一七八、一九六頁。
㉒《共產國際有關中國革命的文獻資料》第一輯，第一七二頁。
㉓《共產國際執行委員會給中國共產黨第三次代表大會的指示》，《共產國際有關中國革命的文獻資料》第一輯，第八〇頁。
㉔《中央通告第十七號》，《中共中央文件選集》（一），第二八五頁。
㉕《聯共（布）共產國際與中國國民革命運動》第三冊，第五一五頁。
㉖《譚平山提出的關於中國問題的書面報告》，《聯共（布）、共產國際與中國國民革命運動》第一輯，第一九一至一九二頁。

㉗《布哈林的報告》，《共產國際有關中國革命的文獻資料》第一輯。

㉘《討論布哈林和庫西寧的報告》，《共產國際有關中國革命的文獻資料》第一輯，第一六六頁。

㉙《共產國際有關中國革命的文獻資料》第一輯，第一七四頁。

㉚《共產國際有關中國革命的文獻資料》第一輯，第二五〇至二五一頁。

㉛《共產國際有關中國革命的文獻資料》第一輯，第二四三至二四四頁。

㉜《聯共（布）、共產國際與中國國民革命運動》第一輯，第四二五頁。

㉝《聯共（布）、共產國際與中國國民革命運動》第一輯，第四七〇頁。

㉞俄羅斯現代史文獻保管與研究中心，全宗五一四，目錄一，案卷五十，第一一三至一一四頁。

㉟《就中國農民問題與孫逸仙和廖仲愷的談話》，《聯共（布）、共產國際與中國國民革命運動》第一冊，第五一五至五一六頁。孫中山在和鮑羅廷談話時也表述過近似的意見。他說：「土地改革是必要的，但我們不能貫徹執行，因為我們的農民沒有文化，沒有組織起來，在我們和農民之間有豪紳，如果我們頒佈法令，那麼這個法令會首先落到豪紳手裏（如果法令能傳到農村的話），豪紳就會利用法令來反對我們，並且他們不僅把軍閥也把農民組織起來反對我們。因此首先應當著手組織農民。」見《鮑羅廷在聯共（布）中央政治局使團會議上的報告》，同上書第三冊，第一一八頁。

㊱《聯共（布）、共產國際與中國民革命運動》第三冊，第五一四至五一五頁。

㊲《聯共（布）、共產國際與中國民革命運動》第三冊，第五二二至五二三頁。

㊳《共產國際有關中國革命的文獻資料》第一輯，第一七六頁。

㊴《共產國際有關中國革命的文獻資料》第一輯，第一七三頁。

㊵《中國共產黨第一個決議》，《中共中央文件選集》（一），第八頁。

㊶《關於「民主的聯合戰線」的決議案》，《中共中央文件選集》（一），第六十六頁。

㊷一九二二年九月高君宇在《嚮導》回答問題時說：「在國民革命當中，無產階級是要占個主要地位。」一九二三年一月，蔡和森在《外力．中流階級和國民黨》中提出：「從舊的歷史看來，領導中流階級向國民運動走的有中華國民黨；從新近的歷史看來，領導工農階級向國民運動聯合戰線走的有中國共產黨。」一九二三年二月，瞿秋白在《現代勞資戰爭與革命》一文中提出：「務使最易組織最有戰鬥力之無產階級在一切舊社會的運動中，取得指導者的地位，在無產階級中，則共產黨取得指導者的地位。」同年五月，瞿在《新青年之新宣言》中提出：「即使資產階級的革命亦非勞動階級為之指導，不能成就；何況資產階級其勢必半途而輟，失節自賣，真正的解放中國，終究是勞動階級的事業。」「無產階級在社會關係之中，自然處於革命領袖的地位。」九月，瞿秋白在《自民權主義至社會主義》一文中提出：「資產階級性的革命卻須無產階級領導方能勝利。」

㊸《中共中央文件選集》（一），第五八六頁。

㊹《中共中央文件選集》（一），第一六五頁。類似的思想也見於會議通過的《關於國民運動及國民黨問題決議案》。

㊺《中共中央文件選集》（一），第二〇一頁。鮑羅廷對這一決議的回憶是：「會議指出，全體同志儘管應該在國民黨內竭盡全力為自己爭取領導權，但必須通過合情合理的途徑，不得暴露自己的意

圖。」見《鮑羅廷的札記與通報》，《聯共（布）、共產國際與中國國民革命運動》第一冊，第四四二頁。

㊻《共產國際有關中國革命的文獻資料》第一輯，第九十二頁。當時，李大釗化名琴華。

㊼《中央通告》第十五號，《中共中央文件選集》（一），第二八三頁。

㊽《中共中央文件選集》（一），第三三三頁。

㊾《中共中央文件選集》（一），第三三九至三四〇頁。

㊿《中共中央文件選集》（一），第四六八頁。

51《中國共產黨與中國國民黨決議案》，《中共中央文件選集》（一），第四八九頁。

52《中共中央文件選集》（二），第一七五至一七六頁。

53《共產國際主席團會議記錄》，《聯共（布）、共產國際與中國國民革命運動》第四冊，第六十頁。

54《譚平山和拉斯科尼科夫在共產國際執行委員會主席團會議上就國民黨向共產國際執行委員會主席團派駐代表問題的發言記錄》，《聯共（布）、共產國際與中國國民革命運動》第四輯，第六十一至六十二頁。

55《聯共（布）、共產國際與中國國民革命運動》第四輯，第六十三頁。

56《聯共（布）、共產國際與中國國民革命運動》第四冊，第一七六頁。

57《共產國際執行委員會遠東書記處會議第五號記錄》，《聯共（布）、共產國際與中國國民革命運動》第四輯，第一〇一頁。

⑱《共產國際執行委員會遠東書記處會議記錄》，《共產國際執行委員會政治書記處會議第九號會議記錄》，《聯共（布）、共產國際與中國國民革命運動》第四輯，第一〇二、一一五頁。

⑲《關於中國形勢問題的決議》，《共產國際有關中國革命的文獻資料》第一輯，第二八四頁。

⑳參閱拙作《中華民國史》第二編第五卷，中華書局一九九六年版第四六三、五三一頁。

㉑《聯共（布）政治局會議第五十三號（特字第四四號）記錄》，《聯共（布）、共產國際與中國國民革命運動》第三冊，第五〇五頁。

㉒《上海區委特別會議記錄》（一九二六年九月十四日）。

㉓《共產國際有關中國革命的文獻資料》第一輯，第二七六、二八〇、二八四頁。

㉔《共產國際有關中國革命的文獻資料》第一輯，第二七七頁。

㉕《共產國際有關中國革命的文獻資料》第一輯，第二八〇頁。

㉖《聯共（布）、共產國際與中國國民革命運動》第四冊，第一五八頁。

㉗《聯共（布）、共產國際與中國國民革命運動》第四冊，第一七五頁。

㉘蔣介石：《致嘉倫將軍轉吳定康電》，「蔣中正檔」，臺北國史館藏。

㉙《邵力子給索洛維耶夫的信》，《聯共（布）、共產國際與中國國民革命運動》第四冊，第二一四頁。

㉚《聯共（布）中央政治局會議第九十二號（特字第七〇號）記錄》，《聯共（布）、共產國際與中國國民革命運動》第四輯，第一五六頁。

(71)《羅易給蔣介石的電報》，《聯共（布）、共產國際與中國國民革命運動》第四輯，第一六二至一六三頁。

(72)《致漢口第三國際代表路伊君》，「蔣中正檔」，臺北國史館藏。

(73)《邵力子給索洛維耶夫的信》，又，《皮亞特尼茨給史達林的信》，《聯共（布）、共產國際與中國國民革命運動》第四冊，第二一四至二一五頁。

(74)邵力子：《出使蘇聯的回憶》，《文史資料選輯》第六十輯，第八十五頁。

北伐時期左派力量與蔣介石的矛盾及鬥爭

中山艦事件後，汪精衛被迫「請假」離國，蔣介石在國民黨二屆二中全會上提出限制共產黨人的整理黨務案，逐步掌握了黨權、政權和軍權。其後，中共爲了奪取革命領導權，曾和國民黨中的左派人士團結合作，同蔣介石進行過幾次鬥爭，取得一定勝利，奪回了大部分黨權和政權，但是，由於未曾觸動蔣介石的軍權，最終還是失敗了。

一、迎汪復職

孫中山逝世後，汪精衛是國民黨左派的領袖，迎汪復職的口號最初是國民黨左派提出來的。

一九二六年五月廿五日，彭澤民在國民黨中央常務委員會上提議：「汪精衛同志病仍未癒，本會應去函慰問，並申述本會熱望其早日銷假視事。」①隨後，江蘇、安徽、湖北、廣西等省黨部陸續通電，要求汪精衛銷假視事，主持北伐大計；于右任、經亨頤等並電請中央催促。②七月九日，蔣介石就任國民革命軍總司令，國民黨左派的迎汪要求更爲迫切。八月初，國民黨中央接到汪精衛七月十六日的信函，汪表示，辭去在政治委員會、國民政府委員會、軍事委員會中所任各職，「銷假以後，或在粵，或在別處爲黨服務」。③何香凝主張借此請汪復職。八月十日，她在中常會第四十七次會上臨時動議：「現在請汪主席銷假者既函電紛馳，中央應分別答覆及將原函電轉汪主席。」④次日，吳玉章由滬到粵，何香凝一見面就哭道：「現在是跟北洋軍閥決戰的最後關頭了；可是國民黨內部情形這樣糟，怎麼辦？一個人專橫跋扈，鬧得大家三心二意，這次戰爭怎麼打下去，國民黨怎能不垮臺？」⑤自此，二人即不斷聯絡左派，商量對策。

最初，國民黨左派計劃在攻克武漢後召開國民黨三大或臨時代表會議，實現迎汪打算。九月，確定召開中央及各省區聯席會議。爲此，顧孟餘自願聯絡北方左派，吳玉章親到長江一帶活動。他們制訂了兩項宣傳原則：一、說明本黨現狀及三月二十日事變真相；二、口號爲「鞏固左派與C．P．諒解合作」與「恢復黨權，擁汪復職」。但中共中央認爲：「第一項太利害了」，怕刺激蔣，要求「含渾一點」。⑥

蔣介石很早就認爲，他和汪精衛之間「兩雄不能並立」，⑦因此，對迎汪復職疑懼不安。在二屆二中全會閉幕式上，蔣介石故作姿態地表示過：「汪精衛、胡漢民兩同志，我們大家必要請他倆出來，尤其是汪先生，我們必須請他趕速銷假，主持黨務。」⑧但實際上他強烈反對汪精衛回國復職。一九二六年八月二十日，他從廣東來電中得悉迎汪情況，認爲其目的在「倒蔣」。⑨廿一日，中央軍校全體黨員電請汪精衛銷假：「黨國無人主持，即黃埔軍校同志，亦如孺子之離慈母，彷徨歧路，莫決南針。」⑩這對蔣介石刺激很大，他在日記中寫道：「從中必有人操縱，決非大多數之真意，自吾有生以來，鬱結愁悶，未有甚於今日也。」⑪由此，他進一步增加了對共產黨的憎恨，日記說：「他黨在內搗亂，必欲使本黨糾紛、分裂，可切齒也。」⑫但是，這一時期，他因嫡系部隊作戰不力和進攻武昌受挫，受到唐生智的輕視和排擠，正處於困境，對共產黨還不便強硬。

九月中旬，蔣介石派胡公冕到上海會見陳獨秀，聲稱汪精衛回來，將被小軍閥利用和他搗亂，分散國民革命的勢力。⑬蔣介石這裏所指的「小軍閥」，顯然包括唐生智在內。蔣介石擔心，汪回來，會受到唐生智等人的擁戴，成爲他政治上的勁敵。蔣介石要求中共維持他的總司令地位，並要挾說：「汪回則彼決不能留。」⑭九月十六日，中共中央與共產國際遠東局開會討論迎汪問題。會議認爲：廣東政府自中派當權以來，縱容官僚、駐防軍及土豪劣紳摧殘農會，殺戮農民，包庇工賊，打擊左派學生，苛取商民捐稅，迫切需要從政治上恢復左派的指導權。目前有三條路可走：一、迎汪倒蔣；二、汪蔣合作；三、使蔣成爲左派，執行左派政策。但現正處於北伐期間，走第一條路太危險，繼蔣而起的李濟深、唐生智可能比蔣還右；走第三條路有很多困難；走第二條路比較適宜。⑮會後，陳獨秀對胡公冕表示：「汪回有三種好處。第一，使國民政府增加得力負責人，擴大局面；第二，新起來的小軍閥與蔣之間的衝突，有汪可以和緩一些；第三，張靜江在粤的腐敗政治，汪回可望整頓。陳獨秀並稱：中共只是在以下三個條件下贊成汪回：一、汪蔣合作，不是迎汪倒蔣；二、仍維持蔣之軍事首領地位，愈加充實、擴大蔣之實力，作更遠大之發展；三、不主張推翻整理黨務案」。⑯由於蔣介石邀請吳廷康赴鄂。九月廿一日，中共中央與吳廷康會議，研究如何在汪、蔣、唐之間進行權力分配以避免衝突。⑰會後，吳廷康即與張國燾赴鄂。但二人趕到時，蔣介石已經赴江西指揮作戰。廿七日，加倫勸蔣介石請汪「出任黨政」首領。⑱在蘇聯顧問中，蔣介石比較相信加倫，因此中共中央和共產國際的意見常常通過加倫轉達。兩天後，蔣介石接到了汪精衛的來信，其中心意思是解釋中山艦事件，聲明「前事無嫌」。⑲十月三日，蔣介石發出迎汪電報。內稱：「本黨使命前途，非兄若弟共同一致，始終無間，則難望有成。兄放棄一切，置弟不顧，累弟獨爲其難於此。兄可敝屣尊榮，豈能放棄責任與道義乎？」⑳該電表示，特請張靜江、李石曾二人前來勸駕，希望汪精衛「與之偕來，肩負艱巨」。從電報字面看，確能給人一種情意誠摯的感覺，但是，張靜江長期癱瘓，怎麼會遠涉重洋向汪精衛勸駕呢！

迎汪是爲了抑蔣，但是，汪精衛其人，華而不實，脆而不堅，投機善變，並不是同蔣介石抗衡的理想人物。當年九月十二日，共產國際遠東局派到廣東進行調查的使團曾經提出：汪精衛是「典型小資產階級和相當脆弱的政治家」，對他不應作過於樂觀的評價。㉑但遺憾的是，直到一九二七年下半年，國民黨左派和共產黨人才痛苦地認識到這一點。

二、國民黨中央及各省區聯席會議

一九二六年九月，國民黨中央政治會議決定召開中央及各省區聯席會議之後，曾經成立過一個議案起草委員會，成員爲譚延闓、孫科、李濟深、甘乃光、徐謙、鮑羅廷、顧孟餘等七人。從九月十四日起至廿九年止，共開過六次會。其間，左派曾擬提出統一黨的領導機關案，將中常會、中政會合併，另選十三人組織政治委員會，它可以包括左、中、右三派，但主席及秘書必須是左派。左派的意圖很清楚，即罷免蔣介石的中央常務委員會主席和張靜江的代理主席職務。對此，張靜江蠻橫地表示，這次大會不能提到主席問題，不能反對蔣作主席，聲言「請汪復職」，「不啻擁汪倒蔣，余誓以去就爭」。㉒會下，他又以「前方戰事緊張」爲理由，對鮑羅廷說：「要蔣先生辭去黨政，無異反對中國革命，我們請你做顧問，並不希望你這樣做的。」㉓在張靜江的逼人氣勢面前，左派決定退讓，結果，提案委員會未能提出該案。

聯席會議全名爲中央委員、各省區、各特別市、海外各總支部代表聯席會議，於十月十五日至廿八日召開，出席中央委員三十四人，各省區黨部代表五十二人。由於中共中央會前指示各地組織「多派可靠、贊助汪的代表去出席」，「實在不得已再派我們同志去」，㉔因此，會上共產黨人占四分之一，左派占四分之一強，另有一些半左派，中派和右派僅占四分之一。會議主要討論了下列問題：

一、**國民政府發展案**。九月九日，蔣介石曾致函張靜江、譚延闓，內稱：「武昌克後，中正即須入贛督戰，武漢爲政治中心，務請政府常務委員先來主持一切，應付大局。」㉕十八日，再電張、譚，聲稱：「中正離鄂以後，武漢政治恐不易辦，非由政府委員及中央委員先來數人，其權恐不能操之於中央。」㉖蔣介石的意圖是運用黨和政府的力量控制唐生智。中共中央看出了這一點，但擔心國民政府遷漢後，「左派群眾的影響越少，政策愈右，行動愈右」，因之，持反對態度。㉗在討論這一議案時，譚延闓作了說明，他認爲：「現在的主要工作在鞏固各省基礎，這種工作以首先由廣東省實施最爲適宜」，遷到北方將與奉系發生衝突，「目前無急遷之必要」，「與其忙於遷移，不如先把各省的基礎鞏固起來」。㉘會議一致決定國民政府仍暫設於廣州。

二、迎汪案。這是會上鬥爭最激烈的議案。事前，徐謙曾要求張靜江早日發表蔣介石迎汪電，但張堅持在各議案之後再提出，並稱，「汪係個人的事，不用過事張皇」。右派還揚言，要提出歡迎胡漢民案以爲抵制。㉙十八日，江蘇、上海、安徽、浙江四個黨部將該案作爲臨時動議提出，內稱：「當此黨政發展的時候，蔣介石同志主持軍事於外，一切建設政治與黨務，非有能提綱挈領如汪同志者主持大計於內，不足鞏固革命基礎，實現黨政真精神。」㉚該案有山西、山東等廿五個黨部附署。在此情況下，張靜江才無可奈何地公佈了蔣介石的電報，但又表示，不知何處可以尋汪，受到與會代表的嗤笑。㉛會議決定推何香凝、彭澤民、張曙時、簡琴石、褚民誼五人會同張靜江、李石曾即日前往勸駕。隨後，江蘇代表張曙時提出：此時非汪、蔣合作不可，應表示對汪、蔣同樣信任，以免人家挑撥。甘乃光等附議。於是，會議又決定電蔣，「表示竭誠信任與擁護」。㉜

三、中國國民黨最近政綱案。中共中央在與共產國際遠東局討論迎汪問題後，即指示廣東區委：「極力向左派表示誠意的合作，與左派共同制定一左派政綱，給左派一行動的標準；同時又使蔣不能反對此政綱，在此政綱之下表示我們仍助蔣。」㉝聯席會議上通過的「最近政綱」即體現了中共中央的這一意圖。政綱共一〇五條，對內提出：「實現全國政治上、經濟上之統一」，「廢除督軍、督辦等軍閥制度，建設民主政府」，對外提出：「廢除不平等條約」，「重行締結尊重中國主權之新條約」。在婦女待遇上，規定「婦女在法律上、政治上、經濟上、教育上及社會上一切地位與男子有同等權利」；在農民問題上，規定「減輕佃農田租百分之二十五」，「禁止重利盤剝，最高年利不得超過百分之二十」，「保障農民協會之權力」；在工人問題上，規定「制定勞動法，以保障工人之組織自由及罷工自由，並取締雇主過甚之剝削」。㉞這是一個具有一定民主主義精神而又能爲各派所接受的綱領。

四、民團問題案。當時，各地民團大都掌握在土豪劣紳手中，成爲鎮壓農民運動，威脅國民政府統治的反動武裝。會上，通過了甘乃光、毛澤東等提出的《關於民團問題決議案》，規定民團團長須由鄉民選舉，禁止劣紳包辦；不得受理民刑訴訟；已有農民自衛軍的地方不得重新設立民團；凡摧殘農民之民團政府須解散並懲治之等。這就爲改造民團、限制民團權力提供了根據，有利於農民運動的發展。

五、執行本黨紀律及肅清反動分子案。國民黨第二次全國代表大會時，曾決定向西山會議參加者葉楚傖、邵元沖、石瑛、覃振、傅汝霖、沈定一、茅祖權、林森、張知本等提出警告，責令改正，限期兩個月具覆中央執行委員會。聯席會議認爲葉、邵二人已有表示，未予議處；

石瑛等八人迄無表示，均開除黨籍。同時決定「本黨統治之地域內，不許西山會議叛黨分子居留」。㉟

六、請辦沈鴻慈案。沈鴻慈原為中山大學學生，組織反共團體「司的派」，聲言「預備從廣州出發，再衝鋒到全省、全國去，打殺了假革命的ＣＰ」。㊱左派學生將沈扭送國民黨中央要求懲辦，但張靜江認為「案情並不嚴重」，他把持下的監察委員會則認為沈「反對ＣＰ之假革命者則有之，仍未達到反對本黨之程度」，僅予警告處分。聯席會議期間，廣州市員警特別黨部所屬組織紛紛要求懲辦沈鴻慈，提案不點名地指責張靜江等「袒彼反革命之徒」。會議要求張靜江就沈案處理作出說明，張委託陳果夫報告。在張曙時、孫科二人責問下，陳表示：「自應從嚴辦理。」㊲結果，會議決定永遠開除沈鴻慈的黨籍，驅逐出境。

會議最後一天，丁惟汾突然提出，聯席會議只是中央委員會的擴大會議，不能變更或推翻中央委員會的決議，「如有此等錯誤，即是違背總章，違背總章必是無效的」。於是，發生會議權能問題的激烈質辯。吳玉章指出：「聯席會議決議即須切實通過，只有第三次全國大會方有修正之權」，得到通過。

聯席會議以左派的勝利結束。中山艦事件後，左派士氣不振。此次會上，左派揚眉吐氣，屢次向右派進攻，而右派則處於防禦地位。但是，由於會議未能就改組領導機關問題作出任何決議。國民黨中央的權力仍然掌握在蔣介石、張靜江手中，因而，左派的勝利只是局部的，並且只是書面上的勝利。

三、遷都之爭

儘管中央及各省區聯席會議決定國民政府暫不遷移，但蔣介石仍然提出，希望「中央黨部移鄂」。十月廿二日，他致電張靜江與譚延闓，力陳理由，說明「武昌既克，局勢大變，本黨應速謀發展」。㊳鮑羅廷本來反對遷都，但十月底，在武漢的蘇聯顧問鐵羅尼向他寫了一份報告，陳述對唐生智的憂慮，認為唐「像是一個賣弄風情（武裝力量）的女人，誰給她最多，她就將自己出賣給誰」。鐵羅尼說：「國民黨省執行委員會缺乏力量和正確處理事務的能力。唐生智一個人控制著形勢，與他對抗的只有陳公博這個懶蟲和鄧演達。」「必須有兩或三個中央委員到這裏來並且建立委員會，否則著手重大事務和樹立黨的權威都是不可能的。」㊴與此同時，張國燾也致函在上海的中共中央，說明唐生智「太聰明，野心也大，各方不滿其態度」，「須請粵方速派季龍（指徐謙——筆者）來」。㊵這樣，鮑羅廷對遷都的態度就發生了變化。這一時期，日本和張作霖的關係緊張，清浦子爵在北京和李石曾、易培基談判，詢問國民政府能否與日本建立友好的聯繫，並派代表到日本會商。廣東國民政府的領袖們認為，「在這日本同張作霖衝突的嚴重局勢之下，張作霖已不敢動作」，因而消除了遷都武漢會與奉系發生衝突的顧慮，並決定派戴季陶使日。㊶十一月十六日，鮑羅廷、徐謙、宋子文、孫科、陳友仁、宋慶齡等自廣州啓程北上，擬經江西赴武漢調查各省黨務、政務，籌備遷都。

蔣介石聞訊，非常興奮，於十一月十九日致電張靜江、譚延闓，聲稱：「聞徐、宋、孫、鮑諸同志來贛，甚喜。務請孟餘先生速來，中意中央如不速遷武昌，非特政治黨務不能發展，即新得革命根據地亦必難鞏固。」他還表示，在中央與政府未遷武昌以前，自己不到武漢，因為「此時除提高黨權與政府威信外，革命無從著手。如個人赴武昌，必有認人不認黨之弊，且自知才短，實不敢負此重任也」。㊷同日，他接見漢口《自由西報》總編輯美國人史華之時說：「新國都將設於武昌，且將為永久之國都。國民政府由粵遷鄂，雖不能決定期限，但在最近期內，必能實現，鄙人將於兩星期內，由贛赴鄂，參與盛典。」㊸廿二日，他派鄧演達、張發奎二人飛粵催促。廿六日，中央政治會議臨時會議決定，重要人員及文件於十二月五日第一批出發。這樣，遷都問題就正式確定下來了。

中共中央仍然反對遷都。十一月九日，中共中央與共產國際遠東局討論，認為此舉係蔣介石反對汪精衛回國之策，倘政府及中央黨部遷至武昌，則不僅汪不能回，左派勢必相隨赴鄂，使廣東成為「左派政權」和「模範省」的計劃變為泡影。㊹十二月四日，中共中央致函廣東區委，批評鮑羅廷「對於前方後方的實際情形都沒有看清楚，貿然主張馬上遷移」。㊺次日，中共中央在《政治報告》中指示：「萬一無法阻止，亦須盡力防止弊害。」㊻直到次年一月，遷都已成事實後，中共中央才決定支持臨時聯席會議。

鮑羅廷等一行於十二月二日到達南昌。六日晚，在廬山會談。蔣介石報告黨務、政治、軍事等各方面的情況，由於缺乏準備，蔣介石自覺「語多支吾，致啓人疑」。㊼七日，繼續會談，討論外交、財政、軍事各方面的問題。其內容，據蔣介石記載：一、對安國軍問題，決定消滅孫傳芳，聯絡張作霖；二、工運主緩和，農運主積極進行，以為解決土地問題之張本。蔣介石發言說：「只要農民問題解決，則工人問題亦可連帶解決。」會議中，有人提出取消主席制，蔣介石敏感地意識到這是針對自己的，但他卻立即表示附議，並進一步提出，請汪精衛回國，得到一致贊同。㊽會議自然也談到了遷都，這時，蔣介石還是積極主張遷鄂的。他在電覆朱培德、白崇禧二人時說：「政府遷鄂，有益無損。」㊾他並表示，在前方軍事佈置稍定後，也要前赴武漢。㊿

十二月十日，鮑羅廷等到達武昌。當時，在廣東的中央黨部與國民政府已經停止辦公。鮑羅廷等感到，沒有中央機關，許多事都無法辦理。十三日，孫科、徐謙、蔣作賓、柏文蔚、吳玉章、宋慶齡、陳友仁、王法勤、鮑羅廷等舉行談話會。會上，根據鮑羅廷提議，決定在中央執行委員會政治會議未遷到武昌開會之前，由國民黨中央執行委員和國民政府委員組織臨時聯席會議，執行最高職權。[51]會議推徐謙為主席。葉楚傖為秘書長。其成員除上述各人外，特准湖北政務委員會主席鄧演達和湖北省黨部常務委員董用威（董必武）二人參加。會後，由鄧演達致電蔣介石，說明臨時聯席會議的成立，「係應付革命需要與時局之發展」，但蔣介石認為國民黨黨章中，沒有「聯席會議執行最高職權」的規定，於十二月十八日致函徐謙等質問。[52]

從提出遷鄂之議起，蔣介石就興沖沖地準備去武漢執掌大權。十一月廿四日，他在日記中曾寫道：「中央黨部及政府決於一星期內遷至武昌，喜懼交集。懼者，責任加重，不能兼顧廣東根據地；喜者，黨務與政治可以從此發展也。」53這裏所說的「責任加重」，顯然是指他自己。現在臨時聯席會議居然沒有他的位置，並且先斬後奏，事前居然不曾同他商量，這使他很不高興。

中央黨部和國民政府第一批北遷人員爲張靜江、譚延闓、顧孟餘、何香凝、丁惟汾等。十二月六日，廣州各界人民在中山大學門口集會歡送。省黨部代表致詞稱：「巍巍政府，乘勝北遷。統一全國，似箭離弦。」54氣氛是歡快、明朗的，人們誰也沒有料到，國民革命從此進入多事之秋了。

張靜江、譚延闓等於十二月卅一日抵達南昌，本來只準備停留三四天，就西上武漢，但蔣介石卻於一九二七年一月三日突然召集中央政治會議第六次臨時會議，與會者有蔣介石、張靜江、譚延闓、鄧演達、宋子文、林祖涵、朱培德、柏文蔚、何香凝、顧孟餘、陳公博等人。會後通告聲稱：爲軍事與政治發展便利起見。決定中央黨部和國民政府暫駐南昌，待三月一日在南昌召開二屆三中全會，決定駐在地後，再行遷移。55關於這一次會議的情況，陳公博回憶說：「雖說是討論，但實在沒有充分討論的機會。」56四日，上項決議在中央常務委員會臨時會議上通過，隨即在南昌設立中央黨部臨時辦事處。七日，又在中央政治會議第七次臨時會議決定，成立政治會議武漢分會，以宋慶齡、徐謙、宋子文、孫科、陳友仁、蔣作賓等十三人爲分會委員，同時通過組織湖北省政府案，以鄧演達等五人組織之。這些做法，實際上取消了臨時聯席會議「執行最高職權」的地位。

武漢方面接到南昌的通知後，徐謙、孫科曾於一月六日致電蔣介石等，詢問不遷漢理由，要求暫時保守秘密，認爲「如宣布，民眾必起恐慌，武漢大局必受影響」。㊿七日，鮑羅廷致電蔣介石，聲稱「中央及政府地點贊成，但須稍緩」。㊿同日，臨時聯席會議第十一次會議開會討論。當時，正值武漢各界人民佔領英租界之後，會議認爲：「因人民對政府之信用，時局日趨穩定，外交、軍事、財政均有希望。最近佔領英租界之舉，內順民心，外崇威信，尤須堅持到底。」㊾會議決議，國民政府地點問題，待中央執行委員會全體會議決定，在未決定之前，武漢政局有維持之必要。會後，陳友仁、宋慶齡、蔣作賓聯合致電蔣介石，告以武漢形勢，並稱：「苟非有軍事之急變，不宜變更決議，坐失時機。」⑥十日，再次開會討論，陳友仁提出，如果臨時聯席會議改爲政治分會，對英交涉將立即停頓，「於外交前途殊屬不利」。會議決定仍電請南昌同志蒞鄂。

鮑羅廷一面要求緩遷南昌，一面致電莫斯科彙報。一月九日，史達林覆電鮑羅廷，要求鮑親赴南昌，說服蔣介石：武漢應成爲首都；作爲妥協，總司令本人和司令部因前線關係可以駐在南昌。同時，史達林又通過邵力子直接向蔣介石傳達上述意見。⑥但是，還沒有等到鮑羅廷動身，蔣介石卻於一月十二日偕彭澤民、顧孟餘、何香凝以及加倫等到了武漢。

武漢給了蔣介石以盛大而熱烈的歡迎，一時間，「蔣總司令萬歲」的口號響徹雲霄。但是，蔣此行的目的是與鮑羅廷、徐謙等人晤談，要求在鄂中委和國民政府委員遷贛，而武漢的目的則是感動並說服蔣同意遷鄂。目的不同，衝突自然難免。當晚，在歡宴蔣介石時，鮑羅廷猶豫再三，終於以指責張靜江的昏庸老朽、喪失革命精神爲名對蔣提出了批評。鮑並進一步發揮說：「今日能夠得到武漢，今日能夠在這個地方宴會，是誰的力量呢？並不是因爲革命軍會打仗，所以能到這裏的，乃是因爲孫中山先生定下了三大政策，依著這三大政策做去，所以革命的勢力才會到這裏的。什麼是中山先生的三大政策呢？第一是聯俄政策，第二是聯共政策，第三是農工政策。——以後如果什麼事情都歸罪到CP，欺壓CP，妨礙農民工人的發展，那，我可不答應的。」㉜鮑的這段話使蔣極爲憤怒，視爲「生平之恥，無逾於此」。㉝第二天，鮑羅廷與蔣介石進行私人交談，並且寫了一封信，和孫科一起交給蔣介石，提出遷都武漢的理由，蔣介石以爲「很對」，但表示須一星期後回南昌開中央政治會議討論。他對鮑羅廷昨日晚宴時的講話耿耿於懷，聲色俱厲地要鮑指明：「哪一個軍人是壓迫農工？哪一個領袖是摧殘黨權？」又說：「現在的蘇俄，各國看起來是個強國，並且還有人在世界上說你蘇俄是一個赤色的帝國主義者，你如果這樣跋扈橫行的時候，如昨晚在宴會中間所講的話，我可以說，凡真正的國民黨員，乃至於中國的人民，沒有一個不痛恨你的。」他愈說愈激動：「你欺騙中國國民黨就是壓迫我們中國人民，這樣並不是我們放棄總理的聯俄政策，完全是你來破壞我們總理聯俄政策，就是你來破壞蘇俄以平等待我民族的精神。」㉞此後，蔣介石就決意驅逐鮑羅廷。

一月十五日，臨時聯席會議召開第十三次會議，討論是否成立中央政治會議武漢分會一事。徐謙說明了臨時聯席會議成立的原因和經過，認爲「已無繼續之必要」。鮑羅廷提出：

「中央機關的權力一定要集中，不能分離，在革命過程中，如同時發生兩個對等的權力機關，一定要失敗。」㊵經過討論，決定臨時聯席會議「暫時繼續進行」。當晚，蔣介石宴請各界代表。發言中，大家一致懇切要求，中央黨部、國民政府立即遷鄂。蔣介石無法，只能表示：「我當向中央轉達，定可使各界希望能夠滿足。」㊶

蔣介石在鄂期間，街上已經出現「打倒蔣介石」的標語。他曾先後會見陳銘樞、何成濬、周佛海、葉楚傖等人，這些人都對武漢群眾運動和中共力量的發展不滿。蔣對何成濬說：「此間形勢不可久留，我去矣，汝亦速去爲好。」㊷一月十八日，蔣介石返贛。

事實表明，蔣介石在武漢的允諾只是虛與委蛇。返贛途中，他在牯嶺與張靜江商量後，致電徐謙，以鮑羅廷當眾侮辱他爲理由，要求撤銷鮑的顧問職務。㊸一月廿一日，蔣又與張靜江、譚延闓聯名致電武漢，以「中央」的名義命令聯席會議毋庸繼續，立即成立武漢政治分會。㊹武漢方面再次討論，回電表示：「在南昌中央政治會議未開會以前，暫不取消。」㊺廿六日，蔣覆電漢口市民反英運動委員會，聲稱聯席會議本爲中央停止辦公期間的代行機關，現在中央已在南昌辦公，聯席會議自應取消，「若繼續開會，又對中央決議案任意否認，是則原有期效之代行機關，乃一變而爲任意延期，權駕乎中央以上之機關。此種矛盾現象，若不懸戒，將來本黨之紀律與系統將成廢物。」㊻廿七日，蔣和自武昌趕來廬山協商的顧孟餘、何香凝、鄧演達、戴季陶等人談話，堅決表示：「余必欲去鮑羅廷，使我政府與黨部得以運用自如。」㊼

爲了迫使蔣介石同意按原議遷鄂，武漢的左派們決定動員群眾的輿論，並施加財政壓力。當蔣介石還在武漢的時候，湖北省黨部代表大會正在召開，會議發表通電，表示對國民政府暫駐南昌「深滋疑慮」，要求蔣介石「根據前議，定鼎鄂渚」。[73]十七日，發表第二號通告，指示各級黨部、各團體共同通電要求。[74]此後，省總工會、省學聯、漢口市商協陸續發表通電。二月五日，湖北省黨部、漢口特別市黨部又聯合呼籲全國各級黨部一致電請。蔣介石承受的輿論壓力愈來愈大。與此同時，宋子文則將蔣介石所需軍費一千三百萬元暫扣不發，急得蔣介石派親信、軍需處處長徐桴到武漢催領。宋子文稱：「湖北財富之區，籌款本易，現政府在南昌，一人辦事不動。」[75]徐桴無奈，只好電勸蔣介石：「我軍命脈，操在宋手，請總座迅電慰勉之，先救目前之急，再圖良法，萬不可操之過急，致生重大影響。」[76]二月四日，宋子文親赴江西斡旋。群眾的輿論蔣介石可以不理，但軍費不能不要。八日，南昌中央政治會議第五十八次會議決定，中央黨部及國民政府遷至武昌。但同時決定，派徐謙赴美，戴季陶赴蘇，這一決定貌似公正，而實際上是打向臨時聯席會議的一根棍子。至於中央全會，則被推遲到俟東南戰爭告一段落以後。

經歷重重風波之後，遷鄂之議再次定下來了。二月九日，宋子文自南昌致電武漢，說譚延闓等三數日內即可蒞鄂。但日期屢變，仍不見人影。二十日，南昌各界召開歡送黨、政遷鄂大會。會後，仍不見人員啓程。武漢方面真是望眼欲穿。廿一日，臨時聯席會議召開擴大會議，決定：一、結束聯席會議；二、中央黨部及國民政府即日正式開始辦公；三、中央執行委員會

三月一日以前在武漢召開全體會議。⑺

遷都之爭以武漢國民黨左派的又一次勝利而告一段落，但是，譚延闓等還滯留在南昌，風波並未平息。二月廿二日，南昌方面聲明：在黨部與政府未遷以前，武漢方面不得以中央黨部及國民政府名義另行辦公。次日，蔣介石在九江和共產國際駐中國代表維經斯基（吳廷康）談話，指責鮑羅廷「執行分裂國民革命運動的政策」，聲稱政府在任何時候都可以遷往武漢，但鮑羅廷必須離開，同時必須在黨內確立嚴格的紀律。他激憤地表示：「政府在這裏。漢口那邊想成立第二個政府。」「我們，政治委員會和中央委員會，認爲目前形勢非常嚴重。我們準備分裂。」⑻

形勢確實非常嚴重了。

四、恢復黨權運動

遷都之爭中，國民黨左派和共產黨人對蔣介石的專制跋扈有了進一步的感受，爲了限制其權力，他們決定開展恢復黨權運動。

徐謙接到蔣介石要求撤銷鮑羅廷顧問職務的電報後，非常緊張，立即電邀在宜昌工作的吳玉章回武昌商議，吳玉章表示：「這不是鮑羅廷個人的去留問題，這是蔣介石對中央、對政府的蔑視，我們一定不能讓步。」⑼二月九日，部分在武漢的國民黨高級幹部集會，決定由徐謙、吳玉章、鄧演達、孫科、顧孟餘五人組成行動委員會，「從事黨權集中」。⑳二月十一日，《漢口民國日報》發表社論，提出：「整頓黨的組織，嚴肅黨的紀律，擴大黨的威信，要使我們的黨真正能夠成為一個最高權力機關，真正能領導一切實際工作。」㉑十三日，湖北省、武昌市兩黨部召開會議，宛希儼提出，黨已經出現了一種「危機」，「失去民主集中制性質，而具有一種獨裁的趨勢。這種現象，我們如果再讓他繼續下去，將來勢必會使黨和個人兩敗俱傷。」㉒十五日，中央宣傳委員會召開第九次會議，鄧演達、顧孟餘、張太雷、葉楚傖等三十餘人與會，由顧孟餘報告黨務宣傳情形，會議通過《黨務宣傳要點》：一、鞏固黨的權威，一切權力屬於黨；二、統一黨的指揮機關，擁護中央執行委員會；三、實現民主政治，掃除封建勢力；四、促汪精衛同志銷假復職；五、速開中央執行委員會全體會議，解決一切問題；六、以打倒西山會議派的精神，對待一切黨內的昏庸老朽的反動分子，然後才能剷除黨外的危害本黨的官僚市儈；七、軍隊在黨的指揮之下統一起來，準備與奉系的武裝決鬥。㉓在此前後，安徽臨時省黨部代表團、七軍政治部等紛紛發表宣言，呼籲恢復黨權，一時輿論沸騰，群情激昂。

在恢復黨權運動中，孫科、鄧演達、徐謙尤為活躍。孫科曾激憤地對陳公博說：「蔣介石這樣把持著黨，終有一天要做皇帝了。」㉔他於二月十九日發表文章，指責二屆二中全會變更黨章規定，設立常務委員會主席，「差不多在政治上是一國的大總統，在黨務上是一黨的總理」，「不知不覺就成為一個迪克推多」。㉕鄧演達也撰文指出：「國民革命的成功，總是工農的力量作主，不應再把政權操到其他反革命人們手上。」[86]他要求大家認識目前鬥爭的性質，是封建與民主之爭，革命與妥協之爭，成功與失敗之爭。

孫科、鄧演達的文章反映出武漢國民黨左派們的普遍情緒。二月廿二日，中央常務委員會決定接受廿一日擴大聯席會議的要求，召開二屆三中全會。廿三日，發表《中國國民黨黨務宣傳大綱》，不點名地指責張靜江以監察委員代理常務委員會主席，主持中央工作，使黨的意志無由表現，造成「朕即國家」的狀況。[87]次日，武漢三鎮一萬五千人集會，擁護恢復黨權運動。會議由董必武主持，徐謙講話提出「一切軍事、財政、外交，均須絕對受黨的指揮」。會上第一次喊出「打倒張靜江」的口號。[88]下午續開慶祝中央黨部及國民政府在鄂辦公及上海大罷工示威大會，到會群眾達二十萬人。

儘管武漢的恢復黨權運動如火如荼，左派們也義憤滿腔，但是始終沒有正面批判蔣介石，並且仍然期望他勒馬回頭。二月廿五日，根據鄧演達的提議，派陳銘樞、謝晉二人，攜帶廿六人的聯名信件和擬在二屆三中全會上討論的各種提案前往南昌，和蔣介石磋商。函件表揚蔣介石「軍事上屢建奇功」，表示相信蔣「定能體現總理建黨之意與北伐將士爲黨效死之決心，使本黨威權普及於軍事勢力所及之地」。[89]與陳、謝同行者，還有蔣介石派到武漢來刺探情況的陳公博。

對武漢左派的恢復黨權運動，蔣介石惱怒異常。二月十九日，他在南昌發表演講，自稱是「本黨的忠實黨員」，「總理忠實的信徒」，「如果中正想成爲一個獨裁制，把持一切，操縱一切，如果中正有這樣要做一個軍閥的傾向，豈但本黨各同志可加中正以極嚴厲的處分，中正隨時都可以自殺的。」他又說：「我只知道我是革命的，倘使有人要妨礙我的革命，那我就要革他的命。」⑩兩天後，他再次發表講演，聲稱：「聯席會議是沒有根據的，如要提高黨權，就要取消漢口的聯席會議。」還說：「我以為只有徐謙是獨裁制，他以沒有根據的漢口聯席會議，自居主席，不受黨的命令，這才是獨裁制。」講話中，他一方面表白：「中正並不會反對共產黨，中正是向來援助共產黨的。」但又說：「如果今日左派壓制右派，那我要制裁左派，共產黨員有不對的地方，我有制裁的責任及其權力。」⑪這些講話，預告了他要採取某些嚴厲行動。但是，這一時期，蔣介石的財政問題還未解決，不具備和武漢左派徹底決裂的條件。因此，在謝晉等人到達南昌後，他的態度不得不作某種「轉變」。

在聽取陳公博的彙報後，蔣介石即命陳替他起草擁護中央的通電。二月廿七日，擬定《對〈黨務宣傳大綱〉宣言》，語中含刺地表示：「個人之左右，固須嚴防；黨團之操縱，尤須注意。」但是，《宣言》也表示，同意「鞏固黨部之最高權」，改進中央政治會議、軍事委員會等機構。《宣言》並稱：「個人無事業，革命即為中正事業；個人無利益，全黨及民眾之利益即為中正之利益。所希望各同志於此次《黨務宣傳大綱》，一致接受。」⑫廿八日，蔣致電宋子文、孫科，聲稱「各同志所擬提案，皆中正夙昔主張，完全同意，深望黨中同志共體黨之存亡，一致團結」。⑬他要求二屆三中全會延期一星期召開。武漢方面接受蔣的意見，決定將會議延至三月七日。

三月二日，陳銘樞先行返漢。三月三日，南昌中央政治會議開會討論二屆三中全會問題。謝晉和譚延闓有交誼，此時譚已爲謝晉說動。㊾何香凝、陳公博等也都主張赴鄂與會。經長時間討論和諸人苦勸，蔣介石不得不同意全體在贛委員六日啓程，但第二天，蔣介石又表示，通電服從中央並非他的「本意」。㊿他再次要求會議展期，表示譚延闓等五人可以先行，自己須待朱培德去樟樹鎮檢閱軍隊後一起動身。五日，在爲譚延闓等餞行時，蔣介石慷慨地表示：「黨部、政府遷鄂，南昌同志誓擁護到底。」96但又說：「他們能等我，等到三月十二日開會，就相信他們有誠意；假使提前舉行，其虛僞可知。」97

蔣介石一再要求會議延期，武漢左派們自然很不高興。鄧演達對人說：「三日後有個新的裁判，看他們來不來加入大會，便可定誰爲革命者，誰爲反革命者！」98

五、國民黨二屆三中全會

蔣介石「驅逐鮑羅廷」的要求不僅受到武漢左派的抵制，連戴季陶、譚延闓等人也擔心牽動中蘇關係，存有疑慮，但他們都拗不過蔣介石的意思。二月廿六日，南昌中央政治會議決議，致電共產國際執行委員會，要求該會自動撤回鮑羅廷。其後，又致電鮑羅廷本人，要求他自動離去。二電均無反應。這樣，蔣介石便命陳銘樞繼續進行此事。

陳銘樞返漢後，陸續會見孫科、宋慶齡、宋子文、鄧演達等人，出示蔣介石的《對〈黨務宣傳大綱〉宣言》，要求發表，同時轉達蔣的「去鮑」之意。據稱，各人「均於去鮑無異詞」。四日，徐謙、吳玉章、顧孟餘、鄧演達、陳友仁、孫科等會議。吳、顧二人反對發表蔣的《宣言》。吳稱：「如要發表，可由陳同志私人持交言論界發表，黨不宜為之發表。」當夜，陳銘樞密電蔣介石，告以「此間空氣仍惡，會期必決不遷就」。同夜，唐生智命第八軍黨代表劉文島來見陳銘樞，轉達「黨中央」意見，要陳立即表明態度。劉稱：「如不能反蔣，須自為計，不日即將有大罷工示威運動，待到此時，兄仍不發表意見，則於兄極不利。」陳答以準備出國。劉辭去後不久，偕唐生智再次見陳，勸陳和大家共同對蔣，不能，則「走開甚好」。⑲此際，陳銘樞有過利用第十一軍的發動政變，逮捕武漢的國民黨左派和中共黨人的念頭，但怵於鄧演達、唐生智防範嚴密，未敢動手。⑳六日，陳辭去武漢衛戍司令及第十一軍軍長職務，潛往南昌。同日，鄧演達、唐生智召集十一軍官兵談話，均表示「絕對服從黨」。㉑

三月七日，譚延闓、李烈鈞、何香凝、丁惟汾、陳果夫到達武漢，隨即被接到中央執行委員會第三次全體會議會場。譚延闓稱，蔣介石、朱培德十一日可到鄂，要求稍等一兩天，「候其親來，則兩方意思可以調和」。㉒李烈鈞則表示：「希望國民革命早日成功，同志捐除意見。」㉓徐謙報告了聯席會議的成立經過，說明中山艦事件以來，黨出現了遷就軍事的不正常現象，他說：「為今之計，須趕緊糾正。此非對人問題，乃改正制度，使革命得最後之勝利而已。」㉔會議就是否等候蔣、朱二人，延期至十一日召開進行討論。彭澤民、吳玉章、于樹德、毛澤東、惲代英、顧孟餘等認為到會人數已足，不能再延，一致要求當日正式開會。彭澤民說：「現在口號打倒獨裁，打倒個人專政，因蔣、朱又不能來，而再展期開會，豈不犯了個人獨裁之嫌嗎？」⑩⑤吳玉章說：「革命是共同工作的革命，不能由一二人的意思來指揮，不可使蔣同志因此而生錯誤。若一展再展，誠屬非計。」⑩⑥此後，會議就是否已足法定人數進行討論。譚延闓與吳玉章針鋒相對，會議氣氛頓形緊張。在主席詢問是否付表決時，李烈鈞宣布退席，致使會議氣氛更形緊張。爲了圓場，會議採納徐謙建議，將當日會議作爲預備會。

三月十日至十七日，二屆三中全會召開，共通過決議案二十項，宣言及訓令三份，其主要內容有以下幾方面：

一、充分肯定「臨時聯席會議」成立的必要及其工作成績。會議明確指出，該會「係適合革命利益，應付革命時機，代表中央權力之必要組織」，認爲它領導群眾進攻帝國主義，收回租界，因而大大提高了國民政府的權威。⑩⑦這就針鋒相對地否定了蔣介石對「臨時聯席會議」的指責。

二、恢復和提高黨權，採取了防止個人獨裁和軍事專政的新集體領導體制。國民黨二屆二中全會以後，黨內實行主席制，蔣介石借此集權於一身，凌駕於全黨之上。此次會上，主席制成爲集矢對象。徐謙批評其「只見個人權利，不見黨的威權」。⑩⑧孫科稱：「以主席爲唯一領袖，並且兼爲軍事領導。此種封建思想對於黨內黨外皆有影響，漸次便成獨裁制度。」⑩⑨江蘇省黨部代表張曙時與安徽、直隸、山西、河南四省黨部代表聯合提出《請取消主席制度案》，認爲「有主席一日，黨內就一日不寧，革命前途有很大之危險」。⑪⓪會議通過的《統一領導機關案》確定不設主席，在中央執行委員會議前後，由常務委員會「對黨務、政治、軍事行使最終議決權」，同時設立政治委員會、軍事委員會。政治委員會審議政治問題，議決後「交由中央執行委員會指導國民政府執行」。⑪軍事委員會由中央委員中的高級軍官和不任軍職的中央委員兩部分人組成，其中七人爲主席團；主席團之決議及命令，須有四人簽名方能生效；總司令、前敵總指揮、軍長等，須軍委會提出，由中央委員會任命。爲了防止個人干預外交，會議通過的《統一外交決議案》規定：黨員不得擅自變更外交主張，或直接、間接與列強接洽任何事宜；政府職員不得私自與帝國主義接洽或進行秘密交涉；所有外交人員均由外交部直接任免。爲了防止個人干預財政，會議又通過《統一財政決議案》，規定「集中各省財政管理權於財政部」。此外，爲了改變蔣介石利用黃埔軍校培植私人勢力的狀況，會議還採納彭澤民的意見，規定軍事政治學校均改校長制爲委員制。⑫

三、堅持並重中國民黨「一大」所確定的路線和政策，強調了農民問題的重要性。會議通過的《對全國人民宣言》提出：「要用種種方法繼續援助工人、農民和城市一般民眾的革命運動及改良他們本身生活的爭鬥。」《宣言》表示，將設立農政部及勞工部，實現本黨的農工政策。⑬討論中，孫科說：「革命根本問題爲農民解放問題。中國人民中百分之七、八十爲農民，如農民解放運動做不到，國民革命即難成功。」⑭鄧演達說：「鄉村農民之興起，參加政治鬥爭，打碎封建思想，其結果非常偉大。」他熱情肯定了湖南、湖北、河南等地農民運動的成績，認爲「如旁觀或制止即係自殺」；主張由大會宣言，「令農民放膽去做」。⑮會議除通過《農民問題決議案》外，又通過了《對全國農民宣言》。《農民問題決議案》提出了當時應立即實行的十條事項，如：建立區鄉機關、設立土地委員會、在本年內完全實行減租百分之廿五、依法沒收貪官汙吏、土豪劣紳及一切反革命者的土地財產，明令禁止高利盤剝等。⑯《對全國農民宣言》肯定革命「需要一個農村的大變動」，「使土豪、劣紳、不法地主及一切反革命派之活動，在農民威力之下，完全消滅」；使農村政權轉移到農民手中。《宣言》表示，為保障勝利，農民「應得到武裝」，「本黨決計擁護農民獲得土地之爭鬥」。⑰《農民問題決議案》與《對全國農民宣言》均由中央農民運動委員會提出，又經會議指定徐謙、惲代英、王法勤、鄧演達、吳玉章、詹大悲、顧孟餘、鄧懋修、毛澤東九人組成審查委員會修訂，其中不少觀點和毛澤東的《湖南農民運動考察報告》相一致，顯然有他的手筆在內。此外，為了鎮壓農村反動勢力，會議還批准了董必武代表湖北省黨部提出的《湖北省懲治土豪劣紳暫行條例》與《湖北省審判土豪劣紳暫行條例》。

四、否定非法選舉，打擊右派勢力。一九二六年十二月，廣東省黨部召開代表大會，選舉省黨部執行委員。在陳果夫操縱下，以中央名義指定若干人加入預選，然後再以政治會議廣州分會名義圈定十五人，結果，使右派當權。其後的江西省和廣州特別市黨部選舉都存在類似情況。為此，會議不顧陳果夫的抗辯，通過了張曙時等人的提案，指出上述選舉「違背總章，應由常務委員會令其從速改選」。⑱會議並接受暹羅支部控告，批評右派蕭佛成的言論與行為，決定停止其中央委員職權，解除其在暹羅的一切職務。

五、改選中央常務委員、各部部長、政治委員會、軍事委員會、國民政府委員會，組成了新的黨、政領導機構，譚平山、蘇兆徵兩名共產黨員被任命爲農政部和勞工部部長。蔣介石雖然還擔任常務委員、軍事委員、軍事委員會主席團委員、國民政府委員等四項職務，但已從權力高峰上跌落下來，而汪精衛的權位則大大提高。

三月二十日，國民政府委員在武昌舉行就職宣誓。至此，新的一屆國民政府正式成立，二屆三中全會似乎功德圓滿了。

二屆三中全會是國民黨左派和中國共產黨人的一次空前的勝利。它完成了一九二六年中央及各省區聯席會議未能完成的任務，糾正了二屆二中全會所作出的許多錯誤決定，從新右派手中奪回了黨權和政權，其意義重大。但是，興高采烈的左派們很快就發現，他們的勝利遠不是鞏固的，因爲蔣介石還掌握著軍權。當紙上的宣言和決議與槍桿子發生矛盾的時候，前者顯然不能與後者較量。

還在遷都之爭初期，鮑羅廷曾對李宗仁說：「絕不能再讓蔣介石繼續當總司令了。」他曾試圖動員李宗仁取蔣自代，遭到拒絕。[119]三月下旬，武漢政府又曾密令第六軍軍長程潛逮捕蔣介石，再遭拒絕。[120]四月五日，武漢政府決定廢除國民革命軍總司令，建立集團軍，任命蔣介石爲第一集團軍總司令，馮玉祥爲第二集團軍總司令，朱培德爲預備隊總指揮，楊樹莊爲海軍總司令。這是武漢政府削弱蔣介石軍權的重大措施，但是，已經沒有實際效用，一週之後，蔣介石就利用他掌握的軍權，發動了「四・一二」政變。

①中國第二歷史檔案館編：《中國國民黨第一、二次全國代表大會史料》（上），江蘇古籍出版社一九八六年版，第五四九頁。
②《中國國民黨第一、二次全國代表大會史料》（上），第五七五至六〇〇頁。
③《廣州民國日報》，一九二六年八月五日。
④《中國國民黨第一、二次全國代表大會史料》（上），第六三五頁。
⑤《吳玉章回憶錄》，中國青年出版社一九七八年版，第一三六頁。
⑥《中央對於國民黨十月一日擴大會議的意見》，《中央政治通訊》第四期，一九二六年九月二十日。
⑦《上海區委召開「民校」黨團擴大會議記錄》（一九二六年八月七日）。
⑧《民國十五年以前之蔣介石先生》，第八編二，第七十一頁。
⑨《蔣介石日記類抄．軍務》，一九二六年八月廿五日。
⑩《廣州民國日報》，一九二六年八月廿三日。
⑪《蔣介石日記類抄．軍務》，一九二六年八月廿五日。
⑫《蔣介石日記類抄．軍務》，一九二六年八月三十日。
⑬《中央給廣東信——汪蔣問題的最後決定》，《中央政治通訊》第五期，一九二六年九月廿二日。
⑭《蔣介石最近對於我們的要求》，《中央政治通訊》第三期，一九二六年九月十五日。
⑮《中央致粵區的信——制訂左派政綱，促成汪蔣合作》，《中央政治通訊》第四期，一九二六年九月

十七日。

⑯《中央給廣東信——汪蔣問題的最後決定》，《中央政治通訊》第五期，一九二六年九月廿二日。

⑰《中央給廣東信——汪蔣問題的最後決定》，《中央政治通訊》第五期，一九二六年九月廿二日。

⑱《蔣介石日記類抄．軍務》，一九二六年九月廿七日。

⑲《蔣介石日記類抄．軍務》，一九二六年九月廿九日。

⑳《民國十五年以前之蔣介石先生》第八編五，第五頁。

㉑文件九十四，《聯共（布）、共產國際與中國國民運動》第三冊，第四七七頁至四七八頁。

㉒榮孟源主編：《中國國民黨歷次代表大會及中央全會資料》（上），光明日報出版社一九八五年版，第三〇〇頁。

㉓《陳果夫回憶錄》，見吳相湘著《陳果夫的一生》，臺北傳記文學出版社一九七一年版，第一〇五頁。

㉔《中央通告（鐘字）第十七號——對國民黨中央擴大會議的政策》，一九二六年九月十六日。

㉕《民國十五年以前之蔣介石先生》第八編四，第廿二頁。

㉖《民國十五年以前之蔣介石先生》第八編四，第五十五頁。

㉗《中央對於國民黨十月一日擴大會議的意見》，一九二六年九月二十日。

㉘《中國國民黨中央各省聯席會議第二次會議錄》，油印件。

㉙《K．M．D．中央地方聯席會議經過情形》，《廣東區黨團研究史料》廣東人民出版社一九八三年

版，第四六六頁。

㉚《中國國民黨中央各省區聯席會議議事錄》第三號。

㉛《K．M．D．中央地方聯席會議經過情形》，《廣東區黨團研究史料》，第四六六頁。

㉜《中國國民黨中央各省聯席會議議事錄》第三號。

㉝《中央致粵區的信》，一九二六年九月十七日。

㉞《中央各省區聯席會議錄》。

㉟《中央各省區聯席會議錄》。

㊱《中央各省區聯席會議議事錄》第十二號。

㊲《中央各省區聯席會議議事錄》第十二號。

㊳《民國十五年以前之蔣介石先生》第八編五，第一〇五頁。

㊴Document 44, Wilbur and How: *Document on communism Nationalism and Soviet Advisers in China*, pp.413-421.

㊵《中央政治通訊》第十期。

㊶《中共廣東區委政治報告》（二），《廣東區黨團研究資料》，第四七九至四八二頁。

㊷《民國十五年以前之蔣介石先生》第八編六，第五十九頁。

㊸《革命軍日報》，一九二六年十二月一日。

㊹《對於目前時局的幾個重要問題》，《中央政治通訊》第十一期，一九二六年十一月九日。

㊺《中央致粵區信》，《中央政治通訊》第十三期，一九二六年十二月四日。

㊻《中央局報告》，《中共中央政治報告選輯》，第一一五頁。

㊼《蔣介石日記類抄·黨政》，一九二六年十二月六日。

㊽《蔣介石日記類抄·黨政》，一九二六年十二月七日；參見《民國十五年以前之蔣介石先生》第八編七，第五十八頁。

㊾《民國十五年以前之蔣介石先生》第八編七，第十五頁。

㊿《覆武漢各界團體電》，《廣州國民日報》，一九二六年十二月二十日。

51《通告》，《廣州民國日報》，一九二六年十二月十七日。

52武漢《臨時聯席會議第四次會議記錄·附錄》，（臺北）中國國民黨黨史會藏。

53《蔣介石日記類抄·黨政》，一九二六年一月廿四日。

54《各界歡送黨政府北遷盛會》，《廣東民國日報》，一九二六年十二月六日。

55《中央黨政府暫設於南昌》，《廣州民國日報》，一九二六年一月八日。

56陳公博：《苦笑錄》，第六十七頁。

57《中華民國史檔案資料彙編》第四輯（上），江蘇古籍出版社一九八六年版，第三七四頁。

58《鮑顧問來電》，《蔣介石收各方電稿》，抄本，一九二七年一月（上）。

59《臨時聯席會議第十一次會議輯錄》。

60《陳友仁等為不宜變更中執會遷鄂決定致蔣介石等密電》，《中華民國史檔案資料彙編》第四輯

（上），第三七五頁。

⑥1《聯共中央政治局會議第七十八號（特字第五十九號）記錄》，《聯共（布）、共產國際與中國國民革命運動》（一九二六～一九二七）第四冊，六十六至六十七頁。

⑥2梁紹文：《三大政策的來源》，《進攻》周刊第二期。事後，鮑羅廷對他的這次講話頗為後悔，曾說：「我擔心犯了錯誤，我尋思我在這個問題上我是否犯了錯誤。我們參與反對蔣介石是輿論壓力所迫的。我不知道我的做法是否正確。跟隨蔣介石我們有可能進軍北京；跟隨這個黨（即國民黨），這個可能性就不大了。」見恩．納索諾夫（青年共產國際駐中國代表）等《上海來信》，收入皮埃爾．布魯編《共產國際中的中國問題》（一九二六～一九二七），英文版。

⑥3王宇等編：《困勉記》卷五，第十一頁，「蔣中正檔」。

⑥4蔣介石：《在慶祝國民政府建都南京歡宴席上的講演詞》，上海《民國日報》，一九二七年五月四日。

⑥5《臨時聯席會議第十三次會議記錄》。

⑥6《蔣總司令昨晚歡宴各界代表紀盛》，《漢口民國日報》，一九二七年一月十六日。

⑥7何成濬：《八十回憶》，《近代中國》第廿三期，臺北一九八二年六月三十日出版。

⑥8參見《吳玉章回憶錄》，第一四一頁。

⑥9《中央政治會議致武漢臨時聯席會議馬電》，《中華民國史事紀要》，一九二七年一月廿一日。

⑦0《臨時聯席會議第十七次會議記錄》，一九二七年一月廿一日。

71 《蔣介石言論集》，上海中央圖書局一九二七年版，第四十九至五十頁。

72 《困勉記》卷五，第十二至十三頁。「蔣中正檔」；參見《漢口何香凝等十五人來電》（一九二七年一月廿六日），《蔣介石收各方來電》（抄本）。

73 《漢口民國日報》，一九二七年一月十六日。

74 《漢口民國日報》，一九二七年一月廿一日。

75 《徐桴致蔣介石電》，《蔣介石收各方電稿》，抄本，一九二六年一月廿九日。

76 《徐桴致蔣介石電》，《蔣介石收各方電稿》，抄本，一九二六年二月五日。

77 《廣州民國日報》，一九二七年三月一日、三月八日。

78 《一九二七年二月廿二日、廿三日維經斯基和蔣介石在九江的談話記錄》，《聯共（布）、共產國際與中國國民革命運動》（一九二六～一九二七）第四冊，第一三三頁至一三四頁。

79 《吳玉章回憶錄》，中國青年出版社一九八〇年版，第一四一頁。

80 《陳銘樞致蔣介石密電》，一九二七年二月十九日，見《蔣介石收各方電稿》；參見《陳銘樞談第一次國共合作時期武漢的軍政大事》，《武漢文史資料》第四輯，第廿五頁。

81 希儼：《時局進展與吾黨目前之責任》。

82 《漢口民國日報》，一九二七年二月十四日。

83 《漢口民國日報》，一九二七年二月十六日。

84 陳公博：《苦笑錄》，第七十三頁。

(85)《為什麼要統一黨的指導機關》，《漢口民國日報》一九二七年二月二十日。

(86)《現在大家應該注意的是什麼》，《漢口民國日報》，一九二七年二月廿三日。

(87)《漢口民國日報》，一九二七年二月廿三日。

(88)《武陽夏黨員大會慶祝示威大會之熱烈》，《漢口民國日報》，一九二七年二月廿六日。

(89)《國民軍政報》，一九二七年四月十二日。

(90)上海《民國日報》，一九二七年四月十六日。

(91)上海《民國日報》，一九二七年四月十七日。

(92)上海《民國日報》，一九二七年四月廿三日。

(93)《蔣介石致宋子文電》，《廣州民國日報》，一九二七年三月十五日。

(94)謝宣渠：《國民政府遷都武漢側記》，《武漢文史資料》第四輯，第四十六至四十八輯。

(95)陳公博：《苦笑錄》，第七十五頁。

(96)《蔣總司令歡送黨政府遷鄂》，《廣州民國日報》，一九二七年三月九日。

(97)陳果夫：《十五年至十七年間從事黨務工作的回憶》，《陳果夫的一生》，第一〇七頁。

(98)陳銘樞：《致蔣介石密函》，一九二七年三月六日。「蔣中正檔」。

(99)陳銘樞：《致蔣介石密函》，一九二七年三月六日，「蔣中正檔」。

(100)《陳銘樞告四軍、十一軍將士書》，上海《民國日報》，一九二七年八月九日。

(101)《中國國民黨第一、二次全國代表大會史料》（下），第七四七頁。

⑩《中國國民黨第二屆中執會第三次全體會議預備會記錄》，《中國國民黨第一、二次全國代表大會會議史料》（下），第七四三頁。

⑩同上，第七四四頁。

⑩同上，第七四六頁。

⑩同上，第七四八頁。

⑩同上。

⑩《中國國民黨歷次代表大會及中央辭彙資料》（上），第三一六頁。

⑩《中國國民黨第一、二次全國代表大會史料》（下），第七五六頁。

⑩《中國國民黨第二屆中執會第三次全體會議提案審查委員會速記錄》，《中國第一、二次全國代表大會會議史料》（下），第八〇九頁。

⑪《中國國民黨歷次代表大會及中央辭彙資料》（上），第三三八頁。

⑪同上，第三一六至三一七頁。

⑪參見《中國國民黨歷次代表大會及中央辭彙資料》（上），第三一八至三二六頁。

⑪《中國國民黨歷次代表大會及中央辭彙資料》（上），第三〇六頁。

⑪《中國國民黨第一、二次全國代表大會史料》（下），第八三〇頁。

⑪《中國國民黨第一、二次全國代表大會史料》（下），第同上，第八四五頁。

⑪《中國國民黨歷次代表大會及中央全會資料》（上），第三一八至三三〇頁。

(117) 同上。第三〇八至三一一頁。

(118)《中國國民黨歷次代表大會及中央全會資料》（上），第三三八至三三九頁。

(119)《李宗仁回憶錄》（上），第四四一頁。

(120) 參見《四·一二政變前後武漢政府的對策》，見本書第四二三頁。

陳獨秀建議發展十五萬國民黨員
——近世名人未刊函電過眼錄

陳獨秀既是文化名人，又是政治名人，自然，他的未刊書札是我長期搜尋的對象。但是，我做夢也不會想到，能在吳稚暉的未刊日記中有所發現。函云：

稚暉、惕生、杏佛先生，頃間思及三事，謹陳如左：

上海市產業、文化均有高度之發展，故不得不取漸進方法，發展民眾政權，而同時忽了黨的領導權，也是一個錯誤。惟黨在上海之領導方式，簡單的以黨的機關命令行之，已萬萬不夠（因上海民眾已有組織而要求民權了），必須黨之本身在數量上有狠大的發展，黨的力量充滿了各方面，使黨的決議都能夠——在一切民眾會議中充分通過執行，如此才真是以黨治國，以如此方式領導民眾，訓練民眾，也才真是中山先生訓政之精義。欲成此種訓政方式，在人口二百萬以上的上海，必須有五萬以上黨員（約五十人中有一黨員）方能運用，即在蘇省，亦須準此。然此時上海市即江蘇省國民黨黨員，均不滿萬，為數太少，馬上取得政權後不是黨不能管理政治，便是黨的獨裁，所以此時省市黨部宜發出緊急命令於各下級黨部，大大的徵集黨員。上海市以五萬為標準，江蘇省以十萬為標準（這是可能的，望稚暉先生勿以為我發瘋，要送我到病院裏去！）此時徵集黨員可以來者不拒，因為現在還在軍閥壓迫之下，不似北伐軍到後投機分子紛紛加入也。（下二段略）

按吳稚暉一九二七年三月十五日日記云：「夜，開會，到羅亦農、汪壽華、侯紹裘、楊杏佛，惕生爲介石一書，堅持主席再三，乃暫允充。……夜間會內見陳仲甫致余與惕、杏三人書，錄一段如左。」據此，知此函爲一九二七年三月十五日會議當日，或十四日之作。羅亦農、汪壽華、侯紹裘都是當時負責上海工作的中共黨員，而鈕永建、楊杏佛、吳稚暉則都是國民黨員，當時被認爲是左派，鈕並是國民黨在上海的軍事特派員。當時，兩黨正處於合作狀態，因此羅亦農等與鈕永建等經常在一起開會。惕，指鈕永建；杏，指楊杏佛。

一九二六年七月，廣東國民政府舉行北伐，蔣介石出任國民革命軍總司令。同年十月，中共上海區委與鈕永建、虞洽卿等合作，發動工人武裝起義，回應北伐軍。失敗後，上海區委總結經驗，認爲過於依賴鈕、虞二人，決心今後以工人爲「主體」。一九二七年二月，上海區委發動工人第二次武裝起義，因準備不足再次失敗。其後，中共上海區委繼續籌劃舉行第三次武裝起義。陳獨秀此函正寫作於第三次起義的緊張準備時期。

函中，陳獨秀批評上海工作「忽了黨的領導權」。由於此函是寫給吳稚暉、鈕永建、楊杏佛三人的，因此，「黨的領導權」，應指國民黨的「領導權」。函中所述「必須黨之本身在數量上有狠大的發展，黨的力量充滿了各方面，使黨的決議都能夠一一在一切民眾會議中充分通過執行」，仍指國民黨；至於「以黨治國」，「中山先生訓政之精義」云云，完全是國民黨的語言。要求江蘇省黨部、上海市黨部在短時間內迅速發展十五萬黨員，更似乎在完全爲國民黨著想。這是怎麼回事呢？

第一次國共合作是共產黨員以個人名義加入國民黨的方式實行的，因此，北伐以國民黨的旗幟爲號召。其間，國共兩黨爭奪領導權的鬥爭加劇，與之相聯繫，國民革命陣營內的左、右傾鬥爭也隨之加劇。一九二七年初，中共將蔣介石定位爲「新右派」的代表人物，防蔣、反蔣成爲這一時期中共和國民黨左派的重要任務。同年二月十八日，共產國際在上海的代表向中共中央提出，在忠於蔣介石的何應欽部隊到達上海之前，建立保證無產階級領導的革命政權，用以抵制廣州軍隊指揮人員的右傾，深入開展革命運動，促進國民政府的進一步革命化。共產國際的代表稱：這一政權「完全有可能和有必要按照蘇維埃制度建立起稱之爲『人民代表會議』的政權」，「基本上採取蘇維埃制度」，陳獨秀和中共上海區委接受共產國際代表的意見，於二月廿五日發佈《中共上海區委告同志書》稱：「我們應該乘孫傳芳的勢力根本動搖之際，舉行一次總同盟罷工，集中工人階級的勢力，催促孫傳芳勢力之根本覆滅，取得政治的領導地位，並奪取相當的武裝。如此，北伐軍來後，工人階級的勢力已經表現並樹立起來，我們自可以在政治上占得相當的地位，引導一般民眾參加政權，防止國民黨新右派之反動。」三月十五日，羅亦農在活動分子大會上報告說：「我們黨要積極取得民眾革命領導地位，領導工農階級與小資產階級，很堅決的很能與右傾的軍事勢力、改良的資產階級決鬥，直接取得民眾政權。」可見，在上海發動起義，建立革命政府，其矛頭所指，雖是當時佔領上海的孫傳芳勢力，但又具有和蔣介石鬥爭，防止「新右派反動」的特殊意義。

當時，上海有國民黨員七千餘人，一有號召即能立刻行動僅有兩千人，其中一半為共產黨員。因此，中共上海區委決定大量發展國民黨左派黨員。三月二日，羅亦農在中共上海區委活動分子大會上提出，要加緊國民黨工作，一是培養左派領袖，一是發展國民黨員以取得小資產階級的群眾。三月九日，上海區委提出，將上海國民黨的組織擴展到二十萬黨員。陳獨秀此函，當是這一背景下的產物。陳獨秀之所以在這一時期大量發展國民黨員，目的在於擴大左派力量，「拉住小資產階級」，「限制將來軍事力量之右傾」，仍然具有和國民黨右派鬥爭的意義。

陳獨秀此函發出後，中共上海區委會力圖貫徹他的意圖。三月十五日，羅亦農在區委活動分子會議報告，上海有二百萬以上的人口，至少有一百五十萬人同情革命，十萬到二十萬人可以加入國民黨，因此要求「趕快發展國民黨」，「大大的開放門戶」，大量吸收中小商人、教職員、學生及自由職業群眾。十八日，區委要求在小商人、店員、學生群眾中「無限制的發展左派國民黨」，「在二個月內，上海要有五萬國民黨員」。十九日，趙世炎也在區委活動分子會上提出，現在最重要的是發展左派小資產階級的國民黨員，他提出，要在一月內發展五萬人。同日，《中共上海區委行動大綱》規定：公開在手工業、店員、學生、教職員、自由職業者、中小商人等群眾中徵求黨員，要求一月內發展至三萬人。三月廿四日，《中共上海區委行動大綱》再次提出，要在小資產階級群眾中「無限制的發展國民黨員」。當時已處於蔣介石「清黨」前夜，顯然，陳獨秀和上海區委對此均無覺察。

陳獨秀在函中大談「以黨治國」和孫中山的「訓政」學說，有其特殊的針對性。按照中共當時的設想，在上海成立的革命政府應是「國民革命的蘇維埃」，以工人階級為主體的「全上海革命民眾的蘇維埃」。其特徵是：一、以職業為單位直接選舉代表，組成上海市民代表會議，由市民代表會議產生市民政府，不勞動的無職業的流氓不能當選代表。二、代表與民眾有直接聯席。三、沒有立法與行政的劃分，革命民眾隨時自己立法，自己執行。四、國民黨可以監督市民政府，不能監督作為純粹民意機關的市民代表會議。但是，中共上海區委的這些設想卻與國民黨人楊杏佛等人的政治理念嚴重衝突。楊杏佛等主張：一、職業團體與地方團體同有選舉資格，不僅按職業，也要按區域推舉代表。二、市民代表會議不設經常性的執行委員會，以市或省的黨部為市或省的議會，市民代表會議的組織，要經過國民黨市黨部的最後決定。楊等並認為，市民代表會議的主張與國民黨「以黨治國」思想相違背，「與國民政府有衝突」。鈕永建更認為，現為軍政時期，人民未訓練，不能舉行市民代表會議；民選市政府「近乎滑稽」，將「脫離國民政府」。

為了彌合分歧，陳獨秀於三月十日中共上海區委特委會會議上提出，可在名稱上作改變，如主席團改爲常務委員會，執行委員會改爲政務委員會，但不能同意楊杏佛的地方團體與職業團體同具選舉資格的意見。同時，陳獨秀還提出，根據國民黨第一次全國代表大會宣言，應該限制反革命派當選。陳稱：「他們如果以訓政爲主，我們應指出，中山以訓政爲手段，民權爲目的，《建國大綱》中說得很明白。」他表示，準備與楊杏佛談國共合作、孫中山的軍政、訓政、憲政三時期以及黨與民眾關係等三個問題，說明工會及一切民眾團體都要獨立，黨只能在工會及民眾團體中起黨團作用，而不能直接命令。陳表示，希望通過談話能影響楊杏佛。上引陳函稱：「黨在上海之領導方式，簡單的以黨的機關命令行之，已萬萬不夠（因上海民眾已有組織而要求民權了），必須黨之本身在數量上有狠大的發展，黨的力量充滿了各方面，使黨的決議都能夠——在一切民眾會議中充分通過執行，如此才真是以黨治國，以如此方式領導民眾，訓練民眾，也才真是中山先生訓政之精義。」顯然，這是在借孫中山的語言對楊杏佛等進行說服教育，說明陳自己對於「以黨治國」的理解。

（原載《百年潮》，二〇〇三年第十一期）

四一二政變前夕的吳稚暉
——讀吳稚暉日記

一、吳稚暉日記中保存的覆陳獨秀函稿

吳稚暉是國民黨元老，陳獨秀是中共領袖，二人一度關係密切，但是，四一二政變前夕，吳稚暉卻與蔡元培、李石曾等一起，「檢舉」陳獨秀和中共，成爲蔣介石「清黨」的輿論製造者。研究吳、陳二人之間關係的變化，有助於瞭解一九二七年春國共關係破裂的一個側面。

吳稚暉未刊日記中保存覆陳獨秀函稿一通，很長，但很重要。函云：

仲甫先生：

前日去汪先生處，候一小時，知其時風聲甚緊，不便行路，即弟亦僅望作劇談，並無要言，不欲先生之冒險，故與汪先生談閒話甚暢而歸。前日由羅先生奉到賜書，未早覆者，因無投簡之處，遂因循也。稽答，甚歉矣。

先生之所言，弟悉知之，而且深信之。近〔向〕①弟向羅、汪諸先生屢有辭者，

並非弟有所不以為然，乃弟知有媒蘖者，甚願先生等之慎重之耳。此非是非問題，乃利害問題也。逼上梁山之法，善用之自有其相當之價值。故自先生標左右分派之名，所生小效不一而足。然《傳》曰：「莫敖狃於蒲騷之役」，②「狃」亦智者所應當留意，用術過乎其度。人者，模仿動物，教猱升木之說，實足參考。③蓋惟我獨智，而眾亦非皆愚。列寧之對面，已生莫索利尼，則凡「任用李服，而李服圖之；委任夏侯而夏侯敗亡」（即土耳其之前事），④用術過度之痛史，亦有反顧價值，不能拘當前之小效，輒如鄙諺所云，咬著陽物，雞腿都換不動，一往直前之沾沾自喜也。雖云厚貌深情，我輩亦十分留意於交際，然惟其如此，受創者益引起懷疑。儘管口蜜出於誠意，莫不疑有腹劍。至於剛柔之道皆窮，亦自叢荊棘而已。

先生來書，推言及於人格。在先生以為至矣、盡矣，然而黨人每每有大人格而不拘小人格。果拘小人格，則受人一飯，相期一言，必致硜硜，章行嚴所以以不資之身，甘敗於宰相大臣如段入（？）岑也；比之陳仲甫，所謂鳳凰翔於九天之表，彼則滯於藩籬耳！拘小人格者，失敗也。如彼保大人格者，其勝利也如此。如是，我輩有大人格，輒欲以小人格向人擔保一言，愚昧如弟，亦能笑而不信，因此，弟與羅先生劇談，羅先生亦屢有此等表示，弟惟忍俊不禁而已。事至於弟亦忍俊不禁，所以造謠者皆言ＣＰ事事可愛，惟口蜜腹劍，人格之不存，是其一短，何怪其有此不諒乎！自然，世人不知有大人格，實眾愚群盲，十分可憐之處，然消息盈虛於其間，寧非兼顧利害者所當有其事乎！

弟之性質，急先鋒之性質；在先生自然尤其是急先鋒之性質，在俄國人自然更是急先鋒，故我非常懷疑，以為列寧式之共產，不過為先行物所職，驅除掃蕩而已，馬格斯之共產，實現者必為德意志人。此說而果然耶？觀今日中國CP之舉動，弟可無言，因弟之為人，有極端矛盾兩性質，即對於社會國家，語其卑，雖康有為果能佐宣統皇帝而行明治天皇之政，弟惟不與其謀而已，代世界設想，而亦以為慰情聊勝無，可許其存在；語其高，不惟共產實行，無政府速現，莫不願共邪許，⑤即以為別有洞天福地，當前塵境皆止過渡，一概可以乍現即滅，均付涅槃，弟亦贊同。所以今之CP，若止自任為急先鋒，弟願翹拇指而喝采，曰好，真好，否則，苟有一毫譽蘇俄建設之周密，不憚卑詞厚貌，苦心孤詣（以下當有脫漏）。如先生屢屢所謂不是瘋子，毫無野心，有三分曲求短時之全者，請是非問題之外，兼講一些利害問題。弟何當為浮言所動，但請先生知浮言所自可矣。革命者被革命人所製造，浮言者亦被浮言人所製造。此原則也，空洞而說不如證實而言，則請引一近事以為論證。

先生此次所示，甚至於影響海軍，此毛細之事也。弟本不願引為例證，而先生既言之，弟即藉以說明，當不以為迕。海軍猝動一事，先生以為無窮錯誤，弟卻不評為錯誤，因黨人不勝其忿憤，輕舉妄動，乃是常態。當日上午集會，羅、汪、張三先生皆以為時間正在非常，應議非常之舉動，弟甚以為然也，然開始所議者，皆無聊之大綱，所謂驅逐孫傳芳，反對英國兵，諸如此類，我輩以為口禪者，幾乎國共兩黨之吃奶小孩久已熟聞。當彼非常之時，尚制禮作樂，老調別彈，弟遂以為並非處置非常，實乃別有作用，否則天上天鵝遇地下切蔥薑，正求死不得之際，即講權限分配，太無聊矣。因此弟直言有所貢獻，以為我輩革命黨開會，應當如此直率，庶免許多懷疑與隔閡。嗣經羅先生說明，彼等主要意思，本欲討論軍事等等，弟方大服，遂協定一二日後如何與軍隊接洽，如何與海軍相約，如何民眾燃炮竹助威，大家歡洽而退。然當時更以當夜海軍即動說明，尤為圓滿，不致使有人以為一部分人上午已先知者，竟對中心會議之人至傍晚始令始〔知〕之，且令尸其名。

然現在彼此皆屬極好朋友，自然知急色兒必有所不得已，坦然十分相諒，早已渣滓不存。至在一般人則「是箇驢也」⑥之疑可以發生，進一步疑人待己為頭等阿木林，可憐好朋友，止被人當作貓腳爪，凡疑此中有圈套者，皆易生浮言，易為浮言所動也。我等將保之以大人格，我等不願也，將保之以無足重輕之小人格，不易信也。故言論雖苦，不若以事實詔告，此可貢獻留意者一也。

然而此等引起兩黨糾紛之小問題尚為枝葉，至於主要貢獻，而共產黨既非僅僅充破壞之急先鋒，而且以善於建設自命，則先生所謂無窮錯誤愈少愈好，則利害問題之說也。黨軍不日臨滬，非如三月廿九，僅圖與總督衙門拚命，留一廣告，則此錯誤可省也。在周圍數千軍隊之中，急開數炮，明知必為十分鐘、二十分鐘之事業，乃事先已有革命委員會之整備，臨事又有何處回應之樂觀，無窮錯誤之中又含無窮滑稽，故此類舉動，定然可省即省為要。

弟於此事，本不應如此的事後批評。若在事之本身，弟十分欽敬於犧牲之烈士，而愧我輩之縮頭不出。然所以十分抱歉藉以發論者，蓋在共產黨乃一世界堂堂大黨，決非壓在十八層地獄之少數革命分子，專以拼短時死命，聊泄憤恨者可比也，而況牽動進行政策，使可望有效歸於無效；牽動黨派，使協和者失其招呼，皆先生所謂無窮錯誤，弟亦以為小有錯失者也。

諸如此類之急色，諸如此類之小誤，若能減少無謂之犧牲，無謂之異同，我輩革命黨攜手進行，共趨一點，現在共助國，將來國變共，時間之早晚，亦相商而定，如水之融乳，泯合無跡，豈不懿歟！弟日日望之，不知能否？古人云，內和外攘，雖使用小法術，汰除不良分子，自亦不得已。然狃且屢，西洋景拆穿亦可失效，世之妥洽人所以致謹於用手段者，恐餂糠及米，始用之於敵，既且及親，既且及最親，幸而世間尚有非共產者耳，否則清一色矣。列寧、托洛司基又彼此矣，如剝蕉然，豈有窮期！

此本迂言，言之太陳，然於相當結會中，略行其內和外攘，亦一時之所要也。若云任何一黨，必有不及約束之分子，此為先生所欲答，亦弟所十分首肯，但共產黨素以風紀名於當世，若亦如國民黨之約束不週，則又何優勝劣敗之可分，此必共產黨心欲以此求諒而口所不願出者也。弟托共產黨待我甚厚，狂肆謷論，且自知所言，皆隔靴搔癢，十分可笑，願矜庶之！弟所欲貢者已盡於此，短時間更無求見先生之必要，請天日稍可昂頭，再劇談也。

敬叩

道安！

弟吳敬恒頓首，二月廿五日⑦

以上段落，爲筆者所分，標點爲筆者所加。函中冷僻掌故，請參閱筆者所作簡要註腳。汪先生，指汪壽華，原名何今亮、何松林，一九二五年參加中共，曾任中共江浙區委常委，時任上海總工會代理委員長。羅先生，指羅亦農，一九二〇年加入中國社會主義青年團，次年在蘇聯轉爲中共黨員。一九二五年回國。同年十二月，任中共江浙區委書記。在一九二六年十月至一九二七年三月的上海工人三次武裝起義期間，二人均與吳稚暉關係密切。

二、函稿背景

要解讀吳函，首先要深入地研究其背景。

一九二六年九月，廣州國民黨中央爲開展江蘇及上海地區的工作，成立江蘇特務委員會，以侯紹裘、吳稚暉、張靜江、鈕永建等七人為委員，而以鈕永建主其事。自此，吳稚暉遂與羅亦農、汪壽華、侯紹裘等中共黨人多有來往，共同策劃上海地區反對北洋軍閥的鬥爭。同年十月，在上海的共產國際遠東局俄國代表團會議決定，上海起義必須組織「無產階級的獨立行動」。⑧廿三日，上海工人第一次武裝起義爆發。吳稚暉認為這是汪壽華等「時圖於國民黨外，要在上海另植一種革命勢力，以為共產黨之地」。⑨因此，曾向汪等表示：「勿急躁。如國民革命完成，貫徹中山先生之遺囑，將來進一步，中山先生亦非不能共產者。何必圖掛招牌，仍賣假藥，學上海書商輒賣預約券，作朝生暮死之事乎！」同時，吳稚暉對蘇俄也心存戒懼，當面對蘇聯駐滬領事館人員表示，希望俄國人誠心幫助中國革命，而不要「伸縮操縱」。⑩一九二七年一月至二月間，國民黨右派散佈，中共要在上海成立「工人專政政府」，吳稚暉疑慮更多。

同年二月十八日，共產國際在上海的代表曼達良、阿爾布列赫特等向中共中央建議，在忠於蔣介石的何應欽部隊到達上海之前，「建立一個能抵制廣州軍隊指揮人員的右傾和深入開展革命運動的政權」。共產國際的代表稱：「上海無產階級在相應的政權之下能夠對整個國民政府的進一步革命化產生極大的影響。正是上海的無產階級有條件通過國家政權真正保證無產階級的領導權，而這一政權形式很快就能為中國各大城市所接受。我們認為完全有可能和有必要按照蘇維埃制度建立起稱之為『人民代表會議』的政權。這個會議基本上採取蘇維埃制度，應包括所有的反帝階層。」⑪同日，上海總工會在未經中共中央和上海區委批准的情況下發佈通告，決定於次日舉行全滬工人總同盟罷工，援助北伐軍，打倒孫傳芳，奪取上海。十九日，總同盟罷工開始。同日，共產國際的代表與周恩來、瞿秋白等人談話，提出建立政權及政權形式的設想。二十日，共產國際的代表與彭述之談話，要求變總罷工爲起義。廿一日，中共中央及上海區委決定，積極準備，組織廣大的群眾的市民暴動，進而成立「臨時市民代表大會」（**國民革命的蘇維埃**）。⑫其具體計劃是：廿二日晚六時，由海軍先開炮，浦東工人上船拿取槍械，然後攻打高昌廟兵工廠。廿一日晚，中共上海區委與鈕永建、吳稚暉等決定，將國民黨江蘇特務委員會、江蘇省黨部、上海特別市黨部等合組聯席會議，準備成立上海市政府。廿二日上午，羅亦農、鈕永建、吳稚暉及上海總工會、上海學聯、商會等各方代表再次會議，汪壽華提議成立上海市民臨時革命委員會。對於這一名目，吳稚暉極爲敏感，當即表示反對：「如欲開重要會議，昨夜已成聯席會，即商界學界，亦議加入，何以今日合了換湯不換藥之諸人，又欲別立一名目？難道國民黨還不夠革命嗎？倘共產黨必欲自立名目者，乃無意與國民黨合作。吾立國民黨地位，敢提出抗議。」⑬

當晚，吳稚暉日記記會議情況云：

> 午前十時至廿六號，初無人，繼徐徐來，有羅亦農、王曉籟、汪壽華、楊杏佛、某工會少年二人，學生總會一人。又張曙時欲立什麼革命委員會，後又定名臨時上海市民革命委員會。余忠告勿為此包廂性質之預備，並言有人蔑視國民政府者，吾反對

之，三十年內，有議共產者，吾反對之，有賣國於俄羅斯，我力除之也。言固無病而呻，所以致王曉籟商人不知所措者，乃莫名其妙，然對朋友忠告，寧過言之。

廿六號，指上海法租界環龍路廿六號，鈕永建的辦公地點。吳稚暉認為：在當時的中國，不能「蔑視國民政府」；三十年內不能「議共產」；不能「賣國於俄羅斯」。他擔心建立「革命委員會」就是為無產階級一個階級掌握政權準備「包廂」。吳稚暉承認，當時並沒有類似跡象，他的話不過是「無病而呻」，但目的是向朋友盡「忠告」，不能不「過言之」。

在吳稚暉發言之後，汪壽華及國民黨左派、江蘇省黨部秘書長張曙時發言解釋，羅亦農稱：「欲立此非常之會議者，正欲討論軍事等耳！」於是，會議轉入研究軍事。當時，鈕永建正在聯繫李寶章的部下倒戈，羅亦農正在聯繫海軍。與會者詢問情況，鈕答：「今日必無著落。明晚或有一二處得回音，說不定遲至後日。」羅答：「（海軍方面）今日亦來不及」。這樣，會議決定「早則明晚，至遲則後日下午，應有舉動，屆時再集議」。⑭

會議雖然決定推遲起義時間，但是中共上海區委認為李寶章已在鎮壓罷工工人，策動他起義已無可能，拖延時日，必將使罷工工人限於被動，決定仍按原計劃起義。廿二日下午五時半，羅亦農、汪壽華代表上海區委將計劃通知鈕永建，要求他簽署命令。鈕問：「何以午前不早言？」他指責上海區委擅自作出決定，沒有合作「誠意」。經羅、汪說明，鈕永建最終還是簽署了命令。⑮以後的情況是，海軍開炮的時間稍有延遲，碼頭上的等候上艦取械的工人糾察隊大部份已經散去，南市、閘北的工人糾察隊雖有所行動，但很快失敗。

當夜，吳稚暉日記云：

夜，我正倦睡而起食晚餐，杏佛、濟滄先後來言，頃在二十六號樓上聞炮聲十餘發甚厲，不知何物狂奴為此滑稽之舉動，惕生正大恚，亦無可如何。侯紹裘等似意得。余與楊、湯同至二十六號，皆目相視而默然。史鵬展、王守謙亦在，似亦莫名其妙。嗣後侯紹裘、汪壽華次第來言，高昌廟兵變。眾默然，相對無聊，至十一時乃散。

這一段日記比較簡略，據吳稚暉事後追述：吳稚暉、楊杏佛、湯濟滄到「二十六號」後，鈕永建正對侯紹裘、汪壽華二人發脾氣：「如此相欺，何能合作！」侯、汪表示歉意，吳稚暉勸說道：「事已如此，亦可勿復有言。革命黨之急躁，常如此也。」其後，次第有人報告：「高昌廟回應矣！」「西門、龍華，各有回應。」，但一直到十點半，杳無消息。吳稚暉再次表示：「後當慎之又慎，如此無謂之犧牲，應當切戒。」⑯

同日夜十時，陳獨秀起草致吳稚暉函云：

前幾天本想和先生一談，以不大方便中止，至為悶悶。此時謠言甚多，尤其是右派，望先生萬勿輕信。在中國革命中，中國國民黨與CP萬萬不可分離，CP決無與國民黨分離之意（即溥泉等，如他們願意打孫傳芳、李寶章，我們尚可與之合作，何況革命的國民黨）。誰願分離，便是誰不忠於革命。我為此言，誓以人格為擔保，望先生勿為右派浮言所動，以至大家鬧無謂意見，而為敵人所喜，並請先生將此轉達鈕惕生先生。

CP為上海事件有宣言，諒先生早已看見，右派造謠，說CP要在上海成立工人專政政府，此種無稽之言，實不值識者一笑。CP分子多出力，這是革命者應有之義務，不得以此遂謂其有成立工人專政之意，軍閥肆意屠殺，群眾忍耐不住，自由行動，甚至於影響海軍革命，行動中自不免無窮錯誤，而不能事事皆歸怨於CP之有野心。先生試看CP對上海宣言，有什麼野心沒有。或者先生還以此宣言太和平了一點，也未可知，然而CP主張只能如此。此事稍定，尚欲與先生詳談一切。先生或不能信他人，當不至疑我亦欺騙先生也。⑰

此函意在解除吳稚暉的疑慮，維繫國共合作，所以力陳中共決無與國民黨分離之意，即使如張繼（溥泉）等右派，只要反對北洋軍閥，亦可合作。陳函特別說明，所謂中共要在上海成立「工人專政政府」之說，純係「無稽之言」。二月二十日，中共上海市執行委員會曾散發《爲總同盟罷工告上海市民書》，其中提出《最低限度的共同政綱》十二條，主要內容爲：由上海市臨時革命政府召集市民代表大會，成立正式上海市民政府，直轄於國民政府；撤退各國海陸軍、收回租界、統一市政；徵收市內一切居民的財產（土地在內）累進稅及所得累進稅；頒佈勞動保護法等，確實沒有多少激進內容。⑱對提前起義的原因，陳獨秀解釋爲：「軍閥肆意屠殺，群眾忍耐不住，自由行動，甚至於影響海軍革命，行動中自不免無窮錯誤。」函中，陳獨秀並「以人格爲擔保」，希望吳稚暉相信自己的話。

此函於廿三日午後經羅亦農之手交給吳稚暉。羅並向吳解釋：「此皆人民忿無可泄，故輕舉妄動。」⑲不過，吳稚暉並不接受陳、羅二人的解釋，也不領陳獨秀以「人格擔保」之情。於廿五日起草了上引致陳獨秀函。

三、函稿探析

函稿充分反映出吳稚暉對中共的不滿。它表明，國共兩黨當時雖仍在合作階段，但彼此間已經存在著很難克服的矛盾。但是，函稿寫得很晦澀，文字亦有脫誤，有仔細梳理、研究的必要。今依照筆者所分段落，逐段加以闡釋。

函稿第一段，說明二月廿三日曾與汪壽華長談，知當時上海仍處於白色恐怖之下，不願陳獨秀冒險及所以未及時覆函的原因。

函稿第二段，借中國古代和世界的歷史故事，指責陳獨秀及中共在國民黨中強分左右兩派，逼人激進，是耍弄權術，雖有小效果，但不可多用，不可過度。吳稱：楚國的莫敖因在蒲騷地方打過勝仗，自此驕傲自滿，對打仗漫不經心，結果，再次出兵時就兵敗自縊。曹操用人喜歡耍手段，弄權術，結果，任用李服而李服企圖謀害他，任用夏侯淵而夏侯淵兵敗被殺。因此，「狃亦智者所應當留意」，多用權術就會出問題。吳並稱：人善於模仿，教猱升木的結果只能引導壞人做壞事。例如，列寧的對面已經產生了莫索利尼這樣的法西斯專制主義者。二十世紀二〇年代初，土爾其共產黨參加凱末爾領導的民主革命，但凱末爾建立土爾其共和國後，卻轉而鎮壓共產黨。凡此，都應該引爲戒鑑。否則，「用術過度」，易於引起合作者警覺，懷疑口雖蜜而腹藏劍，給自己製造麻煩，種下許多「荊棘」。

函稿第三段，針對陳獨秀「以人格爲擔保」的說法，指責共產黨人追求「大人格」，忽略「小人格」，雖信誓旦旦，但所言均不可相信。吳稱：章士釗只講「小人格」，因而失敗；陳獨秀追求「大人格」，手段高明之至！羅亦農也常以「人格」擔保，但只能使自己「忍俊不禁」，並不能使自己相信。

函稿第四段，吳自稱「急先鋒」，理想可高可低，既可贊成康有爲輔佐宣統皇帝，進行明治式的維新，也可爲實行共產、建立無政府社會而共同奮鬥。但是，吳表示，不贊成「列寧式的共產」，認爲那只能起「驅除掃蕩」的清道夫作用，真正有資格實行「馬格斯之共產」的只有德國人。吳表示，贊同中共成爲中國革命的「急先鋒」，但是不贊成中共「卑詞厚貌」地稱譽「蘇俄建設」。陳在致吳稚暉函中曾表白中共沒有「野心」；在其他場合，也曾表白，中共不是「瘋子」，不會急躁冒進。吳在本段中要陳斟酌利害，不可爲製造「浮言」者提供根據。

函稿第五段，追憶二月廿二日聯席會議狀況：一開始討論的是「驅逐孫傳芳、反對英國兵」等宣傳「大綱」，吳認爲，這些「吃奶小孩久已熟聞」，無須討論，現在是非常時期，軍閥正在準備鎮壓（「天上天鵝遇地下切蔥薑」），不能慢騰騰地「制禮作樂」。其後，轉入討論軍事，雙方就「二二日後如何與軍隊接洽，如何與海軍相約，如何民眾燃炮竹助威」等問題達成協定。吳批評中共方面沒有在會上直率說明，當晚海軍即行發動，「竟對中心會議之人至傍晚始令知之，且令尸其名」。

函稿第六段，說明海軍當夜動作是一種「急色兒」行爲，已成過去，彼此之間是好朋友，可以諒解，但一般人易生不滿，有被輕視（「是簡騹也」）、被欺騙（「疑人待己為頭等阿木林」）、被利用（「被人當作貓腳爪」）的感覺。

函稿第七段，認爲辛亥年革命黨人攻擊廣州總督府的行爲有宣傳作用，但今非昔比，國民革命軍即將抵達上海，沒有匆促起義的必要。在數千敵軍包圍之之中，開幾炮，十分鐘、二十分鐘之間即行失敗，是「無窮錯誤之中又含無窮滑稽」的行爲。

函稿第八段，針對陳獨秀來函中所稱「行動中自不免無窮錯誤」的說法，認爲此次起義「小有錯失」，既影響革命計劃進行，又影響兩黨關係。

函稿第九段，說明本人的國共合作理想是「現在共助國，將來國變共」，時間早晚，可以商量，希望兩黨之間，如乳交融，泯合無跡，對內和平，對外鬥爭。再次表示，不可一再要手段，用權術。吳稱：列寧、托洛司基之間已經分為「彼此」，如此層層「剝蕉」，在內部鬥爭不已，如何有終止之日！

函稿第十段，表示中共一向對己甚厚，所以才大發胡言。所欲言者已經說完，待形勢好轉（天日稍可昂頭）後再作長談。

以上所述，係筆者對吳函的解讀，相信主要方面符合原意。其中有少數地方語義不明，但由於吳稚暉日記的原件已經迷失，現在僅存抄件，其文字脫誤或可疑之處均無法校核，只好留待異日條件具備時進一步考證了。

綜觀上函，可知吳稚暉對中共不滿雖因具體問題而發，但其中卻隱含著若干原則分歧。一是對蘇俄建設、蘇共內部鬥爭和列寧的「專政」學說的評價。此函中，吳稚暉已在攻擊「列寧之對面，已生莫索利尼」，四一二政變後，吳稚暉更進一步指責列寧的共產主義「兇暴」，內心思想袒露無遺。⑳另一分歧是，國共合作及未來向「共產主義」發展的形式。吳稚暉的設想是：「現在共助國，將來國變共」，自然，他認為當時中國革命的領導力量只能是國民黨。

自一九二三年五月起，共產國際即明確指示，中國革命的領導權應該歸於工人階級的政黨。一九二五年一月，中共「四大」明確提出，無產階級在中國民族革命運動中必須取得領導地位。這樣，一個要「共助國」（共產黨協助國民黨），一個要「共領國」（共產黨領導國民黨），這一矛盾就很難調和了。

四、陳獨秀、吳稚暉夜談「共產」

上函寫成後，吳稚暉於三月廿六日交給鈕永建，托鈕轉交陳獨秀，但吳又覺得此函「不相宜」，向鈕要回，另寫一函，「意稍和緩」。㉑其後，國共兩黨的領導人在上海繼續維持合作狀態。三月五日，羅亦農、侯紹裘與鈕永建、吳稚暉見面，吳稚暉讀到羅帶來的陳獨秀函，談在上海成立市民政府問題。吳閱後稱：「我們主張也如此。」「從前確有誤會，我們以為C・P・的民眾仍有強姦氣，現在我們主張並無不同處。」羅亦農提出「總罷工」，歡迎北伐軍，維持上海治安，防止搶劫，吳、鈕都表示贊成。當時，給羅亦農的感覺是：「解釋許多誤會，吳稚暉也不再放大炮了。」㉒但是，在第二天吳、陳的一次「夜談」後，吳稚暉的態度卻有了急劇變化。

三月六日夜八時，陳獨秀、羅亦農約吳稚暉到鈕永建處談話。鈕先走，楊杏佛、孟森（心史）繼來。關於這天晚上談話的內容，吳稚暉日記云：「談約兩小時，其要點二十年可行共產。二百五之名目亦比無名目好。」這段日記過於簡略，但三月廿六日吳稚暉有一段敘述記二人對話很詳盡：

吳：我是不諱言無政府是要三千年才成的。列寧共產，越飛說的二百年恐還不夠。

陳：你瘋了。無政府與共產可以很快的。

吳：這無非假的罷了。

陳：那我請問你。現在我們中國共和是假的。還是康有爲的復辟好？還是假的共和好？

吳：那末即日掛了共產招牌，行的連三民主義都不如，突然把許多老朋友丟了，於心何忍呢？

陳：現在哪裡行共產？行共產不是瘋子嗎？

吳：那末據你判斷，列寧的共產，行在中國要若干年呢？

陳：二十年足矣！

吳：那末豈不是國民黨的壽限，止有十九年，便要借屍還魂了呢？㉓

陳獨秀是中國革命應分民主主義與社會主義兩步的最早的設計者之一，但是，此際卻認爲中國在二十年內可行「列寧的共產」，之所以如此，可能受了北伐戰爭進展甚快的影響。三月廿五日，中共上海區委召開擴大活動分子會議，報告者稱：「不久以前我們認識中（國）革（命）一氣呵成，可直向社會主義走。」㉔顯然，與陳獨秀同樣表現出對中國革命的一種過於樂觀的估計。

吳稚暉對「列寧式的共產」一向不滿。這次夜談，陳獨秀的話強烈刺激了吳稚暉本已存在的「反共」神經。一九二七年四月二日，蔡元培、吳稚暉、張靜江、李石曾、李宗仁等八人在上海舉行國民黨中央監察委員會，陳獨秀的「二十年在中國實行列寧式共產主義」的說法就成了吳稚暉「檢舉」中共的主要內容。

五、吳稚暉站到蔣介石方面

北伐開始以後，各地工人運動發展迅速，罷工事件風起雲湧。三月五日，吳稚暉與羅亦農會談時，曾表示「暴動工黨太激烈。」㉕三月十六日，吳稚暉致函蔣介石，這種不滿就流露得更爲明顯。函云：

> 至於罷工諸問題，時時不免逾軌，此已萬方一慨，想時局未定，為必有之現象，俟大憝既殲，稍予左右以休暇，必能整齊劃一，立之標準，群公奉而周旋，定使共上軌道。㉖

從吳函可見，他認爲工人運動「逾軌」，已經到了「萬方一慨」，到處不滿的嚴重地步。「大憝既殲」云云，顯指正在醞釀中的「清黨」計劃。可見，這時的吳稚暉已經和蔣介石完全站到一起了。

第二次上海工人武裝起義失敗後，中共上海區委繼續籌劃發動第三次起義。三月廿一日，國民革命軍東路軍迫近上海，前敵總指揮白崇禧進駐龍華。中共上海區委認爲時機已到，宣布舉行全市總同盟罷工，並立即舉行武裝起義。當日，國共領導人召開聯席會議，吳稚暉日記云：「開聯席會議，余旁聽，未肯與會，侯（紹裘）爭警權宜收歸工人所有甚力。」吳於當年二月廿一日被蔣介石任命爲上海臨時政治委員會代理主席，算是上海國民黨組織的頭號人物，但他只肯「旁聽」，不肯正式與會。對會議內容，他只記了「俟爭取警權宜收歸工人所有甚力」一句，尤可見他對這一問題的警惕。

形勢發展得很快。三月廿二日，上海工人第三次武裝起義取得勝利。同日，召開第二次市民代表大會，選出上海臨時市政府委員會委員。廿三日，國民革命軍程潛所部攻佔南京。廿六日，蔣介石到達上海。次日，吳稚暉即會見蔣介石，提出反共建議。廿八日日記云：「住入道署，開監察會。」這裏所說「監察會」，指的就是蔡元培、吳稚暉等人「檢舉」陳獨秀和中共的國民黨中央監察委員會會議了。

（發表於《歷史研究》二〇〇三年第六期）

① 「向」字疑衍。

② 莫敖，指楚國的貴族莫敖屈瑕。莫敖在蒲騷（今湖北應城境內）打過勝仗，自此趾高氣揚。西元前六九九年，莫敖再次率兵攻打羅國，楚武王的妻子鄧曼對武王說：「莫敖狃于蒲騷之役（莫敖習慣於蒲騷之役的勝利），將自用也（必將剛愎自用）。」果然，莫敖出兵後獨斷專行，麻痺輕敵，結果兵敗自縊。事見《左傳》桓公十三年。

③ 《詩・小雅・角宮》：「毋教猱升木，如塗塗附。」《列女傳》：「公子州吁，嬖人之子也。有寵，驕而好兵，莊公弗禁，後州吁果殺桓公。《詩》曰：『毋教猱升木』，此之謂也。」後遂將教唆壞人做壞事稱為教猱升木。

④語見諸葛亮《後出師表》。李服，《魏志》無其人，舊說認為是王服之誤，史稱：車騎將軍董丞受漢獻帝密詔，曾與劉備一起密謀誅殺曹操。夏侯，指夏侯淵，曹操大將，建安二十四年兵敗被殺。

⑤《淮南子·道應訓》：「今夫舉大木者前呼邪許，後亦應之，此舉重勸力之歌也。」

⑥《孟子·離婁》載：齊大夫公行子死了兒子，右師王驩前去吊喪，大家紛紛趨前與王驩談話，只有孟子例外，王驩不悅說：「諸君子皆與驩言，孟子獨不與驩言，是簡驩也（看不起我王驩）也。」

⑦《吳稚暉日記》，抄件，臺北中國國民黨黨史館藏。

⑧《共產國際執行委員會遠東局而國代表團會議記錄》，《聯共（布）、共產國際與中國國民革命運動》（一九二六～一九二七），上，北京圖書館出版社，第五八〇至五八一頁。

⑨《初以真憑實據與汪精衛商榷書》，《吳稚暉先生全集》卷九，第八七六頁。

⑩同上書，第八七七頁。

⑪《曼達良、阿爾布列赫特、納索諾夫、福京關於第一次上海起義的書面報告》，《聯共（布）、共產國際與中國國民革命運動》（一九二五～一九二七），下，第一三八至一三九頁。

⑫瞿秋白《上海「二·二二」暴動後之政策即工作計劃意見書》，《上海工人三次武裝起義》，第一五四頁。

⑬《初以真憑實據與汪精衛商榷書》，《吳稚暉先生全集》卷九，第八七七頁。

⑭同上。

⑮同上書，第八七八頁。

⑯《初以真憑實據與汪精衛商榷書》，《吳稚暉先生全集》卷九，第八七八頁。

⑰《吳稚暉日記》，此函後來吳稚暉在寫作《初以真憑實據與汪精衛商榷書》時曾加以引用，見《吳稚暉先生全集》卷九。

⑱《上海工人三次武裝起義》，第一二八至一二九頁。

⑲《初以真憑實據與汪精衛商榷書》，《吳稚暉先生全集》卷九，第八七八頁。

⑳《護黨救國運動談話》，《吳稚暉先生全集》，卷九，第八二三頁。

㉑《吳稚暉日記》，未刊抄件。

㉒《特委會議記錄》，《上海工人三次武裝起義》，第二七九至二八〇頁。

㉓《對共產黨問題談話》，《吳稚暉先生全集》卷九。該書編者認為係一九二七年三月十二日談話，但文中稱：「二十天前，我與陳獨秀五年不見，約了會談。」陳、吳會談在三月六日，則此談話必為三月廿六日。

㉔《上海工人三次武裝起義》，第三九五頁。據同年四月六日羅亦農報告稱：「中國革命一氣呵成向社會主義路上走，是很有可能的。」據此，在此報告者應為羅亦農。見《中共上海區委召開活動分子會議記錄》，同上書，四四四頁。

㉕同上，第七十九頁。

㉖見《吳稚暉日記》。

「四・一二」政變前後武漢政府的對策

一九二七年四月十二日，蔣介石在上海發動的政變並不是突然的，事前，他早已公開表態，並且在南昌、九江、安慶、南京、杭州、福州等地大打出手。因此，武漢政府對於蔣介石可能採取的行動並非完全沒有警覺，曾經採取過一些對策。但是，從總的方面看，麻痹天真，優柔遲疑，失去時機。「四・一二」之後，武漢政府處境困難，政治譴責取高調而軍事上則回避和蔣介石決戰，對馮玉祥、閻錫山等人又判斷失誤，終於未能挽回頹勢。中國革命史由此發生了重大的轉折性變化。

一、以黨權限制蔣介石

武漢政府是在和蔣介石激烈衝突中的產物。將國民政府由廣州遷到武漢，本來是蔣介石的主張。一九二六年十一月十六日，徐謙、宋子文、陳友仁、孫科、鮑羅廷等北上，籌備遷都。同年十一月廿六日，中央政治會議決定，在廣州的國民黨中委和國民政府委員分批出發。十二月十三日，先行到達武漢的孫科、徐謙、蔣作賓、柏文蔚、吳玉章、宋慶齡、陳友仁、王法勤等議決，在國民政府未遷來之前，組成國民黨中央執行委員，國民政府委員臨時聯席會議，執行最高職權。同月底，譚延闓、張靜江、顧孟餘、何香凝等人抵達南昌，蔣介石突然改變主張，提出將中央黨部和國民政府暫駐南昌，企圖將黨和政府置於他的軍事控制之下。這樣，在聯席會議和蔣介石之間就發生了激烈衝突。最初，武漢的國民黨左派和顧問鮑羅廷準備動員李宗仁反蔣。他們紛紛去李處遊說，告訴他：蔣介石「集黨、政、軍大權於一身，現在已成為一新軍閥，本黨如不及早加以抑制，袁世凱必將重見於中國」。鮑羅廷並曾推心置腹地動員李宗仁取代蔣介石的總司令位置，遭到李的拒絕。①此後，武漢的國民黨左派們決定以黨權來限制蔣介石。一九二七年二月十五日，國民黨宣傳委員會在漢口舉行會議，到會的有鄧演達、顧孟餘等三十餘人，提出鞏固黨的權威，一切權力屬於黨；統一黨的指揮機關，擁護中央執行委員會；實現民主政治，掃除封建勢力；促汪精衛銷假復職；速開中央執行委員會全體會議，解決一切問題等主張。會議通過的《黨務宣傳要點》指出：「封建思想在黨員頭腦中潛滋暗長，不即加以糾正，必定演成個人獨裁。」考慮到當時的條件，《要點》主要矛頭指向張靜江，但是，也沒有點他的名，而是以「昏庸老朽的反動分子」一詞相代。《要點》表示，要以打倒西山會議派的精神，肅清黨內的「昏庸老朽的反動分子以及相與勾結的官僚、市儈」。②自此，各地即掀起恢復黨權運動。二月廿一日，國民政府宣布在武漢正式辦公。

對於這一切，蔣介石惱怒異常。二月十九日，他在總司令部南昌特別黨部成立大會上說：「我只知道我是革命的，倘使有人要妨礙我的革命，反對我的革命，那我就要革他的命。我只知道革命的意義就是這樣。誰要反對我革命的，誰就是反革命。」③廿一日，他又說：「如果今日左派壓制右派，那我就要制裁左派。」「共產黨員有不對的地方，有強橫的行爲，我有干涉和制裁的責任及其權力。」④這實際上已是政變的預告。

恢復黨權運動在二屆三中全會期間達到了高潮。這次會議原定三月一日召開，由於蔣介石的阻撓，一直推遲到三月十日。會議於三月十七日閉幕。這次會議糾正了國民黨二屆二中全會的許多錯誤決定，是國民黨制度上的一次大改革。會議通過了統一黨的領導機關案、統一革命勢力案、統一財政決議案和統一外交決議案。這些決議案的主旨都在於提高黨權、集中黨權。會議改選了國民黨中央政治委員會、常務委員會、軍事委員會和國民政府委員會，在實際上解除了蔣介石的常務委員會主席和軍事委員會主席兩項職務，蔣介石被從最高領導的地位上拉了下來，權力大大縮小了。會上，孫科點名批評蔣介石：「蔣介石同志之在南昌宣言，則爲軍閥及帝國主義所歡迎。」⑤會後發表的《本會經過概況》雖然不點名，但卻對蔣介石進行了最嚴厲的指責。《概況》認爲：自「三・二〇」中山艦事件以來，「不但總理之聯俄及容納共產黨政策被其破壞，即本黨軍隊中之黨代表制與政府制度亦完全破壞，開個人獨裁之漸，啓武人專橫之端」。又說：「自設總司令以來，黨國大政，無不總攬於一人。黨與政府，等於虛設。」⑥《概況》高度評價二屆三中全會的決議，認爲是「個人屬於黨與黨屬於個人之分歧點」，「武力屈服於黨，抑黨屈服於武力之分歧點」，「個人獨裁與民主集中制之分歧點」。《概況》表示，將不再採取「委曲求全」的方針。

二屆三中全會之後，各地反蔣呼聲日趨激烈。湖北省黨部要求免去蔣介石本兼各職。武昌中央農民運動講習所學生結隊請願，要求將蔣介石交付監察委員會和軍事委員會按照黨紀懲辦。武昌第三區第四分部致電蔣介石，表示要以「革命的手段對待」，「臨電枕戈，佇候明教」。⑦湖南省黨部則公開電稱：「與其愛一蔣介石，以延長中國反動之局；何如去一蔣介石，而樹立真正民治之基。」⑧

蔣介石不想以口舌、筆墨進行論爭，他用暴力來回答武漢政府。三月十六日，他強迫解散南昌市黨部、南昌市學聯，封閉《貫徹日報》。十七日，製造九江慘案，殺害九江市黨部和總工會負責同志四人。三月廿三日，製造安慶慘案，搗毀安慶省黨部和總工會。同時，處心積慮控制南京、上海。

在很長時期內，鮑羅廷和國民黨左派們一直擔心蔣介石抵達東南後，會和帝國主義以及中國大資產階級發生關係，因此，也力謀控制南京、上海，進一步限制和削弱蔣介石的權力。三月廿一日，上海發生工人第三次武裝起義，武漢國民黨中央政治委員會立即召開會議，討論應付方案。會議決定派外交、財政、交通三部部長赴滬，又指定孫科、顧孟餘、陳友仁、宋子文、徐謙爲外交委員會委員，以陳友仁爲主席，研究上海方面的外交策略；派郭沫若爲上海軍隊中的政治工作指導員。三月廿三日，北伐軍攻克南京，武漢國民黨中央政治委員會立即任命程潛等十一人組成江蘇省政務委員會，以程潛爲主席，其中共產黨人和左派占絕對優勢。廿七日，武漢政府電令上海各機關，所有江浙財政均須經宋子文辦理，否則概不承認。這一切，都是爲了加強武漢政府對南京、上海地區的控制，限制蔣介石的權力。

蔣介石不理睬武漢政府這一套，繼續任命行政、外交等方面的人員，並且干涉武漢政府的用人權。三月廿八日，孫科在政治委員會第六次會議上提出：最近軍事長官，往往干涉交通部用人行政事宜，上海方面交通部派員不能接事，一定要總司令委派才可以。會議決議，由國民政府電令各省軍事機關，嗣後不得干涉用人行政。四月一日，政治委員會第八次會上，鮑羅廷提出：「現在反動分子自由委派重要官長，損傷黨權。」于樹德提出：「軍事領袖擅自拜訪各國的外交官是否合法。」孫科說：「現在越鬧越不像話，好像是他總司令的世界，爲所欲爲，把黨的威權弄得掃地。我們如果再不下決心，何必還革什麼命？」⑨會議根據鮑羅廷和孫科的提議，將二屆三中全會統一外交、財政各決議案通知蔣介石以及各軍，「飭令遵照，並警告不得違反，否則以反革命論」。⑩武漢政府很天真，以爲蔣介石還會按照它的命令行事。蔣介石也在某些方面麻痹武漢政府。不僅於三月三十日發電請示軍事、外交進行方針，而且同時呈報安徽省政務委員名單，要求委派鈕永建爲新編第七軍軍長。這一切也給了武漢政府以錯覺，似乎蔣介石還準備聽它的話。四月二日，武漢國民黨中央常務委員會第五次擴大會議上，孫科提出：蔣總司令自江西到上海後，即被反動勢力包圍與利用，形成一個反動中心，建議立刻下一道訓令給蔣介石，要他立即離開上海，回到南京去，專負軍事方面的責任。他說：「蔣在上海，帝國主義只看見他一人，不見有中國國民黨及中央政府，外交、財政、交通都被其破壞。」「這是給蔣總司令一個最後機會，試驗他能不能夠有覺悟，服從中央命令，抑或一意孤行。」⑪會議通過了有關電文，聲稱：「同志在滬，已有不能團結革命之表徵，徒爲外人所乘，於此緊急之外交形勢殊屬不利，必同志離滬，中央始可對上海之嚴重形勢指揮自如，而負完全之責任。」決議要求蔣介石「對於外交未得政府明令以前，切勿在滬發表任何主張，並勿接受任何帝國主義口頭或文字之通牒」。⑫武漢政府以爲，只要蔣介石離開上海，就可以使他擺脫反動影響。鮑羅廷說：「假使我們不是愛惜蔣同志，就任從他在上海，聽他將來弄到一個失敗的結果給我們看的。現在我們要他離開上海反革命的重心，免他受包圍走去反革命。」⑬

四月五日，武漢國民黨中央政治委員會根據軍事委員會的呈請，決定廢除總司令，改爲集團軍，任命蔣介石爲第一集團軍總司令，馮玉祥爲第二集團軍總司令，朱培德爲總預備隊總指揮，楊樹莊爲海軍總司令。這是武漢政府削弱蔣介石軍權的重大措施，但是，對蔣介石沒有任何實際影響。

武漢政府有黨權，蔣介石有軍權，武漢政府的基本策略是以黨權限制軍權，幻想黨紀、命令、輿論可以制服蔣介石，但是，事實證明，勝利者是軍權，而不是黨權。

二、逮捕蔣介石與派兵東下計劃的擱淺

武漢政府還準備了另一手。

在幾經猶豫之後，武漢政府於三月下旬草擬了一個俟機逮捕蔣介石的密令，由譚延闓親筆

寫在一塊綢子上，準備交給程潛執行，同時責成二、六兩軍控制南京地區。三月廿七日，林祖涵將密令縫在衣服內，以代表國民政府慰勞前方將士的名義東下。⑭同時，張國燾則以機密方法，通知在上海的中共中央，要求就近予程潛以協助。⑮廿八日，中央軍事委員會總政治部任命林祖涵爲駐寧辦事處主任，林未到任前，由李富春代。

武漢政府將希望寄託在程潛身上，但是，程潛卻並不願意執行命令。林祖涵東下之際，程潛正與何應欽一起應蔣介石之召，赴上海商談。到滬後，程潛力主調和，並表示願意去武漢勸合。⑯此外，程潛還和李石曾、吳稚暉作了交談，瞭解到他們正在準備「清黨」。程潛擔心自己被蔣介石軟禁，便於三十日離滬返寧。當晚，林祖涵也到了南京。程潛得悉交給他的任務後，表示：「那不行，我不能做分裂國民黨的罪魁禍首。這樣對不起孫中山先生。」⑰六軍政治部主任李世璋以形勢危急相勸，告訴程潛：「蔣介石已經把何應欽派進來了，他們已經佔領了高地，恐怕來意不善。」程潛卻滿不在乎地說：「不要怕！」⑱

程潛的態度有他本身的原因，但是，逮捕蔣介石的時機也已失去。南京事件發生的第二天，蔣介石便乘艦過寧，沒有上岸。這以後，他一直處在重兵的護衛中，要逮捕蔣介石幾乎是不可能的。關於此事，鮑羅廷曾總結說：「第六軍軍長程潛未能及時執行逮捕蔣介石的命令，因爲沒有中央政府的堅定而明確的指示，他自己不知道怎麼辦。送逮捕令的交通員晚到南京一週時間。」⑲

林祖涵也沒有其他辦法。在南京期間，二、六兩軍都有人表示對蔣介石「深致懷疑」，

「希望中央早日討伐」。林祖涵只能含混相答。四月一日，程潛下令「除渡江部隊外，其餘概行集結南京」，同時，以全體官兵名義通電擁護武漢三中全會決議，即隨林祖涵返漢。他將軍長職務交楊杰代理，將衛戍南京的任務交賀耀祖負責。程潛自以為萬無一失，他無論如何想不到，楊、賀二人都已經倒向蔣介石一邊。⑳

程潛離寧後，蔣介石即接連下令駐守南京的二、六兩軍於四月六日全部渡江，沿津浦路北上，同時命何應欽的東路軍火速向南京集中。蘇聯顧問勃拉戈達托夫曾向蔣介石建議，六軍在戰鬥中損失很大，需要補充、復元，應該暫留南京，為蔣拒絕。㉑在此情況下，六軍密電程潛請示，程覆電不得渡江，不幸，程電被蔣介石的總司令部截獲。其間，魯滌平也知道二期北伐尚在計劃中，蔣介石此舉，必係排除異己，別有他圖，急電武漢請示，但未能打通。這樣，二軍和六軍的大部分都被派北上，留守的少數六軍戰士被包圍繳械，南京完全落到蔣介石手中。

武漢政府雖然下了逮捕蔣介石的決心，但是，並不感到政變迫在眉睫，還在準備北伐，並訂於四月五日誓師，同時慶祝中央軍事委員會成立和滬寧克復。三月卅一日，顧孟餘在宣傳委員會上說：「黨權運動的發展，上海方面軍事領袖並未極端反對，但表面雖服從，內中或準備一兩月後某一種發展。他們的方法，大概是在上海或南京集中力量，對北伐不進行，而坐觀成敗，但中央則非迅行北伐不可！」㉒四月一日，軍事委員會對全體將士訓令稱：「國民革命軍將士目前最急切的任務，便是打倒張作霖，消滅奉系勢力。」㉓四月四日，程潛到漢，報告了上海方面準備「清黨」的情況，李富春也密電陳述蔣介石、何應欽即將來寧建立政治組織的消息。這樣，武漢政府就緊張起來了。當日以「籌備尚未就緒」爲理由，宣布將北伐誓師典禮展期。㉔四月七日，武漢國民黨中央政治委員會召開緊急會議，決定「爲適應革命勢力之新發展及應付目前革命之需要」，將中央黨部及國民政府遷至南京，遷移日期另行決定。會議指定顧孟餘、鄧演達、譚平山三人負責遷都的宣傳工作，下令軍事委員會制訂以南京爲中心的作戰計劃。㉕當夜九時，軍事委員會開會，決定軍事進行計劃。

武漢政府決定遷都的理由，據孫科、譚平山等人所述，基於五個方面：（一）對付帝國主義。武漢政府認爲，英、美帝國主義正聯合日本，準備武力干涉中國革命，封鎖上海、南京、天津等口岸，武漢政府必須先發制人。遷都南京、坐鎮南京，帝國主義就不敢明白進攻。（二）統一外交。武漢政府感到，地處武漢，不便於「對付長江下游的外交」。（三）掌握財政。長江下游是富庶之區，遷都有助於控制下游財政。（四）團結下游革命力量，控制蔣介石。譚平山說：「最近長江下游，帝國主義利用種種機會，用挑撥的方法以分離革命勢力。現在一部分同志已被帝國主義和反動派利用，但我們知道，在反動軍事領袖之外，還有許多革命領袖在長江下游。這些同志，我們要拉他一路走。」又說：「少數在下游的軍事領袖，想利用軍隊造成自己的地位，但中央要在長江下游，就完全能指導他們。不能用電報來指揮，我們要到軍隊勢力中來指揮他革命。」㉖（五）沿津浦路北伐。武漢政府認爲，京漢路北伐有確實把握，必須將注重點轉移至津浦線。

在上述五項理由中，最主要是第四條。八日，常務委員會第六次擴大會議聽取了孫科的說明。孫科慷慨激昂地表示：「帝國主義與殘餘軍閥勾結，將革命轉為反革命，所以為應付外交，要下一決心，拚命移至南京。」「全體送去受他壓迫，看蔣介石有無決心？」㉗孫科的話博得了與會者的熱烈掌聲。會議決定接受政治委員會的決議。當日，舉行了東下的誓師典禮。

武漢政府這次確實準備行動了。據吳玉章等人回憶：當時，武漢政府已決定派張發奎率四軍和十一軍去加強南京的防禦，支持上海的革命力量。軍隊中迅速作了動員，運輸的船隻和糧秣槍彈都已準備就緒。四月九日，四軍登輪，準備東征。同時武漢方面命令六軍留在南京，不要聽命於蔣介石；又命令已進至長江北岸的二軍回師南京，協同六軍衛寧反蔣。但是，就在此刻，有人提出，不應該把鐵軍調到南京去。理由是：一、長江下游和帝國主義太靠近，會引起衝突和干涉。二、汪精衛已從國外回到上海，將要來武漢。如果和蔣介石完全鬧翻，蔣一定要扣留汪。事實上，汪精衛已於六日起程來漢。參加會議的共十人。瞿秋白、鄧演達支持吳玉章的意見，加倫也表示：「從北伐的軍事觀點來看，加強南京方面是合理的。這樣我們可以一方面從武漢沿京漢路北上，一方面可以從南京沿津浦路北上。」但是，與會者大多數不同意吳玉章的意見。四軍登輪的當天，就得到在船上待命的通知。十一日，又得到命令退回原地。㉘四軍、十一軍東下的計劃就這樣擱淺了，遷都南京的決議也就成了一紙空文。

吳玉章說：「假使第四軍按照原定計劃調去南京，長江下游左右派的力量對比便會發生重大的變化，蔣介石的反革命政變也就不會那樣順利。」㉙事實上，四軍東下的決定也已為時過晚。根據當時蘇聯在華軍事顧問們的分析，在三月廿三日到四月三日期間，完全可以輕而易舉地解除蔣介石的武裝，㉚但武漢政府作出有關決定已在此後。過了四天，蔣介石就在上海發動了政變。在一場緊張的爭奪時間的賽跑中，武漢政府落到了後面。

武漢政府派兵東下計劃的改變和共產國際對蔣介石的態度有關。二月卅一日，共產國際的機關刊物《國際新聞通訊》發表文章稱：「國民黨內的分裂和工人階級與革命軍士兵之間的敵對情緒，在目前絕無可能」，「蔣介石這樣的一位革命家不會去和反革命的張作霖合作行動」。四月五日，史達林在莫斯科發表演說稱：「既然我們有多數，既然右派聽從我們，爲什麼把右派趕走？只要有用場，農民連一匹疲蹶的老駑馬也需要。他不把牠趕走。我們也一樣。等到右派對我們沒有什麼用場，我們就把它趕跑。目前我們需要右派。它有的是能幹的人，這些人尙率領軍隊且指導它去反對帝國主義者。蔣介石也許對革命沒有同情，但他正帶著軍隊，且除了引導他去反對帝國主義者之外，便不能幹別的事情。此外，右派中人尙和張作霖的將領有關係，且非常懂得如何去使他們軍心渙散，不經一擊便引誘他們全部轉到革命方面來。他們和富商也有關係，可以從他們那裏募錢。所以他們必須要被利用到底，像檸檬一樣榨乾，然後丟掉。」㉛次日，新近到達武漢的共產國際代表團代表羅易，在維經斯基等人的支持下建議代表團去上海會見蔣介石，和他商談革命力量的統一問題。如果蔣同意，就邀請他到武漢參加和解會議；如果他拒絕，就證明他反對黨的政權，號召群眾團結在武漢周圍。羅易的意見遭到鮑羅廷的堅決反對。㉜此後，幾乎每天都在討論和重新決定同一問題。大約是十日左右，中共中央在武漢召開臨時會議，魏經斯基認爲蔣介石「有辦法」，羅易也認爲蔣介石「還有辦法」，再次提出派代表赴滬與蔣介石商談。㉝四月十三日，羅易致電蔣介石，聲稱「一切革命力量的團結是最大的需要」，表示「將樂於訪問南京」。㉞而在這前一天，政變已經發生了。

三、政治譴責的高調與軍事決戰的迴避

汪精衛在四月十日到達武漢。

從一九二六年蔣介石製造「中山艦事件」，汪精衛避居國外之後，就不斷有人主張迎汪回國，以抵制蔣介石日益增大的影響。在一九二七年春天的「恢復黨權」運動中，「迎汪」的口號更喧騰一時。人們對蔣介石愈不滿，對汪精衛的期望也就愈殷切。現在，汪精衛終於回來了。但是，他並沒有給武漢政府帶來福音。

四月十三日下午四時，武漢國民黨中央政治委員會第十二次會議正在舉行，得到了蔣介石的通電，要求中央各執、監委員在十四日以前趕到南京開會，隨即又得到了上海市黨部的來電，工人糾察隊被繳械。汪精衛當即表示：「這件事比南京會議還要嚴重，簡直是反了！」㉟會議決定以中央執行委員會的名義致電蔣介石，要求查辦事件的主動者和負責者。電文說：「現本黨駐滬軍隊，竟有用武力令上海糾察隊繳械之舉，顯係違背命令，甘為反革命。在黨紀上，萬難寬恕。望即將此次膽敢違犯黨紀之部隊官長，即刻停職拘捕，聽候國民政府查明事實，依法懲辦，總司令及總指揮未能事前防範，亦應依法嚴重處分，並應飭令將已繳槍械，退

回糾察隊。」㊱隨後，汪精衛又在湖北省市兩黨部的歡迎宴會上宣布了消息，他說：「反共產派已經與帝國主義軍閥妥協，已經把真正革命同志的血獻給軍閥帝國主義者了，國民革命軍的總司令已經變做討赤聯軍副司令了。」他故作慷慨地表示：「我現在什麼嫌疑也不怕了，非爲這些工友復仇不可，就如有一批數十年的老師友，像吳稚暉，現在就都該殺，殺了來塡幾十個工友的命。」㊲當日在會上演說的還有徐謙、何香凝、孫科、高語罕等人。何香凝說：「現在蔣介石卻公然摧殘工農了，我們怎樣對付呢？就只有照廖先生說的話，打倒這些反革命派。」㊳孫科表示：「我們今日若對蔣再不予以處分，則他仍要利用國民革命軍的招牌，來違法作惡。現在已經不是講情面的時候，我們一定要求中央對蔣嚴厲處分。」㊴

十四日，武漢國民黨中央監察委員會開會，提出處分蔣介石、張靜江，取消蔣介石一切本兼各職、開除黨籍，由國民黨政府將其撤職查辦。

十五日，汪精衛手書《對三大政策之解釋》：「總理所定聯俄、容共、農工三政策是整個的，破壞一個政策，即是破壞整個政策，即是將改組本黨的精神意義根本取消。一切革命同志應該起來，擁護此整個的政策。」㊵汪精衛這裏的表態當然是正確的，但是，其人華而不實，脆而不堅，缺乏氣節，善於見風轉舵，三個月之後，由於形勢變化，他就高叫「分共」，跟在蔣介石、吳稚暉後面，完全背叛了他「手書」的「三大政策」。

同日，武漢國民黨常務委員會第七次擴大會議討論懲蔣問題，參加者廿八人，列席者鮑羅廷、唐生智、張發奎三人，主席徐謙。先後發言的有董用威（必武）、鄧演達、潘雲超、詹大悲、高語罕、彭澤民、孫科、林祖涵、江浩、吳玉章、鄧懋修、王樂平、顧孟餘、何香凝、王法勤、陳公博、譚延闓、朱培德、黃實等，普遍態度強烈，要求中央改變遲疑態度，作出決定。董用威說：「務希中央毅然決然，加以處置，以申黨紀。」彭澤民說：「如再猶豫，不是蔣氏自殺，是我們自殺。」高語罕說：「（蔣介石）自四川殺起，一直殺到上海。（我們）日日不作聲，等待他殺，這是何等麻木啊！」其中，仍然以孫科最為激烈，他要求與會者一一表態：「蔣介石是革命敵人，尤其是中央執行委員會敵人，無論對蔣介石有無私人感情，今日皆不能緘默的。」㊶在如何對待蔣介石上，會議出現兩種意見。一種是免去職務，明令討伐，以鄧演達為代表；另一種意見以顧孟餘為代表，認為對一個人只有懲辦，不必用討伐。會議最後同意顧孟餘的意見，一致決議：「蔣中正屠殺民眾，摧殘黨部，甘心反動，罪惡昭彰，已經中央執行委員會議決，開除黨籍，免去本兼各職，著全國將士及各革命團體拿解中央，按反革命罪條例懲治。」㊷該項決議至十八日以國民政府命令形式發表。

十八日同時發表的文件還有《為懲治蔣中正訓令全體黨員》，指責蔣介石自中山艦事件以來的作為，聲稱「凡此種種，皆為極端反革命行為，既不能感之以誠，復不能喻之以理，似此罪大惡極，是已自絕於黨，自絕於民眾，本黨為革命前途計，不能不決然毅然執行黨紀，加以嚴厲之懲治」。㊸

廿一日，國民黨中央執行委員、候補執監委員、國民政府委員、軍事委員會委員汪精衛、譚延闓、孫科、徐謙、顧孟餘、譚平山、陳公博、吳玉章、唐生智、鄧演達、宋子文等四十人聯名發表通電，指責蔣介石由反抗中央進而自立中央等行爲。通電號召：「凡我民眾及我同志，尤其武裝同志，如不認革命垂成之功，毀於蔣中正之手，惟有依照中央命令，去此總理之叛徒，中央之敗類，民眾之蟊賊。」㊹

上述種種，都是對蔣介石一種政治上的譴責，較之武漢政府以前的態度，是堅決、鮮明多了，但是，政治上的譴責不能代替軍事上的打擊。這方面，武漢政府仍然顧慮重重。十五日的國民黨中央常務委員會上，在慷慨討蔣的高調聲中，也時時可以感到這種顧慮的存在。詹大悲說：「今日中央應行決定，失敗是不必顧慮，更不應該顧慮。」江浩說：「黨求勝利，不全在軍事上，如果全在軍事勝利，黨就根本要糟。在此狀況之下，雖然軍事上稍失敗或吃虧，於黨還是好的。」鄧懋修說：「縱敗猶榮，終有勝利之一日。」吳玉章說：「如果是革命的，是不怕強力，不怕武力的。」㊺這些語言誠然是壯烈的，但卻反映出武漢政府的領袖們缺乏鬥爭勝利的信心。何香凝說得很坦率：「我對軍事上、財政上很是擔心。」㊻正是這種擔心，使武漢政府回避馬上和蔣介石決戰。

「四·一二」政變後，武漢政府兩面受敵，軍事方針陷入動搖不定中。當時出現了兩種意見，一種主張東征討蔣，一種主張北伐討奉。兩種方針各有利弊。向東討蔣吧，奉軍正沿京漢路南下；向北討奉吧，又擔心蔣介石打過來。這是很難解決的矛盾。這一矛盾不僅表現於武漢政府領導人之間，也表現於蘇聯顧問、共產國際代表和中國共產黨人中。四月十三日，羅易在中共中央會議上提出：「在發起下一步進攻前應擁有鞏固的根據地」，當前的革命任務是：

發展工農運動，集中和加強國家機關，改革和集中軍隊。十四日，羅易再次表示：北伐將給工人、農民帶來損害，主張首先完成三項任務：通過實行土地革命和先進的勞工政策發動民主力量；依靠民主力量奪取農村政權；建立革命軍隊。當日，鮑羅廷和羅易在會上發生激烈衝突。鮑稱：如果會議作出反對北伐的決定，他就辭去在國民黨中擔任的職務。十五日，羅易繼續提出反對北伐的理由，認爲既沒有取得勝利的保證，又會敞開南方根據地任憑反動派進攻。但是，他也作了部分妥協，同意將軍隊調往河南前線，與馮玉祥配合行動。㊼四月十六日，汪精衛以政治委員會名義召開國共兩黨聯席談話會，討論「積極北伐」與「肅清東南」問題。同日，中共中央通過羅易起草的《關於繼續北伐問題的決議》，認爲「在目前情況下，立即北伐去佔領京津等地，不僅不符合革命的需要，而且有害於革命。採取北上擴大領域的軍事行動之前，必須將早已在國民黨統治下或革命已經部分完成的那些地區的革命基地加以鞏固。」㊽決議提出，只能採取佔領河南南部、安徽西部等「防禦性的軍事行動」，使隴海路成爲「保衛革命的第一線」。這樣，雖然在是否立即進攻北京和天津上仍有不同意見，但派兵北上的實質分歧已經消失。

然而，事情的變化簡直太富於戲劇性了。四月十八日早晨，武漢國民黨中央政治委員會根據鮑羅廷的新意見，突然宣布，決定向東推進，佔領南京，首先消滅蔣介石的力量，然後渡江北上，進攻北方軍閥。㊾羅易和共產國際代表團的另一成員多里奧立即對這一改變表示滿意。㊿但是，加倫將軍說服了鄧演達，鄧逐一做工作，到了當天晚上，政治委員會又決定，經河南向北推進，打敗張作霖，讓馮玉祥的國民軍進入河南，將反奉的任務交給他，而武漢北伐軍則沿隴海路東進，襲擊南京。這一方案於是被視爲「最佳方案」。51關於東征還是北伐的這一艱難的決策過程，鄧演達回憶說：「往東——打南京——往北的計劃前後變更了四五次，卒之爲如下之理由取決往北去，把張作霖在河南的隊伍肅清，把馮玉祥的隊伍接出來，然後把對付張作霖於京漢路線上的責任託付給他，我們的隊伍專致力於東南的肅清。」52當時，奉系有六個集團軍，二十至廿五萬人，第一集團軍駐守開封和蘭封地區，由張學良統率，約六萬人。馮玉祥的隊伍號稱三十萬人，確是一支可以和奉系匹敵的力量。此外，還有個閻錫山，有軍隊五萬人。武漢政府認爲，有可能倒向自己方面。因此，毅然於四月十九日在武昌南湖誓師。二十日，各路軍隊由京漢路進入河南，集中駐馬店，第二期北伐開始了。

這一時期，武漢政府領導人的言論中，討奉和討蔣是並列的。南湖誓師典禮上，汪精衛說：「我們要使全國民眾能得到解放，必須要打倒奉系軍閥。」「我們要打倒帝國主義與軍閥，尤必須要打倒本黨的內奸蔣介石。」53但是，實際上，討蔣已被暫時擱置到一邊。徐謙甚至說：「反革命蔣介石，用不著出兵聲討，就是用黨制裁，開除黨籍，免去軍職，在東南的革命力量，不久會把反叛的蔣介石，拿送中央懲辦的。」54這當然是一種自欺欺人的空想。

儘管武漢國民政府的領導人這時唱的是響入雲霄的高調，但是，高調中仍然可以覺察出細微的低調。這就是武漢政府處境很困難。四月廿七日，徐謙說：「是要往北，才能打出一條生路。」55五月十三日，汪精衛說：「如果外交形勢變換，我們應該與西北革命軍同志協力，將大陸拿到手內，這也是革命的唯一出路。」56所謂外交形勢變換，實際上是帝國主義干涉的委婉說法。武漢政府的領導人除了害怕和蔣介石正面衝突外，還害怕和帝國主義正面衝突。他們想走「西北道路」，即必要時退到西北。據羅易回憶，當時，鮑羅廷認爲，由於革命力量太軟弱，武漢將不能保持，建議將殘餘的力量安全地撤退到在西北的新基地。那裏，是帝國主義勢力所不及的地方，不會有武漢這樣尖銳的社會階級矛盾，又接近蘇俄和外蒙，便於獲得援助。57當年五月初，鮑羅廷在漢口報告說：「我們應當擴大國民政府的勢力範圍，通過國民革命軍向西北挺進，擺脫外國巡洋艦對我們形成的包圍圈。」又說：「我們應當去西北地區，國民政府的勢力範圍應當向西北擴展，否則我們將始終處於主要集中在東南地區的帝國主義的打擊之下。」58武漢政府的決策顯然反映了鮑羅廷的影響。

武漢政府寄希望於馮玉祥和閻錫山，以爲他們會忠實於自己，但是，這兩個人都靠不住。武漢政府既失去了東征的時機，北伐也中途夭折。中國近代史證明，依靠軍閥，而不依靠人民的政府是沒有出路的。

（原載日本《東方學報》第五十九期，一九八七年三月）

①《李宗仁回憶錄》，第四三七至四四二頁。

②《漢口民國日報》，一九二七年二月十六日。

③上海《民國日報》，一九二七年三月廿九日。

④上海《民國日報》，一九二七年四月十七日。

⑤《中國國民黨第二屆中央執行委員會第三次全體會議第七日速記錄》。

⑥《中國國民黨第二屆中央執行委員會第三次全體會議宣言及決議案》。

⑦《民眾紛起責問蔣介石》，《漢口民國日報》，一九二七年三月廿九日。

⑧《省黨部請罷免蔣介石》，《湖南民報》，一九二七年四月十日。

⑨《中國國民黨中央政治委員會第八次會議速記錄》。

⑩《中國國民黨中央政治委員會第八次會議決議錄》。

⑪《中國國民黨中央執行委員會第二屆常務委員會第五次擴大會議速記錄》。

⑫《命令蔣總司令離滬赴寧電文》，《中國國民黨中央執行委員會第二屆常務委員會第五次擴大會議決議案》。

⑬《中國國民黨中央執行委員會第二屆常務委員會第五次擴大會議速記錄》。

⑭程潛：《對謝慕寒〈關於「東征」「西征」和第六軍被消滅的片斷回憶〉一文的訂正和補充》，《湖南文史資料》，第四輯，第三十一頁。

⑮《張國燾回憶錄》第三章。

⑯程潛：《對謝慕寒〈關於「東征」「西征」和第六軍被消滅的片斷回憶〉一文的訂正和補充》，《湖南文史資料》，第四輯，第三十一頁。

⑰李世璋：《關於北伐前後的第四軍》，《江西文史資料》，第二輯，第四十二頁。

⑱李世璋：《關於北伐前後的第四軍》，《江西文史資料》，第二輯，第四十二頁。

⑲文件二〇一，《聯共（布）、共產國際與中國國民革命運動》（四），第二三〇頁。應該指出，俄國編者錯將此事理解為一九二七年四月十四日武漢國民黨中央對蔣的懲戒令，是不瞭解有關歷史的結果。

⑳李世璋：《關於北伐前後的第四軍》，《江西文史資料》，第二輯，第四十二頁。

㉑《中國革命紀事》，三聯書店一九八二年版，第二六九頁。

㉒《中央宣傳委員會第十四次會議記錄》，《漢口民國日報》，一九二七年四月二日。

㉓《漢口民國日報》，一九二七年四月二日。

㉔《國民革命軍北伐誓師典禮籌備處緊急通告》，《漢口民國日報》，一九二七年四月五日。

㉕《中國國民黨中央執行委員會政治委員會臨時緊急會議決議錄》。

㉖《在中央宣傳委員會第十五次會議上的報告》，《湖南民報》，一九二七年四月十八日。

㉗《中國國民黨中央執行委員會第二屆常務委員會第六次擴大會議速記錄》。

㉘《吳玉章回憶錄》，第一四三至一四四頁；黃霖：《八一起義前後的幾點回憶與認識》，《中國共產黨在江西地區領導革命鬥爭的歷史史料》第一輯，江西人民出版社一九七〇年版，第十七頁；朱雅林：《一九二七年底回憶》，第一〇一至一〇二頁；勃拉戈達諾夫：《中國革命紀事》，第二九三頁；巴庫林：《中國大革命武漢時期見聞錄》（俄文版），一九二七年四月八日至四月十一日。

㉙《吳玉章回憶錄》，第一四四頁。

㉚文件二二一、二六八，《聯共（布）、共產國際與中國國民革命運動》（四），第二六九、五〇〇頁。
㉛轉引自伊羅生：《中國革命史》，中譯本，一九四七年版，第一八三至一八四頁。
㉜文件一九二、二二一，《聯共（布）、共產國際與中國國民革命運動》（四），第二〇一、二六九頁。
㉝李立三：《黨史報告》，中央檔案館編：《中共黨史報告選編》，中共中央黨校出版社一九八二年版，第二四五頁。
㉞《中國新聞》，一九二七年四月十四日。
㉟《中國國民黨中央執行委員會政治委員會第十二次回憶速記錄》。
㊱《漢口民國日報》，一九二七年四月十四日。
㊲《漢口民國日報》，一九二七年四月十四日。
㊳《漢口民國日報》，一九二七年四月十四日。
㊴《漢口民國日報》，一九二七年四月十四日。
㊵《漢口民國日報》，一九二七年四月十七日。
㊶《中國國民黨中央執行委員會第二屆常務委員會第七次擴大會議速記錄》。
㊷《革命生活》第五十八期，一九二七年四月十九日。
㊸《革命生活》第五十九期，一九二七年四月廿一日。

㊹《中央委員聯名討蔣》，《漢口民國日報》，一九二七年四月廿二日。

㊺《中國國民黨中央執行委員會第二屆常務委員會第七次擴大會議速記錄》。

㊻《中國國民黨中央執行委員會第二屆常務委員會第七次擴大會議速記錄》。

㊼文件二五九，《聯共（布）、共產國際與中國國民革命運動》（四），第四二三至四二八頁。

㊽《關於繼續北伐問題的決議》，《羅易赴華使命》，中國人民大學出版社一九八一年版，第一七六頁。

㊾文件二六八，《聯共（布）、共產國際與中國國民革命運動》（四），第五〇一頁。

㊿文件一九一、一九二，《聯共（布）、共產國際與中國國民革命運動》（四），第一九八、二〇四頁。

51 文件二六八，《聯共（布）、共產國際與中國國民革命運動》（四），第五〇四至五〇五頁。

52《中國革命最近嚴重局勢之由來》（一九二七年八月十七日在莫斯科的報告），中國第二歷史檔案館藏。

53《革命生活》第五十九期，一九二七年四月廿一日。

54《中央執行委員會歡迎北伐將士大會記錄》，油印件。

55《中央執行委員會歡迎北伐將士大會記錄》。

56《中國國民黨中央執行委員會第二屆常務委員會第十一次擴大會議速記錄》。

57 M.N.Roy:*My Experience in China*,pp.56–57；參見《張國燾回憶錄》第三章。

58 文件二〇一，《聯共（布）、共產國際與中國國民革命運動》（四），第二三四至二三七。

論第一次國共合作的破裂

一九二二年八月末，陳獨秀、李大釗等共產黨員加入國民黨，協助孫中山對國民黨進行改組，可以視爲國共兩黨第一次合作的起點。至一九二七年四月十二日，蔣介石在上海發動「清黨」，延至七月十五日，汪精衛在武漢「分共」，第一次國共合作終結。這五年不到的歷史給了中國社會以巨大而深刻的影響，一直到今天，海峽兩岸都還處在這種影響之下。研究並正確地闡釋這一段歷史，是歷史學家無可推辭的責任。但是，這是一件很難做的事情。國共兩黨對這一段歷史的解釋幾乎完全不同，海內外史學家對它的認知也多有差異。我們必須超越長期以來兩黨對峙的政治架構，撥開煙霧，剝離由於敵意而塗附於歷史的層層油彩，在百家爭鳴中攻難切磋，才有可能揭示歷史本相。

一、兩黨的思想、理論與策略分歧

中國近代社會的特點是「窮」、「弱」、「落後」。國民黨和共產黨之所以能進行合作，首先在於兩黨都渴望改變這種狀態，拯救祖國，振興中華，並且都不僅以一般的「政治革命」

爲滿足，而要同時進行「社會革命」。孫中山聲稱：民生主義和共產主義是好朋友，甚至說民生主義就是共產主義，這應視爲由衷之言，而不是基於一時的策略。但是，無可否認，兩黨的思想、理論也存在相當大的差異。這些差異後來發展爲兩黨分裂的思想因素。

其一是對資本主義的態度。孫中山認爲，資本公有、土地公有是天經地義的事情，但是，中國的問題是「大貧」和「小貧」，資本主義還沒有出世。這樣，他就在力圖預防資本主義禍害的同時，又爲資本主義的發展留下餘地。《實業計劃》宣稱，國家只經營對國計民生有重大意義的大工業，至於此外的事業，則不妨任由老百姓去經營，國家以法律保護並獎勵之。二〇年代，蘇聯從軍事共產主義改行新經濟政策，這更加強了孫中山的一種認識，連蘇聯這樣的國家都沒有資格建設馬克思所設想的社會，更何況中國！①當時，西方某些有識之士已經在探求對資本主義進行改良，出現了若干爲當年馬克思所不曾見到的情況，例如工時縮短，工人的工資、福利有較大增長等。孫中山據此判斷，資本主義還有強大的活力，從而對是否必須徹底消滅資本主義產生疑問。他說：「馬克思研究社會問題，用功幾十年，所知道的都是以往的事實。至於後來的事實，他一點都沒有料到。所以他的信徒，要變更他的學說，再推到馬克思社會主義的目的，根本上主張要推倒資本家。究竟資本家應該不應該推倒，還要後來詳細研究才能更清楚。」②

孫中山的戰友廖仲愷、朱執信、胡漢民、戴季陶等都曾不同程度地受過西方社會主義思潮的影響。五四運動之後，蔣介石閱讀過馬克思、恩格斯的《共產黨宣言》和日本坊間出版的社會主義著作，也接受過日本具有空想社會主義色彩的作家武者小路實篤的「新村主義」的影響，認爲有進行「社會改革」的必要。③從蔣介石的早年日記看，他對中國的地主和資本家均無好感，但是，他所設想的「社會改造」仍然限於「平均地權」和「節制資本」，改良和提高工人和農民的生活水準。一九二三年十一月，蔣介石參加共產國際執委會會議，季諾維也夫在報告中認爲三民主義只是「革命初期的政治口號」，警告中國國民黨「不應用中國資本家階級的統治去取代外國帝國主義的統治」。④這些話蔣介石聽起來自然很不舒服，答辯說，「我們不是爲資產階級而進行革命工作的」。幾天後，共產國際主席團作出決議，要求國民黨人「不僅要消滅外國資本的殘酷剝削，而且也要消滅本國資本的殘酷剝削」，蔣介石在日記中批評其爲「浮泛不切」。在三民主義和社會主義、共產主義的關係上，蔣介石早期的認識可以概括爲四點：第一，三民主義範圍廣大，包括一切社會主義，所謂共產主義、集產主義，「都是三民主義之一部分」。⑤第二，三民主義和共產主義同爲革命主義，利害完全相同，但在方法和時期上「有分別」，可以「互相爲用而不相悖」。⑥第三，三民主義適用於現在，共產主義適用於將來。「民生主義到最後一步，就是共產主義」。⑦第四，中國人大多數屬於小農階級、小資產階級，「使用共產主義口號將使他們加入反對派陣營」，因此，根據「現在的國情」，「無論如何只能夠實行三民主義，不能實行共產主義。」⑧基於上述認識，他一方面表示：「必能包括共產主義始爲真正之三民主義」，同時又表示：「實行三民主義，則共產主義即在其中」。⑨透過這些兩面兼顧而表述並不很清楚的話語，可以發現，蔣介石推崇和強調的重點始終是三民主義。一九二五年九月，他發表演說稱：「三民主義是我們中國革命唯一的中心」，「唯一的主義」。⑩十二月，在《爲西山會議告同志書》中稱，三民主義可以「垂之百世，推之世界」。⑪次年一月，又發表演說稱：三民主義是「救國救民的根本主義」，「蘇俄同志，不但是不要我們施行共產主義，而且崇信三民主義」，「蘇俄目下所行的政策，就是我們總理的三民主義」。⑫「清黨」時，他用以反共的理由就是這種三民主義「唯一」說和「根本」說。⑬

和國民黨人不同，中國共產黨在對資本主義的態度上始終是堅決而明確的。中共認爲，由於中國落後，資本主義在中國雖有進步意義，可以在適當時期適當範圍內容許其發展，但是，資本主義是萬惡之源，有朝一日，必須堅決、徹底地消滅資本主義，消滅剝削。毛澤東在比較兩黨的革命目標後認爲，國共兩黨的「最低綱領」大致相同，但是，共產黨在「最低綱領」之外，還有「最高綱領」，而國民黨則只有「最低綱領」，沒有最高綱領。毛澤東所說的「最高綱領」就是建設社會主義和共產主義的長遠目標。共產黨最擔心的是，「國民革命」之後，中國會出現一個資產階級政權，向資本主義道路發展。一九二二年七月，中共「二大」決定和國民黨建立「民主聯合戰線」時就提醒自己，這種聯合只是「暫時」的：「民主派打倒封建以後，他們爲自己階級的利害計，必然要用他們從封建奪得〈的〉政權來壓迫無產階級。」⑭因此，中共在參加「國民革命」的過程中，總是力圖確保這一革命要向「共產革命」轉化。

爲瞭解決中國革命的前途與中國革命的現實兩者之間的矛盾，國共兩黨都曾有人作過「兩步走」的設想。中共「二大」提出：「我們無產階級有自己階級的利益，民主主義革命成功了，無產階級不過得著一些自由和權利，還是不能完全解放。」因此，無產階級還須「對付資產階級，實行『與貧苦農民聯合的無產階級專政』的第二步奮鬥」。⑮一年之後，蔣介石作爲孫逸仙博士代表團團長訪問蘇聯，也在向蘇方提交的備忘錄中說：中國革命的第一階段是實行民族獨立和政治民主，第二階段才是宣傳共產主義，實行「經濟革命」、「社會革命」。⑯但是，兩黨對「第一步」所需時間的長短卻大有差異。一九二七年三月，國民黨的吳稚暉和共產黨的陳獨秀在上海有過一次談話。吳稚暉認爲，在中國實行共產需要兩百年以上時間，陳獨秀認爲，建成共產主義只需要二十年，吳稚暉堅決表示不可能，聲稱即使建成了，也一定是「贋品」。他說，按照二十年建成共產主義的說法，國民黨的生命不是只有十九年了嗎？⑰陳獨秀的說法當然只是他個人的一時估計，未必經過深思熟慮，但急於消滅資本主義，急於建成社會主義、共產主義社會卻是中國共產黨人長時期內的普遍願望。

孫中山在進行「國民革命」時主張採取暴力形式，用武裝鬥爭推翻舊政權，但是，在進行「社會革命」時，卻堅決反對暴力。他說：「社會之所以有進化，是由於社會上大多數的經濟利益相調和，不是由於社會上大多數的經濟利益相衝突。」⑱因此，他重視「調和」的作用，主張調和資本主義和社會主義這兩種促成人類進化的「經濟能力」。⑲早年，孫中山曾經明確主張「不稼者不得有尺寸土」，但是，在設計「平均地權」理論時，孫中山卻主張由地主自報地價，當地價提高時，原價爲地主所有，增價則由國家徵收，爲全民造福。這一理論剝奪了地主階級對土地的壟斷，但是，也照顧到了地主對土地的所有權，是一個比較溫和的改革方案。國民黨「一大」前後，孫中山提出「耕者有其田」的方案，顯示出他準備滿足農民的土地要求，但是，即使這一時期，孫中山所考慮的，也還是「和平解決」，既使農民得益，而又使地主「不受損失」的方案。⑳孫中山去世後，國民黨人繼承了孫中山的「調和」思想，以全民利益的代表者自居。蔣介石明確聲稱：國民黨是代表「各階級利益的黨」。㉑一九二五年十一月，蔣介石讀《泰戈爾傳》，讚許泰戈爾「以愛與快樂爲宇宙活動之意義」，批評列寧「以權力與鬥爭爲世界革命之手段」。後來，又進一步批評馬克思「以恨人爲其思想出發點」。顯然，他也是階級「調和」論者。㉒前期，蔣介石和共產黨合作時雖然說過：「有了階級便免不了爭鬥」，「共產黨主張階級鬥爭，國民黨也不必反對它」，但是，他主張，這種鬥爭，「總以不妨礙國民革命爲限」，而且要「在革命統一指揮的範圍以內」，「使農工運動得收實益而又不破壞聯合的戰線」。㉓到了「清黨」之後，蔣介石就完全反對階級鬥爭，宣稱「要各個階級合作，不是要一個階級的專政」了。㉔台灣時期，國民黨人進行土地改革，兼顧地主與農民的利益，就是「調和」、「合作」思想的體現。

共產黨人高度重視「階級鬥爭」，視「階級鬥爭」爲社會發展的直接動力。中共「二大」宣布：中共的「目的是要組織無產階級，用階級鬥爭的手段，建立勞農專政的政治，剷除私有財產制度，漸次達到一個共產主義的社會」。㉕一九二四年，陳獨秀在廣東演講，明確宣稱：共產主義者「立腳於階級鬥爭的原則上面」，「每個步驟都必須用革命的方法，不能採用改良的方法」。㉖自然，中共堅決反對「階級調和」。「二大」宣稱：「資本家與工人中間沒有相同的點，他們中間利益的衝突，是不能調和的。」㉗一九二五年一月，中共「四大」批評國民黨「在群眾中有造成階級調和觀念之危險」，要求共產黨員在國民黨的工作中，「對於各種運動，須努力保存階級鬥爭的成分」。㉘中共指示：即使「遇著那種民族主義的官吏、軍閥、企業家」時，也應該「指導工人對他們進行決不讓步地鬥爭：只能使他們讓步以求工人的贊助，決不能使工人受他們的影響而滅殺自己階級鬥爭的攻勢；並且我們應當利用民族主義者對工人的聯絡，而得步進步地向資本進攻」。㉙中共所提倡的這種「階級鬥爭」不僅體現於以暴力奪取政權，而且體現於以疾風暴雨式的群眾運動在社會和經濟領域進行革命。毛澤東的名言「革命不是請客吃飯，不是作文章，不是繪畫繡花，不能那樣雅致，那樣從容不迫，文質彬彬」，所指並非戰爭暴力，而是湖南農民對「土豪劣紳」的各種各樣的鬥爭。

還在《民報》時期，孫中山等人就主張廢除「不平等條約」。提出「不平等條約」這一概念，可以說是孫中山等人的一項貢獻。但是，在策略上，孫中山由於孤立無助，在相當長的時期內不能不儘量爭取資本主義列強的援助。因此，《民報》六大主張中有一條，就是要求世界列國贊助中國之革新事業。武昌起義後，孫中山僕僕風塵，奔走於美、英、法諸國，目的是爭取他們的經濟援助和政治中立。只是在晚年，孫中山在蘇聯和中共的影響下，才逐漸對列強強硬起來。國民黨「二大」前後，國民黨日漸左傾，反帝的態度愈益鮮明強烈，蔣介石也多次表態，要堅決「打倒帝國主義」，但北伐進行中，他逐漸傾向於「首先單獨對付一國」，避免帝國主義組成聯合戰線，使中國「處處受敵」。㉚一九二六年八月，他在長沙發表對外宣言稱：「其有贊助吾國之國民革命者，皆以最親愛之友邦視之；其有妨害吾國之國民革命者，皆與四萬萬人民共棄之。」㉛同年十一月，蔣介石派邵力子出使共產國際，目的之一是爭取共產國際贊成國民黨對列強的態度：利用矛盾，區別對待。㉜同一時期，國民黨中央決定派戴季陶訪日，目的即在於安撫日本，使之與中國友好相處，「冀其朝野賢達，知武力侵略乃自害害人，終歸失敗」。㉝一九二七年初，漢口發生群眾集體衝擊英租界事件，漢口和九江租界相繼收回，英、美、日擔心上海租界的命運，協定增兵來華。此後，蔣介石多次向列強傳遞訊息，說明自己奉行的外交方針是：尊重歷來的條約，不採取非常手段和直接行動加以廢除，一定負責償還外債，充分保護外國企業。㉞他私下對他舊日的日本老師小室靜透露，上海租界自應收回，但「若各國對於此合理的要求不予採納，則更講求他種手段。」㉟

與國民黨相反，中國共產黨則始終主張堅決地不妥協地打倒帝國主義。一九二二年六月，中共「二大」明確提出，中國的反帝運動要併入全世界被壓迫民族的革命潮流，「迅速打倒共同的壓迫者——國際資本帝國主義」。㊱爲此，中共批評國民黨在列強面前表現軟弱，「有親近一派帝國主義的傾向」，「反對帝國主義的英國或美國，卻與日本親善，或反對帝國主義的日本，卻與英美親善」。陳獨秀將這種情況稱爲「半國民運動」，是「不徹底的國民運動」。㊲中共尤其激烈地批評國民黨寄希望於列強援助中國革命，稱之爲「求救於敵」。㊳

孫中山在長期爭取世界列強援助中國無效後，轉向蘇聯，確定聯俄政策，但是，國民黨內有一部分人始終懷疑蘇俄援助中國革命的目的，不滿意於蘇聯對蒙古的控制。蔣介石一九二三年訪蘇，要求在庫倫建立軍事基地，並自蒙古向北京進軍，推翻直系政權。這一要求遭到蘇俄的堅決拒絕。此後不久，蔣介石即在致廖仲愷函中尖銳地批評蘇聯是赤色帝國主義，對中國懷有禍心。蔣的這一態度被孫中山批評爲「顧慮過甚」。㊴此後，蔣一度高唱聯俄，否認蘇俄有侵略中國的意圖，甚至表示：「對於俄國同志，只怕他對於世界革命不肯負責任，而不要怕他來攬權竊柄。」㊵但是，蔣介石是一個要求「獨立自主」的人，北伐開始後，蔣介石即逐漸表現出擺脫蘇俄顧問控制的企圖。一九二七年初，鮑羅廷在武漢一次宴會上借批評張靜江爲名，當眾、當面批評蔣介石，使蔣感到「奇恥大辱」。㊶「清黨」時，他就公開喊出：「中國民族當有處分自己之權」，「東交民巷的太上政府斷不能代之以鮑羅廷的太上政府」。㊷

中共則在長時期內相信和依靠蘇聯。一九二二年，中共「二大」在《關於「世界大勢與中國共產黨」的議決案》中提出：「蘇維埃俄羅斯是世界上第一個工人和農人的國家，是無產階級的祖國，是勞苦群眾的祖國，也是全世界工人和農人與世界帝國主義的國家對抗的壁壘。」《議決案》號召中國工人加入世界工人的聯合戰線，「保衛無產階級的祖國」。㊸在國家關係上，中共則要求「中俄親善」，經濟、政治合作。㊹

「扶助農工」，這是兩黨一致同意的政策，分歧主要表現在對以農工爲主體的群眾運動的態度上。蔣介石在北伐開始時，即斬釘截鐵地宣布：「在本黨和政府之下，罷工就算是反革命的行動。」㊺北伐進程中，在中共的領導或影響下，廣東、湖南、湖北地區的工人運動風起雲湧，有「三日一小罷，十日一大罷」之勢。運動中，工人的社會地位、工資水準都得到了一定程度的提高，但是，也出現了若干「左」的傾向，例如，「工資加到駭人的程度，自動縮短工時到每日四小時以下」，以及捕捉店主，捆綁遊街，等等。㊻對此，蔣介石曾主張雙方「調和」。他向商人呼籲：不要拒絕工人的「急迫的要求」，保證「本黨與國民政府斷乎不會蔑視商人；又向工人呼籲：「急須受本黨指揮」，「非但不該仇視商人，並且須在可能範圍內急謀諒解」。㊼但是，此後的工人運動並沒有按蔣介石所允許的軌道發展，蔣介石對工人運動的不滿和敵視日漸強烈。一九二七年三月，新編第一師黨代表倪弼槍殺贛州工人領袖陳贊賢，左派要求嚴懲，而蔣則對倪持明顯的袒護態度。

一九二四年孫中山於北上前夕，簽署過一項命令，減少佃農田租百分之二十五。㊽一九二六年七月，中共中央將之納入《對於廣東農民運動決議案》。㊾同年十月，國民黨在廣州召開中央及各省區聯席會議，將之納入《左派政綱》，成爲兩黨一致同意的綱領。㊿北伐軍進入湖南後，減租減息鬥爭掀起。這時，社會尚無明顯反對意見。不僅如此，由於湖南等地的農民、農會，歡迎北伐軍，積極爲北伐軍帶路、擔架、偵探，因此，國民黨將領對農民運動頗有好感。蔣介石曾在日記中寫道：「各村人民與農會有迎於十里之外者，殊甚可感。農民協會組織尤爲發達，將來革命成功，當是湖南爲最有成績。」51關於「耕者有其田」，國民黨人，包括蔣介石在內，理論上都是接受的。一九二六年八月，蔣介石曾從湖南前線致電在廣州的張靜江和譚延闓，要他們和鮑羅廷商量，在國民黨中央設立土地制度委員會，研擬解決土地問題的辦法。52分歧主要在於實行時機、辦法、手段和對兩湖農民以各種方式鬥爭土豪劣紳，自行插標分田的態度上。自一九二七年二月起，毛澤東多次爲湖南農民運動喊好，稱頌農民完成了「四十年乃至數千年來未曾成就過的奇勳」。毛當然也看出了運動中存在著「左稚之病」，如：有五十畝地，即爲「土豪」，穿長衫，即爲「劣紳」，以至提出「有土皆豪，無紳不劣」的口號，以及農民鬥地主的手段「出於法律之外」，當時的鄉村已「陷於無政府狀態」，等等，但他認爲，「矯枉必須過正」，這一切都是「革命鬥爭中所必取的手段」，「過分一點也是對的」，「不是東風壓倒西風，就是西風壓倒東風，怎能不嚴厲一點」！53蔣介石、汪精衛等人則與毛澤東的態度完全不同，他們聲稱湖南農民運動是「無條理暴動」，視爲對社會基礎的「大破壞」。54武漢國民黨中央於一九二七年五月發佈《保護公正紳耆訓令》，指責農民「擾亂破壞公共秩序」，「無異於反革命，應由各地黨部隨時制裁」。55一個讚譽爲「奇勳」，一個憤而要「制裁」，兩者的距離真是不可以道里計了！56

國共兩黨在思想、理論、策略上還存在其他種種分歧或相異之點，這裏不能一一列舉。

二、促成兩黨破裂的國內外因素

第一次國共兩黨的合作形式是共產黨員以個人身分參加國民黨，即所謂「黨內合作」。採取這一形式是孫中山本人和共產國際代表馬林的共同意見。對於這一形式，以陳獨秀爲代表的中共領袖們長期想不通，多次抵制，在勉強接受以後，又曾多次要求退出，只是由於史達林和共產國際的壓力，「黨內合作」才得以維持到一九二七年。

「黨內合作」，在部分國民黨人看來，無異是孫行者鑽進鐵扇公主的肚子。他們既擔心共產黨掌握國民黨大權，「赤化」國民黨；又對不時出現的來自共產黨的批評感到惱火，更對共產黨在國民黨內部組織「黨團」，發展共產黨員感到疑慮不安。因此，從孫中山決定「容共」之日起，國民黨內始終存在著一股反對「容共」的力量。他們一次、一次地向孫中山建言、上書，要求和共產黨「分家」，各自獨立。孫中山在世時，這一派被壓制著；孫中山逝世後，這一派先是亮出自己的主義——戴季陶主義；繼而形成自己的派別，西山會議派。

列寧最初在蘇聯實行軍事共產主義。二〇年代，改行「新經濟政策」。與此相應，它在中國推行的政策也具有穩健性。國民黨「一大」提出的「節制資本」，既是孫中山和國民黨人的一貫思想，也和「新經濟政策」若合符節。因此，孫中山曾高興地宣布，列寧的新經濟政策就是他的民生主義。但是，列寧逝世以後，史達林即著手改變列寧的既定路線，蘇聯的內外政策逐漸「左」傾。與此相應，共產國際的政策也向強硬、激烈方向變化。從強調聯合殖民地、半殖民地國家的資產階級共同革命，改變為警惕「同路人」變質，準備「分手」。一九二六年十二月的共產國際第七次擴大全會認為，中國革命已經進入第三階段，即「運動的基本力量將是革命性更強的聯盟——無產階級、農民階級和城市小資產階級的聯盟，把大部分大資產階級排除在外。」共產國際要求中共作出選擇：「是同資產階級中的大部分勢力維持聯合，還是進一步鞏固自己同農民的聯盟。」57布哈林在會上嚴厲批評中共害怕資產階級反對，進行「土地革命」不力，迫使中共代表譚平山在會上作出檢討。此後，中共部分領導人力圖緊跟共產國際的步伐，另一部分則對共產國際的指示持消極和抵制態度。中共內部的「左」、右傾鬥爭趨於激烈，在相當長的時間內找不到整合的意見和辦法。

在蘇聯和共產國際鼓勵和支持中國「激烈派」的同時，列強則期待中國出現「溫和派」。對於中國革命，列強自然是不喜歡的，部分極端分子甚至有過武裝干涉的打算，但是，列強出兵又是極爲審慎的。在大多數情況下，列強希望革命營壘中出現「溫和派」，推行其可以接受的政策。早在一九二六年一月，英國駐華公使麻克類（J.W.R.Macleay）就提出：「我們最重要的方針是就此住手，靜觀其發展，以期中國即將來臨的事件導致廣州的布爾什維克勢力削弱，更溫和的黨派在那裏佔優勢。」58同年四月廿七日，美國駐廣州領事詹金斯（D.Jenkins）致函駐華公使馬慕瑞（J.V.A.MacMurry）說：「從美國人的觀點看來，如果國民黨內的溫和派一旦獲得完全統治，整個形勢將大爲改觀。」59在經過相當時期的觀察、研究後，列強逐漸認爲蔣介石就是這樣的「溫和派」。一九二七年三月，藍普森（M.W.Lampson）向英國政府報告說：蔣介石「現已顯示出國民黨溫和派領袖的本色，看來他和他的朋友們終於走到挫敗極端派及其俄國顧問的轉捩點」。60同月下旬，南京發生大規模的排外事件，多處領事館、外僑住宅、商店、教堂遭到搶劫，列強借此加緊壓迫蔣介石採取行動，鎮壓激烈分子，維護秩序。三十日，日本駐滬總領事矢田七太郎受日本外務省指派，會晤蔣介石稱，時機已到「千鈞一髮的重大關頭，彌漫著某些細小事端都可以引起重大事件的危險性」。他要蔣介石「深刻考慮」上海的「治安問題」，蔣則答以「業已體察尊意，一定嚴加取締」。㉑

二〇年代，中國民族資產階級，特別是金融資產階級的力量有了較充分的發展。以中國銀行為例：一九一七年時，其私人股份為七百二十七萬九千八百元，至一九二七年，增加到一千五百萬元；增加率為百分之一百；一九一七年時，其存款為一四八，六九五，〇〇〇千元，一九二七年時，增加到三三〇，四九七，〇〇〇千元，增加率為百分之一百二十二。當年，中國已有五十七家新式銀行，其中四十八家為中國資本的商業銀行，共有資本八千萬元，存款總額達三億六千萬元，其中百分之八十集中於十家銀行。㉒銀行業如此，其他行業的發展狀況可以想見。

中國民族資產階級苦於外資擠壓和軍閥壓榨，希望國家統一和強大。在一段時期內，民族資產階級對廣東革命政府和北伐是持好感的。一九二六年，上海資本家王曉籟等人組織代表團訪問廣州，印象良好。但是，廣東地區的工人運動發展起來之後，他們對革命逐漸害怕起來。工人一而再再而三的罷工，以及不斷增長的提高工資的要求都損害了他們的經濟利益，他們尤其不能接受的是工人成立工會後，自己就失去了自由解聘員工的權利。北伐軍攻下武漢後，天津《國聞周報》發表過一篇題為《全國實業界應要求蔣介石宣明態度》的文章，中稱：「蔣軍之政治政策，固尚鮮明，而經濟政策，極為曖昧。謂為赤化也，則廣州尚未聞資本制度之剷除；謂為非赤化也，則廣州咸傳為勞工勢力所支配。」該文要求蔣介石明白回答：「是否仿照赤俄，將以其舊政策爲模範耶，抑以其新政策爲模範耶？」「其以共產主義爲主義乎？將以資本主義爲主義乎？抑介二者之間別有新政策乎？」「在廣州之勞工政策，將推行於長江流域乎？對香港之封鎖政策，將採用於全國商埠乎？」該文稱，中國連年戰禍，民生困苦，實業生機，不絕如線，不能也不應該「赤化」。㊸這篇文章可以看作是中國民族資產階級對蔣介石的一次公開呼籲。後來，武漢工人運動進一步發展，「左」的傾向也日益發展，資本家們迫切需要找尋蔣介石的庇護。一九二七年三月，蔣到上海後對虞洽卿表示：「抱維持資本家主張」，又對上海商業聯合會代表稱：「關於勞資問題在南昌時已議有辦法。所有保商、惠工各種條例，不日當可頒佈，決不使上海方面有武漢態度。」㊹於是，上海資本家，特別是金融資本家們紛紛解囊，以換取蔣對工人運動的抑制。

繼工人運動之後，兩湖地區的農民運動也日益激烈。一九二六年十一月，湖南全省七十五個縣中，有三十七個縣建立了農民協會，入會農民一百三十六萬七千七百二十七人；一九二七年四月，激增至六十三縣，五百餘萬人。㊺農民運動的內容也從支持北伐軍發展爲揪鬥「土豪劣紳」，施以戴高帽子遊鄉，吃大戶、公審、打板子、罰款罰糧、監禁、驅逐、沒收財產，執行死刑等懲罰。一九二七年二月十三日，湖南石門縣農民一千多人召開大會，用扁擔、鋤頭「直接處決」了三名土豪劣紳。㊻據一九八〇年調查，北伐期間，常德地區「土豪劣紳」被處死者十八人，遊鬥者一百三十四人，監禁者七人，罰款罰糧者一百一十八人，以其他形式鬥爭者三十九人，約占當地「土豪劣紳」總數的百分之八十二。㊼其他地區，情況當與此類似。

對此，一部分人覺得「痛快」，視為革命的必要之舉；一部分人覺得「過火」；一部分人則痛心疾首。當時，唐生智所部軍隊或在河南前線作戰，或衛戍武漢。其軍官中有不少人出身地主之家，他們的老子或親屬在家鄉被鬥，反共情緒因而日益強烈；廣東地區的農民運動比較「溫和」，張發奎的部隊就在一段時期內「親共」。

三、兩黨關係從合作向破裂的演進

國共兩黨第一次合作的破裂有一個演變過程。始於國共兩黨對中國革命領導權的爭奪，發展為國民黨內部的黨權、政權、軍權之爭，終於「清黨」、分共，兩者以刀兵相見。

國共兩黨合作，意味著兩黨結成統一戰線。在這一聯合中，到底誰聽誰的，誰領導誰？開始時這一問題並不明確。孫中山允許共產黨員以個人身分參加國民黨，這意味著他只想領導參加國民黨的共產黨員，而不想領導共產黨。李大釗在國民黨「一大」會議上聲明，宣稱中共願意接受國民黨的政綱，「在本黨總理指揮之下，在本黨整齊紀律之下」，「以同一步驟，為國民革命奮鬥」。㊳這個時候，他顯然沒有想到過，要領導國民黨的問題。

然而，根據列寧的理論，在資產階級民主革命中，無產階級是要掌握領導權的。一九二三年五月，共產國際明確指示中共，領導權應當歸於工人階級的政黨。㊴但是，共產國際並沒有指示，中共如何爭取和掌握領導權。事實上，在共產黨員以個人身分加入國民黨這一特殊的

「合作」形式中，也很難找到妥善的辦法。當時，中共採取的基本辦法是改造國民黨，其具體辦法有：批評國民黨政治綱領的軟弱性和不徹底性，企圖以自己的堅定性去影響國民黨；發展國民黨中的先進分子加入共產黨；以共產黨員去充任國民黨的高級幹部；爲國民黨組織省市和基層黨部。等等。但是，這幾種辦法都引起國民黨中部分人士的反感。於是，中共只能改變「包辦」方式，致力於發展國民黨左派，支持左派，扶植左派，企圖通過左派去貫徹自己的主張，間接掌握領導權。孫中山逝世以後，汪精衛是公認的國民黨「左派」領袖，中共對國民黨的領導部分通過汪精衛，部分則通過在國民黨中央工作的譚平山等人。

一九二六年中山艦事件之前，蔣介石在北伐時機等問題上和蘇聯軍事顧問（實際上是和蘇共中央、共產國際）發生分歧，蔣介石認爲中國革命必須「獨立自主」，力圖擺脫蘇共對中國革命的控制。中山艦事件後，蘇共決定對蔣介石讓步，作爲左派領袖的汪精衛得不到支持，憤而出國。同年五月，蔣介石在國民黨二屆二中全會上提出黨務整理案，其目的是限制中共在國民黨內部日益擴大的力量和影響，蘇共中央再次決定讓步，並且幫助蔣介石順利掌握了軍權和黨權，成爲國民革命軍總司令和國民黨中常會主席。至此，可以說是國共兩黨爭奪領導權的第一階段，蔣介石取得勝利。

中山艦事件前，黃埔軍校內部發生左右兩派的分歧和鬥爭，蔣介石爲此感到煩惱。他認爲，法國革命由於指揮不統一，因此發生多頭政治，彼此衝突，而俄國革命之所以成功，就在於黨的組織統一，有唯一的領袖指導。一九二六年五月，他在國民黨二屆二中全會閉幕時公開提出：「世界革命須統一，中國革命也須統一」，「中國的國民革命是要由國民黨統一指揮的。」⑦此後，他多次演講，聲稱革命「只需要一個黨，不應有兩個黨，只要有一個主義，而不應用〔有〕兩個主義。」⑦為瞭解決當時兩黨並存的矛盾，他要求作為「小黨」的共產黨作出「犧牲」——參加國民黨的共產黨員「暫時退出共產黨」，「做一個純粹的國民黨黨員」，「使中國國民黨成為一個很強固的黨，把中國革命勢力和指揮統一起來」。他說：「大黨中間有一個小黨，黨員在團體裏面另有所組織活動，這個大黨一定是要搖動的，不會堅固的，一定是很容易崩壞下來的。」⑦蔣並預言，在國民革命成功之後，共產會「發展」，會「成功」。蔣的要求表現出，他對跨黨的共產黨員的個人質量、革命精神頗有好感，但他不能容忍共產黨員在國民黨內活動，和他分庭抗禮。蔣的要求遭到鮑羅廷和中共的抵制後，便於一九二六年十一月派邵力子出使共產國際，以承認共產國際是世界革命領導為條件，要求共產國際承認國民黨對中國革命的領導權。

兩黨都要求領導權，但領導權只能有一個。中國沒有服從民意，取決於選票的傳統；即使有，在北伐過程中也無法付之實施，於是，共產國際和中共仍然採用老辦法，支持和加強國民黨左派。

蔣介石按照自己的意圖率軍北伐後，鮑羅廷和中共都感到蔣介石的權力過於龐大，力圖加以限制。於是，發起迎汪復職運動，召開左派佔優勢的國民黨中央及各省區代表會議，通過「左派政綱」，同時企圖改變國民黨中央領導，將蔣介石從最高領袖的位置上拉下來。結果，前者得到實現，但後者卻受到國民黨代理中常會主席張靜江的堅決抵制。一九二六年十月，北伐軍克復武漢，蔣介石要求國民政府遷都該地。十二月，鮑羅廷和先期到達武漢的部分國民黨中央委員、國民政府委員成立以徐謙為首的臨時聯席會議，代行中央職權。這是一個在實際上改變國民黨中央權力結構的措施，事前未和蔣介石商量，未經中央全會討論，國民黨黨章中也沒有對這一組織層次的規定，因此被蔣介石指責為非法。蔣隨即改變主張，要求暫以南昌為首都，從而發生遷都之爭。鮑羅廷和國民黨左派認為蔣介石出爾反爾，以軍權挾制黨權，發起提高黨權運動，企圖以黨權限制蔣介石掌握的軍權。一九二七年三月，國民黨二屆三中全會在武漢召開，不僅將左派的許多政見納入大會決議，而且以集體領導取代國民黨長期實行的黨魁制，蔣介石因而失去國民黨的最高領袖地位。至此，可以說是國共兩黨爭奪領導權的第二階段，左派取得勝利。

遷都之爭後，蔣介石決意向長江下游進軍，同時密謀「清黨」。中共和國民黨左派也力圖削弱蔣介石的軍權，同時密謀通過第六軍軍長程潛逮捕蔣介石。一九二七年四月，蔣介石在上海金融資產階級和桂系的支持下，收繳工人糾察隊武裝，通緝並逮捕共產黨人，並於隨後在南京成立國民政府，形成與武漢國民政府對峙的局面。武漢國民政府在汪精衛歸國後，雖然加強了討蔣的聲勢和輿論宣傳，但是幾經權衡，仍然採取了聯絡馮玉祥，先行北伐的方針。

共產國際第七次擴大全會的精神傳入中國後，兩湖地區的工農運動，特別是農民運動的廣度、烈度都迅速發展，中共內部或認為「必要之舉」，或認為「過火」現象，爭論不一，但是，武漢的國民黨左派卻普遍認爲「過火」。一九二七年春夏，武漢國民政府曾發表一系列訓令，目的都在於糾正「過火」現象。當時，由於工人罷工、列強與南京方面的封鎖等多種原因，武漢政府及其所控制的地區經濟空前惡化，蘇聯原來答應給予的援助又未能充分兌現。七月十五日，汪精衛集團「分共」，第一次國共合作至此遂完全破裂。

一九二四年，蔣介石說：「必能容納共產黨，始爲真正之國民黨。」⑦③一九二七年，蔣介石卻說：「如果國民黨要成功，非先消滅中國共產黨不可。」⑦④短短的幾年內，蔣介石對共產黨的態度發生了迴然不同的變化。

四、兩黨破裂與近代中國的歷史發展

蔣介石說過：「『共產黨不僅有組織，有紀律，而且比國民黨組織紀律嚴厲得多，對於革命有步驟、策略、方針、政綱，與其他團體不同。國民黨除與共產黨合作外，尚有何黨何派可與之聯合？』現在已可看得明白，革命黨不僅不與共產黨分離，且應日日團結，方能擴大力量，適合本黨的政策。如放棄、排除，使共產黨在革命工作上受打擊，而本黨處領導民眾地位，離開共產黨所受打擊更大些。」⑦⑤後來近代中國的歷史發展，正如蔣介石所言。

兩黨破裂使國民黨喪失了大批精英。國民黨改組前，組織鬆散；國民黨採取「容共」政策後，大批信仰共產主義的年輕精英在國民黨改組過程中發揮了重要作用。對此，蔣介石評論說：「國民黨若沒有這些新進的黨員加入，或許失去國民黨的革命作用。因為一般青年分子是很有力量的，思想是很徹底的。」⑯在一段時期內，國民黨的許多宣傳機構，國民黨中央、上海等地方黨部的許多實際工作，都由共產黨員「包辦」，北京、天津、南京、安徽、湖北、湖南。江蘇、浙江等省市黨部甚至都由共產黨「為之創設」。⑰兩黨破裂後，這部分跨黨分子或遭逮捕、殺戮，或者轉為反抗國民黨的力量，國民黨回復到改組前的鬆散、疲弱狀態。

兩黨破裂也使國民黨失去了工農群眾。國民黨「一大」前後，國民黨確立了「扶助農工」的方針，但是，真正深入到工農中去，發動工農，組織工農的大部分是共產黨人，各地的工會、農會也差不多都掌握在共產黨人手中。兩黨破裂後，工農運動停頓，國民黨既缺乏聯繫工農的能力，也缺乏動員工農的革命綱領，因此，很快就失去大批工農群眾。

兩黨破裂還使國民黨失去了蘇聯的援助，不得不尋求新的「與國」。國民黨曾經希望和日本搞好關係，但是，日本當時是新興的極富侵略性的國家，一九二七年，蔣介石下野後訪日，沒有取得任何成果。英國在北伐戰爭以後，即逐漸從東方撤退；美國也不很重視和中國的關係。因此，在相當長的時期內，國民黨並沒有得到列強的實質性的援助。這種情況，直到抗戰爆發後才緩慢地發生變化。

兩黨破裂後，國民黨的外交和內政都發生不同情況的變化。外交上，大體堅持了孫中山等人原定的目標，而在內政上，卻發生嚴重的停滯和倒退。

前文已經指出，國民黨原來對列強的態度比較溫和。國民黨改組後，受到共產黨影響，外交政策趨向強硬，「廢除不平等條約」的口號升級爲「打倒列強」和「打倒帝國主義」；與此相聯繫，國民黨政府和列強的談判常常伴以大規模的群眾示威和罷工。兩黨破裂後，國民黨在外交領域排除群眾運動，從強硬退回溫和，企圖以長期、耐心的談判和列強磋磨，以期廢除鴉片戰爭以後列強強加的各種不平等條約。

一九二七年五月，伍朝樞就任南京政府外交部長，宣布其外交方針爲：一、不採暴力手段；二、於相當時期提議廢止不平等條約。三、打倒帝國主義非排外主義。伍朝樞並解釋說：國民黨要打倒的帝國主義，是侵略中國的帝國主義，而不是無選擇性地排外。⑱一九二八年六月，黃郛接任外交部長，繼續要求廢止不平等條約，但措辭更爲委婉，態度更爲軟弱，聲稱在新約尚未訂定之前，「國民政府準備與各友邦維持並增進其親善工作」；即使對於干涉中國內政的國家，黃郛也僅表示：「不得不採取並施行最適宜之應付方法」。⑲黃郛之後的王正廷雖然標榜「革命外交」，但他還是要在「鐵拳之外，罩上一層橡皮」，⑳實際上其辦法還是和列強長期協商、談判。

不過，南京國民政府還是在力圖收回國家失去的權利。一九二七年七月，國民政府決定於當年九月一日起實行關稅自主，但不久又決定暫緩。一九二八年七月，國民政府與美國簽訂《整理中美兩國關稅關係之新條約》，此後經過漫長談判，直到至一九三〇年五月與日本簽訂《關稅協定》止，世界各國才都承認了中國的關稅自主權。

在收回關稅自主權的同時，南京國民政府又著手廢除列強在中國的治外法權。一九二九年十二月，國民政府公佈撤廢領事裁判權特令，隨即遭到列強反對，國民政府再次退讓，宣布「仍將通過與列強的會商來廢除這一特權」。⑧¹至一九三一年「九一八」事變前夕，國民政府與英、美的談判已獲初步成效。此外，國民政府還收回了威海衛租界、天津比利時租界、鎮江英租界、廈門英租界和部分司法主權。

全面廢除不平等條約是抗戰期間的事。一九四二年三月，國民政府外交部向盟國提出：「一切不平等條約，戰後應無條件取消。」蔣介石認爲外交部所訂時間過晚，於同年十月草擬交涉要點，敦促美國提前放棄不平等條約。⑧²此後不久，國民政府即先後與美、英簽訂平等新約。爲此，國民政府發表文告稱：「我們中華民族，經五十年的革命流血，五年半的抗戰犧牲，乃使不平等條約百週年的沈痛歷史，改變爲不平等條約撤廢的光榮記錄。」⑧³不過，歷史不會是筆直的。一九四五年八月，國民政府與蘇聯簽訂的《中蘇友好同盟條約》仍然是一個不平等條約。一九四六年十一月簽訂的《中美友好通商航海條約》形式上平等，而實際內容並不平等。

縱觀南京國民政府的外交史，溫和、軟弱、妥協是其特色，但仍然爲廢除不平等條約，收回國家主權做了不少工作。過去所謂南京國民政府是「賣國政府」，代表「大買辦資產階級利益」的說法應予否定。

與外交相比，南京國民政府在內政上的成績卻殊難令人滿意。這一點，尤其明顯地表現在實行孫中山的理想——「耕者有其田」方面。

國共分裂後，國民政府於一九二七年五月頒佈《佃農保護法》，規定佃農繳納租項不得超過收穫量的百分之四十。㉞一九三〇年六月，國民政府又在《土地法》中規定，「地租不得超過耕地正產物收穫總額千分之三百七十五」，俗稱「三七五減租」。但是，國民黨嚴格規定：「絕對取消共產黨階級鬥爭的抗租、罷工、怠工、減工之亡國滅種政策。」㉟兩個法令均長期停留於紙上。一九二七年年底至一九二八年年底，浙江省曾經打算執行「二五減租」政策，然而城鄉地主們群起反對，省政府主席張靜江也建議取消，國民黨中央派戴季陶調解，結果不了了之。

抗戰勝利後，國民政府行政院於一九四五年十月通令，減免佃農應繳地租的四分之一，但實際執行的僅江蘇吳縣等少數縣份。一九四六年十一月，蔣介石下令：自各省明令實施二五減租辦法之日起，地主不得藉故更換租約，增加租額，不得藉故撤佃。同時要求各級社會行政機關，協同黨部、團部，充實各地農會組織，大量爭取佃農、雇農爲會員，以便推行減租運動。㊱但是，也只是說空話。一九四八年八月，蔣介石閱讀毛澤東的《中國革命戰爭的戰略問題》，恍然悟到中共得到農民擁護的原因，決定在國民黨「收復區」承認中共的土改成果。手令稱：「吾人必須打破其優點，爲爾後發揮戰鬥力之要著；其對策應考慮土地政策，實行耕者有其田，並於收復區已分配之土地，承認其所有權，以爭取農民。」㊲國民黨在三〇年代「剿共」時，長期實行「田還原主」政策，現在承認「翻身農民」的土地所有權了，自然是一個重大的改變。㊳然而，當時國民黨人正依靠城鄉地主的支持和中共作戰，又何能貫徹這一指令，侵犯支持者的利益呢！

一九四九年，國民黨在大陸失去政權，退保台灣，痛定思痛，才在一九五一年六月頒佈

《三七五減租條例》，於一九五三年一月公佈《實施耕者有其田條例草案》。後一條例規定，既要幫助佃農取得其耕作土地之所有權，同時也保護地主的利益。其辦法是，政府一面採取強制性的措施和價格，收購地主的土地，轉售給現耕農；一面出售國營公司的股份，便利地主投資，將地主的土地所有權轉變爲工業廠礦的股份。台灣的這一土改方案和孫中山的「平均地權」思想並不一致，但解放了農村生產力，爲台灣後來的經濟起飛打下了基礎。

國民黨失去大陸的原因很多，但失去農民支持應是主因。一九四九年四月，著名銀行家陳光甫在日記中寫道：「今日之爭非僅國民黨與共產黨之爭，實在可說是一個社會革命。共產黨的政策是窮人翻身，土地改革，努力生產，清算少數分子……所以有號召，所以有今天的成就。反觀國民黨執政二十多年，沒有替農民做一點事，也無裨於工商業。」⑧⑨陳光甫並非「親共」分子，應該承認，他的這段議論是客觀的、公正的。

和國民黨的情況相反，中共在兩黨破裂後轉入農村。它雖損失了不少黨員，但是，因禍得福，卻在農村中獲得了生根發芽的新機會。中國農民處於中國社會的最底層，保持著改變現狀的強烈要求。共產黨在這個新天地裏發展、壯大，以農村包圍城市，最後，依靠穿上軍裝的農民打敗了國民黨以美國武器裝備起來的現代化的軍隊。

抗日戰爭期間，國民黨和共產黨進行第二次合作。毛澤東總結第一次合作時期的經驗，作了三項重要決策：一是採取「黨外合作」的方式，避免「黨內合作」所必不可免的種種矛盾和猜忌。二是明確宣布「孫中山先生的三民主義爲中國今日之必需」，其後，毛澤東又提出新民主主義論，將中國革命分爲兩步走，克服「一步到位」的「左」傾急性病。三是調節階級關係，宣布取消「暴動政策」和「赤化運動」，在一切抗日的階級和黨派之間提倡「互助互讓政策」，主張「既不應使勞苦大眾毫無政治上和生活上的保證，同時也應顧到富有者的利益」。⑳這三項決策保證了第二次國共合作能貫串於抗日戰爭的始終，成爲抗戰勝利的重要原因之一。但是，一九四九年之後，毛澤東重犯「左」傾急性病和迷信階級鬥爭兩大錯誤。在經濟上，匆匆忙忙搞「三大改造」，搞大躍進、搞人民公社，企圖儘快將資本主義等非公有經濟成分消滅乾淨，以便及早建成社會主義和共產主義。在政治上，提倡階級鬥爭要「年年講，月月講，天天講」，以爲在任何情況下都是「階級鬥爭一抓就靈」。這兩大錯誤的嚴重後果是造成一九五九至一九六二年的嚴重經濟困難和一九六六年開始的十年動亂。鄧小平搞改革開放，首先致力的就是糾正毛澤東的上述兩大錯誤。他積極引進外資，允許個體經濟和私有經濟等非公有經濟成分的存在和發展，宣布中國目前所建設的只是「社會主義初級階段」，是不夠格的社會主義，這就從根本上糾正了許多中共黨人急於建成社會主義、共產主義的「左」傾急性病。同時，廢止「以階級鬥爭」爲綱的方針和一系列政策，明確宣布以經濟建設爲中心，這就從根本上糾正了中共黨內長期存在的對階級鬥爭作用的誇大和迷信。

我們沒有材料證明鄧小平具體研究過二〇年代國共合作與分裂的教訓，但是，他所開創的改革、開放事業，顯然是總結中國革命長期以來經驗和教訓的結果；我們也沒有材料證明鄧小平研究過孫中山的思想，但是，他的改革、開放理論，顯然綜合了包括孫中山在內的許多仁人志士的經驗和智慧。

五、初步的結論

距離第一次國共合作破裂已經七十多年了。當我們初步清理這一段歷史以後，可以得出下列看法：一、兩黨當時都是愛國的革命的黨，都在找尋振興中華、改革中國社會的道路。二、兩黨分歧大體上屬於激烈派與溫和派的分歧，後來的矛盾是在此基礎上的發展和強化。三、兩黨之爭有是有非，但是，沒有純粹「是」的一方，也沒有純粹「非」的一方。四、兩黨的思想、理論、政策雖有對立的一面，但完全可以「互補」，取一方之長，以補一方之短。五、兩黨破裂給各自的黨都帶來了傷害，而於中華民族之傷害尤大。六、兩黨破裂有特定的時代背景，有深刻的社會根源與思想根源，但是，不是必要的，也不是不可避免的。

「歷盡劫波兄弟在，相逢一笑泯恩仇。」一九二七年的「清黨」、「分共」使兩個曾經並肩戰鬥的黨成了刀兵相見，不能共存的仇敵，但是，從大的長遠的宏觀歷史觀察，仍屬「兄弟」之爭，是應該可以泯去「恩仇」而「相逢一笑」的。

（二〇〇一年十一月廿一日完稿於日本京都大學人文科學研究所，同年十二月提交在臺北中研院近史所召開的二〇年代中國學術討論會。原載《二〇年代的中國》，臺北近代中國出版社，二〇〇二年十月版。）

①《民生主義第一講》，《孫中山全集》第九卷，中華書局一九八六年版，第三六四頁。
②《民生主義第一講》，《孫中山全集》第九卷，第三七四頁。
③《蔣介石日記類抄》，一九一九年十一月四日、廿二日。
④《聯共（布）、共產國際與中國國民革命運動》（一），北京圖書館出版社一九九七年版，第三三六頁。
⑤《校長第三次訓話》（一九二五年四月九日），《蔣中正先生演說集》，上海三民出版部一九二五年版，第六十九至七十頁。
⑥《校長第三次訓話》，《蔣中正先生演說集》，第七十頁；《對第二期畢業生訓話》，同前書，第一五〇頁；《第三期同學錄序》，《蔣校長演講集》，黃埔軍校一九二七年版，第二〇九頁。
⑦《校長第三次訓話》，《蔣中正先生演講集》，第七十頁。
⑧《有國民黨代表團參加的共產國際執行委員會速記記錄》，《聯共（布）共產國際與中國國民革命運動》（一），第三三二頁；《對商界代表演說詞》，《蔣中正先生演說集》，第一一二頁。
⑨《第三期同學錄序》，《蔣校長演講集》，第二一〇頁；《為西山會議告同志書》，同前書，第二二六頁。
⑩《校長在本校特別黨部第三屆執行委員會選舉大會演說詞》，《蔣中正先生演說集》，第一五六、一五八頁。
⑪《蔣校長演講集》，第二二六頁。
⑫《再論聯俄》，《蔣校長演講集》，第十五至十六頁。

⑬參見《國民政府為國民革命奮鬥實現三民主義宣言》，《革命文獻》第十六輯，總第二八〇九頁。

⑭《關於「民主聯合戰線」的議決案》，《中共中央文件選集》（一），第六十五頁。

⑮《中國共產黨第二次全國代表大會宣言》，《中共中央文件選集》（一），第一一四至一一五頁。

⑯Memorandum of the Delegation of Dr.Sun Yat Sen with Relation to the Proposal Mentioned in the Telegram of A.A.Joffe Sent from Tokyo May 1，中國第二歷史檔案館藏。參見蔣介石在共產國際執委會會議上的報告，《聯共（布）、共產國際與中國國民革命運動》（一），第三三一至三三三頁。

⑰《吳稚暉致中央監察委員會請查辦共產黨函》，《革命文獻》第九輯，一九五五年版，總一三〇一頁。

⑱《民生主義第一講》，《孫中山全集》第九卷，第三六九頁。

⑲《建國方略》，《孫中山全集》第六卷，第三九八頁。

⑳《孫中山全集》第九卷，第四二四頁。

㉑《高級政治訓練班訓詞》，（一九二六年五月二十日），《蔣校長演講集》，第八十八至八十九頁。

㉒《蔣介石日記類抄》，一九二五年十一月十二日，又，《蔣介石日記》，一九三一年四月十五日。

㉓《中央執行委員會全體會議閉會日演詞》（一九二六年五月廿二日），《蔣校長演講集》，第八十四頁。

㉔《告民眾書》（一九二七年四月十八日），《革命文獻》第十六輯，總第二八一五頁。

㉕《中國共產黨第二次全國代表大會宣言》，《中共中央文件選集》（一），第一一五頁。
㉖《六大以前》，人民出版社一九八〇年版，第一三二至一三三頁。
㉗《關於「工會運動與共產黨」的議決案》，《中共中央文件選集》（一），第七十七頁。
㉘《對於民族革命運動之議決案》，《中共中央文件選集》（一），第三三九頁。
㉙《對於職工運動之議決案》，《中共中央文件選集》（一），第三四九頁。
㉚《告全體民衆書》（一九二七年四月十八日），《革命文獻》第十六輯，總二八一三頁。
㉛《蔣校長演講集》，第二七七頁。
㉜參見拙作《邵力子出使共產國際與國共兩黨爭奪領導權》，《近代中國》，第一四二期，二〇〇一年四月。
㉝戴季陶：《跋特種外交委員會檔》，宋子文檔，第四十盒，美國胡佛檔案館藏。
㉞《最近中國關係諸問題摘要》第二卷，日本外務省文書，SP166。
㉟《蔣介石最近之重要表示》，《台灣民報》，一九二七年三月廿七日。
㊱《中共中央文件選集》（一），第一〇八頁。
㊲《中國共產黨對於時局的主張》《中共中央文件選集》（一），第三十七頁；《陳獨秀關於社會主義的演講》，《六大以前》，第一三七頁。
㊳《中國共產黨第三次全國代表大會宣言》，同前書，第一六五頁。
㊴蔣介石：《蘇俄在中國》，《先總統蔣公全集》第一卷，中國文化大學出版部，一九八四年版，第

二八八頁。

40 《再論聯俄》（一九二六年二月十日），《蔣校長演講集》，第十五頁。

41 參見拙著《中華民國史》第二編第五卷，中華書局一九九六年版，第一四〇至一四一頁。

42 《革命文獻》第十六輯，總第二八二五頁。

43 《中共中央文件選集》（一），第五十九頁。

44 《教育宣傳問題議決案》，《中共中央文件選集》（一），第二〇四頁。

45 《戰時工作會議之第三日》，《廣州民國日報》，一九二六年六月廿六日。

46 參見劉少奇：《關於大革命歷史教訓中的一個問題》。

47 蔣介石：《告武漢商界同胞書》，《忠告武漢工商同胞書》，均見《廣州民國日報》，一九二七年一月五日。

48 鮑羅廷演講，見《鮑羅廷在中國的有關資料》，中國社會科學出版社一九八三年版，第一〇三、一一二頁，參見《惲代英文集》下卷，人民出版社一九八四年版，第八九三頁。

49 《中共中央文件選集》（二），中共中央黨校出版社一九八三年版，第一六四頁。

50 《中央各省區聯席會議錄》，油印件。

51 《蔣介石日記類抄》，一九二六年八月三日，中國第二歷史檔案館藏。

52 《革命文獻拓影》，第六冊，《蔣中正總統檔案》；又一九二六年九月十二日《共產國際執行委員會遠東局使團關於對廣州政治關係和黨派關係調查結果的報告》稱：「蔣介石重新轉向了社會輿論，他的政治行為又變得更明確了。國民黨中央收到了蔣介石要求起草土地法的建議。」，見《聯共（布）、共產國際與中國國民革命運動》（三），北京圖書館出版社一九九八年版，第四七七頁。

㊸以上引文，參見《湖南農民運動考察報告》（一九二七年版），《視察湖南農運給中央的報告》，《湖南農民運動目前的策略》，《湖南省第一次農民代表大會宣言》，均見日本毛澤東文獻研究會編《毛澤東選集》及《毛澤東選集補卷》。

㊹《武漢中央執行委員會告中國共產黨書》，《革命文獻》第十六輯，總二八三三頁；《國民政府為國民革命奮鬥實現三民主義宣言》，同前書，總二八一五頁。

㊺《漢口民國日報》，一九二七年五月廿五日。

㊻關於解決土地問題的分歧，不僅表現於國共兩黨之間，而且深刻而廣泛地表現於國民黨和共產黨的內部，限於篇幅和本文主題，這裏不能詳論。

㊼《共產國際有關中國革命的文獻資料》第一輯，第二八〇頁。

㊽*FO*,371,Vol.11621,F513/1/10,Appendix10.

㊾*FRUS*,1926,Vol.1,p705.

㊿Lampson to Chamberlain,Mar.9,1927,*FO*,800,Vol.260.

(61)《矢田致幣原電》，《日本外務省文書》，微卷，PVM27.

(62)張家璈：《中國貨幣與中國銀行的朝向現代化》，張家璈文件，胡佛檔案館藏。

(63)《國聞周報》第三卷三十六期，一九二六年九月十九日。

64 《一九二七年的上海商業聯合會》，上海人民出版社一九八三年版，第四十六、四十八頁。

65 以上統計，前者據毛澤東《湖南農民運動考察報告》（一九二七年版），後者據《湖南各團體請願代表團農民協會代表報告》，《漢口民國日報》一九二七年六月十二日。

66 《石門縣農民鎮壓土豪劣紳宣言》，原件，漢口市武漢國民政府紀念館藏。

67 常德縣農民運動調查辦公室：《常德農民運動史略》，油印本。

68 《李大釗文集》（四），人民出版社一九九九年版，第三七〇頁。

69 《中共中央文件選集》（一），第五八六頁。

70 《中央委員會全體會議閉會日演說詞》，《蔣校長演講集》，第八十三頁。

71 《高級政治訓練班訓詞》，《蔣校長演講集》，第八十五頁。

72 《六月七日總理紀念周講話》，《蔣校長演講集》，一九二七年二月版，第九十九頁。

73 《為西山會議告同志書》，《蔣校長演講集》，第二一六輯。

74 《蔣總司令在清黨後對於時局的演講》，《革命文獻》第九輯，總一三一九頁。

75 蔣介石：《政治黨務報告》，一九二六年八月廿五日，《蔣校長演講集》，第一九三至一九四頁。

76 《高級政治訓練班訓詞》（一九二六年五月廿二日），《蔣校長演講集》，第八十九頁。

77 參閱《國民運動進行計劃決議案》，《中共中央文件選集》（一），第二〇〇頁。

78 程道德等編《中華民國外交史資料選編》（一九一九～一九三一），北京大學出版社一九八五年版，第四一〇頁。

⑲洪均培：《國民政府外交史》，上海華通書局一九三〇年版，第二四一至二四二頁。
⑳轉引自樓桐孫《新約平議》，《東方雜誌》第廿六卷第一號。
㉑《外交部關於廢約的宣言》，一九二九年十二月三十日，《中華民國史檔案資料彙編》第五輯第一編，外交卷，第五十二至五十三頁。
㉒蔣介石與威爾基談話記錄，秦孝儀主編：《中華民國重要史料初編——對日抗戰時期》第三編，《戰時外交》，第一冊，中央文物供應社一九八一年版，第五二三頁。
㉓《先總統蔣公思想言論總集》，臺北一九八四年版，第三十二卷，第四十七頁。
㉔國民政府檔案，見侯坤宏編《土地改革史料》，國史館一九八八年版，第三十三頁。
㉕《先總統蔣公全集》，第一冊，臺北一九八四年版，第五七三頁。
㉖行政院檔案，《土地改革史料》，第一四四頁。
㉗行政院檔案，《土地改革史料》，第一八五至一八八頁。
㉘一九三二年六月，蔣介石在廬山召開會議，通過的《剿匪區內各省農村土地條例規定》：「被匪分散之田地及其它不動產所引起之糾紛，一律以發還原主，確定其所有權為原則。」見《地政月刊》第一卷第六期。
㉙陳光甫日記，美國哥倫比亞大學珍本和手稿圖書館藏。
㉚《中國共產黨在民族戰爭中的地位》，《毛澤東選集》第二卷，人民出版社一九九一年第二版，第五二五頁。

揭開民國史的真相（卷三）

蔣介石崛起與北伐

作者：楊天石
發行人：陳曉林
出版所：風雲時代出版股份有限公司
地址：10576台北市民生東路五段178號7樓之3
電話：(02) 2756-0949
傳真：(02) 2765-3799
執行主編：朱墨菲
美術設計：吳宗潔
業務總監：張瑋鳳

版權授權：楊天石
初版日期：2024年1月
ISBN：978-986-146-591-3

風雲書網：http://www.eastbooks.com.tw
官方部落格：http://eastbooks.pixnet.net/blog
Facebook：http://www.facebook.com/h7560949
E-mail：h7560949@ms15.hinet.net
劃撥帳號：12043291
戶名：風雲時代出版股份有限公司
風雲發行所：33373桃園市龜山區公西村2鄰復興街304巷96號
電話：(03) 318-1378
傳真：(03) 318-1378
法律顧問：永然法律事務所 李永然律師
　　　　　北辰著作權事務所 蕭雄淋律師

行政院新聞局局版台業字第3595號 營利事業統一編號22759935

定價 380元

國家圖書館出版品預行編目資料

揭開民國史的真相 / 楊天石著. -- 初版. -- 臺北市 : 風雲時代, 2009.12　冊 ;公分

ISBN 978-986-146-591-3 (卷3 : 平裝). --

627.6　　98013675